Holzschnitt aus den Culemannschen Reinaert-Bruchstücken Bl. 4ª.
Vgl. S. XIII, Anm. 3.

Holzschnitt aus Reinke Vos, Bl. 69ᵃ zu I, 18.
Vgl. S. XIII, Anm. 3.

Reinke de vos.

Herausgegeben

von

Friedrich Prien.

.

Halle.
Max Niemeyer.
1887.

Altdeutsche textbibliothek, herausgegeben von H. Paul.
No. 8.

Vorwort.

Die vorliegende Ausgabe will dem Leser die Möglichkeit gewähren, sich ein getreues Bild vom Originale zu machen, soweit dies ein Nicht-Faksimiledruck erreichen kann. Daher wird die Lübeker Ausgabe von 1498 buchstäblich wieder abgedruckt, nur sind die Druckfehler verbessert, die Abkürzungen aufgelöst und die ganz unregelmässige Interpunktion nach heutigen Grundsätzen geregelt. Hierüber giebt im einzelnen die Einleitung Auskunft; ebendort findet man auch die sonst nötig erscheinenden Abweichungen vom alten Druck verzeichnet. Die strenge Befolgung der für den Neudruck geltenden Grundsätze erforderte auch Angabe der Stellung und kurze Beschreibung der Holzschnitte.

Ausser der Einleitung, welche nach dem Plane dieser Sammlung in möglichst gedrängter Kürze die Ergebnisse der bisherigen Forschungen über die Stellung des Denkmals in der Literatur zusammenzustellen versucht, wurden auf Wunsch des Herrn Herausgebers der Textbibliothek noch Anmerkungen und ein Glossar hinzugefügt. Was erstere betrifft, so konnte hier ebensowenig wie in der Einleitung Erschöpfendes zu bieten in meiner Absicht liegen; erscheinen sie geeignet, an schwierigen Stellen des Textes das Verständnis zu fördern und dem zu eingehenderer Forschung Geneigten die Wege zu weisen, so ist ihr Zweck erreicht. Ähnliches gilt vom Glossar; es möchte nur dem ersten Bedürfnis zu Hilfe kommen und verweist im übrigen auf die Quellen, aus denen es selbst geschöpft ist, vor allem das Mittelniederdeutsche Wörterbuch von Schiller und Lübben. Die Arbeiten meiner Vorgänger, besonders die Ausgabe des verstorbenen Lübben, welche mir eine reiche Quelle der Belehrung und Anregung gewesen ist, sind benutzt, geprüft und verwertet worden; ob ich dabei in Auswahl und Ausdruck das Richtige getroffen habe und selbständige Zuthaten eine Stelle finden durften, stelle ich dem Urteil der Fachgenossen anheim.

Für die Bibliographie, welche mit der in der Einleitung angegebenen Beschränkung zum ersten Male den Versuch unternimmt, die Ausgaben, Übersetzungen, Bearbeitungen u. s. w. vollständig und genau im Zusammenhange zu verzeichnen, möchte ich ganz besondere Nachsicht erbeten haben. Nur zeitweilig war es mir vergönnt, an grösseren Bibliotheken, und dann auch nicht immer mit dem für eine bestimmte Abteilung nötigen Material zu gleicher Zeit zu arbeiten; die dadurch entstehenden Unebenheiten bin ich durch wiederholte Durcharbeitung auszugleichen bestrebt gewesen. Besondere Schwierigkeit machten die englischen und französischen Übersetzungen. In den grossen bibliographischen Sammelwerken ist eine strenge Scheidung von dem, was auf den Reinke und was auf den Reinaert zurückgeht, garnicht versucht worden, und doch ist sie erforderlich, um zu einem klaren und richtigen Bilde über die literarische Nachkommenschaft des niederdeutschen Werkes zu gelangen. — Dass hier anhangsweise noch einmal die Culemannschen Reinaert-Bruchstücke abgedruckt werden, bedarf keiner weiteren Rechtfertigung.

Mit herzlichem Danke gedenke ich beim Abschluss dieser Ausgabe der reichen Unterstützung, welche mir von so vielen Seiten zu teil geworden ist. Bereitwilligst haben die unten bei den einzelnen Drucken genannten Bibliotheksverwaltungen auf meine Anfragen geantwortet, zum teil in sehr ausführlichen Zuschriften. Durch Darleihung ihrer Exemplare haben mich unterstützt: die Königlichen Bibliotheken zu Berlin, Dresden, Kopenhagen, München, Stockholm, die Herzogliche Bibliothek zu Dessau, die Gräfliche Bibliothek zu Wernigerode, die Universitäts-Bibliotheken zu Berlin, Breslau, Göttingen, Greifswald, Leipzig, Rostock, Strassburg, die Ständische Landesbibliothek zu Kassel, das Germanische Museum zu Nürnberg und die Stadt-Bibliotheken zu Bremen, Hamburg, Ulm. Die Übersendung der Drucke vermittelten und die Benutzung ihrer Räumlichkeiten gestatteten mir: das Königliche Archiv zu Schleswig, die Herzogliche Bibliothek zu Wolfenbüttel, die Universitäts-Bibliothek zu Leipzig, die Ständische Landesbibliothek zu Kassel und die Stadt-Bibliothek zu Hamburg. Ihnen allen statte ich nochmals auch an dieser Stelle für die mannigfache Mühewaltung bei Zu- und Rücksendung der gewünschten Drucke meinen verbindlichsten Dank ab; desgleichen den Herren DDr. Breul, Förstemann, Hofmeister, Jacobs, Köhler, Laubmann, Markgraf, Roethe, Seelmann und Walther für ihre mit gewohnter Gefälligkeit mir übermittelten Notizen, sowie den Herren Bibliothekaren Dr. G. Milchsack in Wolfenbüttel, welcher an den im Bremer Exemplar defekten Stellen nach dem dortigen die Korrekturen zu lesen die Güte hatte, und Dr. C. Annerstedt in Upsala, durch dessen sorgfältige Angaben ich genauer mit den schwedischen und dänischen Übersetzungen bekannt wurde. Für die ausserordentliche

Liberalität aber und die stets bereite, entgegenkommende Gefälligkeit des Herrn Stadtbibliothekars Dr. H. Bulthaupt in Bremen finde ich keine Worte, die meine Erkenntlichkeit vollkommen auszudrücken vermögen: er hat mir nicht nur die Benutzung des Bremer Exemplars behufs Vornahme einer Abschrift in der bequemsten Weise gestattet, sondern mir dasselbe auch jetzt wieder überlassen, sodass ich es bei der Korrektur bis zum 6. Bogen stets zur Hand hatte und von da an nochmals mit meiner Abschrift vergleichen konnte.

Neumünster in Holstein, den 24. Juni 1887.

Friedrich Prien.

Einleitung.

Der Reinke Vos ist einer der hervorragendsten Vertreter des mittelalterlichen Tierepos. Über die Vorgeschichte des letzteren stellte Jacob Grimm folgende Vermutung auf[1]): die unleugbar grosse Verwandtschaft zwischen indischer, griechischer und deutscher Sage sei aus der gemeinsamen Wurzel einer zusammenhängenden indogermanischen Tiersage zu erklären; diese habe sich im Orient zur Tierfabel verdünnt und geschwächt, nur auf deutschem Boden sei das alte Besitztum treu bewahrt, zum Epos ausgebildet nach Frankreich hinübergetragen und endlich nach Deutschland zurückgebracht worden. Allein diese Hypothese, auf der Voraussetzung beruhend, dass die Tierfabel des Altertums bis ins 11. und 12. Jahrhundert dem Occident unbekannt geblieben sei, hat sich neueren, eingehenden Forschungen gegenüber als ein Irrtum erwiesen. Vielmehr ist für das mittelalterliche Tierepos als Grundlage die antike Tierfabel anzusehen. Ebensowenig ist das Tierepos des Mittelalters etwas specifisch Volkstümliches, sondern aus den gelehrten Kreisen der durch das klassische Altertum gebildeten Kloster-Geistlichen hervorgegangen.

Die Heimat der hierher gehörenden Dichtungen ist das nördliche Frankreich und Belgien. Das älteste Epos,

---

1) Für die Geschichte der älteren Tiersage verweise ich auf die neueste Darstellung derselben in Nr. 7 dieser Textbibliothek: Reinhart Fuchs, hrsgb. von Karl Reissenberger, Halle, Niemeyer, 1886, Einleitung. Vgl. noch Ysengrimus, ed. Voigt, Halle 1884, S. LXXXVIII—XCI und dazu Laistner im Anz. f. deutsch. A. XI, 216 ff.

nach 936 von einem lothringischen Mönche in Toul
verfasst, ist die Ecbasis captivi, welche aus einer
Rahmenerzählung, der eigentlichen ecbasis, und einer
Binnenerzählung, Heilung des kranken Löwen durch die
Wolfshaut, besteht. Am Ende dieser Periode, in der
wenigstens die Bearbeitung und Verbreitung der Fabel-
stoffe in den Händen der Mönche ruhte, und schon teil-
weise hineinragend in die folgende steht das ‚umfassende,
planmässig angelegte, geistreich und kunstvoll durch-
geführte Werk eines der grössten Dichter des Mittel-
alters‘, der Ysengrimus.[1]) Von Mone entdeckt und unter
dem willkürlich erfundenen Titel Reinardus vulpes
herausgegeben[2]), galt das Werk bisher für eine Erweiterung
des sog. Isengrimus[3]), bis Voigt in seiner Ausgabe ihm
den richtigen, handschriftlich bezeugten Namen gab und
nachwies, dass das Verhältnis das umgekehrte und der
Isengrimus nichts als ein Ysengrimus abbreviatus sei.
Das Gedicht, in den Jahren 1146—1148 im deutschen
Flandern, wahrscheinlich in Gent, von einem unbekannten
magister in lateinischen Distichen verfasst, ‚enthält in
zweckmässiger Gliederung die sich um Ysengrims Not
gruppierenden Fabeln, über welche eine reiche Fülle
heitern Scherzes und bitterer Satire ausgegossen ist.‘

Noch im Laufe des 12. Jahrh. ging die Tierdichtung
über zu den fahrenden Klerikern und Spielleuten und
entwickelte sich zu einem ausserordentlichen Reichtum,
besonders in Nordfrankreich. Dass wir in einen neuen
Kreis eintreten, wird schon äusserlich daran kenntlich,
dass jetzt die Landessprache, also zunächst das Fran-
zösische, zur Geltung kommt. Diese lose aneinander
gereihten, kein Ganzes ausmachenden und daher oft
widerspruchsvollen Erzählungen, welche branches ge-
nannt werden und über 40 000 Verse umfassen, bilden

---

1) S. Anm. 1.

2) Rejnardus vulpes, carmen epicum seculis IX et XII conscriptum,
ad fidem codd. mss. ed. et adnott. illustravit Fr. Jos. Mone, Tubingae, 1832.

3) Von Jac. Grimm aufgefunden und Reinhart Fuchs, S. 1—24, ver-
öffentlicht.

den Roman de Renart.[1]) Sie sind die Quelle für die deutschen Tierepen, die nun auf räumlich getrenntem Gebiet, dem oberdeutschen und dem niederdeutschen, entstehen.

Der hochdeutsche Reinhart Fuchs[2]) ist von einem Fahrenden aus dem Elsass, der sich selbst Heinrich d. Glîchezâre nennt, unter dem Titel ,Isengrînes nôt' um das Jahr 1180 nach französischen Quellen verfasst und nur in Bruchstücken erhalten. Eine, etwa in die erste Hälfte des 13. Jahrh. fallende Überarbeitung, die jedoch im ganzen nicht viel an dem Inhalt der Dichtung ändert, mit dem Titel ,Reinhart' ist vollständig auf uns gekommen; Name und Heimat des Bearbeiters sind unbekannt.

Wichtiger ist das auf niederländischem Boden entstandene Gedicht, der Reinaert, denn er ist die Grundlage für alle Überarbeitungen, Fortsetzungen, Übersetzungen u. s. w., welche die Kenntnis der Tiersage Jahrhunderte hindurch allein vermittelten. Der älteste Text, Reinaert I, ist nur in einer Handschrift, der Comburg-Stuttgarter[3]) (a), überliefert und erzählt nach einer Einleitung von 40 Versen vom Hoftag, Anklage, Ladung, endlichem Erscheinen Reinaerts, seiner Verteidigung, erheuchelten Romfahrt, Überlistung des Widders und schliesst mit einer Rehabilitierung des vorher verurteilten Bären und Wolfes sowie einer Achterklärung gegen das Geschlecht des Widders und Reinaerts. Über

---

1) Le Roman du Renart par Méon, Paris 1826, 4 Bde. — Chabaille, Le Roman du Renart, Supplément, variantes et corrections, Paris 1835. — Martin, Le Roman de Renart, Strasbourg, 1882 und 1885. — Inhaltsangabe der 27 branchen bei Grimm, R. F. p. CXXI ff.

2) S. die Einleitung in Reissenbergers Ausgabe.

3) Aufgefunden und herausgegeben von Gräter, Odina und Teutona, Bd. I, Breslau 1812. — J. F. Willems, Reinaert de vos, episch fabeldicht van de twaelfde en dertiende eeuw, Gent 1836; 2. Aufl. (von Snellaert besorgt) ebd. 1850 (mit den Varianten und Zusätzen der Umarbeitung). Danach: Geyder, Reinhart Fuchs, aus dem mnl. zum erstenmal ins hd. übersetzt, Breslau 1844. — Jonckbloet, Van den vos Reinaerde, Groningen 1856. — Martin, Reinaert. Willems Gedicht van den Vos Reinaerde und die Umarbeitung und Fortsetzung Reinaerts Historie, Paderborn 1874. (Nach dieser Ausgabe citiere ich).

die Person des Verfassers, der sich selbst in V. 1 Willem
nennt, wissen wir ebensowenig etwas Sicheres, wie über
die Zeit der Abfassung; wahrscheinlich war er ein ‚clerke'
und dichtete kurz vor 1250. Genau bestimmen dagegen
können wir die Quelle des R. I: es ist die 20. branche
(Méon) des Roman de Renart; ihr fügte Willem einige
Züge aus andern branchen sowie Selbsterfundenes hinzu[1])
und schuf so ein Gedicht, das, einheitlich und in sich
fest geschlossen, behaglich ruhig fortschreitend, objektiv
und ohne Satire und Didaktik besonders zu betonen ein
Epos im wahren Sinne des Wortes genannt zu werden
verdient. Eine vor 1280 von einem Mönche Balduin
angefertigte lateinische Übersetzung[2]) (l) in Distichen
ist in manchen Fällen für die Herstellung des ursprüng-
lichen Textes von Wichtigkeit.[3])

Willems Gedicht fand im 14. Jahrh. einen Um-
arbeiter und Fortsetzer an einem unbekannten Dichter;
wir nennen es Reinaerts historie oder Reinaert II.
Überliefert ist es vollständig in einer Brüsseler Perga-
menths. (b), dazu kommen das Van Wijnsche Bruchstück (c)
und die Culemannschen Fragmente eines Inkunabel-
Druckes (d). Es besteht aus dem umgearbeiteten R. I und
einer durch manche Züge erweiterten, an die 24. branche
sich anlehnenden Wiederholung des Willemschen Ge-
dichtes als Fortsetzung; daneben wurden von fremden
Quellen besonders der Romulus, wahrscheinlich in der
nl. Bearbeitung des Esopet, benutzt und endlich vom
Fortsetzer Selbsterdichtetes hinzugefügt.[4]) Hier tritt,
besonders in der Fortsetzung, eine didaktisch-satirische

---

1) Jonckbloet, Einleitung zu seiner Ausg. S. 88 ff. — Knorr, Die 20.
branche des Roman de Renart und ihre Nachbildungen. Progr. Eutin, 1866.
— Martin, Einleitung zu seiner Ausg. S. 28 ff.

2) In einem Utrechter Druck vom Jahre 1473 von M. F. A. G. Campbell
aufgefunden und herausgegeben u. d. T.: Reynardus vulpes, Hagae comitis,
1859. Den kritisch hergestellten Text gab heraus Knorr, Reinardus vulpes,
Utini, 1860. Vgl. E. Schulze, Uber Reinardus Vulpes ed. Knorr (Progr.
Züllichau), Leipzig 1862.

3) Vgl. Campbell a. a. O. praef. V und J. W. Muller, De oude en de
ongere bewerking van den Reinaert. Amsterdam 1884, S. 6 ff.

4) Martin, Reinaert XLI ff.

Tendenz hervor: der Verfasser selbst zieht aus dem Er-
zählten die moralischen Lehren, statt es dem Leser zu
überlassen, und giesst Spott und Hohn aus über Zustände
und Missbräuche in Kirche, Hof und Staat, nicht er-
zählend, sondern die eigene Person, manchmal mit
prunkender Gelehrsamkeit, in den Vordergrund stellend.
Zwar ,weiss er noch, was Erzählung ist', aber mit der
poetischen Kraft Willems, der geistvollen Auffassung,
der feinen Darstellungsweise, der geschickten Benutzung
seiner Quellen kann sich R. II nicht messen, und eine
Vergleichung wird wohl stets zu Gunsten des ursprüng-
lichen Werkes ausfallen, in wie vielen Punkten man
auch Muller[1]) zustimmen muss, der auf Grund ein-
gehendster Vergleichung beider Dichtungen die Ver-
dienste des Umarbeiters und Fortsetzers hervorhebt.
Wenn trotzdem nicht R. I, sondern R. II die literarische
Welt erobert hat, so ist das wohl nur zu erklären durch
das Wohlgefallen, welches das 15. und 16. Jahrh. an
didaktischer Poesie fand: die Anknüpfung der Fortsetzung
an den ersten umgearbeiteten Teil gereichte ihr nicht
zur Empfehlung, sie ist die denkbar ungeschickteste.
Willems Gedicht schliesst mit der Sühne zwischen König
und Isegrim und Braun; der Fortsetzer lässt nun den
König den Hoftag um zwölf Tage verlängern und dann
die Tiere, trotzdem sie also noch versammelt sind, zu
diesem neuen Tage förmlich zusammenrufen, worauf wie
im ursprünglichen Teile Klage, Anklage, Verteidigung,
Forderung u. s. w. erfolgen. — Zum Gemeingut des Volkes
wurde diese Bearbeitung der Tiersage im Westen Deutsch-
lands zunächst durch die Prosaauflösung. Die erste
derartige, uns bekannte ist Die historie van reynaert
de vos, Gouda 1479 und Delft 1485[2]) (p). Die Los-
lösung von der gebundenen Form ist nur eine leichte,
fast in jeder Zeile springen die Reime durch. Sie hat

---

1) a. a. O. S. 107—195.

2) Über beide vgl. meine Abhandlung Zur Vorgeschichte des Reinke
Vos in Paul und Braunes Beiträgen zur Gesch. d. deutsch. Spr. u. Literatur
VIII, 22 Anm.; einen Neudruck der Delfter Prosa veranstaltete Suhl,
Lübek 1783.

schon eine Einleitung, Überschriften für die einzelnen
Erzählungen, aber noch keine als solche gekennzeichnete
Kapitel, auch noch ·keine Moralisationen. Dies alles
finden wir erst in dem ältesten niederländischen
Volksbuch Reynaert de Vos, Antwerpen 1564 (h)[1]),
auf welches alle späteren Ausgaben des holländischen
Volksbuches zurückgehen und welches seinerseits im
Text die Prosa von 1479, in den Moralisationen einen,
uns nur in Bruchstücken erhaltenen, gedruckten und
gereimten Reinaert zur Vorlage hat.

Es sind dies die genannten Culemannschen
Bruchstücke (d)[2]. Senator Culemann in Hannover
bezog die Fragmente in den fünfziger Jahren von dem
in Paris längst verstorbenen Buchhändler Edwin Tross,
der die Blätter von einem unbekannten Buche loslöste[3]);
er veranstaltete davon einen getreuen Abdruck in nur
wenigen Exemplaren, der den Titel trägt: ,Brokken eens
ouden druks van den Reynaert in verzen'[4]), von dem
das einzige bekannte, dazu noch unvollständige Exemplar
dem 1870 aus einer Versteigerung in London an die
Universitäts-Bibliothek in Cambridge übergegangenen
Original beiliegt. Von den 7 Bll. in 4⁰ sind 3 voll-
ständig erhalten (Bl. 2. 5. 7), die übrigen teilweise arg
von dem Messer des Buchbinders · mitgenommen. Der
Text gehört dem 1. Teile des überarbeiteten Gedichts
an und entspricht den Versen R. II, 1513—1588,
1637—1654, 1751—1770, 1778—1806, 1829—1852,
im ganzen 223 Verse; dazu kommen an zwei Stellen,
im Anfange auf Bl. 1ª und auf Bl. 6ᵇ, die Reste einer
Glosse, vier Kapitelüberschriften und endlich drei Holz-

---

1) Herausgegeben von Martin, Paderborn 1876.

2) Vgl. K. Goedeke in seiner Deutschen Wochenschrift 1854, S. 256.
— Hoffmann von Fallersleben im Allgemeene Konst — en Letterbode 1855,
Nr. 36 und danach mit unwesentlichen Änderungen in den Horae Belgicae
XII, S. 5—6.

3) Gefällige Mitteilung des Herrn Entdeckers.

4) Danach veranstaltete Hoffmann von Fallersleben einen Abdruck
in den Horae Belgicae XII, 7 ff.; einen diplomatischen Abdruck nach den
Originalbll. findet man von mir a. a. O. S. 10 ff., wiederholt als Anhang
vorliegender Ausgabe.

schnitte, von denen einer wiederholt ist. Der Druck
stammt aus der Offizin des G. Leeu in Antwerpen und
fällt nach dem Jahre 1480, wahrscheinlich in das Jahr
1487 (vgl. Anm. zu V. 3247). Herausgeber und Verfasser
der Glosse ist, wie aus der, unzweifelhaft wörtlich aus
dem nl. übersetzten ersten Vorrede zum R.V. hervorgeht,
Hinrek van Alckmer, der sich selbst (ebda.) ſdoſe=
meſter vnbe tudtſerer beſ ebbelen, bogentlifen vorſten vnbe
heren, hertogen van Lotrungen nennt. Über seine Person
sind wir über Vermutungen noch nicht hinausgekommen.
Am meisten Wahrscheinlichkeit hat wohl die Annahme,
dass ein in Urkunden von 1477 und 1481 in Utrecht
nachgewiesener Hendrik van Alkmaar in die Dienste
des Herzogs Renat II. von Lothringen ging, der sich
1485 mit Philippa von Egmont, Tochter des Herzogs
Adolf von Geldern, vermählte, und dass er im Auftrage
seines Herrn für diesen den Reinaert II einer Bearbeitung
unterzog.[1] —

Trotz ihres geringen Umfanges haben die Bruch-
stücke eine hervorragende Bedeutung, weil die Hinrek
van Alckmersche Bearbeitung (vielleicht in zweiter Auf-
lage) die direkte Vorlage für den Reinke Vos (r)[2]
bildete. Leider gestatten sie nur eine geringe Ver-
gleichung, doch schon diese ergiebt, dass weder der
Text, noch die Glosse, noch die Kapitelüberschriften,
-einteilungen und -zählungen, ja sogar nicht einmal die
Holzschnitte im nd. Original sind.[3] Wie weit sich der

---

1) Vgl. über diesen ganzen Abschnitt Grimm, R. F. S. CLXXVI und
meine Abhandlung a. a. O. S. 8 ff. und 2 ff.

2) Die Ausgaben sind in der Bibliographie unter A I verzeichnet.

3) Eine Vergleichung der begleitenden Nachbildungen der Holz-
schnitte wird die Abhängigkeit des R.V. von seiner Vorlage auch in dieser
Beziehung deutlich veranschaulichen Entscheidend bei der Auswahl aus
den zwei in Betracht kommenden Holzschnitten (der dritte [d, Bl. 2b; vgl.
den Anhang] ist von r nicht nachgeschnitten worden) war der Um-
stand, dass dieser verhältnismässig am besten erhalten ist. Für die Her-
stellung der Nachbildungen bin ich noch folgenden Aufschluss schuldig:
Vom R.V. wurde durch den Photographen C. Sternitzki unter gütiger Ver-
mittelung des Herrn Bibliothekars Dr. G. Milchsack in Wolfenbüttel eine
Photographie aus dem dortigen Exemplar angefertigt, eine zweite aus dem
Bremer Exemplar durch den Photographen C. Andersen hierselbst genommen;

Übersetzer im einzelnen von seiner Vorlage entfernte
oder ihr folgte, ist nicht mit Gewissheit festzustellen.
Wäre es erlaubt, aus einer Vergleichung der uns in d
überlieferten Verse mit andern Repräsentanten der
Recension R. II einen Rückschluss auf die ganze Be-
arbeitung Hinreks van Alckmer zu machen, so würden
wir hinsichtlich des Textes zu dem Resultat gelangen,
dass er nichts änderte und seine Thätigkeit sich also
nur auf Einteilung in vier Bücher, Kapitelüberschriften,
-glossen und -zählungen erstreckte. Allein dem ist nicht
so: H. v. A. hat auch den Text angetastet, wie ich zu
V. 3247 wahrscheinlich gemacht zu haben glaube; zur
Beurteilung der Arbeit des nd. Übersetzers besitzen wir
demnach nicht den wünschenswerten festen Boden.

Erweiterungen, Zusätze, Kürzungen, Umstellungen
und sonstige Veränderungen des R. V., soweit sie sich
aus einer Vergleichung mit R. II feststellen lassen, sind
meistens glückliche Verbesserungen,[1]) besonders die Aus-
lassungen und Zusammenziehungen in der Fortsetzung
geben dem Gedichte ein festeres Gefüge; zeigen sich
hie und da auch Mängel in Auffassung und Wiedergabe
des Originals, so wird man doch keinen Anstand nehmen,
den Reinke als ein Meisterstück der Übersetzungskunst
anzuerkennen. Für die katholische Glosse, d. h. eine
vom katholischen Standpunkte aus geschriebene prosaische
Auslegung des Textes, welche ausser in der editio princeps,

---

beide haben der xylographischen Anstalt von Klitsch und Rochlitzer in
Leipzig vorgelegen. Das Faksimile giebt das Original getreu wieder. Vom
Reinaert-Bruchstück eine Photographie zu erhalten, war mir zu meinem
lebhaften Bedauern nicht möglich. Auch die eifrigen und wiederholten
Bemühungen des Herrn Dr. Breul in Cambridge führten zu keinem Resultat,
da infolge des Todes des Oberbibliothekars Bradshaw, der die Bruchstücke
behufs Ausarbeitung einer Bibliographie der Inkunabeldrucke mit andern
Werken geordnet hatte, sowie wegen des Um- und Ausbaues der Universitäts-
bibliothek daselbst die Fragmente unzugänglich waren. Unter diesen Um-
ständen musste eine Bleistift-Tracierung als Ersatz dienen, welche Herr
G. A. S. Schneider, B.-A. in Cambridge, mir früher zu senden die Güte hatte.
Sie ist vom Photographen C. Andersen photographiert und in der genannten
Anstalt auf Holz übertragen worden.

1) Vgl. Knorr, Reinaert de Vos und Reineke Vos. Progr. Eutin 1857,
S. 49 ff.

Lübeck 1498 [A] nur noch in der Rostocker Ausgabe von 1517 [B] vorhanden ist, haben wir zur Vergleichung nur die kümmerlichen Brocken derselben in d und die geringen Reste in h; danach muss R. V. seine Vorlage ganz bedeutend verändert, besonders erweitert haben.[1]

Der Lübeker Reinke ist anonym erschienen; Jahrhunderte lang ist Hinrek van Alckmer für den Verfasser gehalten worden: man nahm eben die erste Vorrede für bare Münze ohne zu bedenken, dass es unerhört ist, dass ein Niederländer Verfasser eines niederdeutschen Werkes ist. Neben ihm trat bald ein anderer Prätendent für die Verfasserschaft des Reinke auf, um beide wurde gelehrter Streit geführt, bis endlich in unseren Tagen dem ersteren sein Recht geschah und der zweite aus der Diskussion ausgeschlossen worden ist. Dieser zweite war der herzogl. meklenburgische Sekretär Nicolaus Baumann.[2] Er wird zuerst als Verfasser des R. V. genannt von Peter Lindeberg in dessen zwar erst nach seinem Tode 1596 erschienenen, jedoch der Hauptsache nach bereits ,1590 abgefassten chronicon Rostochiense S. 173 und danach (?) von Rollenhagen in der Vorrede zum Froschmäuseler, Magdeburg, 1595.[3] Die Angaben sind aber so konfus und widerspruchsvoll, dass wir sie mit Zarncke in das Reich der Fabel verweisen. Zarncke[4] stellte statt seiner den Rostocker Stadtsekretär und Buchdrucker Hermann Barkhusen auf, doch auch diesen wird man schwerlich für den Verfasser halten können,[5] in wie enger Beziehung er auch zur Drucklegung eines

---

1) Vgl. meine Abhandlung a. a. O. S. 38 ff.

2) G. C. F. Lisch, Geschichte der Buchdruckerkunst in Meklenburg, in den Jahrbb. d. Ver. f.meklenburgische Gesch. u. Altertumskunde IV (1839), 186 ff. [auch separat Schwerin 1839] — F. Zarncke, Zur Frage nach dem Verfasser des Reineke, Zeitschr. f. deutsch. Altert. IX (1853), 374 ff. — F. Boll, Über die sog. protestantische Glosse zum R.V., Jahrbb. d. Ver. f. meklenburgische Gesch. u. Altertumskunde, Jahrgang XVIII (1853).

3) Beide Nachrichten abgedruckt bei Zarncke, a. a. O.; vgl. Hofmeister bei Wiechmann, Meklenburgs altniedersächsische Literatur III (1885), 193.

4) a. a. O. S. 383.

5) Vgl. Wiechmann, a. a. O. I (1864), 44. — Latendorf, Zur Kritik und Erklärung des Reinke Vos. Progr. d. Gymn. z. Schwerin 1865, S. 34.

Reinke stehen mag. Grössere Wahrscheinlichkeit hat
Bielings[1]) Vermutung, wonach der nd. Glossator, zugleich
Verfasser der Übersetzung und der Text-Erweiterungen
im Sinne der Glosse, ein Ordensgeistlicher in Lübek
war. — Im engsten Zusammenhange mit der Frage nach
dem Verfasser des R. V. stand bisher die andere: wer
hat den Lübeker Druck des Reinke von 1498 besorgt?
Am Schluss der editio princeps ist zwar Druckort und
Jahreszahl, aber nicht der Drucker genannt, statt dessen
vier Wappen. Zarncke hielt Barkhusen für den Drucker,
Lisch[2]) und Deecke[3]) vermuteten, dass der Drucker ein
Bruder vom gemeinsamen Leben gewesen sei; neuerdings
hat Seelmann[4]) die Hypothese begründet, dass die sog.
Mohnkopfdruckerei dem Matthäus Brandis gehört habe;
unabhängig von ihm gelangte Neumann in Wien zu dem-
selben Resultat und wird seine Untersuchungen dem-
nächst veröffentlichen.[5])

Eine wesentliche Umänderung erfuhr der Reinke im
Jahre 1539 in Rostock [C]. Vor allem die Glosse ist
gänzlich umgearbeitet im Sinne des Protestantismus (daher
protestantische Glosse genannt), und diesem Umstand
besonders ist es zuzuschreiben, dass der Reinke nun
durch zahlreiche Ausgaben, Übersetzungen u. s. w. zu
einem populären Buche wurde, nachdem der Ausbreitung
des nl. Originals durch den Antwerpener Index librorum
prohibitorum[6]) vom Jahre 1570 ein Ziel gesetzt worden
war. Die neue Glosse entfernt sich von der katholischen
etwa in ähnlicher Weise, wie diese sich von der Alck-
merschen unterschied; sie ist mit grossem Freimut und
zuweilen scharfer Polemik gegen die katholische Kirche
geschrieben und geisselt Einrichtungen des öffentlichen

---

1) A. Bieling, Die Reinke-Fuchs-Glosse, Progr. (Nr. 95) d. Andreas-
Realgymn. Berlin 1884, S. 9.

2) a. a. O. S. 41, Anm.

3) Zeitschr. f. Lübeksche Gesch. II, 503—508 und Bieling, a. a. O. S. 10.

4) W. Seelmann, Der Lübeker Unbekannte, Zentralbl. f. Bibliotheks-
wesen I (1884), 19 ff.

5) Vgl. Hofmeister bei Wiechmann III, 106.

6) Siehe Reusch, Die Indices libr. prohib. d. 16. Jahrh. (Stuttg. liter.
Ver. Nr. 176) S. 315.

wie des privaten Lebens unter fast überreichlicher Ver-
wendung von Citaten aus altklassischen und zeit-
genössischen Schriftstellern.[1]) Auch die Rostocker Aus-
gabe ist ohne Namensnennung des Herausgebers und
Glossators erschienen, auch hier tappen wir ebenso im
Dunkeln wie bei der Lübeker Ausgabe; jedenfalls ist
Nicolaus Baumann, an den man früher wohl gedacht hat,
abzuweisen, da er bereits 1526 starb und eine editio
princeps von C aus dem Jahre 1522, mit der man seine
Person zusammenbringen könnte, höchst problematisch
ist.[2]) Immerhin haben wir zwei Anhaltspunkte, mittels
deren es vielleicht noch einmal gelingen wird, die Per-
sönlichkeit festzustellen: zunächst die Ankündigung des
Glossators (Bl. 272ª), dass er dath Böck Plutarchi van
dem Gemeinen besten jn Sassyscher sprake ... vppet balbeste
ock vorferdygen wolle und ferner die Notiz des hd. Über-
setzers (Frankfurt a. M. 1544, Vorrede, Bl. A 3ª), dass der
Sechsische glossator sein besonder bekandter freundt sei.
Jüngst hat Krause[3]) die Vermutung aufgestellt, dass der
Verfasser der niederländische, in Rostock weilende
Wiedertäufer-Bischof Ubbo Philipps sei; es bleibt ab-
zuwarten, ob eingehende Untersuchungen dies bestätigen
werden.

Die Einwirkung der Bearbeitung auf die Zeitgenossen
war eine grosse und nachhaltige, nicht so sehr des
Originals, wenn wir nach der Zahl der Auflagen urteilen
dürfen, als vielmehr der anonym erschienenen hd. Über-
setzung von 1544. Nach einer Notiz Hartmann
Schoppers in seiner gleich zu erwähnenden lateinischen
Bearbeitung wäre Michael Beuther der Verfasser ge-
wesen; doch glaube ich, abgesehen von andern Bedenken,
auf Grund der grossen Geistesverschiedenheit, die in der
hd. Glosse und dem ersten, unter Beuthers Namen über-
lieferten Werke (zwei Büchern lateinischer Epigramme

---

1) Vgl. Bieling a. a. O. S. 10 ff.

2) Vgl. Bibliographie unter A I., S. XXVII.

3) Kr(ause), Die Wiedertäufer in Rostock II. Feuilleton der Rostocker
Zeitung Nr. 270 (28. Juli) 1885; vgl. Korrespondenzbl. d. Ver. f. nd. Sprach-
forschung X, 48.

Frankf. 1544) beobachtet werden kann, die Verfasserschaft bestreiten zu müssen[1].) Der unbekannte Übersetzer zeigt sich in keiner Weise seiner Aufgabe gewachsen: Auslassungen die Fülle (seine Arbeit umfasst nur 4415 Silben zählende Verse), Fehler und Missverständnisse mannichfacher Art und ein holpriger Stil machen sie fast ungeniessbar. Nicht diesen Tadel verdient die Glosse, welche, zuerst wörtlich übersetzend, dann durch freie Behandlung des gegebenen Stoffes und vielfache selbständige Zusätze sich überwiegend in der Form, teilweise auch im Inhalt als ein ganz neues Werk erweist.[2]) — Nach dieser hd. Bearbeitung dichtete **Hartmann Schopper** seine **lateinische Übersetzung** und gab sie 1567 mit einer Widmung an Kaiser Maximilian II. in Frankfurt a. M. heraus. Leicht ist ihm die Arbeit nicht gewesen, an mehreren Stellen betont er die Schwierigkeit derselben (‚labor hic Aetna grauior’), klagt, dass es ihm nicht gegeben sei, ‚in modico plures effundere tempore verfus’ und versichert, ‚noctibus hybernis vigilaſſe’. Immerhin stellt er seinen Vorgänger in den Schatten und sind seine zierlichen Jamben auch heute noch lesbar trotz der vielfach eingeflochtenen Erzählungen persönlicher Erlebnisse.

Inzwischen war 1555 eine nach der Rostocker nd. Ausgabe von 1539 verfertigte **dänische**, König Christian III. gewidmete **Übersetzung von Hermann Weigere** in Lübek herausgekommen. Der ‚arme Kaufmann’, wie er sich wiederholt nennt, übersetzt den gereimten Text (7455 Verse) sowie die Glosse im ganzen genommen Zeile für Zeile, ohne sich sklavisch an die Vorlage zu binden; manchmal verlegt er den Schauplatz in ihm nahe gelegene Gegenden, wie denn König Nobel Hof hält in Lemvig in Jütland und Meister Abrion von Trier alle Zungen versteht zwischen Ribe oc Obenraa (= Apenrade). — Von der **schwedischen Übersetzung** (zuerst 1621) kennen wir den Verfasser nicht;

---

1) Über die hochdeutsche Reinke-Übersetzung vom Jahre 1544. Progr. (Nr. 266) des Progymnasiums zu Neumünster, 1887, S. 19 ff.

2) a. a. O. S. 12 ff.

er arbeitet weder nach der dänischen noch nach der lateinischen Übersetzung, die er ebenso wie die hochdeutsche kennt (Bl. Qq ij), sondern nach einer nd. Ausgabe. Er habe die Arbeit nicht aus eigenem Antriebe unternommen und hätte sich nicht daran vergriffen, wenn er von vornherein die Schwierigkeit derselben gekannt hätte. Diese bestehe darin, dass die gereimten Zeilen des Textes wie der Glosse nicht ihr richtiges Mass und ihre richtigen Silben innehielten; daher habe er sich befleissigt, in jeder ‚Fabel' die ihr zukommenden Verse zu gebrauchen, wobei er sich auf Luther, Lobwasser und andere Høghlårde beruft. Das erste Buch ist in Strophen von verschiedenem Bau verfasst; S. 280 wird jedoch erklärt, dass das zu schwierig sei und so syntes migh the andre twå (!) Bøker medh gemene bruffighe Rijm aff fim, 8. 9. och 10 fyllaber, med lijfa fwarande enber, at brufa wela.

Kaum wieder zu erkennen ist der alte Reinke in der hochdeutschen, Rostock 1650 erschienenen Übersetzung, deren ungenannter Verfasser ein Anhänger Zesenscher Lehren war, wie aus der Überschrift Kurßer Vorbericht An den Teutschgesinnten wohlwollenden Leser zu schliessen ist: nicht nur, dass das Ganze in drei Abschnitte geteilt und die Glosse unter Zugrundelegung derjenigen der hd. Übersetzung von 1544 einer gänzlichen Umarbeitung unterzogen ist, vor allem der Text muss sich in gezierter, gewundener Rede die Reimkünsteleien des Verfassers gefallen lassen, der den mit so hart und übel lautenden Reymen versehenen Reinke aus den groben Spåhnen nach möglichem Fleiß heraus= gehauen zu haben sich rühmt. In der ‚Scanfion — oder Füß=Abtheilung' sind nicht weniger als 51 Schemata für die Strophen angegeben, zu denen auch der achtmal verwandte Alexandriner gerechnet wird. Mit Recht nennt J. Grimm die Bearbeitung eine abgeschmackte, wie denn schon 1651 der alte Johann Lauremberg den hochdeutschen Übersetzern (er meint wohl besonders den Zesenianer) die Fähigkeit abgesprochen hatte, zu erkennen De natürlife Eigenschop derfülven rede, Welcfe be ange=

b*

baḥrne Zierlicheit bringt mede (Scherzgedichte IV, 637). Die Zesenianische Bearbeitung hat in der Form des Prosa-Volksbuches nicht wenig zur Verbreitung von Reinkes Ruhm beigetragen, zugleich aber auch des Irrtums über die Verfasserschaft des N. Baumann, über dessen Schicksale die Einleitung, offenbar nach Rollenhagens Froschmäuseler, berichtet.

Andere Bearbeitungen des R. V. aus dem 16. und 17. Jahrh. gibt es nicht, besonders nicht französische und englische (vgl. in der Bibliographie Anm. zu B VI), dagegen hat er bis in unser Jahrhundert hinein zu andern Werken angeregt, deren Besprechung ich jedoch als zu weit abliegend hier unterlassen muss, und wiederholt hervorragenden Künstlern den Zeichenstift in die Hand gegeben, Vergil Solis und Jost Amman im 16., Everding im 18. und in unserm Jahrhundert Kaulbach, dessen meisterhafte Zeichnungen Goethes Gedicht zieren. Mit Gottscheds Prosa von 1752 beginnt die moderne Zeit der Reinke-Übersetzungen, von denen keine, selbst die viel gelesene Soltausche nicht, das Original erreicht. Laute Anerkennung dagegen verdient Goethes Gedicht; mag es auch, wie J. Grimm sagt, die natürliche, einfache Vertrautheit der Fabel daran gegeben haben, so entschädigt dafür eine durch die Wahl des epischen Hexameters gewonnene Freiheit der Bewegung und eine gewisse Vornehmheit, die dem edlen Hofstaat König Nobels und seiner Vasallen wohl ansteht.

Für den Neudruck konnte nur der Lübeker Druck von 1498 in Betracht kommen. Das mit äusserst geringer Sorgfalt[1]) hergestellte B berührt mit seinen Änderungen in Text und Glosse nur an wenigen Stellen den Inhalt (sie sind in den Anmerkungen verzeichnet), mehrfach die Form, indem es durch veränderte Schreibung der Aussprache und durch Beseitigung veralteter Wörter und Wortformen dem Verständnis der Zeit näher kommen

---

1) Vgl. Kliefoth bei Lisch, Meklenbg. Jbb. IV, 148, Anm. 2.

wollte. Demselben Bestreben begegnen wir in C, das
fast in jeder Zeile des Textes die Form, manchmal auch
Satzbau und Reim und nur sehr selten den Inhalt ändert.
Beider Lesarten sind daher, kritisch betrachtet, bedeutungs-
los und bieten nur das relativ geringe Interesse von
Veränderungen der Herausgeber. Die zahlreichen Nach-
drucke von C geben ihre Vorlage mit um so weniger
Sorgfalt wieder, je weiter sie zeitlich von ihr entfernt sind.[1])

Demgemäss wird A buchstäblich wieder abgedruckt,
nur in folgenden Punkten ist abgewichen: 1) alle Eigen-
namen — sie sind im Originaldruck meist klein ge-
schrieben — haben die Majuskel erhalten; die wenigen
Male, wo sonst statt eines grossen ein kleiner Anfangs-
buchstabe oder umgekehrt gesetzt ist, bieten kein be-
sonderes Interesse dar, weswegen ihre Aufführung unter-
bleibt; 2) die Interpunktion des alten Druckes, die meist
nur den willkürlich gesetzten runden Punkt, einige Male
das Kolon in Form eines eckigen Punktes, einmal den
schrägen Langstrich und einmal die Klammer verwendet,
ist durch die moderne ersetzt; 3) wirkliche Composita
sind auch zusammengedruckt, nur adverbielle Ausdrücke
getrennt gelassen, sodass, wo sie éin Wort bilden, das
Original sie schon so hat; 4) Worttrennungen sind vor-
genommen 18 mal bei her mit folgendem Substantiv
(z. B. herſoʒevunt), 7 mal bei to mit dem Infinitiv, 10 mal
bei der Präposition to mit folgendem Nomen und sonst
noch einige Male; 5) die Abkürzungen (ā, ē, ī [mit
eckigem Punkte] ō, ū für a ꝛc. + folgendem m oder n,
m̄ für mm oder me, ʒ für et, b' für ber, ꝯ für uꞩ) sind
aufgelöst, soweit sie nicht zu Bedenken Anlass geben.[2])
Beim Dat. sg. des männlichen und sächlichen Artikels
und der stark flektierten Adjectiva ist die Abbreviatur

1) Vgl. noch Latendorf a. a. O. S. 1 u. 2.

2) In Überschr. I, 6 und V. 457 habe ich nur an einigen Beispielen
zeigen wollen, was Schröders Auflösung in n zu Grunde liegt. Zwar kommt
auch im R.V. das aus m abgeschliffene n vor (s. Anm. z. V. 2131), da jedoch
die längere Form (—me), sei es abgekürzt, sei es ausgeschrieben, überwiegt,
so ist immer in solchen Fällen in m aufgelöst worden; wo also trotzdem n
steht (s. o.), ist auch im Original das Wort nicht abgekürzt.

m̄ mit beme ꝛc., ē mit bem ꝛc. wiedergegeben, zuweilen
bietet auch der Druck die kürzere Form ausgeschrieben.
Die meist in der Form vn̄ erscheinende Copula ist stets
mit vnbe aufgelöst; wo also vnb steht, fehlt auch im
Original das e. Der Name des Fuchses kommt 12 mal
in der abgekürzten Form rēyſe vor; 6) folgende Druck-
fehler sind verbessert:

a) *Buchstaben vertauscht:* ghewn̄nē 2. Vorr., 3.
S. 4, 30. ſnluen Gl. I, 3, 4. S. 16, 25. ſtncke Gl. I, 6, 1.
S. 24, 1. vū Gl. I, 6, 2. S. 24, 8. bnuel Gl. I, 7, 4. S. 28, 1.
bebregerye vū Gl. I, 11, 4. S. 37, 21. hyuŧe Überschr. I, 12.
vū 1246. werbeu Gl. I, 14, 1. S. 50, 1. hnlpe Gl. I, 14, 3.
S. 50, 36. wulfhynuē Gl. 1, 14, 4. S. 51, 10. māuyges
Gl. I, 14, 5. S. 51, 28. beſſeu Gl. I, 16, 1. S. 56, 1. be=
gnnbe 1883. Bruu 1917. blyne 2186. vorſtnnt 2198.
rnwen 2342. uicht 2843. nn 2880. gnb 2887. hōnet
Überschr. I, 38. tōnhuge 3897. uicht 3924. gnb 3960.
yntweme 4181. vorbernen 4224. vū 4743. beſtn̄ben 4795.
Nn̄mer 4841. uoet 4932. vū benne Überschr. III, 7.
Wultn 5013. wēte be uyb Gl. III, 8, 2. S. 179, 11. ynwen
5190. bonen 5737. ouer ghenē Gl. IV, 2, 4. S. 204, 13.
ſulne 6186. ghyvunben 3065. byfümerynge 4039. voron
4948. peciniā Gl. I, 17, 3. S. 63, 14. hetalen 3177.
valſcbē 4366. gbeban 6662. hoeŧ Seitenüberschr. Bl. 181ᵇ.
trebe 114. hēnith 1682. ſthat 3752. co begen Über-
schr. III, 9. Heſt 2664. fyn 3490. Eſte 3746. By
2679. Bhaet 6027. Bub 833. Bhebraben 1478. wor
3741. briſtliſen Gl. I, 14, 7. S. 52, 29. vorherb 194.
ro merſenbe Gl. I, 12, 1. S. 42, 2. vulf Gl. I, 3, 1. S. 16, 10.
vuſtmen 738. verpeŧ Gl. I, 17, 3. S. 64, 31. wmme eynes
leens Gl. I, 33, 3. S. 102, 13. worworn 5781. b) *um-
gestellt:* tōnycnŧ 301. gubbuncelhyet Gl. I, 12, 1. S. 42, 3.
eltyŧe 1812. ryenſen Überschr. I, 30. balbe Register
S. 234, 11. hir iz 1255. 3824. vnz 5085. c) *über-
flüssig:* tōnyncŧ 4225. boſeez 2. Vorr., 5, S. 5, 11. ſeggee
135. beeſſem Gl. I, 4, 1. S. 20, 1. Albeer 728. hee
Gl. I, 17, 3. S. 62, 18. beeſſem Gl. I, 21, 1. S. 76, 1.
anbeerz Gl. I, 33, 4. S. 102, 19. ſeez 3820. āmyen 3974.
vn̄b Gl. I, 17, 3. S. 63, 18. gyſterren 284. enbrrynge 492.

Eſteruen 2106. ⟪rrrviii⟫ Überschr. I, 28. *d) ausgelassen:*
webbrſtent 3936. hebbn 3974. krennnen 2. Vorr., 9. S. 6, 31.
haſtih 2767. ſlehte 3662. lnchtſynnihent Gl. II, 6, 2.
S. 138, 6. tuchtih 5019. rehten 5296. habē 4927. boßent
Gl. I, 14, 4. S. 51, 19. arbehbeben beren 2. Vorr., 2. S. 4, 24.
hēnnck[1]) 2. Vorr., 9. S. 6, 28. könick 79. könnck 139.
1977. 4275. 5007.[1]) knnber 141. nunwe 571. egene
Gl. I, 17, 4. S. 64, 37. gube 1110. ſyne 1766. ghewoben
1216. vorweff 2634. anberweff Überschr. III, 5. nich 491.
leeh 789. Dat ⟪r⟫ (s. u.) Überschr. III, 9. ghenliken Gl.
I, 14, 7. S. 52, 15. *e) Ergänzungen:* Dat rri cap[ittel.]
Überschr. I, 21. Dat ⟪r⟫ [capittel.] (s. o.) Überschr. III, 9.
Dat ⟪r⟫ capit[tel.] Überschr. III, 10. Dat iii [capittel.]
Überschr. IV, 3. [capittel] Gl. IV, 4, 1. S. 211, 1. Dat
v capit[tel.] Überschr. IV, 5. Dat vi [capittel.] Überschr.
IV, 6. Dat rii [capittel.] Überschr. IV, 12. et ce[tera.]
Gl. II, 9, 4. S. 151, 18. gehſtlh[ken] Gl. I, 14, 7. S. 53, 1,

7) Sonstige Änderungen: vnſtraflikem] vnſtrafliken = B.
Gl. I, 14, 7. S. 52, 17. — ehnē vſliken] vſliken = B.
Gl. I, 16, 4. S. 56, 16. — ſcholbe ſeggen] ſch. ſe ſ. = B;
N. bat ſch. C. 2193. — batmē beſſe = B] bat beſſe Gl. I.
12, 2. S. 42, 6. — cabit in famiā] cabet infamia; cabet ī
infamiā B. Vorr. z. 4. Buch. S. 197, 25. — aliquis] ali=
quob = B. Vorr. z. 4. Buch. S. 197, 28. — Ehne mereken
= B] Ehn = C. 248. — tall] talle = BC. 1608. —
voluntatē = B] voluptatem Gl. I, 17, 3. S. 63, 15. —
vnvroubē] vnvroben = B; wnſen C. 608. — De = B]
Dar; nu C. 2108. — eme] ene = B 2297. — Lathe]
Lathet 3862. — hir] her = BC. 4754. — gulbene = B]
gulbenen = C. 5256. — ſcholbe he] he ſcholbe; bat ſcholbe
he B; bat ſch. h. laten vnuorworen Vnb ſpreken C. 6003.
— borgē = BC] borge 6162. — enbe iš vn̄] enbe vnbe
= B. Gl. IV, 10, 1. S. 228, 3.

---

1) Bedauerlicherweise ist an diesen sechs Stellen die Form mit n
aus Versehen in den Text gekommen.

VERSUCH EINER REINKE-BIBLIOGRAPHIE.

A. NIEDERDEUTSCHE DRUCKE.

I. Original mit der katholischen Glosse und Ausgaben.

1. Lûbeck, 1498. 4⁰. [A]

Bl. 1ᵃ Tit.: Holzschnitt: eine Krone; darunter: Reynke
be vos. — Bl. 1ᵇ Holzschnitt, die ganze Seite einnehmend; dar-
unter: O vulpis abulacio. nu in der werlde blycket | Sic hoīm ē
racio. ghelik dē vosse gheschicket — Bl. 2ᵃ [s. sign.]: ¶ Eyne vor=
rede ouer dyt boek | van reynken deme vosse. | ¶ Hir bevoren in
den olden haren eer. der tyd | dat god vorlōzede dat mynschlyke
geslechte | Eer vnse here Cristus etc. bis Bl. 3ᵃ [sign. a iij], Z. 1:
vmme to vorstaen den rechtē | syn des capittels. | ¶ Wo dyt boek
wert ghedelet in iiii | part. De ander vorrede | ¶ Vp dat eyn yslyk
leser desses bokes van | reynken deme vosse. wol moghe vorstaen. |
so is to merken dat etc. bis Bl. 5ᵇ [s. sign.], Z. 21: ... Dit is
de menynge des meysters be dyt | boek beghynt in solkē wordē so
hir na volget | Bl. 6ᵃ [s. sign.]: Hyr beghynt dat erste boek | van
reynken deme vosse vn̄ | van allen beren | Holzschnitt, darunter
die Worte: Dyt is dat hylde des lauwen eer he könynd | wart.
wo he do vpholden moste vn̄ sweren | myt eyneme swaren ede.
deme ryke truwe vn̄ | holt to wesen vn̄ allen beren | Bl. 6ᵇ ¶ Wo
de lauwe. könynd aller beren. leeth vth kreyeren vn̄ vasten vrede
vth ropē. vn̄ | leet beden allen beren to synem houe tho ko= | men
Dat erste capittel | Holzschnitt | Bl. 7ᵃ [c. sign. b i]: J [8 Zeilen
hinunter reichend] D gheschach vp eynen | pynxste dach | etc.
Expl. Bl. 242ᵃ [s. sign.], Z. 8: Anno dm̄i MCCCCxcviii. lûbeck.,
darunter vier Wappen und ein Totenkopf. — 4⁰ (in Lagen zu

Anmerkung: In diesem bibliographischen Versuche habe ich Voll-
ständigkeit angestrebt in den niederdeutschen Drucken und den Über-
setzungen bis zur Mitte des vorigen Jahrhunderts; von andern Über-
setzungen des 18. und denjenigen des 19. Jahrh. (deren erste Auflage ich
nur verzeichne) mag mir diese und jene entgangen sein, doch hoffe ich,
keine wichtige. Streng ausgeschlossen ist alles, was nicht wirklich auf den
Reinke zurückgeht sowie die auf neuhochdeutschen Übersetzungen be-
ruhenden Übertragungen in fremde Sprachen. Die mit einem Sternchen
versehenen Exemplare habe ich selbst benutzt. Sperrung bedeutet Rotdruck.

6 Bll.). 242 (Titelbl. = Bl. 1) gez. Bll. (statt 46: ꝛꝟi; 60: liꝛ; 138: ꞓꞓꝛꝛꝟbiii; 225: ꞓꞓꝟ; 226: ꞓꞓꝟi) = 39 Bogen zu 6 und 1 Bogen (ℜ) zu 8 Bll. mit den Signaturen α.— ℜ iij; signiert ist jedesmal das erste und dritte Bl. eines Bogens. Kustoden fehlen. Seitenüberschriften stehen vom zweiten Buche (Bl. 130) an auf der Rückseite des jeweiligen Bl. Die vollbedruckte Seite hat 22 Zeilen. Wasserzeichen des Papiers habe ich 21 verschiedene gezählt. Von den Holzschnitten, zu denen die Bilder in Hinreks van Alckmer Bearbeitung des Reinaert als Vorlage dienten, lassen sich folgende Arten unterscheiden: 1) bessere, deren Zeichnung auch in den Details mit einiger Sorgfalt behandelt ist und für welche die zur Veranschaulichung der Unebenheiten auf dem Erdboden dienenden eigentümlichen Strichlagen ⎯⌣⎯ charakteristisch sind (vgl. das Faksimile): 31 Holzschnitte, von denen 1 sechsmal, 8 zweimal und 13 einmal wiederholt werden; 2) geringere: 7 Holzschnitte, weniger ausgeführt in der Zeichnung, doch nicht blosse Umrisszeichnungen wie 3) die Nachschnitte der vorher bereits im Dialogus creaturarum, Gouda, G. Leeu 1480, verwandten Holzschnitte: 13, von denen 1 einmal wiederholt wird; 4) die Krone auf dem Titel und die 5 Druckerzeichen am Ende. Im Bremer Exemplar sind die Holzschnitte von alter Hand koloriert, nicht im Wolfenbütteler. — Exemplare: *Wolfenbüttel. *Bremen. (Die def. Stellen: Titel [₌Bl. 1], Bll. 2. 5—8. 11—14. 17. 18. 130. 222. Bl. 74 die Vv. 1765—1768 und 1772—1774. Bl. 143 die Vv. 3610—3614 und 3619. 3620. Bl. 163 die Vv. 4235—4238 und 4250—4258 sind von mir nach dem Wolfenbütteler Exemplar handschriftlich ergänzt).

? ℜoſtoꝉ 1515, ꜱ⁰ oder 4⁰. — An der Existenz dieser von Flügel, Geschichte der komischen Literatur III, 53 unter Berufung auf Marchand, Dictionnaire historique ou mémoires critiques et littéraires, Tome I, La Haye 1758, p. 279, s. v. Gielée. Rem. E angeführten und danach von Spangenberg im Neuen vaterländischen Archiv, Jahrg. 1824, Bd. I, S. 87 Anm. verzeichneten Ausgabe zweifelt schon Scheller, Bücherkunde der Sassisch-Niederdeutschen Sprache, Braunschweig 1826, Nr. 1804, S. 442 (vgl. Nr. 567); es ist wohl Verwechselung mit der Rostocker von 1517.

2. ℜoſtoꝉ, 1517. 4⁰. [B]

U [in die folgende Zeile hinabreichend] ɑn ℜeꙑneꝉen bem bɵſſe | ꝟnbe beſſulſten mennidꙮuolbꙮgber lꙑſt | mꙑt ɑngebengebem ſebeliꝉem ſꙑnne ꝟnbe ꝟe | ſer guben ſere ꞓꙑn bɵueſdꙮ ꝉortwꙑlidꙮ leſent | Holzschnitt: Im Hintergrunde ein Bauernhaus, auf dessen Dache ein Storch in seinem Neste steht. Links mehr nach vorn eine Höhle, aus welcher ein Fuchs herausguckt. Im Vordergrunde Reinke, der eine Henne im Maule hat und in eine rechts befindliche Höhle hineinzugehen im Begriffe steht. Bl. 1ᵇ: ¶ ꞓꙑne ꝟorrebe ouer bꙑt boeꝉ | ꝟan ℜeꙑnꝉen bem

voſſe | M [in die folgende Zeile hinabreichend] en leſet dat hyr
beuôren yn olben varē | vnde vor der ghebort Cgriſti vnſes he=| ren
ſint ghewesen vele natûrlike wyſe mans be | etc. bis Bl. A ij,
Z. 12 ff.: . . . vnde meyninghe des ſuluen poeten vmē | to vorſtaen
ben rechten ſin des Capittels. | ¶ Wo dyt boek wert ghebelet |
yn veer parte. | ¶ De anber vorrebe | U [zwei Zeilen hinab-
reichend] P dat eyn yſlick leser deſſes boekes van | Reynken beme
voſſe wol môghe vorſtân | ſo ys tho merken . . . etc. bis Bl. 4ᵇ
[s. sign.], Z. 2: . . . ¶ Dyt ys de menynghe des mey | ſters be dyt
boek beghnt yn ſolken worbē ſo hyr | na volghet | ¶ Hyr beghynt
dat erſte boek van Reynken | beme voſſe vnde van allen beerten |
Holzschnitt | Bl. B iᵃ ¶ Wo de Louwe kônynk aller beerte leeth
vth | kreyeren vñ vaſten frebe vthropen: vñ leeth | beben allen
beerten tô ſinem haue to kamen. | Dat erſte capittel | I [drei
Zeilen hinabreichend] D gheſchach vp eynen pinxſte bach | Dat
men be wolde vnde velbe ſach. | etc. bis Bl. ȝiᵃ, Z. 13 ff.: . . . bar
myt be ſône wart gemaket. twyſſchen be | me kônynge. brunen vnde
yſegryme | ¶ Hir endighet ſyck bat erſte boek van | reynken beme
voſſe | [Rest der Seite unbedruckt]. Bl. ȝiᵇ: ¶ Hir beghynnet
dat anber boek van | reynken beme voſſe | ¶ In deſſeme anberen
boke ſprycht be poete | ſunberlyken van beme ſtate ber mynſchen |
vnde ereme ghebreke. Vnde volget interſte | wo to bēme houe des
kônynges ben he helt | quemen. nicht alleyne be beren men oek
be | vôghele in groter vorſammelynge klaghen | be ouer reynken
vnde ſpreken vnder ſyck ſo | hir na volget | Holzschnitt | [Bl. ȝiiᵃ]:
¶ De kônynck heft vns to entboden | Wy môten to houe bat is
van noben | etc. bis Bl. G iᵃ, Z. 12 ff.: . . . Dar vmē | nomet he
ſunberlyken ſymon. bat is ſymonia | et cetera. | ¶ Hir endighet
ſyck dat anber boek | van reynken beme voſſe | ¶ De vorrebe des
brybben boekes | ¶ In deſſeme brybben boeke wert ſunber | lyken
geleret etc. bis Bl. G iᵇ, Z. 4 ff.: . . . in he= | ghenworbicheyt ber
be he bebroghen habbe | ¶ Wo reynke myt grymbart beme greuyn |
ge quemen in ben hoff. vnbe wo reynke ſyne | worbe makebe vor
beme kônynge | Dat erſte capittel | Holzschnitt | [Bl. G ijᵃ]: R
[zwei Zeilen hinabreichend] Eynke quam echt in ben hoff | Dar
in he was vorklaget groff | etc. bis Bl. N iiiᵇ [s. sign.], Z. 1 ff.:
. . . vmme wes bar vā to krygen | eynē myßbeber vngeſtraffet varē
leth | ¶ Dat | brubbe is. ſo wenner eyn myßbeber myt ſyner |
logene vnbe lyſt eyns loeß wert. vnbe menynt (sic!) | benne gantz
fry to weſen. Dat he bēne erſt ey | nen anberen wech to plaſſe
kumpt. ſo hir ren= | ken (sic!) geſchach. bon he noch vmme ſyn lijff
kem= | pen moſte | ¶ Hir heuet ſyck an bat verbe boek | van reynken
beme voſſe | ¶ De vorrebe | ¶ In deſſeme verben boeke leret be
lerer | vnbe be bichter beſſes boekes etc. bis Bl. N 4ᵃ [s. sign.],
Z. 28: Aut aliquob mēbrum letali vulnere perbet | Bl. N 4ᵇ, Z. 1 ff.:
¶ Wo yſegrym be wulff echt klaghet ouer | reynken ben voß | Dat
erſte capittel | D [zwei Zeilen einnehmend] D klaghebe yſegrym
be wulff echt | He ſprack here kônynck vorſtat my recht | etc. bis
Bl. T 5ᵇ [s. sign.], Z. 18 ff.: . . . vnbe blyuen by ben rymē | beme

bat ſo beḣagḣet | Ṁmpreſſum Roſtochij. Ầnno | Ṁ. cccc. ȳbij. | 4⁰.
169 ungez. Bll. (Titelbl. = Bl. 1) [nicht 170: das letzte weisse
Blatt ist von anderem Papier und erst später eingeklebt] mit
den Signaturen α — ḣ + 1 unsign. Bogen [statt α, b: Ầ, Ḃ;
statt ḣ ̈tij: g] = 23 Bogen, von denen Ḃ, c, f, ḣ, ḣ zu 6, die
übrigen zu 4 Bll. = 102 Bll.; ferner Ȼ — Ầ (Ầ — Ḋ sind über-
schlagen) = 15 Bogen, von denen Ȼ, Ḣ, Ḱ zu 6, Ṫ zu 5, die
übrigen zu 4 Bll. = 67 Bll. — Kustoden fehlen; auf der voll-
bedruckten Seite stehen 28 Zeilen. Seitenüberschriften sind:
auf der Stirnseite der Bll. Angabe des Buches, auf der Rück-
seite Angabe des Kapitels, wobei jedoch vielfach Druckfehler
vorkommen. Die 21 Holzschnitte, von denen 1 (Bl. 4ᵇ) drei-
mal, 6 (Bll. 8ᵃ, 32ᵃ, 41ᵃ, 52ᵇ, 61ᵇ, 75ᵃ) je einmal wiederholt
werden, sind, mit Ausnahme der neu hinzugekommenen auf
dem Titelbl. und auf Bl. 8ᵃ, schlechte Nachschnitte der Bilder
in A; diejenigen auf Bll. 9ᵃ und 11ᵇ zeigen dieselben Seiten-
verhältnisse wie die Vorlage und werden daher durch den
Spiegel nachgeschnitten sein. — Exemplar: *Dresden.
    ? 1518, 8⁰. Bei Wiechmann, Meklenburgs altnieder-
sächs. Literatur I (Schwerin 1864), 66 Anm. Druckfehler statt:
Roſtock 1515, 8⁰; s. ebda III (1885) 193.
    ? Roſtock 1522. — Rollenhagen, Froschmäuseler, Magde-
burg 1595, Vorrede, gibt an: . . . ḣat er (N. Baumann) . . . ben
Reiniĉen Fuĉs . . . weißliĉ beſĉrieben vnb bem Buĉbruĉer ƶu
Roſtock, Lubowigen Diḣen, . . . verehret. Derſelbig ḣat bie Gloſſen
auß anberen Reimbüĉern baƶu geſeḣt vnb iḣn bamit im Jaḣr 1522,
als wenns ƶuvor ein altes Welſĉ vnnb Franƶöſiſĉ gemaĉt worben,
in Druck gegeben. Die Ausgabe kann nicht nachgewiesen
werden. Rollenhagens Worte passen weder auf die Rostocker
Ausgabe von 1517, weil in dieser keine ‚Glossen aus andern
Reimbüchern hinzugesetzt sind', noch auf diejenige von 1539,
denn in der Glosse derselben werden Bücher citiert, die erst
im Anfange der dreissiger Jahre entstanden sind. Bei den
sonst so widerspruchsvollen Angaben Rollenhagens hat wohl
die Annahme, dass zwei Fehler, Verwechselung und Verlesen
der Jahreszahlen, vorliegen, die meiste Wahrscheinlichkeit
für sich: er meinte die Ausgabe von 1539, verwechselte sie
mit der von 1517 und hatte statt dieser Zahl 1522 gelesen,
was bei der Ähnlichkeit von v und ȳ in den oberrheinischen
Typen leicht möglich war (vgl. Zarncke, Haupts Zeitschr. f.
deutsch. Altert. IX, 378). Will man aber doch seine Worte
zu retten versuchen, so muss man sich zu der gezwungenen
Hypothese bequemen, dass die Ausgabe von 1522 eine andere
Glosse als diejenige der Ausgabe von 1498 und 1517 ent-
halten habe, die aus bis dahin bekannten ‚Reimbüchern' ge-
schöpft wäre — ob sie protestantisch oder katholisch war,
ist nicht ersichtlich — und dann vielleicht als Grundlage für
die Glosse von 1539 diente. Dabei hat man nicht nötig, mit
Zarncke a. a. O. anzunehmen, dass die fragliche Ausgabe von

1522 noch die alte Vorrede enthalten habe, denn die Worte, aus denen dies geschlossen wird, (als wenns zuvor ein altes Welsch vnnd Französisch gemacht worden) beziehen sich zwar auf die Worte der alten Vorrede von 1498 (hebbe byt boek vth walscher vnde frantzösescher sprake ghesocht), kommen aber auch ähnlich wieder vor in der Ausgabe von 1539 (Derhaluen ... is volgende Fabel, vann Reyneken dem Bosse, vth Walscher vnd Frantzofhscher beschriuunge, in vnse Düdesche sprake vormals auersettet, vnd vpt grôueste gebruket, hçzundes.... vorbetert, vnd vpt nye jn ben Druck gestelt). Wenn demnach eine solche Ausgabe, wie Rollenhagen sie beschreibt, immerhin möglich wäre, so muss sie doch so lange für problematisch und apokryph gelten, bis wir zuverlässigere Gewährsmänner für die Existenz derselben gefunden haben.

? Frankfurt 1536, fol. — Vgl. Marchand a. a. O. und danach Flügel, a. a. O. III, 61 (der sie aber schon ‚nicht vor gewiss angeben will'), Spangenberg, a. a. O. S. 88 und Scheller unter Nr. 478 und 855.

---

3) Reineke de vos mit dem Koker. Wulffenbüttel, Frytag, 1711. 4⁰. 1 Kupfer, 9 Bll. und 380 SS. [hrsgb. von F. A. Hackmann, Professor in Helmstädt].

4) Gottscheds Ausgabe von 1752, s. B I c.
? dieselbe Ausgabe 1792; so Goedeke, Grundriss zur Geschichte der deutschen Dichtung I¹, 107 und I², 483.

5) Reineke de Vos mit eener Vorklaring der olden Saffischen Worde. Gedrucket to Eutin 1797, dorch Bened. Christ. Struve, Hofboekdrücker. 8⁰. 2 Bll. und 232 SS. [hrsg. von Bredow; ohne Glosse.]

6) Reineke de Fos fan Hinrek fan Alkmer, upt nye utgegeven unde forklared dorg Dr. K. F. A. Scheller. To Brunswyk, 1825. Prented im fürstliken Weisenhuse. In bekostinge H. Voglers to Halverstad. 8⁰. XXXIII SS., 1 Bl. und 276 SS. [ohne Glosse.]

7) Reintje de Vos van Hendrik van Alkmaar, naar den Lubekschen Druck van 1498. Vertaald en uitgegeven door Mr. Jacobus Scheltema. Stahlstich. Te Haarlem, bij Vincent Loosjes. MDCCCXXVI. 8⁰. LXXII und 468 SS. [Abdruck des Schellerschen Textes mit gegenüberstehender prosaischer nl. Übers.; ohne Glosse.]

8) Titelaufl. von Nr. 6: Andere Utgave. To Brunswyk. 1835. Prented im Fürstliken Weisenhuse. In bekostinge H. Voglers to Potsdam. 8⁰.

9) Reineke Vos. Nach der Lübecker Ausgabe vom Jahre 1498. Mit Einleitung, Glossar und Anmerkungen von Hoffmann von Fallersleben. Breslau bei Grass, Barth und Comp. 1834. 8⁰. XXII SS., 1 Bl. und 227 SS. [ohne Glosse.]

10) wie Nr. 9. Zweite Ausgabe. Breslau 1852. Grass, Barth
und Comp. Verlagsbuchhandlung. (C. Zaeschmar.) 8⁰.
XXII SS., 3 Bll. und 223 SS. [ohne Glosse.]
11) Reinke de Vos nach der ältesten Ausgabe (Lübeck 1498).
Mit Einleitung, Anmerkungen und einem Wörterbuche von
August Lübben. Oldenburg. Druck und Verlag von
Gerhard Stalling. 1867. 8⁰. XXII SS., VI SS., 1 Bl. und
347 SS.
12) Reinke de Vos. Herausgegeben von Karl Schröder.
Leipzig: F. A. Brockhaus. 1872. (A. u. d. T.: Deutsche
Dichtungen des Mittelalters. Mit Wort- und Sach-
erklärungen. Herausgegeben von Karl Bartsch. Zweiter
Band.) 8⁰. XXVII. 332 SS. und 1 Bl. [ohne Glosse.]
13) Reynke de Vos. Photographien der Holzschnitte nach der
Lübecker Ausgabe von 1498. Herausgegeben von F. H.
Dethlefs. Rostock, Stiller in Commission. 1867. hoch 4⁰.

II. Rostocker Bearbeitung
mit der protestantischen Glosse.

1. Roſtock, L. Dyetz, 1539. 4⁰. [C]

De Warheyt my gantz frembde is, | De Truwe gar ſeltzen,
dat ys gewiß. | ¶ Reynke | Voß de olde, ny= | ge gedrücket, mit
ſüdlikem | vorſtande vnd ſchonen figu= | ren, erlüchtet vñ vorbetert. |
◊⬤ In der lauelyken Stadt Roz=⬤|ſtock, by Ludowich Dyetz |
gedrücket. | M. D. X X X i X. | Dieser Titel ist gedruckt auf dem
mittleren, leer gelassenen Raum des folgenden Holzschnittes:
Zwei korinthische Säulen tragen ein Giebeldach, von dessen
Basis der Fuchs schlau herabsieht; rechts und links auf dem
Kapitäl der Säulen je ein Engel. Hinter den Säulen, zur
halben Höhe derselben, zieht sich eine Mauer entlang, auf
welcher neben der rechten Säule eine nackte weibliche Figur
sitzt, deren Kopfschmuck mit einem Fuchsschwanz versehen
ist und die ein musikalisches Instrument dreht; links sitzt
gleichfalls auf der Mauer neben der Säule ein Mann, der die
Kniegeige streicht und auf seinem Hute ebenfalls einen Fuchs-
schwanz trägt. Der untere Teil der Säulen ist verdeckt durch
ein unter der Mitte jenes, mit der Titelschrift bedruckten
Raumes zusammengefasstes Laken, welches, nach vorn rechts
und links zwei bauschige Falten und nach hinten zu eine Art
Wand bildend, über einem Stabe hängt, von dessen Enden
rechts und links je ein Bündel Fuchsschwänze herabbaumelt.
Vor dem Laken steht hinter einem mit Fuchsschwänzen be-
legten Tische ein Mann, einen Spitzhut auf dem Kopfe, (im
Hintergrunde noch mehrere Spitzhüte und Narrenkappen) und
verkäuft Fuchsschwänze an Repräsentanten der vier Stände,
von denen jeder durch eine Figur gekennzeichnet wird, zwei
zur rechten, zwei zur linken. — Rückseite des Titelbl.: Van

Reyneken dem Vosse, ſyner | mennichuolbigen lyſt vnnd behendicheyt,
eyne | ſchone vnd nütte Fabel, vull wytzheit vnd guber | Exempel.
Daryn vaſt aller menſchen we= | ſent, handel, vntruwe, lyſt, ge=
ſwin= | dicheit, nybt vnd hat, Figurert vn̄ | angehöget werth. | Dar=
neuen iſ hyr ock entdecket, | de ſybtlyke vorſtandt vnd gebruck
deſſer Fabel. | Sampt etliken guden Leren vnd vnderrich= | tungen,
eynem ydern menſchen, jn deſ= | ſen varliken tyden, gantz denſt= | lick
vnnd fruchtbar. | ¶ Nicht dencke dat ick de framen meine, | Van
ſchelcken rede ick hyr alleine. | Welcker dat nicht wol lyden kan, |
Is ane twyuel ein ſolcker man. | ¶ Wolan jn Gades namen heue
ickt an, | Torne vnd Nybt ſchölen byſyden ſtan. | Recht vnd truwe
wyl ick helpen beſchütten, | Hyrmit nicht ſöken myn eygen nütte. |
[Bl. 2ª, c. sign. A ij] Vorrede thom Leſer. [zugleich als Seiten-
überſchrift] W [6 Zeilen hinabreichend] O wol eyn ytzlyker; jnn |
ſybtliken vnderwyſungen, na der le= | re Areſtotelis, luſtich ys
vnderricht tho ent= | fangen, ſo men em bequeme Exempel vor= | höldt.
Dennoch ys dat noch leefflyker vn̄ ge= | nöchlyker, wen men be wytz=
heyt vnd guden | ſede, der menſchen leuent belangende, dorch gelick=
niſſe vnd | egenſchop der creaturen, anthöget vnnd vorbyldet etc.
bis Bl. 3ᵇ [c. sign. A iij], Z. 2 ff.: . . . ydermennichlick mith fly= | te
gegeben, vnd dem Almechtigen barmit beualen hebben. | ❦ Eyn
ander vorrede thom ❦ | vorſtande deſſes Bo= | kes ſeer denſtlick. |
W [6 Zeilen hinabreichend] P dat eyn ytzlicker Le= | ſer, dyt Böck
möge grundtlick vor= | ſtan, ſchall he ſlytich mercken veer Conditi= | on
effte Stende der menſchen. etc. bis Bl. 7ª [c. sign. Av (sic!)],
Z. 24 ff.: . . . De ryke wil ſyn, mit der meinheit ſchaden. | Wyder
ys hyr wol anthomerc= | kende, dath dem Köninge ſampt ſynem
Hoffge= | ſynde, vnd vnderbanen, beerten vnd vögelen, be= | ſunderge
byname, vmme der Rymen | willen, gegeuen werden, wo | hyrna
volget. | etc. bis Bl. 7ᵇ, Z. 32 ff.: Auerſt den ſynn vnd vorſtant
der wörde, vnd wat de Le= | [Bl. 8ª, s. sign.] rer barmit meinet,
ſchal men wol anmercken vnd beholden: | darin licht de wytzheit
vorborgen. Wo wyder hirna volget. | Argumentum vnd jnholdt |
des Erſten Bokes. | J [7 Zeilen hinabgehend] N beſſem erſten
Boke, wil de Meiſter | vorbylden vnd leren, etc. bis Z. 29 ff.:
. . . Alſo ſyn | ock de lyſtigen Spytzhöde, Ogendeners vnd Voß= |
ſwentzer, by Haue, angeneme, gele= | den, vnd wol entholden. |
[Bl. 8ᵇ] Ein die gantze Seite einnehmender Holzſchnitt. [Bl. 9ª.
c. sign. B j] Dat Erſte Bock. [zugleich als Seitenüberſchrift]
¶ Wo be Louwe Röninck (sic!) aller beerte, leth vth ropen eyne |
vaſten Frede, vnd gegeben allen beerten, tho ſy= | nem Haue tho
kamende. | Dat erſte Capitel. | J [4 Zeilen hinabreichend] Dt ge=
ſchach vp einen Pinxſte dach, | Dat men de wölde vnd velde ſach. |
etc. bis Bl. 126ª [s. sign.], Z. 26 ff.: Darius entran, vnd was
ane noth, | Beſſus ſyn egen bener ſtack en dodt ꝛc. | Ende des
erſten Bokes, van | Reinken dem Voſſe. | [Bl. 126ᵇ] Argument vnd
jnholt des | andern Bokes. [an Stelle der Seitenüberſchrift] | J
[6 Zeilen hinabreichend] N beſſem andern Boke beſchrifft de |
Poeta, etc. bis Z. 19 ff.: . . . beyde | des Geyſtliken vnd Wert=

liken Standes ꝛc. | ¶ Wo tho dem Haue des Kōninges, nicht allene |
be Deerte, sunder oc̄ be Vögele, jnn groter | vorsammelinge, er-
schenen, vnd klage= | den auer Reinken, sprekende vnder | sp̂ck, wo
volget. | [Bl. 127ª s. sign.] D |4 Zeilen hinabreichend] E Kōninck
hefft vns tho entboden, etc. bis Bl. 127ᵇ, Z. 27 ff.: Dennoch so
moth he orloff han, | Vnd gedencken na einer andern ban ꝛc. |
¶ Dewyle jnn deſſem Boke, be art vnd natur | der Hauedener,
alſe wo be eine hegen den andern, sp̂ck ge= | meinlick schicket, be-
schreuen. Vnd Erasmus Roteroda= | mus, oc̄ eine merclike lere vnd
Vnberrichtunge (Alſe, wo [Bl. 128ª s. sign.] einer, be by Haue
tho leeuen, sp̂ck vōrgenamen, syn leeuent, | handel vnd wandel, an-
stellen schōle) an einen syner guben | frūnde, be oc̄ im Hauedenſte,
vorstricket geweſen, schrifft= | lick voruatet, vnd hinder sp̂ck gelaten.
Wert nicht vor vn= | billick geachtet, deſūlue syne vnberrichtunge
vnd Lere, den | Hauedenern, thom Spegel vnd vorbilde, hyr im
anfange | des Andern bokes, tho stellen. Nicht der meinunge, dat
ein | yber, daruōr achten schōle, dat Erasmus solckes ernstlick ge= |
meinet hebbe, alſe scholbe effte moste einer by Haue, | alſo handeln
vnd leeuen, sunder barmit anthoͤd= | gen, dat ybt by Haue alſo
gebrūcklick | sy. Vnd ludet alſo. | D [4 Zeilen hinabreichend] B
schrifft, dat bu vann bynen ōlbern, | webber bynen willen vnd
gemōte, jnn der Fūr= | sten Hāue tho syn, gebwungen vnd ge-
brungen, | werdeſt. etc. bis Bl. 130ᵇ [c. sign. R ij], Z. 21 ff.:
... Hyrnamals, wo ick seen werde, dat | bu wol thonimpst, so wil
ick by noch heimliker | binge, mitdeilen, vnd vnberrichten ꝛc. |
Arabeske | [Bl. 131ª c. sign. R iij] Dat Erſte Capitel. [zugleich
als Seitenüberschrift] ¶ Van dem groten Haue, den be Kōninck
heldt, vnd wat | mannigerhande Deerte vnd Vōgele, dar weren, |
Sonderliken, wo be Kreye vnd dat Ka= | nynken, klagen auer
Reinken. | Holzschnitt wie Bl. 8ᵇ [Bl. 131ᵇ] A [5 Zeilen hinab-
reichend] Lſe be Hoff alſo wart bereit, | Wo hyr vor geschreuen
steit. | etc. bis Bl. 169ª c. sign. Y, Z. 3 ff.: Thobreken nu, Recht,
Breue, Segele vnd kunſt. | Ende des Andern Bokes, van Rein= |
ken dem Voſſe. | Argumentum vnd Jnholdt | des Drūbben Bokes. |
J [6 Zeilen hinabreichend] N deſſem drūbben Boke, | wert be ander
webberkumpſt Reine= | kens tho Haue, etc. bis Bl. 169ᵇ, Z. 23 ff.:
Warheyt vnd Rechtferbicheit leth jn nobt. ꝛc. | Dat Erſte Capittel,
des | drūbben bokes. | ¶ Wo Reyneke mit Grymbart dem Gre= |
uinge quemen jn den Hoff, vnd wo | Reyneke syne wōrbe malebe, |
vor dem Kōninge. | [Bl. 170ª c. sign. Y ij] Holzschnitt. | R [5 Zeilen
hinabreichend] Eynke quam auermals jn den Hoff, | Darynne he
was vorklageth groff. | bis Bl. 224ª [s. sign.], Z. 7 ff.: ... Alſo |
wert he oc̄, vmme dat vnrecht, mit ewiger pyne, a= | uerſt der
Rechtferbicheyt haluen, be he hyr | gesocht vnd gebruket, mit ewyger |
frōuwbe, belohnet. ꝛc. | Ende des Drūbben Bokes. | Argumentum
vnd Jnholt, | des Veerden Bokes. | J [8 Zeilen hinabreichend] N
deſſem Veerbene (sic!) | Boke beschrifft be Poeta, etc. bis Bl. 224ᵇ,
Z. 15 ff.: ... vn̄ tho des Kō= | ninges Auerſte Cantzeler, erwelet,
alles Re= | gimentes vnd handels, den Kōninck | belangende, ge-

mechtiget wert. | Dat Erſte Capittel. | ¶ Wo Iſegrym de Wulff
webber anheuet tho | klagen, auer Reynken den Voß. | D [5 Zeilen
hinabreichend] D klagede Iſegrym de Wulff echt, | He ſprack: Here
Röninck, vorſtat my | Reynke ys eyn loſer broch, (recht. | bis
Bl. 271ᵃ [s. sign.], Z. 17 ff.: Wen ſych an er Frouwe Truwe wyl
wreken. ꝛc. | ¶ Beſlut vnd Affrede. ¶ | Thom Leſer. | B [2 Zeilen
hinabreichend] Eſluthlick ys tho mercken, | etc. bis Bl. 272ᵃ [s. sign.],
Z. 2 ff.: ... Vnd jnn den ende, wyl ick, günſtiger | Leſer, dath
Böck Plutarchi, van dem Gemeinen beſten, jn | Saffyſcher ſprake,
dy tho nütte, vppet baldeſte, ock vorfer-|bygen. Vnd hyundt dem
Almechtigen (welckerem ſy ewich | loff, Eere vnd pryß) dy hyrmit
beualen hebben. | Druckerzeichen des L. Dietz | ¶ In der laue-
lyken Stadt Roz-|ſtock, by Ludowich Dyetz gedruckt. Na der | ge-
bordt Chriſti vnſes Heren. Duſent | Vyff hundert negen vnd
dörtich | Am erſten dage Octobris. | 4° (mit Oktav-Signaturen).
272 (Titel-Bl. 1) mit römischen Zahlen bezifferte Bll. [statt 84:
LXXXV; 86: LXXXII; 167: LXVII; 270: CCLIXX] mit den
Signaturen A — Llv [Bl. 7: A v; — Bl. 15 im Bremer Exemplar
B v, im Hamburger fehlt sie, doch sind Spuren eines Blockes
vorhanden.] Kustoden sind vorhanden, jedoch nicht regel-
mässig. Seitenüberschriften: auf der Rückseite eines Bl. Angabe
des Buches, auf der Stirnseite des Kapitels. Holzschnitte
(nach Erh. Altdorfer; vgl. Graesse, trésor de livres rares et
curieux, VI, 83ᵇ) giebt es, wenn man den Titel und das Drucker-
signet auf Bl. 272ᵃ mitrechnet, 38, von denen 7 je einmal,
1 zweimal wiederholt sind; Vorlage für dieselben sind die
Bilder in A gewesen. Die kleineren Holzschnitte in der Glosse,
13 an der Zahl, von denen 4 je einmal, 1 fünfmal, 1 sieben-
mal, 2 je neunmal, 1 zehnmal wiederholt sind, tragen das
Monogramm NB. — Mit der neuen, protestantischen Glosse
nach jedem Kapitel sowie Randglossen. Exemplare: Berlin,
kgl. B.; *Bremen (defekt, hsl. ergänzt); Breslau, Univ.-B.;
Göttingen; *Hamburg; Königsberg; Leiden; Wolfenbüttel
(defekt).

? [Roſtock] 1543, b. L. Dietz. — Alle Erwähnungen
dieser Ausgabe gehen zurück auf den ‚Catalogi Bibliothecae
Thottianae Tomus quartus, continens libros Philologicos,
publica auctione distrahendos circa initium mensis octobris
anni 1788. Hauniae', woselbst p. 179 unter Nr. 944 angeführt
wird: ‚Reynike Voß de olde, nyge gedrucket mit ſidlikem
Verſtande, und ſchönen Figuren erleuchtert (!) und verbetert.
bey (!) L. Dietz. 543. t. p.' Also o. O., wie die Ausgabe von
1549, mit der sie verwechselt wird.

? Roſtock by Ludowich Dietz, 1548. 4°. — Nach einem
Exemplar von diesem Jahre hat, wie er selbst zweimal in
der Dedikation an den Bischof Johann Adolf von Bremen
und Lübek ausdrücklich sagt, Laurentz Albrecht seine Aus-
gabe 1592 bei Stephan Müllemann in Rostock drucken lassen
(vgl. Nr. 9). Hackmann, auf den sich Flügel III, 65 und Scheller

Nr. 949 berufen. kennt auf Bl. 5ᵃ, Z. 23 seines der Ausgabe
des Reinke, Wulffenbüttel 1711, vorausgeschickten ‚Pro-
gramma' gleichfalls die Ausgabe von 1548. Auch Jacob Grimm
scheint sie gesehen zu haben, R. F. p. CLXXVIII: ‚. . . aber
doch ist die von 1548 ein neuer, obgleich blatt für blatt über-
einstimmender, im einzelnen abweichender druck.' Endlich
heisst es bei Ebert, allg. bibliographisch. Lexikon Nr. 18838:
‚. . . sie (die Ausgabe von 1549) wird auch mit dem Jahre
1548 angeführt' und bei Brunet, Manuel du libraire IV, 1225:
‚Il se trouve des exemplaires de cette édition (nämlich von
1549) datés de 1548.' — Mir ist es nicht gelungen, ein Exemplar
aus diesem Jahre nachzuweisen.

2. [Roſtock], L. Dietz, 1549. 4⁰.

Reynke Voß de | olde, nyge gedrucket, | mit ſiblikem
vorſtan=|be vnd ſchonen figu=|ren, erluchtet vn=|be vor=
betert. | *M. D. XLIX.* | Sonst, wie 1539, in den leer gelassenen
Raum desselben Holzschnittes gedruckt. Ende Bl. 272ᵃ:
Schluss vom Beſlut vnd Affrebe Thom Leſer; Druckerzeichen
des Ludwig Dietz und darunter: Gedruckt by Ludowich Dietz, |
ym Jare na Chriſti Gebort, Duſent, vyff | hundert, negen vnd
veertich. | 4⁰ [der Signatur nach jedoch 8⁰]. 272 bez. Bll. [statt
95: CXV; 96: CXVI; 97: CXVII; 116: CVI; 179: CLXXXI;
181: CLXXXIII; 259—262 in dieser Reihenfolge: 261. 262.
259. 260 (o. Signatur); es fehlen 146; 152 (s. u.)] mit den
Signaturen A — Lv [statt Aiij: Aaiij; Bl. 7: Av; Bl. 15: Bv;
Tij fehlt; statt Kliij: Klv; Klv: Kliij]. Im Dessauer Exemplar
sind die Bll. 145ᵇ, 146ᵃ. 151ᵇ, 152ᵃ unbedruckt, nicht im
Göttinger. Im letzteren steht auf dem Titel die falsche Jahres-
zahl *M. D. XLXIX.* (Gefällige Mitteilung des Herrn Dr. Gustav
Roethe in Göttingen). Holzschnitte wie in Nr. 1. — Exemplare:
Berlin, kgl. B.; Bonn; *Dessau; Dresden; Göttingen; Haag;
Kopenhagen, kgl. B.; London, brit. Mus. (?); Lüneburg;
Schwerin, Gymn.-B.

3. Franckfurt am Mein, Cyriacus Jacob, 1550. 4⁰.

Van Reyneken Voſſe | dem Olden, ſyner mennich=
uolbigen lyſt | vnd behendicheyt, eyne ſchone vnnd nütte
Fabel, vull | wyßheit vnd guder Exempel. Darin vaſt aller
menſchen we|ſent, handel, vntruwe, lyſt, geſwindicheit, nydt vnd
hat, | Figurert, vnd angethöget wert, mit ſchonen | figuren erluchtet
vnd vorbetert. | [Holzschnitt: Im Vordergrunde links der Fuchs
im Priesterkleid mit zurückgeschlagener Kapuze, in seiner
Rechten den Rosenkranz, in der Linken einen Brief mit drei
herabhangenden Siegeln haltend; er wendet sich nach rechts
zu der ihm entgegenkommenden Henne. Rechts weiter nach
hinten Reinke, ein Huhn im Maule, nach rechts auf eine Höhle
zuschreitend. Hintergrund: Stadt mit Kirche, auf deren Turm
ein Kreuz.] | Strich | 1550. | Rückseite des Titelbl. leer. Es

c

folgt auf 2 Bll. (sign. Aij und Aiij) die Vorrede thom Leſer.
Bl. 4ᵃ (s. sign.) das Verzeichnis der Tiernamen (es ist also
ausgelassen Eyn ander vorrede thom vorſtande beſſes Bokes ſeer
benſtlick; vgl. 1539, Bl. 3ᵇ—7ᵃ). Bl. 4ᵇ: Vorrede. | Hyr ys wol
anthomer= | ckende, bath dem Koninge ſampt ſynem | Hoff=
geſinde, vnd vnderbanen, deerten vnd vögelen, | be=
ſunderge byname, vm̄e der Rhymen willen, gegcuen werden. | Auerſt
den ſynn vnnd vorſtandt der wörde, vnnd wat | de Lerer darmit
meinet, ſchal men wol anmerckē vn̄ | beholden: darin licht die (sic!)
wyßheit verborgen. | Wo wyder hirna volget. | Holzschnitt. | Bl. 5
(sign. b) Argumentum vnd inholdt | des Erſten Bokes. Und nun
von Bl. 6 (sign. bij) an der Text ohne die Kapitelglosse,
aber mit der Randglosse. Ende Bl. pijᵃ (s. sign.), Z. 15 ff.:
In der lauelyhen Stadt Franck= | furt am Mein, by Chyriaco Jacobo,
Rha | der gebordt Chriſti vnſes Heren. Duſent | Vyffhundert vnd
vöfftigſt, den | twintigeſten Martij. | (∴) | 4⁰. 150 unbez. Bll. mit
den Signaturen A ij — p. Die Holzschnitte sind Nachschnitte
derjenigen in Nr. 1. — Exemplare: Berlin, kgl. B.; Budapest,
U.-B.; Darmstadt; *Hamburg; London, brit. Mus. (?); München,
kgl. Hof-B.; Strassburg (Ende defekt); Wien, k. k. Hof-B.;
Wolfenbüttel.

4. Roſtock, L. Dieß, 1549/1553. 4⁰.

Ist der Druck von 1549, dem nur ein 8 unbez. Bll. (mit
den Signaturen A — B) umfassendes, alphabetisch ge-
ordnetes Sach-Register angehängt ist, mit der Schluss-
schrift auf der Stirnseite des letzten Bl.: Gebruckt tho Roſtock
dorch | Ludowich Dieß. | M. D. Liij. — Exemplare: Berlin, kgl. B.
(defekt); Darmstadt; Kopenhagen, kgl. B.; *Wernigerode.

5. Franckfurt am Meyn, Dauid Zephelius, 1562. 4⁰.

R [geht noch in die folgende Zeile hinab; rot] Eynike
Voß de | Olde, nyge gedrucket, mit | ſyblyhem vorſtande, vnd
ſchönen Figuren, | erluchtet vnd vorbetert. | De Warheyt my gantz
frembbe ys, | De Truwe gar ſelten, dath ys gewiß. | Holzschnitt
wie 1550. | Gedruckt tho Franckfurt am Meyn. | ANNO
M. D. LXII. | Rückseite des Titelbl. ganz wie 1539, abgesehen
von der Orthographie. Ende Bl. 300ᵃ [s. sign.], Z. 20 ff.: Ende
deſſes Bokes. | Gebruckt tho Franckfurt am Mayn, | by Dauidem
Zephelium, Na der Gebort, | Chriſti vnſes Heren, duſent vyff hun |
dert twe vnd ſöftig. | 4⁰. 8 unbez. und 300 bez. Bll. [statt 214:
216] mit den Signaturen)(ij —)( )(iiij und A — Ffffiij [fehlt B ij;
statt z ij: p ij; T tiij: T iij; Phy ij: X r ij]. Holzschnitte wie in
Nr. 3. — Exemplare: *Berlin, kgl. B. (Ende defekt); Frank-
furt a. M.; Haag; Jena; London, brit. Mus. (?); *Rostock;
Stockholm; *Wernigerode (Ende defekt); Wolfenbüttel.

6. Franckfurt am Mayn, D. Zephelius, 1562/72. 4⁰.

Titelauflage von 1562 mit folgendem Titel: Reynike Voß
be Olde etc. Gebruckt tho Franckfurt am Mayn | ANNO D.M.LXXII

(so!). — Die Kenntnis dieses Druckes verdanke ich der freundlichèn Mitteilung des Herrn Dr. Reinhold Köhler in Weimar, wo auch das einzige, mir bekannte Exemplar aufbewahrt wird. — Vermutlich kaufte Johann Wolff nach Beendigung des um David Zöpfels Nachlass geführten Prozesses (1571; s. Pallmann, Sigmund Feyerabend, Frankfurt a. M. 1881, S. 18) die im Inventarverzeichnis von 1564 aufgeführten 1142 Exemplare des R. V. (das. S. 122) von 1562 und versah sie mit neuem Titel. Der Absatz muss dann ein flotter gewesen sein, da bereits in demselben Jahre eine neue Auflage in demselben Verlage erschien (Nr. 7). Die ebenda verzeichneten 498 Exemplare des R. F. in fol., d. h. der hd. Ausgabe von 1562, werden nur noch Makulaturwert gehabt haben, nachdem die Absatzfähigkeit derselben durch die zierlichen, mit reichem Bilderschmuck ausgestatteten hd. 8⁰-Ausgaben seit 1564 sehr in Frage gestellt worden war.

7. Franckfurt am Meyn, Johannes Wolff, 1572. 4⁰.

R [reicht bis in die folgende Zeile hinunter; rot] Eynike Voß be | Olde, nyge gedrücket, mit | sydlykem vorstande, vnd schönen Figuren, | erlüchtet vnd vorbetert. | De Warheit my gantz frembde ys, | De Truwe gar selten, dat ys gewiß. | Holzschnitt wie 1550. | Gedruckt tho Franckfurt am Meyn. | ANNO M.D.LXXII | Rückseite des Titelblattes leer. Ende Bl. 300ᵃ, Z. 24 ff.: Ende deſſes Bokes. | Gedruckt tho Franckfurt am Mayn, by | Johannem Wolffium, Na der Gebort | Christi vnses Heren, | M.D.LXXII. | 4⁰. 10 unbez. und 300 bez. Bll. [statt 49: 48; 60: 90; 210: 220; 242: 243; 263: 265; 268: 263; 280: 289] mit den Signaturen)(ij —)()(ij und A — FFf iij. Holzschnitte wie in Nr. 3. — Exemplare: *Greifswald (Anfang defekt); Lüneburg; *Nürnberg; *Wernigerode (Anfang defekt); Wolfenbüttel (defekt); Zürich.

8. Franckfort am Meyn, Niclas Baſſee, 1575. 8⁰.

Reynike Voß | de Olde, nyge gedrücket, | mit sydlykem vorstande, vnd | schönen Figuren, erlüchtet | vnd vorbetert. | De Warheit my gantz frembde ys, | De Truwe gar selten, dat ys gewiß. | Holzschnitt wie auf dem Titelbl. der hd. Übersetzung von 1564. | Gedrückt tho Franckfort am Meyn | M.D.LXXV. | Rückseite des Titels leer. Ende Bl. z 8ᵃ [s. sign. et num.]: Schluss des Registers und darauf: Ende deſſes Bokes. | Gedrücket tho Franckfort an dem | Meen, by Niclas Baſſee im jar | M.D.LXXV. | 8⁰. 12 (inkl. Titelbl.) unbez. Bll., 335 mit arabischen Ziffern bez. Bll. [die Ziffer 49 zweimal] und 5 unbez. Bll. mit den Signaturen A ij — z v. Mit den Holzschnitten des Vergil Solis, vgl. B I a 5. — Exemplare: *Berlin, kgl. B.; Dessau, Behörden-B.; Dresden; Göttingen; Greifswald; Jena; Stockholm; kgl. B.; Weimar; Wernigerode* (defekt).

? Francffurt b. Joh. Wolf., 1575. 8⁰. — Vgl. J. Grimm, R. F., p. CLXXVIII und danach Lübben in seiner Ausgabe S. VI, Nr. 11. Es wird Verwechselung mit Nr. 8 vorliegen.

9. Roftoc, Stephan Möllemann, verlegt von Laurent Albrecht in Lübeck, 1592. 4⁰.

De Warheyt my gant frömbe ys, | De Trüwe gar felten, dat ys gewiß. | R [noch in die folgende Zeile hinabreichend; rot] Eynefe | Voß de olde | nye gedrucket, mit fidlytem vor= ftande vnde fchonen | Figuren, erlüchtet | vnde vorbe= tert. | Strich. | *M.D.XCII* [rot]. Dieser Titel ist auf dem leer gelassenen Raume desselben Holzschnittes gedruckt, wie in der Ausgabe von 1539, wie denn überhaupt zur Herstellung der Holzschnitte unserer Ausgabe die abgenutzten Stöcke des Dietzschen Druckes von 1539 verwendet wurden. — Rückseite des Titelblattes wie 1539, abgesehen von der Orthographie. Bl. 2ᵃ: Dem Hochwerdigften, Dorchlüchtigen, Hochge= | barnen Förften vnd Heren, | Heren Johan Adolff, Poftulerten vnd erwelten Vifchoppe, der Ert vnd Stifft Bre= | men vnd Lübeck, Erben tho Norwegen, Herto= | gen tho Sleßwick, Holftein, Stormarn vnd der | Ditmar= fchen, Graffen tho Oldenborch vnd | Delmenhorft, mynem gnedigen För= | ften vnd Heren etc. bis Bl. 3ᵃ, Z. 29: Gegeuen in Lübeck ben 1. Octobriß, Anno 1591. | J. F. G. | vnberdenigfter | Laurent Albrecht | Bockhenbeler. | Ende Bl. 272ᵃ: Ende des Veflut vnd Affrede. Thom Lefer. Verlagszeichen des L. Albrecht; darunter: Gedruckt tho Roftock, by Stephan | Mölleman. | In Vorlegginge Laurent Albrechts, Bock= | handler in Lübeck. | Im Jahr 1592. | 4⁰. [der Signatur nach jedoch 8⁰]. 272 bez. Bll. [nicht bez. sind: Titelbl., Bl. 2 und 6. Statt 11: X; 12: XI; 13: XII; 65: LV; 85: LXXV; 93: XCII; 103: CII; 120: CXIX; 229: CCXXX; 266: CCXVI; 269: CCLXX; 270: CCLIXX; 272: CCLXXIII] mit den Signaturen A — A [statt Gv: Gv; Jiiij: Hiiij; Ffij: Ffiiij; ausgelassen: Sv; Xv; Zv; Ccv; Lv. Im Bogen Cc sind Bl. 3 und 4 nicht signiert, statt dessen Bl. 5 und 6 mit: Cciij und Cciiij]. Holzschnitte wie in Nr. 1. — Exemplare: Altona; Berlin, kgl. B; Bonn; Breslau, Univ.-B.; Dresden; Eutin; Frankfurt a. M.; Göttingen; Greifswald (Ende defekt); Hamburg; Hannover, kgl. B.; *Kassel, Landes-B.; Kiel; Kopenhagen, kgl. B.; Leiden; *Leipzig, Univ.-B.; London, brit. Mus. (?); Lübek; Mayhingen; Nürnberg, germ. Mus.; Oldenburg; Rostock; Schwerin, Regiergs.-B. und Gymn.-B.; Strassburg; Wernigerode; Wolfenbüttel.

10. Hamborch, Paul Lange, verlegt v. M. Frobenius, 1604. 8⁰.

Reinefe de Voß. | Dat ys: | E [noch in die folgende Zeile hinabreichend; schwarz] in fchön vnde | nütte Ge= dichte, vull | Wyßheit, guder Leren, vnde luftiger Ex= | empele: in welcerem faft aller Minfchen wefent, | Handel, Vntrüwe, Lift vnde geſchwindicheit affgemahlet | werdt, Beneuenſt dem ſittliken vorſtande vnde | gebrule diſſes Bokes. | Allen Minſchen inn diſſen gefahrliken tyden tho | wetende gantz beenſtlick vnde nötich, etc. Mit ſchö= | nen Figuren geziret. | Holzſchnitt: **Vorn links ein grosser Fuchs** an einem Baume, dem Zuschauer den Rücken zukehrend. Rechts in einem Thale zwei kleinere Füchse; im Hintergrunde eine Burg (vgl. den Holzschnitt auf dem Titel von B I a 5). | Gebrücket tho Hamborch, Jn vor | legginge M. Frobenij. | Strich. | Jm Jahre: 1604. | Rückseite des Titelbl. leer. Ende Bl. 246ᵃ [unbez.; s. u.]: Kopfleiſte | Gebrücket tho Hamborch | dörch Paul Langen, | Jn vor= legginge M. Frobenij. | Druckerſignet | Jm Jahre: | Strich. | *M.DC.IIII.* | 8⁰. 8 unbez. Bll., 263 bez. Bll. [statt 29: 28; 117: 119; 158 zweimal und fortgefahren mit 159; ebenso 215 zweimal und fortgefahren mit 216; also 2 Bll. zu wenig gezählt] und 1 unbez. Bl. mit den Signaturen Aij — Alv. Mit den Holzschnitten des Jost Amman (ausser dem auf dem Titel), vgl. B II 2. — Exemplare: Altona; Berlin, kgl. B.; Bonn; Bückeburg; Darmstadt; Frankfurt a. M.; Giessen (Titel fehlt); Göttingen; Haag; *Hamburg; Kiel; London, brit. Mus. (?); Marburg; Meiningen; *München, kgl. Hof-B. (defekt); St. Petersburg; Upsala; Wernigerode; *Prien (defekt).

11. Hamborch, Paul Lange, verlegt von M. Frobenius, 1604/6. 8⁰.

Titelauflage der Hamburger Ausgabe von 1604. Titelblatt..... Gebrücket tho Hamborch, Jn vor | legginge M. Frobenij. | Strich | Jm Jahre: 1606. | Schluss: Gebrücket tho Hamborch | dörch Paul Langen, | Jn vorlegginge M. Frobenij. | Druckerzeichen | Jm Jahre: | Strich | *M.DC.IIII.* | — Exemplare: *Berlin, kgl. B.; Dresden; Göttingen; London, brit. Mus. (?); Paris, Nation.-B.; Rostock; Strassburg; Wolfenbüttel.

? Franckfurt, 1608. 8⁰. — Dieser, von mehreren Bibliographen (so von Flügel III, 78, und noch von Goedeke, Grundr. I¹, 107) als nd. angeführte Druck ist vielmehr die Frankfurter hd. Ausg. B I a 20.

? Roſtock, 1616. 8⁰. — Vgl. J. Grimm, R. F. p. CLXXVIII und Lübben in seiner Ausgabe, S. VI, Nr. 15. Wahrscheinlich Verwechselung mit der hd. Frankfurter Ausgabe von 1617 (B I a 21), von welcher nach Graesse, trésor VI, 84ᵇ auch Exemplare mit der Jahreszahl 1616 vorkommen. Ein Exemplar kann ich nicht nachweisen.

12. Hamborch, Zacharias Doſe, 1660. 8⁰.

De Olde | Reynike Voß, | Fyn zyrliken vp | Nyge ge= drücket, mit ſybly̆em | vorſtande, vnd ſchönen Figuren, er= | lüchtet vnd vorbetert. | De warheyt my̆ gantz frembde y̆s, | De Truwe gar ſelten, dath y̆s gewiß. | Holzſchnitt wie 1604, von Leiſten eingefaſſt. | Hamborch, | By Zacharias

Dosen, 1660. | Rückseite des Titelbl. wie in der Ausg. von
1539, abgesehen von der Orthographie. — Ende Bl. 264ᵃ
(unbez., s. u.): Hamborch, | Strich | bey (sic!) Zacharias Dosen |
Im Jahre: | M. DC. LX. | 8⁰. 8 unbez., 263 bez. Bll. [die Ziffern
sind ausgelassen auf Bl. 2. 133. 136 — Statt 29: 28; 38: 32;
41: 14; 119: 117; 134: 135; 218: 215; die Ziffer 158 ist zwei-
mal gedruckt und dann mit 159 fortgefahren, was später nicht
korrigiert wird, ebenso 215 zweimal und, ohne nachher zu
korrigieren, mit 216 weiter gezählt; also sind 2 Bll. zu wenig
gezählt] und 1 unbez. (Schluss-)Bl. mit den Signaturen Aij —
Alb [statt G iij: G v; G iiij; H iiij; H iiij; H iij; D ij: G ij;
B ij: B i]. Holzschnitte wie in Nr. 10. — Exemplare: Altona;
Berlin, kgl. B. u. U.-B.; Bremen; Bückeburg; Dresden; Düssel-
dorf; Eutin; Göttingen; Güstrow; Hamburg; Hannover, kgl. B.;
*Kassel, ständ. Landes-B.; Kiel; Kopenhagen, kgl. B.; London,
brit. Mus. (?); Lübek; München, kgl. Hof-B.; Oldenburg; Paris,
National-B.; St. Petersburg; Preetz; Schwerin, Gymn.-B.;
Stockholm; Wernigerode.

? De olde Reynike Voß ... Hamborch, Z. Dose,
1666. 8⁰. — Alle Erwähnungen dieses Druckes gehen zurück
auf Hackmann in seiner Ausgabe Wulffenbüttel 1711, Pro-
gramma, Bl.):( ):( ):(ᵃ, Z. 33. Es wird Druckfehler für 1660
sein. Ein Exemplar ist nicht nachweisbar. (S. die hd. Über-
setzungen zu demselben Jahre!)

B. ÜBERSETZUNGEN UND BEARBEITUNGEN.

I. Hochdeutsche.

A. ANONYM.

(Acht- und neunsilbige, paarweis gereimte Verse).

? 1543. fol. Vgl. Graesse, trésor VI, 84: ‚Il existe des
exempl. datés 1543 (1 th. Blenz I, Nr. 116)'; wohl Druckfehler
bei Blenz statt 1545.

1. Franckforth am Mayn, Cyriacus Jacob, 1544. fol.

Anber Teyl | Des Büchs | Schimpff vn̄ Ernst |
Welches nit weniger kurtzweil=|lig denn Centum Nouella,
Eso=|pus, Eulenspiegel, Alte weisen, | Weise Meyster, vnnd alle
andere | kurtzweilige Bücher, Aber zuler=|nen weißheyt vnd ver=
stand | weit nützlicher vnd | besserer. | Wie aus der Vorrede zuuer |
nemen ist. | Zu Franckfort truckts Cyriacus | Jacob im
Jar M. D: xxxx iiij. | Cum Gratia & Priuilegio Cæsarie Ma. |
Dieser Titel ist rechts und links eingefasst von je einer Säule,
welche ein Giebeldach tragen, auf welchem links zwei, rechts
drei Genien, diese Musikinstrumente spielend, jene wahr-
scheinlich die Satire versinnbildlichend (der eine mit einem
Handspiegel [?]). Die Säulen ruhen auf einer Querleiste, auf

welcher sieben Genien sich die Hand reichend durch Trauben- u.
Reben-Arabesken hindurch tanzen. — Titelbl.ᵇ leer. Bl. 𝔄 ijᵃ
[unbez.] Vorrede an den Leſer. | 𝔏 [zwei Zeilen hinabreichend]
Jeber leſer, Als ich diß Büch in Sechſſiſcher | ſprach geleſen, hat
es mir dermaſſen gefallē, daß | etc. bis Bl. 𝔄 iijᵇ [unbez.], Z. 10 ff.:
Erbarn, Ehrlichen, verſtenbigen man vnberricht | vnnd geſtrafft,
denn vonn eim ſolchen gelobt wer=|ben. *Vale.* | Volgt wie ein
jebes thier genant | wúrbt auff Teutſch. | etc. bis zu Ende der
Seite. Bl. 4 [s. num. et sign.] Stirnseite: leer; Rückseite: Seiten-
grosser Holzschnitt: Ein Landsknecht in reicher Kleidung
schwingt mit seiner Rechten eine Fahne mit dem Wappen
Frankfurts. Im Hintergrunde hügelige Landschaft, links
(v. Zuschauer) eine Kirche und Häuser. [Der Stock hierzu
wurde wenig später, seinem eigentlichen Zwecke gemäss,
benutzt in dem Wappenbuch, welches derselbe Cyriacus Jacob,
der unsern Reinke-Druck veranstaltete, erscheinen liess unter
dem Titel: Wapen. | Des heyligen Römiſchen Reichs |
Teútſcher nation. Der Churfürſten, Fürſten Grauen
Frei=|hen, Rittern, Auch ber merer theil Stett ſo zů bem Reich
(in Teutſchem land | gelegen) gehören vnd gehört haben. | Auch
wie, wo, vnd durch Wen, die erwölung vn̄ krönung
eynes Römiſchen | Künigs vnd Keyſers geſchehen ſoll. |
Mit einer erclerung, zů ende diſes büchs wie ein jebes wapen
gefärbt ober gemalt werben ſol. | Holzschnitt | Mit Keyſerlicher
freiheit nit nach zů Trucken. | Am Ende [Bl. — 3, s. sign.
et num.] Zu Franckfurth am Main, | Truckts Cyriacus Jacob. |
Anno. Domini. 1545. | fol. 86 Bll. s. num., c. sign. + bis ‡
(6 Bll.), B bis E, 𝔄 bis 𝔏, a—c, und +. (*Kassel, ständ.
Landes-Bibl.) Hier findet sich unser Holzschnitt wieder auf
der Rückseite von Bl. 𝔊 2 und darüber gedruckt: Franckfurt.
Die sehr charakteristisch ausgeführten Holzschnitte tragen
sämtlich das Monogramm IK, worüber man vgl.: Nagler,
die Monogrammisten etc. Bd. 3, Nr. 2682.] Bl. 1ᵃ [c. sign. 𝔅]
Argument vnd Jnnhalt | bes Erſten Büchs. | J [3 Zeilen hinab-
reichend] ℜ biſem erſten Büch, will der Meyſter | etc. bis zu
Ende der Seite. Bl. 1ᵇ: Das Erſte Capitel. | Wie der Lewe,
der König aller thieren, laſſet auß=|rüffen einen feſten Frieden,
vnb gebieten, allen thieren | an ſeinen Hoff zůkommen. | 𝔄 [2 Zeilen
hinabreichend] Vff einen Pfingſtag es geſchach, | etc. Expl.
Bl. 65ᵃ [s. sign.], Z. 14 ff.: Auff bieſen gemachten vertrag, | Morbt
vnnd würgt er allen tag. | Aus dieſem Cap. merck biß ſtück. | etc.
bis Z. 29: ... bauō auch an andern | vnnb ſonbern orten. | Hie
endet ſich bas Erſt Teil des Büchs Rein=|cken Füchß, vnnd volget
bas | Anber teil. | [Bl. 65ᵇ] Anderteils, | Erſt Capitel. | Wie alle
thier vnnb vögel zum andern tag geforbert |werben, vnnb kommen,
vnnb abermals hefftig vber | Reincken geklagt wirt. | 𝔄 [2 Zeilen
hinabreichend] Es nŭn ber tag war angeſtelt, | etc. Expl.
Bl. 80ᵇ [c. sign. 𝔓 ij], Z. 24: Mit Grimhart nach bem hoff mit
ein, | Da Reinckes lob war gar ſeer klein. | Merck aus dieſem

Cap. | etc. bis Bl. 81ᵇ [c. sign. P iij], Z. 9 ff.: Zum Dreizehenden, das Füchß vnd Affen geschlecht groß sei in al= | ler welt, Jst jederman so offenbar das one not dauon zusagen. | DEs Büchs Reinicken | Füchß. | Dritt Teil. | Das Erst Capittel. | Wie Reincken mit dem Grimhart gen hoff kompt, | vnnd seine wort für dem Künig machte. | R [2 Zeilen einnehmend] Eincken für den Künig gieng, | etc. Expl. Bl. 102ᵇ [s. sign.], Z. 22 ff.: Von hinnen soll er nimmer gehen, | Jch will jn mit kampff obr Recht bestehen. | Nim aus disem Cap. | etc. bis Bl. 103ᵃ [c. sign. T], Z. 18 ff.: ... Jetz fölt jrs innen werden. | Ende des Dritten Teils Reinicken Füchß. | Volgt das letst vnd | Vierdte Teil. | Das Erst Capitel. | Wie Eisengrein rber Reincken klagt, vnd sagt was | er jhm args gethan hab. | E [2 Zeilen hinabreichend] Jsengrein fieng zuklagen an, | etc. Expl. Bl. 115ᵃ [s. sign.], Z. 25 ff.: Geb vns hie die rechte weißheit, | Vnd bort ernach die Seligkeit. | AMEN. | Jn diesem Cap. wirt angezeigt. | etc. bis Bl. 115ᵇ, Z. 16 ff.: ... denn es kan bald widder ein qůe da zwi= | schen kommen. vt sup. | Beschluß. | A [2 Zeilen hinabreichend] Lso will ichs bleiben lassen lieber Leser, biß auff bessere zeit. | etc. bis Z. 33 ff.: vnd widderrhaten, thun vnd lassen | soll vnnd mag. | Ende. | Getruckt zů Franckforth am Mayn, bei Cyriaco | Jacob zum Barth, am xxv Julij. | Anno M͞. D͞. XLIIII. — Folio (in Lagen zu 6 Bll.). 120 Bll. (4 unbez., 115 bez., 1 unbez. [weiss]) mit den Signaturen A ij—V b (Bogen A zu 4, Bogen V zu 8 Bll.) Holzschnitte: nur der auf Bl. 4ᵇ. Exemplare: *Berlin, kgl. B.; Dresden; *Göttingen; Kopenhagen, kgl. B.; Leipzig, U.-B.; Stuttgart; Wien, Hof-B.; *Prien.

2. Franckforth am Mayn, Cyriacus Jacob, 1545. fol.

Reinicken Fuchs. | Das Ander Teyl des Buchs | Schimpff vnd Ernst. Welches nit weniger kurtz= | weiliger, denn Centum Nouella, Esopus, Eulen= | spiegel, Alte weisen, Weise Meyster, vnd alle | andere kurtzweilige Bücher, Aber zu | lernen weißheit vn̄ verstand, weit | nutzlicher vnd besserer. | Wie auß der Vorrede zuuernemen ist. | [Holzschnitt: Links sitzen unter einem Baldachin auf dem Throne der König Nobel und die Königin; zu denselben wenden sich von rechts her die Tiere: Dachs, Wolf, Bär, Pferd, Esel, Hirsch, Kranich, Hahn, Ente, Taube auf dem Erdboden; drei Vögel kommen angeflogen. Es ist dieser Holzschnitt der Nachschnitt eines solchen der Rostocker nd. Ausgabe von 1539, aber bedeutend grösser als der spätere Nachschnitt desselben Holzschnittes, der von 1550 an in den Frankfurter nd. Quart- und hd. Folio-Ausgg. zur Illustration des ersten Kapitels des ersten Buches verwandt wurde.] Ge= druckt zu Franckfurt am Mayn bei Cyriaco | Jacobi zum Bart, M͞. D͞. XLV. | Cum Gratia & Priuilegio Cesarie Maiestatis. | Rückseite des Titelbl. leer. Ende Bl. 115ᵇ, Z. 36: Getruckt zu Franckforth am Mayn, bei Cyriaco | Jacob zum Barth, am xx tag Meij. | A͞nno M͞. D͞. XLV. | Folio. 4 unbez. und 115 bez. Bll. [statt 83: 84; 91: Jcj] und 1 unbez. (weisses) Bl. = 120 Bll.

mit den Signaturen A ij — B v = 20 Bogen, von denen A zu 4,
B zu 8, die übrigen zu 6 Bll. Holzschnitt (ausser auf d. Titel-
blatt) noch Bl. 4ᵇ, die ganze Seite einnehmend: Ein Fahnen-
träger schwenkt mit seiner linken Hand eine nach rechts in
weitem Bogen wallende Fahne ohne Wappen. Hintergrund
eine Kirche; Monogramm IK. Aus dem zum J. 1544 er-
wähnten Wappenbuch Bl. D iij ᵇ mit der Überschrift Lintpurg
und dem Wappen dieser Stadt auf der Fahne, wiederholt ebd.
Bl. a iij ᵇ ohne Wappen u. ohne Überschrift. — Exemplare:
*Berlin, kgl. B.; Dresden; St. Florian; Freiburg (Titel hsftl.);
Göttingen, (Titel fehlt); Leipzig, U.-B.; Mayhingen; München,
Hof- und U.-B.; Oldenburg, (Titel fehlt); Stuttgart; Ulm,
(Titel fehlt); Wien, Hof-B.; Wolfenbüttel.

3. Franckforth am Mayn, Dauid Zephelius, 1556. fol.

Reinicken Fuchß. | Ander Teyl des Buchs | Schimpff
vnd Ernst, welches nicht weniger kurtz= | weilig denn
Centum Nouella, Esopus, Eulenspiegel, Alte | weisen,
Weise Meyster, vnd alle andere kurtzweilige | Bücher, Aber zulernen
weißheit vnnd verstand | weit nützlicher vnd besserer. | Wie aus
der Vorrede zuuernemen ist. | Holzschnitt wie auf d. Titel von
1545. | Zu Franckfurt durch Dauidem Zephelium. | Anno
M. D. LVI. | *Cum Gratia & Priuilegio Imperiali nouo.* |
Dieser Titel ist auf allen Seiten durch schlichte Doppelleisten
eingefasst. Über den oberen derselbe Giebel, wie auf dem
Titelblatt von 1544. Rückseite des Titelbl. leer. Ende Bl.
102ª [s. sign.], Z. 21: Gedruckt zu Franckforth am Mayn | bey
Dauide Zephelio. | 1556. | ❦ | . — Folio. 17 Bogen zu 6 Bll.
= 102 bez. Bll. mit den Signaturen A ij — R iiij. Holzschnitte
(ausser dem auf d. Titel) wie in d. Frankfurter nd. Ausg. von
1550. — Exemplare: *Berlin, kgl. B.; Dresden; Gent; Jena;
Weimar (Bl. 92 defekt.); Wolfenbüttel; Würzburg; Zürich.

4. Franckfurt am Mayn, Dauid Zephel, 1562. fol.

Von Reinicken | Fuchß. | Ander Theyl des Buchs |
Schimpff vnd Ernst, welches nicht weniger kurtz= | weilig denn
Centum Nouella, Esopus, Eulenspiegel, Alte weisen, | Weise
Meyster, vnd alle andere kurtzweilige Bücher, Aber | zulernen
Weißheyt vnd verstand, weit nütz= | licher vnd besser. | Wie auß
der Vorrede zuuernemen ist. | Holzschnitt wie auf d. Titel der
Frankf. nd. Ausg. v. 1550. | Gedruckt zu Franckfurt am Mayn, |
bei Dauid Zepheln, Im Jar, | M.D.LXII. | Cum Gratia & Priui-
legio Imperiali nouo. | Rückseite d. Titelbl. leer. Ende Bl.
100ª [s. sign.], Z. 34: Gedruckt zu Franckfurt am Mayn, | bey Da-
uid Zepheln, zum Eisern Hut. | M. D. L rij. | — Fol. 16 Bogen
zu 6 u. Bogen R zu 4 = 100 bez. Bll. [fehlt : 5; statt 53 : 54;
63 : 64; 71 : 72] mit den Sign. A ij — R iij. Holzschnitte
wie in d. nd. Ausg. Frankf. 1550. Vergl. die Bemerkung zu

A II 6. — Exemplare: Basel; Bonn; Breslau, U.-B. (defekt);
Donaueschingen; Frankfurt a. M.; London, brit. Mus. (?); *München, Hof-B.; Stralsund; Wolfenbüttel.

5. Franckfurt am Mayn, Georg Rabe, verlegt von Sigmund Feyrabend und Simon Hüter, 1564. 8⁰.

Von Reinicken | Fuchß. | Ander Theil deß Buchs Schimpff |
vnd Ernst, welches nit weniger kurtzweilig | denn Centum Nouella,
Esopus, Eulenspiegel, Alte | weisen, Weise Meister, vnd alle andere
kurtzweilige | Bücher, Aber zu lehrnen Weißheit vn̄ verstand, | weit
nützlicher vnd besser, wie auß der | Vorrede zu vernemen ist. |
Holzschnitt: Links ein stärkerer und ein dünner Baumstamm;
an ersterem sitzt Reinke, die Vorderfüsse aufgestemmt und
das Gesicht dem Zuschauer zuwendend, während rechts mehr
im Hintergrunde ein anderer Fuchs zu bellen scheint. Hintergrund Wolken. | Gedruckt zu Franckfurt am Mayn, |
M. D. LXIIII. | Rückseite des Titelbl. leer. Ende Bl. 203ᵃ.
Folgt auf Bll. 203ᵇ bis 206ᵇ [unbez.] das Register. Bl. 207ᵃ
[unbez.]: Gedruckt zu Franckfurt | am Mayn, durch Georg Raben, |
Mit verlegung Sigmund Feyr- | abend, vnd Simon Hüters. |
M. D. LXIII. — 8⁰. 203 bez. [statt 172 : 162; 194 : 419] und
5 unbez. Bll. (von denen das letzte weiss) mit den Signaturen
𝔄 ij—c v. — Von den Holzschnitten, denen die Bilder in
A II 3 als Vorlage dienten, tragen zwei das Monogramm des
Vergil Solis, die übrigen sind ohne Namenszug, aber alle
in der Zeichnung von demselben Charakter. Es ist daher
wahrscheinlich, dass Vergil Solis, der bereits 1562 starb, die
Zeichnungen lieferte, die Ausführung jedoch seinen Schülern
überlassen blieb (vergl. Nagler, Monogrammisten, V, 263);
vielleicht beteiligte sich Sigmund Feyrabend an derselben,
wenigstens steht fest, dass er von 1559—1563 seinen eigentlichen
Beruf als Holzschneider ausübte. (Vgl. Pallmann a. a. O., S. 8. 9.
23.) — Exemplare: *Berlin, kgl. B., Breslau, U.-B.; London,
brit. Mus. (?); Wien, Hof.-B.; Zürich, (Titelbl. fehlt.).

6. Franckfurt am Mayn, 1566. 8⁰.

Von Reinicken | Fuchß. | Ander Theil deß buchs Schimpff |
vnd Ernst, welches nit weniger kurtzweilig | denn Centum Nouella,
Esopus, Eulenspiegel, | Alte weisen, Weise Meister, vnd alle an-
dere | kurtzweilige Bücher, Aber zu lehrnen Weiß- | heit vnd ver-
stand, weit nützlicher vnd bes- | ser, wie auß der Vorrede zu ver- |
nemmen ist. | Holzschnitt wie auf d. Titel d. Ausg. v. 1564. |
Gedruckt zu Franckfurt am Mayn, | M. D. LXVI. | Rück-
seite des Titelbl. leer. Ende Bl. 198ᵇ. Folgt auf 2 unbez.
Bll. das Register, Ohne Schlussschrift. 8⁰. 198 bez. und 2
unbez. mit den Signaturen 𝔄 ij—b v. Holzschnitte des V. Solis.
Exemplare: *Berlin, kgl. B.; Breslau, St.-B.; München, U.-B.

7. Franckfurt am Mayn, Nicolaus Basse, verlegt von Simon Hütter, 1569. 8⁰.

Von Reinicken | Fuchß | Ander Theil deß buchs Schimpff | vnd Ernst, welches nit weniger kurtzweilig | deñ Centum Nouella, Esopus, Eulenspiegel, | Alte weisen, Weise Meister, vnd alle an= dere kurtz= | weilige Bücher, Aber zu lehrnen Weißheit vnd | ver= stand, weit nützlicher vnnd besser, wie | auß der Vorrede zu ver= nem= | men ist. | Holzschnitt wie auf d. Titelbl. v. 1564 | Ge= truckt zu Franckfurt am Mayn, | M. D. LXIX. | Rückseite d. Titelbl. leer. Ende Bl. 191ᵇ. Bl. 192ᵃ [unbez.]: Getruckt zu | Franckfurt am Mayn, | durch Nicolaum Basse, | in Verlegung Simon | Hütter. | Arabeske. | 8⁰. 191 bez. u. 1 unbez. Bll. mit d. Sign. Aij—ab. Holzschnitte des V. Solis. — Exemplare: Breslau, St.-B.; *Rostock, (Titel u. Bl. 1 beschädigt; fehlt das letzte Bl. Die Ergänzungen zum Rostocker Exemplar ver= danke ich der Güte des Herrn Dr. Markgraf, Stadtbibliothekars in Breslau.)

8. Franckfurt am Mayn, 1571. 8⁰.

Von Reinicken | Fuchs. | Ander theil deß Buchs Schimpff | vnd Ernst, welches nit weniger kurtzweilig | denn Centum Nouella, Esopus, Eulenspiegel, | Alte Weisen, Weise Meister, vnd alle andere | kurtzweilige Bücher, Aber zu lernen Weißheit | vnd Verstandt, weit nützlicher vnd | besser, wie auß der Vorre= | de zu vernem= | men ist. | Holzschnitt wie auf d. Titelbl. v. 1564 | Getruckt zu Franckfurt am Mayn, | M. D. LXXI. | Rück= seite des Titelbl. leer. — Ende Bl. 198ᵇ. Folgt auf 2 unbez. Bll. das Register. Ohne Schlussschrift. 8⁰. 198 bez. Bll. [statt 76 : 79] und 2 unbez. Bll. mit den Signaturen Aij—bb. Holz= schnitte des V. Solis. Exemplar: *Berlin, U.-B.

9. Franckfurt am Mayn, Martin Lechler, verlegt von Phi= lipp Schwartzenberger und Johannes Feyrabendt, 1574. 8⁰.

Von Reinicken | Fuchs. | Ander Theil des Buchs Schimpff | vnd Ernst, welches nit weniger kurtzweilig | denn Centum Nouella, Esopus, Eulenspiegel, | Alte Weisen, Weise Mei= ster, vnd alle andere | kurtzweilige Bücher, Aber zu lehrnen Weiß= heit | vnd Verstandt, weit nützlicher vnd | besser, wie auß der Vor= re= | de zu vernem= | men ist. | Holzschnitt wie auf dem Titelbl. v. 1564. | Getruckt zu Franckfurt am Mayn, | M. D. LXXIIII. Rückseite des Titelblattes leer. Ende Bl. 198ᵇ, Z. 14. Folgt das Register auf dem übrigen Teil des Bl. u. 2 unbez. Bll. Bl. 200ᵇ [unbez.], Z. 22: ENDE. | Getruckt durch Martin Lechler, in verle= | gung Philippi Schwartzenbergers vnd | Johannis Feyr= abendt. | — 8⁰. 198 und 2 unbez. Bll. mit den Signaturen Aij—bb. Holzschnitte des V. Solis. Exemplar: *Ulm, St.-B.

10. Franckfurt a. M., Nic. Bassæus, 1579. 8⁰.

Von Reinicken | Fuchs. | Ander Theil deß Buchs Schimpff | vnd Ernst, welches nit weniger kurtzweilig | denn

Centum Rouella, Esopus, Eulenspiegel, | Alte Weisen, Weise Meister,
vnnd alle andere | kurtzweilige Bücher, Aber zu lehrnen Weißheit |
vnd Verstandt, weit nützlicher vnd bes= | ser, wie auß der Vorrede
zu | vernemmen ist. | Holzschnitt wie auf d. Titelbl. v. 1564. |
Gedruckt zu Franckfurt am Mahn, | Strich | M. D. LXXIX. |
Rückseite des Titelblattes leer. Ende Bl. 189ᵇ. Ende des
Registers Bl. 191ᵇ [unbez.]. Bl. 192ᵃ [unbez.]: Gedruckt zu
Franckfurt am Mahn, | durch Nicolaum Bas= | säum; Jm Jar, |
Druckersignet | M. D. LXXIX. | — 8°. 189 bez. [statt 51 : 52}
u. 3 unbez. Bll. m. d. Sign. Aij—aᵇ. Holzschnitte d. V. Solis.
Hier kommt zuerst das folgende, mit dem Monogramm V.S.
versehene, von den Ausgaben Nr. 11—20 wiederholte Bild
zu Buch III, Kap. 11 vor: Links der Kranich, der dem Wolf
seinen Schnabel in den Rachen steckt. Hintergrund: eine
Stadt hinter einem mit Gebüsch umstandenen Teiche; vgl.
Nr. 21. — Exemplare: *Berlin, kgl.-B. (letztes Bl. fehlt; die
Kenntnis desselben verdanke ich der Güte des Herrn Dr. G.
Laubmann, Direktors d. Kgl. Staatsbibliothek in München);
München, Hof-B.

11. Franckfurt am Mayn, Nicolaus Basseus, 1581. 8°.

Von Reinicken | Fuchs. | Ander Theil deß Buchs
Schimpff | vnd Ernst, welchs nit weniger kurtzweilig | denn Cen=
tum Rouella, Esopus, Eulenspiegel, | Alte Weisen, Weise Meister,
vnnd alle andere | kurtzweilige Bücher, Aber zu lernen Weißheit |
vnd Verstandt, weit nützlicher vnd bes= | ser, wie auß der Vorrede
zu | vernemmen ist. | Holzschintt wie auf dem Titelbl. v. 1564. |
Gedruckt zu Franckfurt am Mahn, | Strich | M. D. LXXXI. |
Rückseite des Titelbl. leer. Ende Bl. 189ᵇ. Folgt Bl. 189ᵇ,
Z. 23 ff. und auf 2 nicht bez. Bll. das Register. Bl. 192ᵃ [unbez.]:
Getruckt zu | Franckfurt am Mahn, | durch Nicolaum Basseum, |
Jm Jar, | Druckersignet | M. D. LXXXI. — 8°. 189 bez. [statt
189 : 184] und 3 unbez. Bll. mit den Signaturen Aij—aᵇ. —
Holzschnitte des V. Solis. — Exemplare: *Berlin, kgl. B.;
Karlsruhe; München, Hof.-B.

12. Franckfurt am Mayn, Nicolaus Basseus, 1581/83. 8°.

Auf dem Titel: M. D. LXXXIII. Am Ende: M. D. LXXXI.
Es ist nach gütiger Mitteilung des Herrn Dr. Reinhold Köhler
in Weimar der Druck von 1581, dessen erster Bogen durch
einen solchen aus dem Jahre 1583 ersetzt ist. Exemplar:
Weimar.

13. Franckfurt am Mayn, Nicolaus Basseus, 1583. 8°.

Von Reinicken | Fuchs. | Ander Theil deß Buchs
Schimpff | vnd Ernst, welchs nit weniger kurtzweilig | denn Cen=
tum Rouella, Esopus, Eulenspiegel, | Alte Weisen, Weise Meister,
vnnd alle andere | kurtzweilige Bücher, Aber zu lernen Weißheit |
vnd Verstandt, weit nützlicher vnd bes= | ser, wie auß der Vorrede

ʒu | vernemmen iſt. | Holzschnitt wie auf d. Titelbl. der Frankf.
Ausg. v. 1564 | Gedruckt ʒu Franckfurt am Mahn, | Strich |
M. D. LXXXIII. | Rückſeite d. Titelbl. leer. Ende Bl. 189ᵇ.
Ende des Registers Bl. 191ᵇ [unbez.]. Bl. 192ᵃ [unbez.]:
Gedruckt ʒu | Franckfurt am Mahn, | durch Nicolaum Baſſeum, |
Im Jar, | Druckerſignet | M. D. LXXXIII. | 8°. 189 [statt 59:56;
189: 184] bez. und 3 unbez. Bll. mit den Signaturen Aij—aᵇ.
Holzschnitte des V. Solis. Exemplar: *München, Hof-B.

14. Franckfurt am Mahn, Nicolaus Baſſeus, 1587. 8°.

Von Reinicken | Fuchs. | Ander Theil deß Buchs
Schimpff | vnd Ernſt, welchs nit weniger kurtzweilig | denn Cen=
tum Nouella, Eſopus, Eulenſpiegel, | Alte Weiſen, Weiſe Meiſter,
vnnd alle andere | kurtzweilige Bücher, Aber ʒu lernen Weißheit |
vnd Verſtandt, weit nützlicher vnd beſ= | ſer, wie auß der Vorrede
ʒu | vernemmen iſt. | Holzschnitt wie auf dem Titelbl. d. Frank-
furter Ausg. v. 1564. | Mit Röm. Key. May. Freyheit, auff
ʒehen Jar | nicht nach ʒutrucken, begnadet. | Getruckt ʒu
Franckfurt am Mahn, | Strich | M. D. LXXXVII. [rot]. Rück-
seite des Titelbl. leer. Ende Bl. 189ᵇ [s. unten!]; dann folgt
Bl. 189ᵇ, Z. 23 ff. und auf 2 unbez. Bll. das Register. Bl. 192ᵃ
[unbez.]: Gedruckt ʒu | Franckfurt am Mahn, | durch Nicolaum
Baſſeum, | Im Jahr, | Druckerſignet wie 1581. | M. D. LXXXVII.
— 8°. 189 bez. [statt 59: 56; 189: 184] und 3 unbez. Bll.
mit den Signaturen A ij — a b. Holzschnitte des V. Solis.
Exemplare: *Berlin, kgl. B.; Heidelberg; Nürnberg, Germ.
Mus., (Titelbl. fehlt); *Wernigerode.

15. Franckfurt am Mahn, Nicolaus Baſſæus, 1588. H. 8°.

Technae aulicae; s. B II 7.

16. Franckfurt am Mahn, Nicolaus Baſſæus, 1590. 8°.

Von Reinicken | Fuchs. | Ander Theil deß Buchs
Schimpff | vnd Ernſt, welchs nit weniger kurtzweilig | denn Cen=
tum Nouella, Eſopus, Eulenſpiegel, | Alte Weiſen, Weiſe Meiſter,
vnnd alle andere | kurtzweilige Bücher, Aber ʒu lernen Weißheit |
vnd Verſtandt, weit nützlicher vnd beſſer, | wie auß der Vorrede
ʒuver= | nemmen iſt. | Holzschnitt wie auf dem Titelbl. der
Ausg. v. 1564. | Mit Röm. Key. May. Freyheit, auff ʒehen
Jar | nicht nachʒubrucken, begnadet. | Gedruckt ʒu Franckfurt am
Mahn, | Strich | M. D. XC. [rot]. Rückseite des Titelbl. leer.
Ende Bl. 177ᵃ. Folgt das Register auf Bl. 177ᵇ bis Bl. 179ᵃ
[unbez.]. Bl. 179ᵇ: Gedruckt ʒu | Franckfurt am Mahn, | durch
Nicolaum Baſſæum, | Im Jahr, | Arabeske | M. D. XC. | 8°. 177
bez. und 3 unbez. Bll. (von denen das letzte weiss) mit den
Signaturen A ij — Z ij [statt O v: G v; R iiij fehlt; S ij fehlt;
statt V iij: T iij]. Holzschnitte des V. Solis. — Exemplare:
*Berlin, kgl. B.; Mayhingen; München, Hof-B.

17. Franckfurt am Mayn, Nicolaus Baſſæus, 1593. 8°.

Von Reinicken | Fuchß. | Ander Theil beß Buchs
Schimpff | vnd Ernſt, welchs nicht weniger kurtzweilig | denn Cen=
tum Nouella, Eſopus, Eulenſpiegel, | Alte Weiſen, Weiſe Meiſter,
vnnd alle andere | kurtzweilige Bücher, Aber zu lernen Weißheit |
vnd Verſtandt, weit nützlicher vnd beſſer, | wie auß der Vorrede
zu ver= | nemmen iſt. | Holzſchnitt wie auf dem Titelbl. von
1564 | Mit Röm. Key. May. Freyheit, auff zehen Jar |
nicht nachzubrucken, begnabet. | Gebruckt zu Franckfurt am
Mayn, | Strich | M. D. XCIII. [rot.] Rückſeite des Titelbl.
leer. Ende Bl. 177ᵃ. Es folgt d. Register auf Bll. 177ᵇ bis
Bl. 179ᵃ̈ [unbez.]. Bl. 179ᵇ: Gebruckt zu | Franckfurt am Mayn |
burch Nicolaum Baſſæum, | Im Jahr, | Arabeske | M. D. XCIII. |
8°. 177 bez. [ſtatt 2: 1; 33: 38; 35: 40; 37: 42; 39: 44; 107:
67; 129: 126] und 3 unbez. Bll. (von denen das letzte weiss)
mit den Signaturen Aij—Zij. Holzſchnitte des V. Solis. —
Exemplare: *Berlin, kgl. B. (fehlt das letzte weisse Blatt);
Strassburg.

18. Franckfort am Mayn, Nicolaus Baſſæus, 1597. 8°.

Von Reinicken | Fuchß. | Ander Theil beß Buchs
Schimpff | vnd Ernſt, welchs nicht weniger kurtzweilig | denn Cen=
tum Nouella, Eſopus, Eulenſpiegel, | Alte Weiſen, Weiſe Meiſter,
vnnd alle andere | kurtzweilige Bücher, Aber zu lernen Weißheit |
vnd Verſtand, weit nützlicher vnd beſſer, | wie auß der Vorrede
zu ver= | nemmen iſt. | Holzſchnitt wie auf dem Titelbl. der
Frankf. Ausg. von 1564 | Mit Röm. Keyſ. Mayeſt. Freyheit,
auff zehen Jar | nicht nachzutrucken, begnabet. | Gebruckt
zu Franckfort am Mayn, | Strich | M. D. XCVII. [rot] Rückſeite
des Titelbl. leer. Ende Bl. 177ᵃ. Folgt das Register auf
Bll. 177ᵇ bis 179ᵃ [unbez.]. Bl. 179ᵇ: Gebruckt zu | Franckfort
am Mayn, | burch Nicolaum Baſſæum, | Im Jahr. | Arabeske |
M. D. XCVII. | 8°. 177 bez. [ſtatt 136: 139; 157: 175] und
3 unbez. Bll. (von denen das letzte weiss) mit den Signaturen
Aij—Zij. Holzſchnitte des V. Solis. — Exemplare: Darm-
ſtadt; *Kassel, Landes-B.

19. Franckfort am Mayn, Melchior Hartmann, verlegt von Nicolaus Baſſæus, 1602. 8°.

Von Reinicken | Fuchß. | Ander Theil beß Buchs
Schimpff | vnd Ernſt, welchs nicht weniger kurtzweilig | denn
Centum Nouella, Eſopus, Eulenſpiegel, | Alte Weiſen, Weiſe Mei=
ſter, vnnd alle andere | kurtzweilige Bücher, Aber zu lernen Weiß=
heit | vnnd Verſtand, weit nützlicher vnnd beſſer, | wie auß der
Vorrede zu ver= | nemmen iſt. | Holzſchnitt wie auf d. Titelbl.
d. Frankf. Ausg. v. 1564. | Mit Röm Keyſ. Mayeſt. Frey=
heit, auff zehen Jar | nicht nachzutrucken, begnabet. | Gebruckt
zu Franckfort am Mayn, burch Melchior | Hartmann, In
verlegung Nicolai Baſſæi. | Strich. | M. DCII. [rot]. Rückſeite

d. Titelblattes leer. Ende Bl. 171ᵇ [unbez.]: Getruckt zu | Franckfort am Mayn, | durch Melchior Hartmann, | inn Verlegung Nicolai | Baſſæi. | Arabeske. — 8⁰. 169 bez. und 3 unbez. (von denen das letzte weiss) Register-Bll. mit d. Signaturen Aij— Yij. Holzschnitte des V. Solis. — Exemplare: *Göttingen; Königsberg; München, U.-B.

20. Franckfort am Mayn, Wolffgang Richter, verlegt von den ſämptlichen Baſſæiſchen Erben, 1608. 8⁰.

Von Reinicken | Fuchß. | Ander Theil deß Buchs Schimpff | vnd Ernſt, welchs nicht weniger kurtzweilig | denn Centum Nouella, Eſopus, Eulenſpiegel, Alte | Weiſen, Weiſe Meiſter, vnd alle andere kurtzweilige | Bücher, Aber zu lernen Weißheit vnnd Verſtand, | weit nützlicher vnd beſſer, wie auß der Vorrede zu vernemmen iſt. | Holzschnitt wie auf d. Titelbl. der Ausg. Frankf. 1564. | Mit Röm. Keyſ. Mayeſt. Freyheit, auff zehen | Jar nicht nachzutrucken, begnabet. | Getruckt zu Franckfort am Mayn, durch | Wolffgang Richtern, In Verlegung der ſämptli= | chen Baſſæiſchen Erben. | Strich | M. DC. VIII. [rot]. Rückseite des Titelbl. leer. Ende Bl. 171ᵇ [unbez.]: Getruckt zu | Franckfort am Mayn, | durch Wolffgang Richtern, | In Verlegung der ſämptli= | chen Baſſæiſchen Erben. | Arabeske. 8⁰. 169 bez. [d. Ziffer 125 umgedreht] und 3 unbez. (von denen das letzte weiss) Register-Bll. mit den Sign. Aij—Yij. [st. Oij: O]. Holzschnitte des V. Solis. — Exemplare: Bremen; Breslau, Stadt-B.; Lübek; Mayhingen; *München, Hof-B.; Strassburg.

? Frankfurt, 1616, 8⁰. Nach Graesse, trésor VI, 84ᵇ; ein Exemplar nachzuweisen ist mir nicht gelungen.

21. Franckfort am Mayn, Paul Jacobi, verlegt von Johann Drentel, 1617. 8⁰.

Von Reinicken | Fuchß. | Ander Theil deß Buchs Schimpff vnd Ernſt, | welchs nicht weniger kurtzweilig dann Centum No= | uella, Eſopus, Eulenſpiegel, Alte Weiſen, Weiſe Meiſter, | vnd alle andere kurtzweilige Bücher, Aber zu lernen Weiß= | heit vnd Verſtand, weit nützlicher vnd beſſer, wie | auß der Vorrede zu vernem= | men iſt. | Holzschnitt: Ein mit Hilfe des Spiegels angefertigter Nachschnitt des Holzschnitts auf dem Titelbl. v. 1564. | Getruckt zu Franckfort am Mayn, durch Paul | Jacobi, In Verlegung Johann Drentels. | Strich. | M. DC. XVII. Rückseite des Titelbl. leer. Ende S. 260. Folgt auf 2 unbez. Bll. das Register. S. 264 [unbez.], Z. 20: ENDE. Ohne Schlussschrift. 8⁰. 260 bez. SS. [die Zählung beginnt mit S. 5; statt 41: 4; 146: 140] und 2 unbez. Bll. mit den Signaturen Aij—Rij [statt Biiij: Aiiij; Giiij fehlt; Hiiij fehlt; Liiij fehlt; Riiij fehlt; Oiiij fehlt]. Die Holzschnitte sind bedeutend verkleinerte Nachschnitte derjenigen in d. hd. Frankfurter

Ausgabe von 1579 od. einer der folgenden, da sich hier auch
d. Bild mit Kranich u. Wolf befindet. — Exemplare: * Berlin,
kgl. B.; Darmstadt; Hannover, kgl. B.; London, brit. Mus. (?);
Neustrelitz; Paris, Nat.-B.

? Núrnberg, 1650. 8⁰. — Vgl. Spangenberg, a. a. O.
S. 90; ein Exemplar kann ich nicht nachweisen.

? Reinecke Fuchs. Das anber teyl bes buchs
Schimpff unb Ernst. Hamburg. 1666. 8⁰. So Brunet,
a. a. O. IV, 1226 (zum Jahre 1544) u. Goedeke I¹, 292; ein
Exemplar kann ich nicht nachweisen. Da letzterer aber auch
I¹, 107 eine nd. Ausg. von 1666 anführt, die ebensowenig nach-
zuweisen ist, so wird in beiden Fällen eine Verwechselung
mit der nd. Ausg., Hamborch 1660, Z. Dose, vorliegen.

B. ANONYM (ZESENIANISCHE).

(In Alexandrinern und Strophen.)

1. Rostock, verlegt von Joachym Wilde, 1650. 8⁰.
Reineke Fuchs | Das ist | Ein sehr Nützliches, Lust=
vnd | Sinn = reiches Büchlein, | Darein auf verblümete,
jedoch löbliche schreib = | art, unter den Nahmen beß Löwen,
Bähren, Fuchses, Wol= | fes ꝛc. Das Hofe, wie auch aller Stände
der Welt Leben und Wesen, | so wohl nach ihren Tugenden, als
auch insonderheit nach benen darein | vorfallenden Lastern, mercklich
beschrieben, und gleichsam mit | lebendigen Farben bezeichnet wird. |
Auff das Neue mit allerhand jetziger Zeit üblichen |
Reim = arten, als vier, fünff, neun, zehen, zwölff, breyzehen, ꝛc. |
lang kurtzen, kurtzlangen, lang = gekürtzten, gekürtzlangen, balb
einge= | sprengten, balb reinen: Wie auch abwallenden kurtz=
schliessenden ꝛc. außge= | zieret: Mit etzlichen hundert Verßen be=
reichet, (sic!) mit unterschiebli= | chen Sitten und Lehr = Sätzen ver=
bessert. | Vnd in brey Theile abge= | theilet. | Holzschnitt:
Ein vermittelst des Spiegels angefertigter Nachschnitt des
Holzschnittes auf dem Titelblatt der hd. Ausg. von 1564. |
In Verlegung, | Joachym Wilben, Buchhändlern zu
Rostock. | Strich | Im Jahr. M. DC. L. | — Rückseite des Titel-
blattes leer. | S. 3 [sign. A ij]: Kopfleiste | Kurtzer Vorbericht, |
An den | Teutschgesinneten wohlwollen= | ben Leser. | E [6 Zeilen
hinabreichend] S kan keinem unwissend | seyn, was massen bey
diesen güldenen | Himmel gleich schwebenben Kunst | und Sprach
Zeiten, etc. bis S. 16, Z. 1 ff.: und gehabe sich hie lange, borten
aber ewig | wohl. | Geschrieben den 5. May Monats im Jahr | ber
Geburth Christi, 1649. | Arabeske. | S. 17: Des Reinken Fuchses
ersten | Theiles. | Das Erste Capitel. | Der König aller Thier ber
Löwe, lässet gebieten | allen Thieren nach Hofe zu kommen. Reinke |
bleibet aus. | Holzschnitt. | D [4 Zeilen hinabreichend] Je schöne
Pfingsten= Zeit, ba alles grün bemahlet | im Walb' und Felbe

steht, das dick = befrüchtet pralet | etc. bis S. 222, Z. 37 ff.: So
ward gemachet der Vertrag, | daß demnach biß auf diesen Tag |
[S. 223] die Thiere Wölf' und Bären, | Bären, scheren, (ver)zehren. |
Kurtze Anmerkungen. | bis Z. 10: 4. Ein Mensch ist des andern
sein Wolf und fresser. | Ende des ersten Theyles. | Arabeske. |
S. 224: Des Reiniken Fuchses an= | dren Theyles. | Das Erste
Capittel. | Alle Thier und Vögel werden zum anderen | Reichs=
Tage berufen, da abermahls über Reiniken hef= | tig geklaget wird. |
Holzschnitt. | I. | D [4 Zeilen hinabreichend] Er König aller Thier
der Löw ließ sagen seinen Räthen, | Sie möchten alsobald: | Wie
es erfordere die Noth, zu Schloß zusammen treten, | Vnd welcherley
Gestalt | etc. bis S. 274, Z. 29 ff.: Hiemit so nahmen sie von ihm
den Abescheid. | Vnd gingen hin nach Hof' ohn' einigen Geleit, |
Reinke setzt' es auf das wagen, | was er würd' am Hof erjagen. |
S. 275: Anmerkungen. | bis S. 277, Z. 32 ff.: . . . Besitze hievon
den Sittewald im Ratio status, da er | unter andern die Königin
von Engeland die Elisabetham ein= | führet, wie dieselbige die
Königin aus Schottland Mariam | und den jungen tapfren Helden
von Essex in En= | gelland, enthaupten las= | sen 2c. | Ende des
andren Theyles. | S. 278: Des Reiniken Fuchses drit= | ten Theyles. |
Das Erste Capittel. | Reinke kommt mit Grimmhart zu Hofe,
macht | seine Wort für dem Könige. | R [4 Zeilen hinabreichend]
Einke kahm auf Königs Schloß unverhofft getreten, | da er nicht
gebeten, | Er fand alba vor sich stehn ohne maes und Ziel, | seiner
Feinde viel. | bis S. 419, Z. 31 ff.: Sehe also ist Reinike höchlich
geehret, | Wie alles diß Büchlein zur Gnüge gelehret: Darum ist
dieses mein Büchlein erdicht, | Diß ist die Meinung' und andere
nicht. | S. 420: Anmerkungen. | bis S. 421, Z. 36: ENDE. | S. 422:
Kopfleiste. | Folget der Summarische | Begrieff. | Deß ersten
Theils. | etc. nach Kapiteln geordnetes Verzeichnis der ,Scan-
sion oder Füß=Abtheilung' bis Bl. Ee 3^b [s. num.], Z. 36: Ende
des Registers. | Bl. Ee a$_4$ [s. num. et sign.]: Druckfehlerverzeichnis
bis Z. 36: ENDE. | — 8°. 421 SS. [Titelbl. = SS. 1. 2; statt
317: 217; 398: 394], 1 S. und 9 unbez. Bll. mit den Signaturen
A ij—Ee $_3$ [fehlen J ij und Lv; statt X iiij: X iij?]. Holzschnitte
(ausser dem auf dem Titelbl.) des V. Solis. — Exemplare:
Altenburg; Basel; Berlin, kgl. B.; Bern; Breslau, U.- und
St.-B.; Donaueschingen; Dresden; Göttingen; Hamburg;
Königsberg; London, brit. Mus. (?); München, U.-B.; Prag;
Rostock (2 Exx.); Schwerin, Reg.-B.; Stockholm; Strassburg;
Upsala; *Wernigerode; Wien, Hof-B.; Wolfenbüttel.

2. Rostock, verlegt von Joachym Wilde, 1662. 8°.

Reineke Fuchs, | Das ist, | Ein sehr Nützliches, Lust=
und | Sinn = reiches Büchlein, | Darein auf verblümete,
jedoch Löbliche schreib= | art, unter den Nahmen deß Löwen,
Bähren, Fuchses, Wol= | fes 2c. Das Hofe, wie auch aller Stande
der Welt Leben und Wesen, | sowohl nach ihren Tugenden, als
auch insonderheit nach denen darein | vorfallenden Lastern, mercklich

beſchrieben, und gleichſam mit | lebendigen Farben bezeichnet wird. |
Auff das Neue mit allerhand jeßiger Zeit üblichen
Reim=arten, als vier, fünff, neun, zehen, zwölff, dreyzehen, ꝛc. |
langkurßen, kurßlangen, lang=gekurßten, gekürßtlangen, bald ein=
ge=|ſprengten, bald reinen: Wie auch abwallenden kurßſchlieſſenden ꝛc.
außge=|zieret: Mit eßlichen hundert Verßen bereichet, mit under=
ſchied=|lichen Sitten und Lehr=Säßen verbeſſert. | Und in drey
Theile abgetheilet. | Holzschnitt wie auf dem Titelbl. der
Rostocker Ausg. 1650. | In Verlegung | Joachym Wilden,
Buchhändlern zu Roſtock. | Strich. | Im Jahr MDCLXII |
— Schluss Bl. Ee iij[b] [s. num.], Z. 36: Ende des Regiſters. — 8⁰.
421 SS. [Titelbl. = SS. 1. 2; statt 80: 30; 132: 131; 298: 398;
317: 217], 1 S. und 9 unbez. Bll. (von denen das letzte weiss)
mit den Signaturen A ij—Ee iij. Holzschnitte (ausser dem auf
dem Titelblatt) des V. Solis. — Exemplare: Berlin, kgl. und
U.-B.; Breslau, U.-B.; Freiburg; Göttingen; Gotha, herzogl.
B.; Halle; Hamburg (defekt); Hannover, kgl. B.; Kassel,
Landes-B.; Kopenhagen; Leiden; Leipzig, U.-B.; London,
brit. Mus. (?); Oldenburg; St. Petersburg; Prag; Stockholm;
Strassburg; Stuttgart; Ulm; Upsala; *Wernigerode [2 Exx.];
Wien, Hof-B.; Wolfenbüttel; Zittau.

? Roſtock 1663. 8⁰. — Vgl. Flögel, a. a. O. III, 80 (mit
Verweis auf: Nachricht von den Büchern in der Stolliſchen
Bibliothek. Thl. IV, S. 336; Thl. XV, S. 589), jedoch mit dem
Zusatz: „... wo nicht die zweite [1662] und dritte [1663] ein
und dieſelbe iſt“; danach (?) Brunet IV, 1226 (zum Jahr 1544)
und Goedeke I¹, 292.

? Roſtock, 1664. 4⁰. — Vgl. Spangenberg a. a. O. S. 90.

? Reineke Fuchs. — Auff das neue mit allerhand ...
Reimarten . . . ausgezieret ꝛc. Roſtock, 1672. 8⁰. — Vgl. Ebert,
18849, doch mit der Bemerkung: ‚Die Ausgg. ibid. (d. h.
Rostock) 1672 und 1680, 8⁰ scheinen blos durch Druckfehler
entstanden zu sein.‘

? Roſtock 1680. 8⁰. — S. die Bemerkung zum Jahr 1672.

8. Volksbuch, o. O. u. J. 352 SS. 8⁰ (Prosa).

Der liſtige | R [schwarz] eineke F [schwarz] uchs, | Das
iſt: | E [schwarz] in ſehr nußliches, | luſt= und ſinn=reiches |
Büchlein, | Darinn auf verblümte, jedoch | löbliche
Schreibart, unter den Namen | deß Löwen, Bären, Fuchſes,
Wolffes, ꝛc. das | Hof= wie auch aller Stände der Welt Leben
und Weſen, | ſo wol nach ihren Tugenden, als auch inſonderheit
nach | denen darinn vorfallenden Laſtern, mercklich beſchrie=|ben,
und gleichſam mit lebendigen Farben | bezeichnet wird. | Holz-
schnitt: In der Mitte des Vordergrundes sitzt der Wolf und
schaut sich nach links (vom Zuschauer) um. Rechts, auf
sanft ansteigender Anhöhe, auf die ein Weg führt, einige
Bäume. Links im Thale trinkt das Schaf aus einem Bache;
weiter im Hintergrunde links eine Stadt, über die ein Höhen-

zug hervorragt. Rechts am Wege das Zeichen des Vergil
Solis. | Zuvor niemals also gedruckt. 22. [schwarz] —
Rückseite des Titelbl.: Kopfleiste. | Kurtzer Vorbericht, | An
den | Teutschgesinneten wolwollenden | Leser. | E [4 Zeilen hinab-
reichend] S kan keinem unwissend seyn, was | massen bey diesen
guldenen Himmel= | gleich schwebende Künst= und Sprach= | Zeiten, etc.
bis S. 8, Z. 11 ff.: . . . als ist derer Innhalt in eine unge= | bundene
Rede verfasset worden, verhoffende, hier= | durch nicht ringern
Nutzen zu schaffen, und daß | auch ein Einfältiger den Innhalt
eher begreiffen | könne, wann er solches zu lesen einen Lust be=
kommt. | Unterdessen nehme der günstige Leser, mit dieser ge= | ringen
Arbeit vorlieb, bleibe gewogen, und | gehabe sich hie lange, dorten
ewig | wol. | Schlussstück. | S. 9: Deß Reinecken=Fuchses Ersten |
Theils | Das Erste Capitel. | Der König aller Thier der Löwe,
läßt gebieten | allen Thieren nach Hofe zu kommen. Reinete
bleibt aus. | Holzschnitt, daneben rechts der Text: E [2 Zeilen
hinabreichend] S war da= | mals eben die | schöne, liebliche | und
angenehmli= | che Zeit der heili= | gen Pfingsten ein= | gefallen, in
wel= | cher alle Thier, | so wol im Was= | ser als auf dem | Land
und das gantze geflügelt Heer sich gleichsam wie= | der zu verneuen,
und neuen Mut zu fassen pfleget, etc. bis S. 175, Z. 12: . . . Also
wurde der Vertrag auf= | gericht, daß auch noch bis auf diesen Tag
Braun und | Isegrim die Thier tödten und zerreissen. | Kurtze An=
merckungen. | bis Z. 22 ff.: 4. Ein Mensch ist deß andern sein
Wolff und Fres= | ser. | Ende deß ersten Theils. | Arabeske. | S. 176:
Kopfleiste. | Deß Reineken Fuchses andern | Theils | Das erste
Capitel. | Alle Thier und Vögel werden zum andern | Reichs=Tage
beruffen, da abermals über | Reineken hefftig geklaget | wird. |
Holzschnitt, neben welchem rechts der Text: Der König | ließ
seine | Räthe zusam= | men beruffen, | und befahl ihnen, | daß sie sich
aufs | beste besinnen | solten, wie man | Reinekens könte | mächtig
werden, etc. bis S. 220, Z. 26: . . . Hiemit nahmen sie von ihm
Abschied und | giengen nach Hofe, und wagete es Reineke, wie |
es ihm zu Hofe ergehen | werde. | S. 221: Anmerckungen. | [Erstlich
lernen wir hieraus, daß, wenn gute Freun= | de einander lang nicht
gesprochen haben, etc. bis S. 224, Z. 27 ff.: . . . Be= | sihe hievon
den Sittewald im Ratio status, da er unter | andern die Königin
aus Engeland die Elisabetham ein= | führet, wie dieselbige die
Königin aus Schottland Ma= | riam und den jungen tapffern Helden
von Essex in En= | geland enthäupten lassen, 2c. | Ende des andern
Theils. | S. 225: Kopfleiste. | Des Reineken Fuchses | Dritter
Theil. | Das erste Capitel. | Reineke kommt mit Grimbart zu Hofe,
macht | seine Wort für dem König. | Holzschnitt, neben welchem
rechts der Text: R [2 Zeilen hinabreichend] Eineke kam | also
gantz | unverhofft auf | des Königs | Schloß, da er | dann über
die | Maß viel seiner | Feinde vor sich | fand. etc. bis S. 351,
Z. 35 ff.: . . '. Wer | kan wohl die Freude gnug beschreiben, die sein
Weib und Kin= | der empfiengen, als sie dieses höreten? Sehet,
also hoch wird | Reineke geehret, wie aus diesem Büchlein gnugsam

zu ſehen, | welches auch dieſes und kein anders Abſehen hat. |
S. 352: Anmerckungen. | Erſtlich, ſo ſoll man allemal mit hohem
Danck erkennen, | wann einem was Gutes und Liebes iſt wider=
fahren, daſſelbige | ausrühmen und ausloben. etc. bis Z. 28 ff.:
Maas iſt zu allem gut, Maas halten in dem Leiden, | wie auch
belobte Maas erweiſen in den Freuden, | Das hat, das hält den
Stich, das ſetzet feſten Grund, | drum nehmet die in acht: zuviel
iſt ungeſund. | ENDE | — 8°. 352 SS. [ſtatt 7: 9; 33: 23; 63:
36; 102: 212; 109: 809; 119: 114; 143: 145; 217: 117; 273:
253; 297: 207; 345: 146] mit den Signaturen A ij—A v [ſtatt
O: O, O iij: O iiij]. Mit den Ammanſchen Holzſchnitten, ausser
auf dem Titelblatt (vgl. B II, 2). — Exemplare: Berlin,
kgl. B.; Bonn; Breslau, St.- und U.-B.; Hamburg; Marburg;
St. Petersburg.

4. Volksbuch, o. O. u. J. 351 SS. 8° (Prosa).

Der liſtige | Reinecke Fuchs. | Das iſt: | Ein ſehr Nutz=
liches | Luſt= und Sinn=reiches | Büchlein, | Darinnen auf
verblümte, jedoch löbliche | Schreib=Art, unter den Namen des |
Löwen, Bären, Fuchſes, Wolffes, ꝛc. | Das Hof= wie auch
aller Stände der | Welt Leben und Weſen, | ſowohl | Nach ihren
Tugenden, als auch inſonderheit | nach denen darinn vorfallenden
Laſtern, mercklich be=|ſchrieben, und gleichſam mit lebendigen |
Farben bezeichnet wird. | Holzſchnitt: An dem Gestade eines
Wassers sitzt links (vom Zuschauer) unter Schilf ein Frosch;
ihm naht sich von rechts her der Fuchs (oder der Wolf).
Rechts im Hintergrunde Felsen. | Zuvor niemals alſo gedruckt.
(22.) | S. 351, Z. 19: ENDE. Arabeske: Blumenkorb. Rück-
seite des Bl. leer. — 8°. 351 SS. [Titelbl. = SS. 1. 2; ſtatt 97: 79;
229: 203] und 1 weisse S. mit den Signaturen A₂—Y₅. Holz-
schnitte wie in Nr. 3. Es muss hiervon mehrere Auflagen
geben; der obige Titel (aus dem Exempl. d. U.-B. in Berlin)
hat Z. 14—15: mercklich be=|ſchrieben, dagegen das Exempl. aus
Wernigerode: mercklich | beſchrieben; ferner hat das Berliner
Exemplar am Ende als Arabeske einen Blumenkorb, das
Wernigerodesche 3 in Dreiecksform um einen kleinen Kreis
stehende, mit den Stielen nach diesem hingewandte Blätter.
Das Dresdener Exemplar weicht schon im Titel in folgenden
Punkten ab: 2. Zeile wie in der Ausgabe von 352 SS., 9. Zeile
schwarz, 10. Zeile rot, 13. Zeile rot, 15. 16. Zeile: lebendigen
Farben | bezeichnet wird. | letzte Zeile: die Klammer und der
Punkt fehlen. Am Schluss hat es drei, rechts, links und
unten stehende, mit den Stielen nach innen gewandte Blätter
um einen kleinen Kreis, der rechts und links noch je einen,
etwa doppelt so grossen, nach aussen offenen Halbkreis hat,
dem sich je rechts und links ein Doppelpunkt anschliesst,
und folgende Fehler in Bezifferung und Signatur: ſtatt 196:
296; 209: 109; 298: 208; — ſtatt K iiij: A iiij; O: O, O ij: O ij;
O iiij: O iiij. — Exemplare: Berlin, kgl. u. *U.-B. [2 Exx.];
Bonn; Darmstadt; *Dresden; Rostock; *Wernigerode.

5. Volksbuch, o. O. u. J. 318 SS. 8° (Prosa).

Der liſtige | Reineke Fuchs, | Das iſt: | Ein ſehr nüß= liches, | Luſt= und Sinn=reiches | Büchlein, | darinn auf ver= blümte, jedoch löbliche | Schreib=Art, unter dem Nahmen des | Löwen, Bären, Fuchſes, Wolffes, ꝛc. | das Hof= wie auch aller Stände der Welt | Leben und Weſen, ſo wohl nach ihren Tugenden, | als auch inſonderheit nach denen darinn vorfallen= | den Laſtern, mercklich beſchrieben, und gleichſam | mit lebendigen Farben bezeichnet wird. | Holzschnitt: Mittels des Spiegels an- gefertigter Nachschnitt des Holzschnittes auf dem Titelbl. der nd. Ausg. Hamborch 1604. | Zuvor niemahls alſo gedruckt. (2 0) [rot]. | S. 318, Z. 32: ERDE. — 8°. 318 SS. [statt 23: 25; 118: 128; 119: 129; 122: 22; 132: 123; 261: 262; 316: 16] mit den Signaturen $\mathfrak{A}_2$—U$_5$. Die Holzschnitte, mit Ausnahme des- jenigen auf dem Titelbl., sind mittels des Spiegels hergestellte Nachschnitte der Jost Ammanschen Bilder; vgl. B II 2. — Exemplare: *Breslau, U.-B.; Dresden; Haag; Hamburg (Titel fehlt); Königsberg; Lübek; München, Hof-B.; Wolfenbüttel.

6. Hamburg, Th. von Wiening (1700?). 8° (Prosa?).

Des durchtriebenen Reineke Fuchs Leben und Buben=Stücke. Darinnen auf eine verblümte Schreibarth ... das hoff wie auch aller Stände der Welt Leben und Weſen ... abgemacht wird. Hamburg, gedruckt bey Thomas von Wiening, im gülden ABC. 8°. 299 SS. (So der Titel nach gütiger Mitteilung des Herrn Bibliothekars Dr. Annerstedt in Upsala.) — Exemplare: St. Petersburg; Upsala.

7. Volksbuch, Franckfurt und Leipzig, Friedrich Meyns= wohl, 1740. 8° (Prosa).

Der | Reineke | Fuchs. | Mit | nüßlichen Anmerkungen | und angenehmen Bildern | verſehen. | Arabeske. | Strich. | Franckfurt und Leipzig | Bey Friedrich Meynswohl. 1740. | Vor dem Titelbl. ein Kupfer: Vorn links ein Baumstumpf; Reinke, dem Zu- schauer den Rücken zukehrend, schreitet mit aufgehobener rechter Pfote nach rechts zu. Dahinter eine von einem Bache durchflossene Landschaft mit Feldern, Wiesen, Wäldern, be- stellten Kornäckern, Herden mit Hirten, Dörfern und Burgen. Ganz im Hintergrunde Berge. Unter dem Kupfer: Überall ist sich Wohl in acht zunehmen. Rückseite des Titelbl. leer. — S. 3: Kopfleiste. | Werther Leser, | A [3 Zeilen hinabreichend] lles unser Wiſſen muß dahin zielen, daß wir | dadurch zu einem glückseeligen und tugend= | haften Leben angeführet werden. Wenn | wir dieſes recht bedencken; ſo werden wir | vielleicht manche Kunſt oder manches | etc. bis S. 6, Z. 29 ff.: ... Der werthe Leſer be- diene ſich demnach dieſes | Buches nach den (so!) vorgesetzten Endzweck, das ist, nicht | allein zur Luſt, ſondern auch zum Nußen, und zwar ſol= | ches, wie man wünſchet, bey guter Geſundheit in al= | lem erwünſchten Vergnügen. | — Schluss S. 351, Z. 19:

ENDE. | Blumenarabeske. | — 8°. 351 SS. [die Ziffern 15. 16 sind ausgelassen] mit den Signaturen $\mathfrak{A}_2$—$\mathfrak{Y}_5$. Mit den Holzschnitten des Jost Amman. — Exemplare: *Strassburg; St. Florian.

8. Volksbuch (bearbeitet) **Itzehoe u. Crempe, 1797.** 8° (Prosa).

Reineke Fuchs am Ende des philosophischen Jahrhunderts. Kupfer: Bär im Block. Strich. Itzehoe und Crempe, 1797. 8°. 1 Bl., IV und 236 SS. — Vorrede (Anfang): Die alte Ausgabe des Reineke Fuchses, wonach die gegenwärtige bearbeitet ist, hat auf dem Titelblatt die Worte: Zuvor niemals also gedruckt.

9. Beckmanns Reineke Fuchs, Düsseldorf, Arnz & Comp., 1856. 4° (in Strophen).

Herrn Conr. Ludwig Beckmann, (Verfasser des „IDIOTISMUS VENATORIUS".) Reineke Fuchs. Das ist: Ein sehr Nutz-, Sinn- und Lehrreiches Büchlein, darein auf verblümte, jedoch löbliche Schreibart der Thierwelt Wesen, Tugenden und Laster merklich beschrieben. Aufs Neue in jetziger Zeit üblichen Reimarten verarbeitet und mit sehr angenehmen Kupffern versehen. Arabeske. 8 Alexandriner. Doppelstrich. Düsseldorf am Rhein. Druck und Verlag von Arnz & Comp. Palmarum MDCCLVI. — Rückseite leer. Vor dem Titelblatt ein Buntdruckbild mit folgendem Titel: Reinke Fuchs Auff Grund der Rostocker Ausgaben (!) vom jar „MDCLXIII" au'fs (!) Neue in jetziger Zeit üblichen Reim-Arten verarbeitet u. mit sehr angenehmen Kupffern versehen, vom Verf. d. „Jdiotism. Venator." Düsseldorf am Rhein, Palmarum, MDCCLVI — 1 Bl., 30 SS., 1 Bl. und ausser dem Titelbild 8 Bilder in Buntdruck. — A. u. d. T. (auf dem Umschlag): Deutsche Volksbücher REINKE FUCHS

C. GOTTSCHEDS.
(Prosa).

Heinrichs von Alkmar | Reineke der Fuchs, | mit schönen Kupfern; | Nach der Ausgabe von 1498 ins Hochdeutsche übersetzet, | und | mit einer Abhandlung, von dem Urheber, wahren Alter | und großen Werthe dieses Gedichtes versehen, | von | Johann Christoph Gottscheben. | Kupfer. | Leipzig und Amsterdam, | Verlegts Peter Schenk, 1752. — kl. fol., 52 (Einleitung), 340 (Prosa-Übersetzung des Textes von 1498 und der Glosse von 1539) und 93 SS. (Abdruck des Textes von 1498 ohne Glosse, aber mit den beiden Vorreden). Kupfer von Everdingen.

Neudruck: Gottscheds Reineke Fuchs. Abdruck der hd. Prosa-Übersetzung vom Jahre 1752. Halle, Niemeyer, 1886. (A. u. d. T.: Quellenschriften zur neueren deutschen Litteratur hrsg. von Alexander Bieling. Nr. 1). 8°. VIII und 144 SS.

D. GOETHES.
(In Hexametern).

Goethes neue Schriften. Zweyter Band. Berlin bei Johann Friedrich Unger 1794. — 491 SS. und 1 Bl. (Druckfehlerverzeichnis).

Neu herausgegeben von Fr. Strehlke, Goethes Werke, Berlin, Hempel, o. J. Bd. V und von A. Bieling, Goethes Reineke Fuchs, Berlin, Weidmann, 1882.

E. SOLTAUS.
(In vierhebigen, paarweise gereimten Versen).

Reineke Fuchs. Von D. W. Soltau. Berlin 1803 bei Heinrich Frölich. 8°. XXII und 377 SS.

F. ANONYM.
(Prosa).

Reineke Fuchs. Ein Volksbuch. Aus den plattdeutschen Reimen in hochdeutsche Prosa aufs neue getreu übertragen. Tübingen 1817. 8°. Mit Holzschnitten.

G. ANONYM.
(In vierhebigen, paarweise gereimten Versen).

Reineke der Fuchs, metrisch bearbeitet. Leipzig, bei F. Volckmar, o. J. (1838?). 8°. 294 SS. und 3 Bll., mit einem Stahlstich von Ramberg.

H. SIMROCKS.
(In vierhebigen, paarweise gereimten Versen).

Die deutschen Volksbücher. Gesammelt und in ihrer ursprünglichen Echtheit wiederhergestellt von Karl Simrock. Mit Holzschnitten. Erster Band. Frankfurt a. M. Druck und Verlag von Heinr. Ludw. Brönner. 1845. 8°. (Auf SS. 125—380).

I. ANONYM.
(In vierhebigen, paarweise gereimten Versen).

Reineke der Fuchs. Illustrirt von Ludwig Richter. Miniaturausgabe. Leipzig, Verlag von Otto Wigand. 1852. kl. 8°. 2 Bll. und 272 SS.

K. FERDIN. SCHMIDTS.
(Prosa).

Reineke Fuchs von Ferdinand Schmidt. Berlin, C. Mohr, 1856. 8°.

L. HARTMANNS.
(In Strophen zu je sechs Versen).

Reineke Fuchs. Dem Originale frei nachgedichtet von Julius Eduard Hartmann. Mit 37 Stahlstichen nach Originalzeichnungen von Heinrich Leutemann. A. H. Payne, Leipzig, Dresden, Wien und Berlin, o. J. (1860?). Gleichlautender Titel in Stahlstich. 8°. IV und 373 SS.

M. OSTERWALDS.

Osterwald, K. W., Prof. u. Direktor des Gymnasiums zu Mühlhausen. Alte deutsche Volksbücher in neuer Bearbeitung. 1. Band. Reineke Fuchs. Halle, Waisenhaus, 1874. 8°. 157 SS.

N. VON J. LOHMEYER UND E. BORMANN.

Reineke Fuchs, Ein heiteres Kinderbuch von Julius Lohmeyer und Edwin Bormann (freie Nachdichtung des niederdeutschen Reinke de Vos). Mit 12 Bildern von Fedor Flinzer. Glogau, o. J. 4°.

O. VON J. N. B.

(In vierhebigen, paarweise gereimten Versen).

Reineke der Fuchs. Nach der niedersächsischen Bearbeitung (Lübeck 1498) des flämischen Reinart von Willem in's Hochdeutsche übertragen von J. N. B. [rot] München, Literarisch-artistische Anstalt (Theodor Riedel) 1884. kl. 8°. 4 Bll., VII, 177 SS. und 1 Bl.

II. Lateinische von H. Schopper.

(In vierfüssigen Jamben).

1. Franeofurti ad Moenum, Petrus Fabritius, impensis Sigismundi Feirabent & Simonis Huteri, 1567. 8°.

Opus Poeticum | DE ADMIRA | BILI FALLACIA ET AS- | TVTIA VVLPECVLAE REINIKES LIBROS | quatuor inaudito & planè nouo more nunc pri- | mùm ex idiomate Germanico ad elegantiam & | munditiam Ciceronis latinitate donatos, adie | ctis insuper elegantissimis iconibus, ueras om- | nium apologorum animaliumq́; species ad ui- | uum adumbrantibus illustratos, omnium festi- | uissimos ac disertissimos lectuq́; iu- | cundissimos com- | plectens. | *Cum breuissimis in margine Commentarijs, omniumq́,* | *Capitulorum Argumentis, nec non rerum &* *uo-* | *cum memorabilium indice copioso in* | *Operis calcem reiecto.* | Auctore HARTMANNO SCHOPPERO, NO- | uoforense Norico. | AD DIVVM MAXIMILIANVM SE- | cundum Romanorum, &c. Regem, | & Cæsar. semper Augustum. | *Cum gratia & Priuilegio ad decennium.* | FRANCOFVRTI AD MOENVM. | Anno M. D. LXVII. | Rückseite des Titelbl. leer. Bl. a₂ folgt die Epistola dedicatoria: DIVO MAXIMILIA- | NO SECVNDO ROMANORVM, | ETC. REGI, ET CAESARI SEM- | PER AVGVSTO, | HARTMANNVS SCHOPPERVS | Nouoforensis Noricus, à DEO | optimo maximoq́; fe- | licitatem pre- | catur. | *S* [3 Zeilen hinabreichend] *I pueris etiam uacat auris aperta Tonantis,* |

MAXMILIANE *mihi* DIVE *parumper ades.* | etc. bis Bl. 8ᵃ des ersten Bogens, Z. 19 ff.: *Hactenus Hartmannum te Maxmiliane Poëtam* | *Sufficiat Cythara detinuiffe, Vale.* | Datum Francoforti ad Mœnum Anno | 1566 poft natum Chriftum | 20 Decembris die. . Bl. 8ᵇ des ersten Bogens: HARTMANNI SCHOPPERI | vulpes Reinike de fe ipfa | loquitur. | *Fortunæ uarios eludo uolubilis ictus,* | *Sumq́; uafris uulpes ingeniofa dolis.* | etc. bis Z. 7 ff.: *Regalis maneo quoq; Cancellarius aulæ* | *Inuideant quamuis Dijq́; Deæq́; mihi.* | — Bl. 1ᵃ des 2. Bogens [sign. B]: LECTORI HARTMAN- | nus Schopperus Noricus | S. D. | N [3 Zeilen hinabreichend] Vper ex Auftria reuerfus, lector | humanifsime, cùm omnia calami- | tofo & exitiabili arderent bello | reliquias fcriptorum meorum miferè | hinc inde diftractas, non fine acerba (sic!) | animi perturbatifsimi recollegi dolore | etc. bis Bl. 2ᵇ des zweiten Bogens [sign. B₂], Z. 19 ff.: Francofurti ad Mœnum anno 1566. | post natum Chriftum 20. Decemb. | — Bl. 3ᵃ des zweiten Bogens [sign. B₃]: NOMINA SINGVLORVM ANI- | mantium, Latinè appellata. | 𝕷𝖔𝖜 𝖇' 𝕽𝖔= *Leo, Rex, Nobel* | nig. *Bruno, Vrfus.* | 𝕭ᵢ̈er *Ifengrinius, Lupus.* bis Z. 21: 𝕳enne *Kraffeuot filia Galli occifa per Reinikē.* | Bl. 3ᵇ: HARTMANNI SCHOPPERI | ad Typographos Epigramma. | *Si mihi res quantis ftetit ifta laboribus, olim* | bis Z. 8: *Nam precium ueftri grande laboris erit.* | Arabeske. Bl. 4 leer. — Bl. 1ᵃ [sign. B]: HART-MAN- | NI SCHOPPERI NO- | VOFORENSIS NORICI DE AD- | mirabili fallacia & aftutia Vulpecule Rei- | nikes, Liber I. | CAPVT PRIMVM. | Holzschnitt, derselbe, den die hd. Übersetzung von 1564 zu I, 21 hat. | ARGVMENTVM. | *Ad fua tecta genus Leo conuocat omne ferarum,* | bis Z. 11: *Nec magis audebat Regis adire domum.* | Bl. 1ᵇ: *D* [3 Zeilen hinabreichend] *Vm fata feruientium,* | *Moleftiasq́; maximas,* | *Quas aula Regum parturit:* | *Ferè coactus profero.* | etc. bis Bl. 134ᵃ, Z. 19 ff.: *Et irruunt ouilia,* | *Ouesq́; mites deuorant.* | COMMENTARIVS. | Nemo Principum alteri dominatum aut | Principatum fuum longè latequé diffufum | etc. expl. Bl. 135ᵃ, Z. 11 ff.: æquo beneuoloq3 Lectori difcutiendum re- | linquimus. | Finis libri primi. | — Bl. 135ᵇ: DIVO MAXIMILIANO SE- | cundo Romanorum, &c. Regi & Cæfari, | femper Augufto, Hartmannus Schop- | perus Nouoforenfis Noricus, à | Deo optimo maximoq́; | felicitatem precatur. | *Gloria magnanimi Rex* MAXMILIANE *parentis,* | bis Bl. 136ᵃ, Z. 26: *Teutona præfidio terra beata tuo.* | Datum Francofurti ad Mœnum An- | no 1566. Decemb. 15. | Bl. 136ᵇ: HARTMANNI SCHOP-PERI | Nouoforenfis Norici, de admirabili | fallacia & aftutia uulpeculæ | Reinikes, Liber II. | CAPVT I. | ARGVMENTVM. | Holzschnitt, derselbe, den die hd. Übersetzung von 1564 zu I, 2 hat. | *Ore graues uno rurfum de uulpe querelas* | bis Z. 10: *Vfq; tamen ceptum rurfus adibit opus.* | Bl. 137ᵃ: *Promiffa cum folennitas* | *Et lux ftatuta uenerat:* | etc. bis Bl. 179ᵃ, Z. 27 ff.: *Expleta damnis, patriam* | *Concefferit reuifere.* | Bl. 179ᵇ: COMMENTARIVS. | Vt fidelis amicus alter alterum libenter |

etc. expl. Bl. 182ᵃ, Z. 22 ff.: ne, cuius obiter hic mentionem feci, [quia ex | animo do**l**et,] nihil (uperaddere uolo. | *Finis libri fecundi.* | Bl. 182ᵇ: DIVO MAXIMILIANO SE- | cundo Romanorum etc. Z. 6: *Plutus opes, longos dat Parca potentior annos,* bis Bl. 183ᵃ, Z. 8: *Laudibus & coelos ibit adusǫ̇;, Vale.* Arabeske. — Bl. 183ᵇ: DE ASTVTIA VVLPECVLAE | HARTMANNI SCHOPPERI etc. Z. 6: LIBER TERTIVS. | C [3 Zeilen hinabreichend] *Vm terra fefe fertili | Veftiret alma gramine:* | bis Bl. 188ᵃ, Z. 27. 28: *Vt crebritate farciam, | Rerumǫ̇; magnitudine.* | Bl. 188ᵇ, Z. 1 ff.: CAPVT I. | ARGVMENTVM. | *Magnifici uulpes ut uenit ad atria Regis,* | bis Z. 6: *Quilibet ex factis fpemǫ̇; metumǫ̇; fuis.* | Holzschnitt. | D [3 Zeilen hinabreichend] *Vm cum fuo Greuinckio | Regis fubiret atrium* | bis Bl. 243ᵃ, Z. 7 ff.: *Campis apertis mifceat.* | COMMENTARIVS. | I. Vt in omnibus actionibus iufticiȩ patroci- | nemur etc. expl. Bl. 243ᵇ, Z. 23 ff.: *diem futurum effe credidiftis. Quod iam reipfa uerifsi- | mum experiemini.* | Hartmanni Scopperi (sic!) N. N. De admirabili | fallacia & aftutia Vulpeculȩ Reinikes | libri tertij finis. | — Bl. 244ᵃ: IN ZOILVM HARTMANNVS | Schopperus Noricus. | S [3 Zeilen hinabreichend] *Ed iam laboris ardui | Peracta pars est tertia, | Dolet, furitǫ̇; Zoilus.* | bis Bl. 246ᵃ, Z. 21 ff.: *Nos hoftis atǫ̇; contumax | Vt arma iufta fumerem.* | Bl. 246ᵇ: DIVO MAXIMILIANO SECVN- | do etc. Z. 6: *CArmine pro rigido fi Chærilus ille Philippos* etc. Z. 27: *Hoc æuo gratis fit placuiffe fatis.* | Bl. 247ᵃ: HARTMANNI etc. Z. 5 ff.: LIBER QVARTVS. C [3 Zeilen hinabreichend] *Vm Martis in difcrimine | Grauiǫ̇; nuper turbine | Tuba tremenda triftium* | bis Bl. 248ᵃ, Z. 7 ff.: *Ex rebus abiectifsimis | Poeta faepe maximam | Potest referre gloriam* | CAPVT I. | ARGVMENTVM. | *Infidiofa lupi trucis accufatio uulpem* | bis Z. 15: *Quàm uiolenta graui proelia dente mouet?* | *Primos fuorum iudices | In curia coegerat* | etc. bis Bl. 280ᵇ, Z. 26 ff.: *Vt carmen haec libelluli, | Laborǫ̇; uatis explicat.* | Bl. 281ᵃ: COMMENTARI VS. | I. Quod homine grato nihil præftantius | bis Bl. 282ᵃ, Z. 9 ff.: fuadere & diffuadere, agere & | omittere debeat | & pofsit. | Arabeske. — Bl. 282ᵇ: PERORATIO. | T [3 Zeilen hinabreichend] *V lector ergó candide | Para tibi fcientiam, | Ipfamǫ̇; pro pecunijs,* | bis Bl. 285ᵇ, Z. 22 ff.: *Per cuncta uictor fscula | Legetur ifte Reinike.* | FINIS. | Sit Trinitati gloria | In fempiterna fecula. | Bl. 286ᵃ (non pag., sine sign.): FRANCOFVRTI AD MOENVM PER | Petrum Fabritium, impenfis Sigif- | mundi Feirabent, & Simonis | Huteri. | Druckersignet mit der Umschrift SIGMVND. FEIERABET. (sic!) SIMON. HVDER. | ANNO M. D. LXVII. | — 8⁰. 12 unbez., 285 bez. [statt 205: 105; 207: 107; 224: 219; 280: 260; 284: 283; 285: 284] und 3 unbez. Bll. (von denen die beiden letzten weiss) mit den Signaturen a, B; B—Z, a—o₅ [statt K₃: K₅; X₄: V₄; c₂: z₆]. Holzschnitte des V. Solis; vgl. B I a 5. — Exemplare: Augsburg, Kreis-B.; *Berlin, kgl. B.; Breslau, Stadt- [4 Exx.] und

U.-B.; Dresden; Freiburg i. B. (Titel fehlt); Gent; Göttingen; Greifswald; Haag; Jena; Karlsruhe; Kopenhagen; Leipzig, U.-B.; London, brit. Mus. (?); München, Hof- (2 Exx.) und U.-B.; Oldenburg; Paris, National-B.; Rostock; Schwerin, Reg.-B. (?); Stockholm (defekt); Stralsund; Strassburg; Upsala; Wernigerode (2 Exx.); Zittau.

2. Francofurti a. M., N. Baffaeus, impenfis S. Feyrabend, 1574/75. 12⁰.

SPECVLVM | *vitae aulicae.* | DE ADMI-|RABILI FALLA-|CIA ET ASTVTIA | VVLPECVLAE REINI-|KES LIBRI QVATVOR, NVNC | primùm ex idiomate Germanico latinitate | donati, adiectis elegantiffimis iconibus, veras | omnium apologorum animaliumque | fpecies ad viuum adum-|brantibus, | *Auctore* | HARTMANNO SCHOPPERO, | Nouo-forenfe Norico. | Signet. | *Cum gratia & Priuilegio ad decen-nium.* | FRANCOF. AD MOENVM. | M. D. LXXIIII. | — Expl. S. 506, Z. 18 ff.: *Per cuncta victor fecula* | *Legetur ifte Reineke.* | FINIS. | Sit Trinitati gloria | In fempiterna fecula. | S. 507 (non pag., cum sign. Y₂): INDEX RERVM | & verborum Alpha-beticus. | bis S. 525 (non pag., sine sign.), Z. 26 ff.: FINIS. | IMPRESSVM FRANCOFVR-|ti ad Mœnum, per Nicolaum | Baffæum, | ANNO M. D. LXXV. | S. 526: IMPENSIS | Sigif-mundi Feyrabend. | Signet. | M. D. LXXV. | — 12⁰. 10 unbez. Bll., 506 (rect. 486) SS. [statt 146: 156 und nun immer 10 SS. voraus; statt 278: 279; 282: 262; 290: 280; 367: 377; 370: 380; 371: 381; 374: 384 und nun abermals immer 10 Seiten zu viel] und 11 Bll. mit den Signaturen A—Y₇. Holzschnitte des Jost Amman nach denjenigen von V. Solis (vgl. B I a 5); sechs derselben tragen das Monogramm IA. — Exemplare: *Berlin, kgl. B.; Breslau, Stadt- u. U.- (Titel fehlt) B.; Dessau; Dresden; Gent; Graz; Hamburg; Kiel (Titel defekt); Kopen-hagen; London, brit. Mus. (?); München, Hof-B.; Salzburg; Stockholm; Strassburg; Stuttgart; Weimar; Wernigerode; Zittau.

3. Francofurti a. M., N. Baffaeus, 1579. 12⁰.

SPECVLVM | *vitæ aulicæ.* | DE ADMI-|RABILI FALLA-|CIA ET ASTVTIA VVLPE-|CVLÆ REINIKES LIBRI QVATVOR, | nunc primùm ex idiomate Germanico latini-|tate donati, adiectis elegantiffimis iconibus, | veras omnium apologorum animalium-|que fpecies ad viuum ad-|umbrantibus, | *Auctore* | HARTMANNO SCHOPPERO, | Nouoforenfe Norico. | Signet. | *Cum gratia & priuilegio ad decennium,* | FRANCOF. AD MOENVM, | Strich. | *M. D. LXXIX.* | — Expl. S. 496, Z. 18 ff.: *Per cuncta victor fecula* | *Legetur ifte Reinike.* | FINIS. | Sit Trinitati gloria | In fempiterna fecula. | INDEX | S. 497 (non pag., cum sign. Y₂), Z. 1 ff.: INDEX RERVM | & verborum

Alpha-|beticus. | bis S. 515 (non pag., sine sign.), Z. 26: FINIS. |
S. 516 (non pag., sine sign.): IMPRESSVM FRANCOFVR-|tl
ad Mœnum, apud Nico-|laum Baſſæum. | Druckersignet. |
M. D. LXXIX. | — 12⁰. 10 unbez. Bll., 496 (rect. 486) SS. [statt
24: 14; 146: 156; 147: 157; 149: 159 und nun immer 10 SS.
zu viel; statt 350 (resp. 340): 250; 414 (resp. 404): 412],
11 unbez. Bll., von denen das letzte weiss, mit den Signaturen
A—Y₇ [statt C₇: B₇]. Holzschnitte wie in Nr. 2. — Exemplare:
Altona; Augsburg; Berlin, Joachimth. Gymn.; Bonn; Breslau,
St.-B.; Darmstadt; Dresden; St. Florian; Göttingen; Greifs-
wald; Haag; Halle; Hamburg; Hannover, kgl. B.; Karlsruhe;
Kopenhagen (Schluss des Registers fehlt); Mainz; Mannheim;
Meiningen; München, Hof- und U.-B.; Münster; Neu-Strelitz;
Prag; Rostock; Strassburg; *Wernigerode; Zittau.

? Francofurti a. M., Baſſaeus, 1580. Eine Ausgabe
von diesem Jahre soll nach G. Draudius, Bibliotheca librorum
germanicorum classica, Francofurti 1611, in Frankfurt bei
Bassaeus erschienen sein. Vgl. Becker, Jobst Amman, Leipzig
1854, S. 44. — Spangenberg, a. a. O., S. 91. Willems, Reinaert,
p. LVI. Flögel, III, 74.

4. Francofurti a. M., N. Baſſaeus, 1584. 12⁰.

SPECVLVM | *vitæ aulicæ*. | DE ADMI-|RABILI
FALLA-|CIA ET ASTVTIA VVL- | PECVLÆ REINIKES
LIBRI | quatuor, nunc primùm ex idiomate Germani-|co latini-
tate donati, adiectis elegantiſſimis | iconibus, veras omnium
apologorum ani-|maliumǫ; ſpecies ad viuum | adumbrantibus, |
Auctore | HARTMANNO SCHOPPERO, | Nouoforenſe Norico. |
Signet. | *Cum gratia & priuilegio ad decennium*. | FRANCOF.
AD MOEN. 1584. | — Expl. S. 465, Z. 18 ff.: *Per cuncta victor
ſecula* | *Legetur 1ſte Reinike.* | *FINIS.* | Sit Trinitati gloria |
In ſempiterna ſecula. | S. 466 (non pag.): INDEX RERVM
ET VER-|borum Alphabeticus. | bis S. 482 (non pag.), Z. 14 ff.:
FINIS. | FRANCOFVRTI, | Ex Officina Typographica Nicolai
Baſlæi. | MDLXXXIIII. | — 12⁰. 10 unbez. Bll., 465 SS. [statt
23: 29; 37: 39; 298: 299; 394: 294; 454: 544], 1 unbez. S.,
9 unbez. Bll. (von denen das letzte weiss) mit den Signaturen
A—X₇ [statt S₅: S₉; T₇: T₆]. Holzschnitte wie in Nr. 2. —
Exemplare: Basel; *Berlin, kgl. B.; Bremen; Breslau, St.-B.;
Darmstadt; Detmold; Dresden; Frankfurt a. M.; Gent; Gotha,
herzgl. B.; Greifswald; Güstrow; Haag; Heidelberg; Kopen-
hagen; Leipzig, U.-B.; Marburg (? defekt); München, Hof-B.;
Oldenburg; Olmütz (Tit. fehlt); Stockholm; Strassburg; Upsala;
Weimar; Wernigerode; Wien, U.-B.; Zürich; *Prien (defekt).
? Francofurti a. M., 1585. Vgl. Becker, a. a. O., S. 45.

5. Francofurti a. M., N. Baſſęus, 1595. 12⁰.

SPECVLVM | *vitæ aulicæ*. | DE ADMI-|RABILI
FALLA-|CIA ET ASTVTIA VVL-|PECVLÆ REINIKES LIBRI |

quatuor, nunc primum ex idiomate Germani-|co latinitate
donati, adiectis elegantiſſimis | iconibus, veras omnium
apologorum ani-|maliumǯ; ſpecies ad viuum | adumbrantibus. |
Auctore | HARTMANNO SCHOPPERO, | Nouoforenſe Norico.|
Signet. | *Cum gratia & priuilegio ad decennium.* | FRANCOF.
AD MOEN. 1595. — Expl. S. 465, Z. 18 ff.: *Per cuncta victor
ſecula | Legetur iſte Reinike.* | *FINIS.* | Sit Trinitati gloria |
In ſempiterna ſecula. | S. 466 (non pag.): INDEX RERVM
ET VER-|borum Alphabeticus. | bis S. 482 (non pag.), Z. 14 ff.:
FINIS. | FRANCOFORTI, | Ex officina Typographica Nicolai
Baſſei. | M. D. XCV. | — 12⁰. 10 unbez. Bll., 465 SS. [statt 23:
29; 82: 28; 116: 161; 143: 133; 164 fehlt; statt 173: 175;
189: 188; 231: 131; 322: 323 (oben rechts auf der Seite, statt
links); 327: 337], 1 unbez. S., 9 unbez. Bll. (von denen das
letzte weiss) mit den Signaturen A—X₇. Holzschnitte des
Jost Amman. — Exemplare: Altona; Berlin, *kgl. und U.-B.;
Bonn; Bremen; Breslau, St.- und U.-B.; Darmstadt; Donau-
eschingen; Dresden; Düsseldorf; Freiburg; Gotha, herzgl. B.;
Greifswald; Halle; Hamburg; Jena; Kopenhagen; Leiden;
Lübek; Rostock (2 Exx.); Stockholm; Strassburg; Stuttgart;
Zittau; Dr. Reinhold Köhler in Weimar.

6. Francofurti a.M., N. Hoffmannus, sumptibus J. Fiſcheri, 1612. 12⁰.

DELITIÆ | POETARVM GER-|MANORVM HVIVS
SV-|PERIORISQVE ÆVI | illuſtrium | *PARS V.* | *Collectore* |
A. F. G. G. | Druckersignet. | FRANCOFVRTI | *Excudebat
Nicolaus Hoffmannus, ſumptibus* | *Iacobi Fiſcheri.* | Strich. |
M. DC. XII. | Ende pag. 1662. Folgt Index auf 18 Bll., dann
noch 3 weisse Bll. 12⁰ [in 8⁰-Lagen]. 4 Bll. und 1662 pagg.
und 21 Bll. (von denen die 3 letzten weiss) mit den Signa-
turen):(und A—Ppppp₄. (Bogen Nnnnn nur zu 4 Bll.)
Pagg. 1437, Z. 11 ft.: HARTMANNI SCHOPPERI NO-|VO
FORENSIS NORICI | *De admirabili fallacia & aſtutia Vul-
peculæ* | *Reinickes.* | LIBER I. | *Capitis primi Argumentum.* | etc.
Expl. pag. 1662, Z. 13: *Per cuncta victor ſecula* | *Legetur iſte
Reinike.* | Ohne Glosse und ohne Holzschnitte. — Exemplare:
Berlin, kgl. B.; St. Florian; *Göttingen; Leipzig, U.-B.
 ? Francofurti a. M., 1661. — So Goedeke, Grundr. I²,
483; ich kenne keine Ausgabe dieses Jahres.
 ? Francofurti a. M., 1695. — Eine Ausgabe aus diesem
Jahre verzeichnet Grimm, R. F. CLXXIX. Ein Exemplar wird
angeboten in Heberles (Köln) Lagerkatalog LXXVIII, Nr. 1493.

7. Francofurti a. M., N. Baffæus, 1588. kl. 8⁰.

TECHNÆ AVLICÆ. | EX APOLOGO | ASTV-
TISSIMAE VVL-|PECVLAE LATINO ET GER-|manico
carmine tam breuiter delinea-|tæ, quàm elegantiſſimis iconibus |

ad viuum expreſſæ. | Weltlauff vnnd Hofleben, | jetzt von
newem mit kurtzen Berſen | vnd künſtlichen Figuren alſo
zugericht, | daß mans an ſtatt eines Stamm-|buchs brauchen kan. |
Vignette. | FRANCOFVRTI, | Ex Officina Typographica
Nicolai Baſſæi. | Strich. | M. D. LXXXVIII. [rot] | Rückſeite des
Titelbl. leer. Bl. A 2ª: Kopfleiſte, ILLVSTRISSIMO | PRIN-
CIPI AC DOMI-|NO, DOMINO LVDOVICO, IL-|LVSTRIS-
SIMI PRINCIPIS AC DO-|mini, Domini GEORGII, Langrauij
Haſsiæ, | Comitis in Cattimelibocco, Dietz, Zigenhain | & Nidda,
&c. filio, Domino ſuo | clementiſsimo, | S. P. D. | V [verzierter
Buchſtabe, 5 Zeilen hinunterreichend, im Druck auf den Kopf
geſtellt] SITATVM SEMPER FVIT, | Illuſtriſſime Princeps,
tàm in | Philoſophorum ſcholis, quàm | in Rhetorum theatris, ad
ex-|plicationes rerum grauiſſima-|rum apologos adhibere, etc.
Ende der *EPISTOLA DEDICATORIA* Bl. A 6ª (unbez.),
Z. 3 ff.: Dat. | Francofurti ad Mœnum. Calend. Iulij, Anno | à
nato Saluatore M. D, Lxxxviii. | *T. C.* | *Subiectiſs.* | *Nicolaus*
Baſſæus ciuis & | *Typographus Franco-*|*furtenſis.* | Bl. A 6ᵇ,
Z. 1—12: REINIKE VVLPES | LOQVITVR. | *F* [2 Zeilen
hinabreichend] *Ortunæ varios eludo volubilis ictus,* | etc., Z. 12:
Inuideant quamuis Dijq́; Deæq́; mihi. | Vignette. | Bl. A 7ª
(unbez.), Z. 1 ff.: NOMINA IN - Namen eines jeden | terlocutorum.
Thiers. | Z. 23: *Kraſſeuot filia Galli occiſa* junge Hanen. | *per*
Reiniken. Kratzevoith. die Henne. | Bl. A 7ᵇ leer. Bl. A 8ª (unbez.)
und ff. Bll. folgen jedesmal auf der Stirnſeite des Bl. zunächſt
die Schopperſchen Inhaltsangaben der Kapitel lateiniſch, dann
der betreffende Ammanſche Holzſchnitt, darunter ſechs hoch-
deutſche, paarweis gereimte Verſe. Letztes Bild (zu IV, 12)
Bl. L 3ª. — Bl. Liiijª: ALPHABETVM AVLICVM. | *Aulæ*
eadem est omnino fides quæ mobilis auræ, | etc. bis Z. 25: *Zenones*
fatui ſunt atque Thraſones in Aula. | Bl. Liiijᵇ: Deß Hoflebens
Teutſch | Alphabeth. | Am Hofleben iſt wenig guts, | etc. bis Z. 26:
Zu Hof in dem Frauwen Zimmer. — Bl. L 5ª: EXCVSATIO
VITAE | AVLICAE. | *L* [2 Zeilen hinabreichend] *Iuide, qui*
vitam, moresq́; reprendis iniqúe | etc.; expl. Bl. L 5ᵇ, Z. 22 ff.:
Quaſuis virtutes aulica vita dabit. | Ioſephus Lautenbach |
Argentinenſis F. | Bl. L 6ª (unbez.): An den guthertzigen | Leſer. |
W [2 Zeilen hinabreichend] Als vom Hofleben iſt gemeldt, | etc.
bis Bl. L 6ᵇ, Z. 21 ff.: Auff Erden vnd im Himmel drob. | Getruckt
zu Franckfurt am Mahn, | durch Nicolaum Baſſæum. | Strich. |
M. D. Lxxxviii. | — kl. 8º. 88 unbez. Bll., von denen die beiden
letzten weiss, mit den Signaturen A—L 5. — Exemplare: Berlin,
kgl. B.; Darmstadt, Hof-B.; Donaueschingen (defekt); Gotha,
herzogl. B.; Hamburg (Titel defekt); Kopenhagen, kgl. B.;
*Wernigerode; Wolfenbüttel.

III. Dänische.

A. H. WEIGERES.

(In vierhebigen, paarweis gereimten Versen.)

1. Lybeck, Jørgen Richolff, 1555. 4⁰.

En Raeffue Bog | som kaldes paa Thske Rei=nicke Foss, Oc
er en dehlig oc lhstig | Bog met mange skønne Historier, | lhstige
Rim, Exempel, och herlige | Figurer, som aldri føre haffuer vaerid |
paa Danske, nu Nhlige fordanskit | aff Hermen Weigere, Borgere |
vbi Cøbnehaffn. | Met Kongelig frihed i Sex Aar ingen denne
Bog effter attrhcke, vnder K. straff | effter Origenalens indehold. |
M. D. LV. | Dieser Titel ist gedruckt auf dem mittleren, leer
gelassenen Raum eines, dem Titelbild der nd. ⸗usgabe,
Rostock 1539, nachgeschnittenen Holzschnittes. — Rückseite
des Titelbl.: Holzschnitt, König Christian III. von Dänemark
darstellend, mit der Unterschrift: Christian met Gubs Naabe,
ben Trebie, | Danmarck, Norgis, Wendis och Gottes | Konning,
Hertug i Slesuig, Holsten, Stor=mern och Dhtmersken, Greffue i
Olben=burg och Delmenhorst etc. | Darunter die Jahreszahl 1554.
— Bl. ij ᵃ: Stormectigfte Fhrfte | och Herre Her Christian met
Gubs | nabe, Danmarcks, Norges, Wendes och Gottes | Konning,
Hertug i Slesuig, Holsten, Stor=|mern och Ditmersken, Greffue i
Olben=|borg och Delmenhorst, min | Albernabigfte | Herre. ! H [fünf
Zeilen hinabreichend] Oigborne Førfte och Naabigfte Her=re, Jeg
fer baglige at alle som naagit | befcriffue vertere etc. bis Bl. 7ᵇ
des ersten Bogens, Z. 18 ff.: ... Aff Cøbnehaffn ben 20. | Dag
Septembris. Anno 54. | C. K. M. | Arme Vnberbane | Hermen
Weigere. | Bl. 8 ᵃ des ersten Bogens: Bogen tal om fig felffue. |
A [3 Zeilen hinabreichend] Jf Thfke paa Danfke er ieg vbfet, |
Dw fom mig vilt laefe forftat mig ret. | etc. bis Bl. 8ᵇ des ersten
Bogens, Z. 1 ff.: Aff henne kant bw enbelige forftaa, | Huab
Poethen met Rimene mene maa. | ⟨❦⟩ Obermere ⟨❦⟩ | Der benne
Bog var enbelig ent, | Och aff Thften, paa Danfke omuent. | etc.
bis Z. 34. 35: Met Chrifto Bob vbi Himmerige | AMEN. | H. W. |
Bl. 1 ᵃ: It Dehligt, Lhfteligt oc | nhtteligt Fabel om Raeffuens
(fom | haer kalbis Rehnicke Foff oc Michil Raeff paa | Danfke)
mangfolbige Fund, Liftigheb oc | behenbigheb. Oc er famme Bog
fulb | aff Bifbom oc gobe Exemple, om | alle Menniftis vaefen oc
han=|bel, Lift, Fund, Suig, | Behenbigheb | Hab, Affuend oc Bre=|be,
fom haer Figureris oc til kende giffuis. | Her obenbaris oc ben
hemelige forftanb | om bette Fabels rette brug, met mange gobe
Laer=|bomme oc vnberuifninger, fom ere alle Men=|nifle nhttelige
i benne farlige tib. | Ingen ftal tencke faa veb fig, | etc. bis Z. 25:
Oc met eget nhtte icke haffue act. | Bl. 1ᵇ: Fortalen til Laeferen. |
E [6 Zeilen hinabreichend] Nbog at huer vbi betact oc | forborgen
tale, oc vnberuifning (effter | Arifthotelis laere) er løfteligt at
anname | beretning, etc. bis Bl. 2ᵇ, Z. 30 ff.: ... Her met kaere
Lae=|fere ben euige Gub be=|falenbis. | Bl. 3 ᵃ: En anben nhttelig

For=|tale om benne Bogis ret=|te forstanb. | P [6 Zeilen hinab-
reichend] Aa bet at alle benne Bog kunde grunbelige oc vel |
forstaa, skal man slitelige merck fire Conbition | eller Meinisketige
State paa iorben etc. bis Bl. 7ᵃ, Z. 26 ff.: At han met Almuens
oc Menigheb3 skabe, | Altib vil atspørre sin egen baabe. | Ybermere
skulle i her merck, At Kon=|gen, Hans Hofftienere oc Vnberbane
giffuis | her naagle besynberlige øge Raffn, eller Vinaffn | faar
Rimene skylb, som her effter følger. | Bl. 7ᵇ folgt das Verzeichnis
der Tiernamen, Z. 31 ff.: Disse forskreffne Raffn, Laesis och
neffnit i benne | Bog, Men samme Orb3 Mening oc Forstanb, huab
Meste=|ren her met men, skal manb granb giffuelige acte oc be=
sinbe. | [Bl. 8ᵃ] Thi ber vbi ligger hemmelige batagt oc skiult ben
rette visheb | oc forstanb, som ybermere her effter giffuis tilkenbe. |
Argumentum, oc ben første | Bogs forklaring. | J [7 Zeilen hinab-
reichend] Denne første Bog vil Mesteren laere oc oben=|bare, at
bet gøris storlige behoff, etc. bis Z. 29. 30: Saa ere oc listige
Spitzhatte, øyenskalck oc Finantzere til | Hoffue, annamebe, vel
libbe oc vnberhaalbne. | Bl. 8ᵇ: ein die ganze Seite einnehmenber
Holzschnitt. | Bl. 9ᵃ: Den Første Bog [zugleich als Seiten-
überschrift]. | Det Første Capittel. | Huorlebis at Løwen som var
Konge | offuer alle Diur, lob vbrobe en fast Freb, | och bob alle
Diur komme | til Herebag. | P [4 Zeilen hinabreichend] Aa Pinget3
bag ville i bet merck, | Da hørbe man siunge gøg oc Laercke. | etc.
bis Bl. 136ᵇ, Z. 10 ff.: Hanb siger at bet er hans Preuilegium, |
Oc acter berfaare huercken Raet eller Dom. | J bette Capitel
merck Fire Laerbomme. | De gamle Vise sige, ben loffligste oc
priseligste Konge | er ben, huilcken er lig en ørn, etc. bis Bl. 138ᵃ,
Z. 3 ff.: Enbe paa Reynicke Fossis, eller | Mickel Raeffs Første
Bog. | Argument oc benne an=|ben Bogs Forstanb oc | inbeholb. |
J [7 Zeilen hinabreichend] Denne Anben Bog bescriffuer voff
Poeten | huorlebis at alle anbre Diur komme til bet store, Hoff
som Kongen lob forlenge, etc. bis Z. 22. 23: besynberlig al Aanbelig
oc verbslig øffrigheb3 | hanbel, vaerelse, Stat oc misbrug. | Bl. 138ᵇ:
Huorlebis at til bet store Hoff som Kongen haff=|lebet forscriffue
forsamlebis, icke alsomeniste Diur, | men oc saa Fule en gantske
stor Hob klagebe oc | kaerbe mest alle offuer Raeffuen talenbis |
inbbyrbis met bem selff som her | effter følger. | Fortalen vbi ben
anben Mickel | Raeffs Bog. | K [2 Zeilen hinabreichend] Ongen
haffuer sent Bub at wi skulle komme | Til Herrebag vbi Skaane
bet skal voff fromme | etc. bis Bl. 139, Z. 11 ff.: Sin rette Vetaling
han nu her faar, | Som han haffbe fortient faar fire Aar. | Aff
benne fortale er først at merck, At lige som her alle | Diur oc
Fule etc. (die folgenben SS. enthalten die Hofzucht bes Erasmus
von Rotterbam) bis Bl. 142ᵃ, Z. 21 ff.: ... ba vil ieg big enb
naagle løn=|lige oc besynberlige Sticke mebbele oc | vnberuise. |
Bl. 142ᵇ: Det Første Capitel. | Om ben store Herrebag som Kongen
holt oc huab ber vaar | faar alle haanbe Diur oc Fule, besynberlige
huorlebis at | Kragen oc Kanninet kaerbe vb offuer Raeffuen. |
Holzschnitt. | Bl. 143ᵃ: D [3 Zeilen hinabreichenb] Er al ting

vaar beredt som faare staar, | Oc Herredagen nu begynter vaar. | etc. bis Bl. 180ᵃ, Z. 9 ff.: Met Greffuingen raet til Kongens gaar, | Vbi huilcken han ilde kommen vaar. | Vbi dette Capitel merck Siu Laerdomme. | Først bescriffuer her Poeten vbi dette Capitel Huorle=|dis at Mickel etc. bis Bl. 182ᵇ, Z. 33. 34: Ende paa den Anben Mickel Raeffs Bog, som oc kalbis Reynicke Foss. | Bl. 183ᵃ: Argumentum oc den Tredye Bogis Indeholdelse. | B [7 Zeilen hinabreichend] Di benne Tredie Bog bliffuer Raeffuens | (den anben) genkommelse vbi Kongens | Gaard, Desligest hans kloge, listige dog | etc. bis Bl. 183ᵇ, Z. 18 ff.: Slige vel faar it sticke Brød, | Lade sandhed oc retuished lide nød. | Det Første Capitel vbi den | Tredie Bog. | Huorledis at Raeffuen oc Greffuingen komme | vbi Kongens Gaard, Oc huorledis Raeffuen talede | sine Ord, oc giorde sin vndskylling faar Kongen. | R [6 Zeilen hinab- reichend] aeffuen kom atter i Kongens Gaard, | Vbi huilcken han hart bekaerder vaar | etc. bis Bl. 241ᵃ, Z. 7 ff.: Aff denne Gaard skal han nu aldrig gaa, | Men skal mig her faar alle til Raette staa. | Dette Capitels Forklaring. | J dette Capitel skal først oc fremmerst Laeris, at de | vtro oc løgnafftige Puckhanse etc. bis Bl. 241ᵇ, Z. 31: Ende paa den Tredie Bog. | Bl. 242ᵃ: Den Fierde Bogs Ar=|gument oc Indehold. | J [7 Zeilen hinabreichend] Denne Fierde Bog bescriffuer voff Poeten huor=|ledis at be Girige som her forstaaff vnder Vlff | uens Persone etc. bis Z. 31. 32: giffuis i hans Mact oc myndighed, at, vbrette, faarestaa oc at besticke ꝛc. | Bl. 242ᵇ: Det Første Capitel. | Huorledis at Vlffuen paa bet ny begynder | at kaere paa Raeffuen. | J [3 Zeilen hinabreichend] Segrim begynder sin klage dristelig, | Oc siger naabigste Herre hører mig. | etc. bis Bl. 288ᵃ, Z. 18 ff.: Her met ender sig Mickels Historie, | Gud hielpe voff alle vbi sin Glorie. | AMEN. | J dette Capitel merck Trende Laerdomme. | Den første, J dette Capitel berømmer Raeffuen sig at Kongen haffuer giort hannem til Cantzeler, etc. bis Bl. 290ᵇ, Z. 21 ff.: Om Fru Tro, vil gøre henne naagen modstanb. | Beslutning oc Ende paa denne | Bog til Laeseren. | E [5 Zeilen hinabreichend] Ndelige oc besluttelige skal her merckis | huilcket oc før er giffuit til kende, At benne Bog | etc. bis Bl. 291ᵇ, Z. 5 ff.: ... Oc der som ieg seer kaere Laesere at denne Bog | bliffuer big tacknemmelig, Da vil ieg met den euige oc | gobe Gubz hielp, end en anden Tybsk Bog forbanske, | huilcken big inteb mindre end benne skal vel beha=|ge besligest vere nyttelig oc gaffnlig i alle | maade. Her met ieg big nu den euige | oc almegtiste Gud vil befale, | Huilcken Gud oc Herre | vaere loff, priss oc aere | til euig tib, | AMEN. | Arabeske. Folgt auf 16 Bll. und auf der Stirnseite des 17. Bl. ein sachliches, alphabetisch geordnetes Register. Rückseite des Bl. Oq 7: Arabeske. | Prentet i Lybeck aff | Jørgen Richolff, Aar | effter Gubz | Byrd. | M. D. LV | Arabeske. — 4⁰ [jedoch nach der Signierung 8⁰]. 1 unbez. Bogen Vorst., 291 bez. Bll. [statt LXXI: LXXII; XCVI: VCVI; über- schlagen die Ziffer CC, was nachher nicht verbessert wird] und 18 unbez. Register-Bll. mit den Signaturen ij–v und

A—Qqvj (Bogen Pp zu 4, die übrigen zu 8 Bll.) Die Holz-
schnitte sind denjenigen der nd. Ausg., Rostock 1539, nach-
geschnitten. — Exemplare: Dresden; *Kopenhagen; London,
brit. Mus. (?); Stockholm.

? Reinike Voß, Dänisch, mit Holzschnitten. Coppen-
hagen, 1556. 8. So Spangenberg a. a. O., S. 392 in den
‚Berichtigungen'. Ein Exemplar kann ich nicht nachweisen;
es wird Verwechselung mit der Ausg. von 1656 vorliegen.

2. Kiøbenhafn, P. Hake oc Ch. Eckhorst, 1656. 4°.

Reynicke Foß, | Oc er en behlig oc lhstig | Bog, med mange
skiønne Hi-|storier, lhstige Rjm, Exempel oc | herlige Figurer som
for 105 Aar | er forbanstet, | Aff Herman Weigere, | Nu paa ny
igien trhckt | Paa Peter Hakis Bogt. oc | Christian Eckhorst Bogb. |
Bekaastning. | Strich. | Anno M. DC. LVI. | Dieser Titel ist ge-
druckt auf dem leer gelassenen Raum des Holzschnittes von
1539 [s. u.]. — Rückseite des Titelbl. leer. — Ende: Rückseite
des 4. Bl. des Bogens Mmmm [s. num. et sign.], Z. 12 ff.: ENDE. |
Strich. | Prentet i Kiøbenhafn, paa Peter Hakis Bog-|trhckers, oc
Christian Eckhorsts Bogbinders Bekost-|ning, oc findis hos dem
tilkiøbs Aar, MDCLVI. | Arabeske. — 4°. 8 unbez. Bll. und
614 SS. [statt 23: 33; 65, 66 sind überschlagen, was nachher
wieder eingeholt wird, indem 205, 206 zweimal verwendet
sind: statt 79: 78; 80: 79; 119: 911; 120: 200; 121: 201;
122: 202; 124: 104; 125: 105; 128: 108; 129: 109; — 295, 296
sind zweimal verwendet, so dass nun die Zählung um zwei
Ziffern hinter der richtigen zurückbleibt; statt 333: 232; 366:
396; 429: 329; 568: 586] und 16 unbez. Registerbll. mit den
Signaturen aij—biij und A—Mmmmiij [statt Dbbiij: Dbiij].
Die Holzschnitte zeigen dieselben Seitenverhältnisse wie die-
jenigen der nd. Rostocker Ausgabe von 1539 und werden,
da an eine Verwendung der Rostocker Stücke nicht zu denken
ist, die Bilder in Nr. 1 als Vorlage gehabt haben. — Exemplare:
*Kopenhagen; London, brit. Mus. (?).

3. Volksbuch, o. O., J. u. Drucker. 8°.

Reynicke-Fos, | Eller en lhstig og nhttig | Fabel og Historie |
Om | Raefvens | Mangfolbige Fund, List | og Behaendigbed. |
Arabeske. | Paa vort Danske Sprog ofversat | Af | Herman
Weigere. | Og efter manges Begiering paa ny | igen oplagt. | Rück-
seite des Titelbl. leer. Ende S. 253, Z. 26. 27: Her med hafver
Mickels Historie ENDE | Hvad Laeseren vil fatte, bet giir sig
tilkiende. | Folgt auf der Rückseite dieses Bl. [S4] und 4 Bll.
das Register. — 8°. 3 unbez. Bll., 253 [rect. 273] SS. [statt
123: 103 und nun immer 20 SS. zu wenig], 1 S. und 4 Bll.
mit den Signaturen A2—S4. Ohne Glosse und Holzschnitte.
— Exemplare: *Kopenhagen; Wernigerode.

B. VON I. H. H.

(Nach H. Weigeres Übersetzung in paarweis gereimten
Alexandrinern.)

Kjøbenhavn, Ch. G. Glasing, 1747. 8°.

Vorsetzbl. vor dem Titel, Rückseite: Holzschnitt. Auf einem,
von drei Säulen getragenen Sessel sitzen König und Königin;
darunter an den Säulen die Tiere, die zum kgl. Paare hinauf-
schauen. Unten auf diesem Holzschnitt: *HAFNIÆ*, | TYPIS
CHRISTOPH. GEORG. | GLASINGII. | — Titel: Speculum
vitæ Aulicæ, | Eller den forbanskede | Reynicke Foß, | Hvori |
under Dyrenes og andre forblummede Navne | moraliseres over
det | Menniskelige Levnet i Almindelighed | og | Hof-Levnet i Saer-
deleshed. | Strich. | Deelt ubi fire Bøger, | Med | Indholdet
af hver Bog og syndige Moralier | over hver Fabel. | Skrevet
først paa Tydsk, siden i det Danske | Sprog oversat | af | Herman
Weigere; | Men nu sat paa gandske nye Danske Vers | af den,
der undertiden søger sin Fornøhelse | I Historiske Handte-
ringer. | 2 Striche. | KJØBENHAVN, 1747. | Trykt og be-
kostet af Christoph Georg Glasing, boende | i Friderichs-
berg-Gaden, og findes sammestebs tilkiøbs. | Rückseite des
Titelbl.: Strich. | Imprim. | J. P. ANCHERSEN, D. | Strich.
— Bl.)(1ª [s. num. et sign.]: Den | Durchleuchtigste Høybaarne |
Fyrste og Herre, | HERR | Christian, | Kron-Prinds til Danmark
og Norge, | etc. bis Bl.)(4ᵇ [s. num. et sign.], Z. 14 ff.: Kjøben-
havn d. 12. Maji | 1747. | allerunderdanigste Tiener | Christoph
Georg Glasing. | Auf dem folgenden [s. u.!] Bl. A 2ª: Kopf-
verzierung. | Tilskrift | Til | Den Ædle og Konst-erfarne Bog-
trykker | Sr. Christoph Georg | Glasing, | Da hand med nye Poesie
oplagde den | gamle Danske Reynike Foß, og zirede | den med
nesten 100 nye af ham selv med egen | Haand udskaarne smukke
Figurer, | Fra Forleggerens Even | N. C. | Strich. | E [4 Zeilen
hinabreichend] nhver om Mennisker nu meget hyppig | skriver, |
Hvert Blad, hvert Uge-Skrift, som | Pressen fra sig giver, | etc.
bis Bl. A 4ª, Z. 15 ff.: Og en Udskaere-Braet forlades, | førend
vi | Faaer Reynke Foß at see fra Glasings Trykkerie. | Strich. |
4 Zeilen Anmerkung. | Verzierung. | Bl. A 4ᵇ: Kopfverzierung. |
Forleggerens Fortale. | J [5 Zeilen hinabreichend] o høyere
Saedernes Laerdom i | vor Tiid er stegen, og jo stør-re Fuld-
kommenhed den har | naaet, etc. bis Bl. A 7ª, Z. 25 ff.: ... Jeg
recommenderer da Bo-gen og min Person til Laeserens Bevaagen-
hed, | og slutter denne min Fortale med et Vers, som | Autor har
opsat til at forklare sin Hensigt med | denne Oversaettelse: | bis
Bl. A 7ᵇ [s. num. et sign.], Z. 19. 20 der zweiten Spalte: Spodske
Rachel og Momist, | Er jeg dog ey Renkenist. | Strich. | Anmerkung
1 Zeile. | Schlussverzierung: ein Jäger zu Pferde u. zwei Hunde
jagen einen Hirsch. | Bl. B 1 [s. num.]: Kopfverzierung, dann
folgt ein Abdruck von Weigeres Dedikation bis Bl. B 6ᵇ [s. num.

et sign.] Bl. B 7 [s. num. et sign.] H. Weigeres Bogen taler
om sig selv. Bl. B 8ª [s. sign.] = S. 1: Kopfverzierung. | Autoris
Fortale | til Laeseren, | Som viser | Bogens Hensigt, og rette
Brug. | J [2 Zeilen hinabreichend] ngen maae saa ved sig taenke: |
Med den Tale meen hand mig, | etc. bis Z. 15. 16: Avind jeg
paa Dør vil drive, | Egen-Nytte den bortgaaer. | S. 2: E [4 Zeilen
hinabreichend] ndskiønt det, efter Aristotelis Laere, etc. wie in
Weigeres Übersetzung Bl. 1ᵇ bis S. 4. Folgt S. 5: En anden
nyttelig Fortale om denne | Bogs rette Forstand. | etc., wie bei
Weigere, bis S. 13, Z. 8. | Strich. | Z. 9 ff.: Anviisning, | Hvad
de Navne betyde etc. bis S. 14, Z. 16. | Schlussverzierung. | S. 15
[s. num. et sign.]: Speculum Vitæ Aulicæ, | Eller | Reynike Fosses |
Første Bog. | S. 16: Jndhold af den første Bog. | etc. S. 17: Det
I. Capitel. | Løven, som Kongen over alle Dyr, | udskriver en
Herre-Dag. | Holzschnitt. | P [4 Zeilen hinabreichend] aa ynbig
Pindse-Dag, om J det ret | vil merke, | Da hørtes Gøge-Kuk,
da sang | den Qvidre-Lerke, | etc. bis S. 274, Z. 27 ff.: Hand
siger, dette er hans Konges Frihebs-Brev, | Og intet agter den,
som her mod dette skrev. | Strich. | 4 Zeilen Anmerkung in
2 Spalten. | S. 275: J dette Capitel merk fire Laerdomme. | etc. bis
S. 278, Z. 9: Ende paa Reynike Fosses første Bog. | Schluss-
verzierung. | S. 279: Speculum Vitæ Aulicæ, | Eller | Reynike
Fosses | Anden Bog. | Strich. | Den anden Bogs Jndhold. | etc.
bis Z. 21. | S. 280: Fortale til den anden Bog. | etc. bis Z. 6. |
Holzschnitt. | P [4 Zeilen hinabreichend] or Konge sendte Bub,
vi straxen skulle komme | Til Herredag i Lund, det rigtig os skal
fromme, | etc. bis S. 287, Z. 35. | S. 288: Det I. Capitel. | etc.
bis Z. 6. | Holzschnitt. | D [4 Zeilen hinabreichend] er alting
var bereedt, som Tiben ba formaabte, | Og Herre-Dagen sin
Begyndelse og naabte, | etc. bis S. 365, Z. 27 ff.: Med Graevingen
hans Ven til Kongens Gaard og | Grund, | Hvor hand ret ilde
var ankommen samme Stund. | Strich. | 5 Zeilen Anmerkung. |
S. 366: J dette Capitel merk sex Laerdomme. | etc. bis S. 370,
S. 41: Ende paa Reynike Fosses anden Bog. | S. 371: Speculum
Vitæ Aulicæ, | Eller | Reynike Fosses | Tredie Bog. | Strich. | Den
Tredie Bogs Jndhold. | etc. bis S. 372, Z. 29. | Verzierung.
S. 373: Det I. Capitel. | Raeven og Graevingen komme til Kon-
gens Hof, hvor Raeven taler sine Ord, | og giør sin Undskylding
for | Kongen. | Holzschnitt. | G [4 Zeilen hinabreichend] rev
Mikkel atter kom i Kongens Gaard tilstebe, | Og monne frek og
frie, som uforklagt, fremtraebe, | etc. bis S. 483, Z. 17 ff.: At hand
det huske skal, af Gaarben skal hand ey | Undslippe, før hand
faaer udstanden mig en Rey. | Dette Capitels Forklaring. | bis
S. 484, Z. 37: Ende paa Reynike Fosses tredie Bog. | S. 485:
Speculum Vitæ Aulicæ, | Eller | Reynike Fosses | Fierde Bog. |
Strich. | Den fierde Bogs Jndhold. | bis S. 486, Z. 15. | Schluss-
Holzschnitt (Ansicht von Kopenhagen). | S. 487: Det I. Capitel. |
Ulven begynder paa nye at klage | paa Raeven. | Holzschnitt. |
H [4 Zeilen hinabreichend] eel frit Hr. Jsegrim begynder her sin

Klage: | O! Konge, siger hand, min Bøn I ey forsage, | etc. bis
S. 579, Z. 9 ff.: Her med nu ender sig Grev Mikkels Fabel=Snak, |
Gud hielpe os til sig, hans Navn sken evig Tak. | I dette Capitel
merk trende Laerbomme. | etc. bis S. 583, Z. 37. | S. 584: Beslut=
ning og Ende paa denne | Bog til Laeseren. | etc. bis S. 585, Z. 32:
Ende paa Reynikе Fosses fierde Bog. | Folgen auf S. 586 [s. num.]
und den folgenden unbez. 10 Bll. 2 Register (das erste über
den Inhalt der Kapitel, das zweite Over be fornemste Materier).
Bl. Rr 6ᵇ, Z. 28: ENDE. | Holzschnitt: Ansicht von Kopen-
hagen. | — 8⁰. 2 Bll. (Vors. u. Tit.), 4 Bll., 6 Bll., 585 SS.
[Ziffer 70 fehlt; statt 553: 453], 1 S. und 12 unbez. Bll., von
denen die beiden letzten weiss, mit den Signaturen)(₂—)(₃,
𝔄₂—𝔄₅, [statt 𝔄₁—𝔄₄] und 𝔅—Rr₅. Die von Glasing selbst
verfertigten Holzschnitte (vgl. Bl. 𝔄 2ᵃ) haben diejenigen in
Nr. 2 zur Vorlage. — Exemplare: *Kopenhagen; Oldenburg;
Stockholm; Weimar.

C. VON F. SCHALDEMOSE.

Mikkel Raev. Et Aeventyr i femten Bøger, efte det gamle
nedertyske Digt Reineke Voss, ved Frederik Schaldemose. Kjøben=
havn ... i Hartv. Frid. Popps Bogtrykkerie 1827. 8⁰. 208 SS.
(Nach gütiger Mitteilung des Herrn Bibliothekars Dr. Anner-
stedt in Upsala). — Exemplar: Upsala.

IV. Schwedische.

A. ANONYM.

(In Strophen und vierhebigen, paarweis gereimten Versen).

1. Stockholm, Ignatius Meurer, 1621. 8⁰.

Reyncke Foß. | Thet år: | E [2 Zeilen hinabreichend,
schwarz]n skön och nyt=tigh Dicht, full medh | Wißheet,
god Låro, och lustige Exem=pel: Vthi hwilken alle Mennifkiors
wåsen=de, Handel, Otroo, Lift och Snillheet affmålat | warder,
sampt medh thet sedliga För=ståndet och thenne Books | bruuk. |
Allom Mennifkiom i thenna fållsamma tijben | ganfka
tienligh och nödigh at weta, 2c. Medh | sköne Figurer beprydd. |
Holzschnitt: In der Mitte ein dem Zuschauer den Rücken
zukehrender Fuchs vor einem Baume sitzend, rechts ein
stehender, links ein sitzender Fuchs, beide mehr nach dem
Hintergrunde zu. Im Hintergrunde links Häuser, rechts ein
Wasser, über welches eine Brücke zu führen scheint, dahinter
eine Stadt mit Turm und Berge. | Trydt och vplagdt i
Stockholm, aff | Ignatio Meurer, 1621. | Rückseite des Titel-
blattes leer. — Bl.):(ijᵃ: Kopfleiste. | Authoris Företaal | til
Låsaren. | 𝔄 [4 Zeilen hinabreichend] NDoch at hwar och en,
i | sedlige Vnderwijsningar, eff=ter Aristotelis låro, lustigt år |

vnderwijſat til at effterfölia, | når man itt beqwemt Exempel
förehål=|ler, etc. bis Bl. 4ᵇ des Bogens):([s. num. et sign.],
Z. 10 ff.: . . . Och | altſå hår medh bethgghar, at thet intet an=|
norledhes år til förſtånbande eller mår=|kiande, och bebher hwar
man medh flijt | thet altſå vptagha, och wil them | then Allzmechtiga
befalat | hafwa. | Arabeske. | Bl. 𝔄ᵃ: Kopfleiste. | Itt annat
Företaal mh=|kit tienlighit til at förſtå | thenna Book. | 𝔓 [5 Zeilen
hinabreichend] Å thet at hwar Chriſteligh Låſare, | må grundtliga
förſtå thenna book, | etc. bis Bl. 𝔄 iiijᵇ, Z. 22 ff.: D. Sebaſtianus
Brand ſågher: | Nu fruchtas eh Dcker eller ſkam, | Dhhr tijbh
föres nu i Landet fram, . . . Z. 33. 34: Han år en båre wiſſerligh, |
Som medh ens nödh wil rijkta ſigh. | Blattverzierung. | Bl. 𝔄 bᵃ:
Thenne Boks Au=|tor önſkar Låſaren hel=|ſo och wålfård. | 𝔊
[3 Zeilen hinabreichend] Vſtige Låſare mårk migh rått, | etc. bis
Z. 13: Mijn nhtto wil iagh låta fara. | 2 Striche. | Hår ſkall man
wål | mårkia, at Konungen, och | etc. = Überschrift zum Ver-
zeichnis der Tiernamen, welches schliesst Bl. 𝔄 bᵇ, Z. 35 ff.:
Hågren Marquart. | Theſſe förſkreffne nampn låſer och hörer man
i thenne Book. | etc. bis Z. 38: . . . Theruti ligger wiſſ=|heten för
borgat. Saſom wibare har effter fölier. | Bl. 𝔄 6ᵃ [s. sign.] = S. 1:
Kopfleiste. | Then Förſte Books Ar=|gument och innehåld. | I
[3 Zeilen hinabreichend] Thenna förſta Boken wil Au=|thoren
förbilda och låra, | etc. bis S. 2, Z. 16: . . . Altſå åre ock the
liſtige Spit=|hiernar, Oghnetienare och Fuchs=|ſwantzare, i Hofwet
tåckeli=|ghe, lebne, och wål | håldne. | Arabeske. | S. 3 [s. num. et
sign.]: Then Förſta Boken. | Huru Leihonet alla Diwrs Ko=|nung,
låter vthropa en faſt Fredh, och | befaller alle Diwr at komma
til | ſitt Hoff. | Thet Förſta Capitel. | Holzschnitt. | 𝔛 [3 Zeilen
hinabreichend] Het ſkebbe på en Pingesbagh, | At ſkogen och
marken ſtobh gladh | etc. bis S. 277, Z. 11 ff.: The tunnan eh
vndrhmme, | Eh bliffr then twiſt förſånt. | Strich. | I thetta Capitel
mårk fhra | Låror. | 𝔛 [4 Zeilen hinabreichend] He gambla wijſa
ſåha: Then lofligaſte | etc. bis S. 280, Z. 9 ff.: Then förſte Books
ende, om | Rehnick Råff. | 2 Striche. | Vthtolckaren til Låſaren. |
𝔊 [3 Zeilen hinabreichend] Odh Chriſten Låſare, effter thet | at
ſå thet Thbſka, ſom thet Danſka E=|xemplaret owiſſe taal hålla
til Shlla=|ber i theras Rijm, . . . etc. bis Z. 25 ff.: . . . Then |
godhe Låſaren wille thetta til thet båſta | vptagha och vththhdha. |
Farer wål. | — S. 281: Then II. Book. | Argument, eller thenna |
Books innehåld. | I [3 Zeilen hinabreichend] Thenna anbra Book
beſkrifwer | etc. bis Z. 23 ff.: . . . och Vnderſåters | ſtånd, och
mißbrwk, båbe i Andeligit | och werldzligit ſtånd. | S. 282: För=
ſpråk på then An=|bra Boken. | Huru til Konunges Hoff, icke al=|
lenaſt Diuren, vthan och Foglarna, | medh ſtoor förſambling hafwa
ſigh inſtålt, och | klaghabe öfwer Rehnick, talandes ſin e=|mellan,
ſom fölier. | 𝔎 [3 Zeilen hinabreichend] Onunges bodh vthgånget
år, | Wij måſte alle wara ther, | etc. bis S. 283, Z. 10: Thet han
rått nogh hafwer förtient. | Strich. | 𝔄 [4 Zeilen hinabreichend] F
thetta Förſpråk år förnåmligha til at | mårkia, etc.; hierin auf

S. 284 ff. auch die Hofzucht des Erasmus von Rotterdam; bis
S. 290, Z. 20 ff.: ... så wil iagh | tigh ån hemligare ting medhhela,
och tigh vn=|derwijsa. | Strich. | Thet I. Capitel. | Om then stoora
Herredagh, som | Konungen höll, och hwad inångahan=|da Diwr
och Foglar ther woro, i synnerheet, | huru Kråkan och Caninen
klaga | öfwer Mickel. | B [3 Zeilen hinabreichend] Ar Herrdagen
så mond angånge, | etc. bis S. 367, Z. 25. 26: Med Grimbard til
Konunges Gårde, | Ther han litet loff om sigh hörde. | S. 368:
J thetta Capitel mårck siw (so!) | Låror. | T [4 Zeilen hinab-
reichend] Jl thet första, beskrifwer Poeten i thet=|ta Capitel, huru
Reynick etc. bis S. 373, Z. 27. 28: Then Andra Books Ende, |
om Reynick Råff. | — S. 372: Then III. Book. | Argumentum och
Jnhåld | then Tridie Bokens. | J [4 Zeilen hinabreichend] Thenne
Tridie Book warder | Reynickens återkomst til hof=|wet, etc. bis
S. 376, Z. 7 ff.: Then samma för itt stycke Brödh, | Råttwijson
låter lijdha nödh, | Strich. | Thet Första Capitel i | then Tridie
Book. | Huru Reynick medh Grimbart | Greflingen komo til Hofwet,
och | huru Reynick sin ord giorde för | Konungen. | R [3 Zeilen
hinabreichend] Eynick kom ån på nytt til Hoff, | Ther han beklagat
war fast groff, | etc. bis S. 491, Z. 23. 24: Han skal hår frå ey
wijka ey gå, | Först skal han migh hår til Rätta stå. | S. 492:
Förklarning på thetta Capitel. | J [4 Zeilen hinabreichend] Thetta
Capitel år förnåmligha at lära, | at the otrogne och lögnachtige
Pockhan=|sar, etc. bis S. 493, Z. 23: Ende på then Tridie | Book. |
Arabeske. | — S. 494: Then III. Book. | Argumentum och Jnne=
håld i then Fierde Book. | J [3 Zeilen hinabreichend] Thenna
Fierde Book beskrif=|wer Poeten, huru the giriga, | etc. bis S. 495,
Z. 18 ff.: ... til all | Regements saker och handlingar, som | Konungen
angå, fullmechtigh giordt. | Strich. | Thet Första Cap. | Huru Vlfwen
Jsgrim begynner | igen at klagha öfwer Reynick | Råfwen. | S. 496:
T [3 Zeilen hinabreichend] Å klagade Vlfwen Jsegrim tått, | Han
sade: Herr Konung, förstår migh rått | etc. bis S. 593, Z. 13 ff.:
Hår medh sigh ender Mickels Historie, | Gudh hielpe oß i sin Glorie. |
AMEN. | Strich. | J thetta Capitel mårck twå | Låror. | T [4 Zeilen
hinabreichend] Jl thet Första. J thetta Capitel be=|römmer sigh
Reynick, at honom etc. bis S. 598, Z. 18: Om henne Frw Troo
wil göra bråck. | Arabeske. | S. 599 [non num., c. sign. Qq]:
Kopfleiste. | Beslwt och Afstaal i til Låsaren. | E [5 Zeilen hinab-
reichend] Nödtligh år til mårcka, som | ock til förenne år omrördt,
etc. bis S. 600 [non num., Bl. Qqᵇ], Z. 30 ff.: ... Hår mz |
wil iagh nu then Christelige Låsaren then Al=|måchtighe Gudh
(hwilkom ware loff | åhre och prijß) befalat | hafwa. | S. 601 [non
num., c. sign. Qq ij]: Kopfleiste. | Vththolkaren til den | gode
Låsaren. | E [4 Zeilen hinabreichend] Obe Christen Låsare, ån=|
doch at thenne Books Titel, | etc. bis S. 603 [s. num. et sign.],
Z. 20 ff.: ... Then | godhe Christelighe Låsaren wille thetta | til
thet båsta vptagha och vthtydha, | och hår medh wara Gudhi |
befalat. | FINIS. | S. 604 [s. num. et sign.]: Kopfleiste. | Cum
Gratia & Priv. S. R. M. | Stockholm, | Tryckt medh eghen Bekostnadt

aff Ignatio Meurer, Och fins | hoos honom til köps. | Blatt-
verzierung. | ANNO | Strich. | M. DC. XXI. | Arabeske. — 8⁰.
4 unbez. Bll., 598 SS. (die Paginierung beginnt mit Bl. 6 des
Bogens A; Fehler: statt 198: 196; 303: 304; 307: 207; 374:
372; 423: 323] und 3 unbez. Bll. mit den Signaturen):(ij—):(iij
und A—Dq ij [fehlen G iiij; D iiij; S iiij; S v; Do iiij]. Die Holz-
schnitte sind mittels des Spiegels hergestellte Nachschnitte der
Bilder von V. Solis (vgl. B I a 5). — Exemplare: Berlin, kgl. B.
(Titel fehlt); Kopenhagen; London, brit. Mus. (?); *Stock-
holm; Upsala.

2. Stockholm, Carl Stolpe, 1775. 8⁰ (Prosa).

Reinick Fuchs Eller Michel Räf; Det är En läro=rik och
nyttig Fabel . . . Tredje Uplagan. Stockholm, Tryck hos Carl
Stolpe, 1775. — 8⁰. 208 SS. (ohne die Vorrede). — Gefällige
Mitteilung des Herrn Bibliothekars Dr. Annerstedt in Upsala.
Als erste Auflage wird Nr. 1 aufzufassen sein, wie Glasing
(B III b) in der Vorrede die in seinem Verlage erschienene
Bearbeitung eine neue Auflage der Weigereschen Über-
setzung nennt. Die zweite Auflage zu ermitteln ist mir nicht
gelungen. — Exemplare: Stockholm; Upsala.

3. Stockholm, Hörberg, 1827. 12⁰.

Reinike Fuchs. Ny upplaga. Stockholm, Hörberg, 1827. 12⁰.
— Exemplar: Stockholm.

B. VON ERIC LJUNG PÄDERSSON.

Reinick Fuchs Eller Michel Räf; Thet är En lustig och nyttig
Fabel . . . Stockholm, tryckt af P. J. Nyström, 1746. — 8⁰. 464 SS.
(ohne die Vorrede und das Wortregister). Mit Holzschnitten.
Der Übersetzer nennt sich in der Vorrede. (So nach freund-
licher Mitteilung des Herrn Bibliothekars Dr. Annerstedt in
Upsala). — Exemplare: Stockholm; Upsala.

V. Isländische (?).

Vgl. Halfdan Einarson, Iciographia historiae literariae
Islandicae, Kjøbenhavn 1777, p. 178: „Praetereo hic versionem
Argenidis Borclayanae, Hartmanni cujusdam decantatissimos
μύϑους, primarias agente partes Vulpecula Reinike, ut in
plurimas Linguas sic & in Islandicam conversos, cujus
fragmenta tantum vidi."

VI. Englische*).

A. ANONYM.

(In fünffüssigen, paarweise gereimten Jamben nach Schoppers lateinischer Übersetzung.)

London, John Nutt, 1706. 8⁰.

Strich. | REINARD | THE | FOX. | Strich. Rückseite leer. Bl. 2 [s. num. et sign.] THE | Crafty Courtier: | OR THE | FABLE | OF | REINARD | THE | FOX: Newly done into *Englifh* Verfe, | FROM THE | Antient (sic!) *Latin Iambics* of *Hartm. Schopperus,* | And by him Dedicated to | *Maximilian* then Emperor of *Germany.* | Zwei Striche. | *LONDON:* | Printed for *John Nutt,* near *Stationers-Hall,* 1706. | Dieser Titel ist eingefasst von Doppelstrichen. Rückseite leer. — Bl. A 3ᵃ: Zwei Striche. | The Contents of the Chapters. | bis Bl. 4ᵃ (s. sign. et num.) zu Ende. Bl. 4ᵇ: Verzeichnis der Tiere. — S. 1 (c. sign. B): Zwei Striche. | THE | Crafty Courtier̂, | OR THE | FABLE of the FOX. | Strich. | BOOK I. CHAP. I. | ARGUMENT. | *The* LION *thro' his Realms decrees* | *A Feftival, and folemn Peace:* | *His Subjects far and near* | *refort,* | *And croud their Paffage to his Court.* | *The wily* Fox | *fome danger ghefs'd,* | *Sufpects it, and avoids the Feaft.* | N [2 Zeilen hinabreichend] OR Arms I fing, nor of Adventurous | Deeds, | Nor Shepherds playing on their Oaten | Reeds, | etc.

---

*) In England, Frankreich und den Niederlanden herrschte der Reinaert, nicht der Reinke. Von der Goudaer Proſa (1479) entstand bald nach ihrem Erscheinen eine englische Übersetzung: London, Caxton, 1481 [Neudruck von E. Arber, London 1878], die auch für das oft und mit verschiedenem Titel (auf welchem aber fast ausnahmslos ‚history of Reynard the Fox' vorkommt) gedruckte Volksbuch Grundlage blieb. Ähnlich verhält sich die Sache bei den Franzosen. Vielleicht noch im 15. Jahrh. veröffentlichte Jean Tenessax unter dem Titel ‚Le livre de maistre Reynard et de dame Hersant sa femme' eine Prosaauflösung des ‚Renart le nouvel' von Jaquemars Gielée, die nun öfter, auch mit anderem Titel, gedruckt wurde. Später wurde dem Bedürfnis des Volkes Genüge gethan durch die in mehreren Ausgaben bekannte Prosa: Le Renard ou le procez des bestes, Bruxelles, 1739 [Exemplare: *Dresden; Hamburg] u. ö., welche sich als Übersetzung des belgischen Volksbuches: Reinaert de Vos ofte het Dieren ordel, Antwerpen 1614, erweist (vgl. E. Martin, das niederländische Volksbuch Reynaert de Vos, Paderborn 1876, S. IX). Da der Titel des folgenden Druckes: Les intrigues du cabinet des rats, apologue national, destiné à l'instruction de la jeunesse, et à l'amusement des vieillards. Ouvrage traduit de l'Allemand en Français . . . Paris 1788. 8⁰; 3 Bll. und 148 SS; mit Kupfern [Exemplar: *Wolfenbüttel] irre führen könnte , so bemerke ich, dass diese Übersetzung, abgesehen von der Vorrede, ein ziemlich genauer Abdruck von 1739 ist, dessen Kupfer auch nachgestochen wurden, und also nichts mit dem Reinke zu thun hat.

S. 2, Z. 9 ff.: Now, in her Glory did the Spring appear, | And the glad *Hind* beheld the coming Year: | Leaves cloth the Trees, and Flowers the Fields | adorn, | And chearful Birds falute the rofie Morn. | When the fierce LION from the Throne ordains | Peace, to the various Nations of the Plains. | etc. bis S. 308, Z. 3 ff.: As Great in Favour, if he grows in Grace, | He's the firft Beaft, that mended by a Place. | Strich. | *The End of the Laft Book.* | S. 309: *CONCLUSION.* | I [2 Zeilen hinabreichend] N what the Grave will askus, and the | Wife, | etc. bis S. 311, Z. 4: And only Worthy to fucceed NASSAU. 30 | *FINIS.* | Strich. — Der Rest dieser und die folgende Seite bedruckt mit buchhändlerischen Anzeigen. — 8°. 4 Bll. und 311 SS. [statt 34: 18; 35: 19; 38: 22; 39: 23; 42: 26; 43: 27; 46: 30; 47: 31] mit den Signaturen A₃—X₂. —. Exemplar: *Dresden.

B. VON S. NAYLOR.

Reynard the Fox; a renowned Apologue of the Middle Ages, reproduced in English Rhyme. Embellished throughout with scroll capitals in colours from woodblock letters after designs of the XIIth and XIIIth centuries. By Sam Naylor, late of Queen's Colleges Oxford. With an introduction. London, Longman 1844. in - 8°. form. d'agenda. — 55 pp. d'introduction. CCL pp. de texte. 44 pp. postscript. — So Graesse, trésor VI, 86 a. Ich selbst kenne nur folgenden Druck: Reynard the Fox. A renowned Apologue of the Middle Age, reproduced in Rhyme. Longmans, London, 1845. 8°. 2 Bll., 55 und CCLI SS. [*Kassel]. —. Vorrede unterschrieben: S. Naylor, Middle Temple, December 1844. — S. 7: „The Low-German edition, accordingly, is that from which I have worked: hovering between translation and paraphrase. It is in the irregular verse of the Low-German version of Alkmar."

VII. Neuniederdeutsche.

A. VON K. TANNEN.

(In vierhebigen, paarweis gereimten Versen.)

Reineke Boß. Plattdeutſch nach der Lübecker Ausgabe von 1498 bearbeitet von Karl Tannen. Mit einer Vorrede von Dr. Klaus Groth. Bremen. Verlag von Heinrich Strack, 1861. 8°. X SS., 1 Bl., 280 SS. und 2 Bll.

B. VON J. MÄHL.

(In vierhebigen, paarweis gereimten Versen).

Reineke Boſs. Ut frier Hand von Joachim Mähl. Stuttgart Cotta, 1878. 8°. XII und 272 SS.

Reynke de vos.

[Titelblatt rw. = Bl. 1ᵇ: Ein die ganze Seite einnehmender Holzschnitt. In einem gewölbten, an der hintern Wand mit zwei Fensteröffnungen versehenen Zimmer mit zierlichem Mosaikfussboden sitzt rechts ein Mann in langem, faltenreichem Gewande. Das lockige Haupt wendet er halb dem Zuschauer zu mit etwas nach oben gerichtetem Blick, wie wenn er einen Gedanken, der ihm bei seiner augenblicklichen Beschäftigung, dem Spitzen der Feder, gekommen zu sein scheint, verfolgte. Vor ihm auf einem Buchständer liegt ein Buch, dessen aufgeschlagene Seiten beschrieben sind.]

O, vulpis abulacio nu in der werlde blycket;
Sic hominum est racio ghelik dem vosse gheschicket.

¶ Eyne vorrede ouer dyt boek
van Reynken deme vosse.

¶ (1) Hir bevoren in den olden yaren, eer der tyd, dat
god vorlözede dat mynschlyke geslechte, eer vnse here
Cristus, ware god vnde mynsche, leet in der mynscheyt
den bytteren doet vnde stunt wedder vp van deme dode
vnde stech vp bouen alle hemmele vnde wert wedder
komende to deme rechten gherychte, ¶ (2) vor desser tyd
der ghebord Cristi vyndetmen, dat dar syn ghewest vele
naturlyke wyse mans, de vthvorkören vnde leff hadden
wyßheyt vnde kunste, de men nomede phylozophy, dat in
vnser sprake so vele is ghesecht alze leffhebbers der wyß-
heyt vnde der kunst. Men heeth ok etlyke van en poeten,
dat is dychters efte tohopesetters hystoryen vnde gheschychte
efte ok bysproke efte fabelen. Etlyke van dessen lereden
deme volke bögede vnde wyßheyt vnde setteden ere lere
slycht in böke vnde in schrift. Etlyke andere syn ghewest,
de hebben ere lere vns naghelaten vnde de ghesath in
[Bl. 2ᵇ.] verse vnde in bysproke vnde in fabelen, vp dat
men ere lere vnde ören vlyd des to beth dar by scholde
beholden. Manck dessen is eyn ghewest, de to nutte
vnde lere der mynschen gheschreuen heft eyne hystorye vnde
fabele van Reynken deme vosse, de seer ghenoechlik is to
lesen vnde to horen, vnde is ok vul van wyßheyt vnde
guder exempel vnde lere. Desses suluen poeten lere to
lesen vnde nicht to vorstaen enbrochte neen nutte efte
vromen. Hir vmme, dat men en moghe lesen vnde ok
vorstaen, ¶ (3) ick Hinrek van Alckmer, scholemester vnde
tuchtlerer des ebbelen, dogentliken vorsten vnde heren her-
togen van Lotryngen, vmme bede wyllen mynes gnedyghen

1*

heren, hebbe dyt yeghenwerdyge boek vth walſcher vnde fran=
zöſeſcher ſprake gheſocht vnde vmmegheſath in dudeſche
ſprake to dem loue vnde to der ere godes vnde to heyl=
ſamer lere der, de hir ynne leſen, vnde hebbe dyt ſulue
boek ghedeelet in veer part vnde hebbe by yſlyk capittel
gheſath eyne korte vthlegginge vnde meninge des [Bl. 3ᵃ.]
ſulfſten poeten, vmme to vorſtaen den rechten ſyn des
capittels.

¶ Wo dyt boek wert ghedelet in iiii part.
De ander vorrede.

¶ (1) Vp dat eyn yſlyk leſer deſſes bokes van Reynken
deme voſſe wol moghe vorſtaen, ſo is to merken, dat der
mynſchen ſtate is ghedelet an veer ſtate. ¶ (2) De erſte
is de ſtad van den arbeyders, de ſyk neren eres ſwaren
arbeydes vnde bruken erer kunſt myt arbeyde, alze bure,
amptlude vnde andere, de ere neringe vnde vödynge alzo
weruen; wente god almechtich vns in den ſtad heft ghe=
ſath vnde heft vns heten arbeyden vnde ſo vnſe broed
wynnen in der tyd, do Adam, vnſer aller vader, ouertrad
dat gheboth, do god to eme ſprak mandt anderen worden
alſus: ‚In deme ſwete dynes angheſychtes ſchaltu eten
dyn broet‘, dat is, du ſchalt dy gheneren myt arbeyde.
Vnde by deſſem ſtate ſo ghelikent de meyſter in deſſem boeke
de ar= [Bl. 3ᵇ.] beydenden beren, alze perde, mulen, ezels,
oſſen vnde der gheliken. ¶ (3) Vth deſſem erſten ſtate
van arbeide ſyn gheſproten noch dre ſtate. De erſte van
den dren is borgerye vnde koplude vnde alle, de ſyk er=
neren myt vmmeſlach vnde leuen van deme ghewynne. By
deſſen ghelykent de meyſter de beren, dede leuen van deme
ghewunnen ghude, dat ſe wynnen vnde ſammelen, alze
eyn deel in de erde, eyn deel in de boeme, eyn deel in de
ſteynrytzen, dar in ſe ſammelen, dar ſe af leuen, eyn deel
korn, arfete, bonen vnde ander ſaed, eyn del nöthe, ekeren,
appel vnde ſodane vrucht, alze dat ekerken, de hampſter,
hazen, kanynen, de frohen, ſtrypen, de ſo weſtwart werden
ghenomet, vnde andere der ghelyken. ¶ (4) De ander
ſtate, gheſproten vth deme erſten, dat is de ſtaed, dede

leuen van deſſen twen erſten ſtaten, vnde ſynt de gheyſt=
lyken. Deſſen ghelikent deſſe meyſter by deme greuynge,
de ok in etliken landen wert gheheten de daß. Men van
deſſeme ſtate enſpric't he nicht vele, doch ſtraffet he ſe
myt vordeckeden worden vmme twey [Bl. 4ª.] ſunde, alze
vmme de ghyricheyt vnde vnkuſcheyt, ſo hir na in etliken
ſteden wert gheroret. ¶ (5) De drydde ſtad, de vth deme
ſtate der arbeyder is gheſproten, vnde is de verde vnde
leſte ſtad, dat ſynt de vorſten vnde heren der werlt, de
ſyk eddel holden; deſſe voeden ſyk ok vth den twen erſten
ſtaten. Deſſe ghelikent de meyſter deſſes bokes by deme
wulue vnde by deme baren, by deme loſſe vnde luperden
dē grypē. So ſyn etlike heren, dede mynre ſyn in grade,
wan alze de groetmechtighen vorſten, alze banreheren vnde
der ghelyken, vnde deſſe ghelykent de meyſter by deme
voſſe, by der apen, by deme hunde vnde der gheliken;
vnde ere byſtanders vnde denres, rutere vnde ſchyltknechte,
deſſe ghelikent he by den kleynen bytenden beren, alze
by der maerten, ylke, hermelken, weſſelken, ekerken vnde der
ghelyken. ¶ (6) Deſſe lerer bewyſet ok in deme erſten
boeke, dat yd van nöden is, dat dar ſy eyn houet, eyn
here, de bouen alle deſſe ſtate der lüde de macht der
herſchopphe hebbe, de alle de ſtaten der myn= [Bl. 4ᵇ.] ſchen
vnder ſyk holden mach in rechte vnde in vrede; vnde deſſen
ouerſten heren efte konnynck lykent he by deme lauwen.
He bewyſet ok, dat men nemande ouervallen ſchal buten
recht myt macht efte anderer loßheyt, vnde dat men den
myßdadygen, de berochtet is, nochtant ſchal to worden
ſteden vnde en eſſchen, dat he ſyk vorantwerde, vp dat
men ſyne ſchult efte vnſchult des to beth moghe prouen.
Ok bewyſet deſſe meyſter efte deſſe poete, wo de vorſten
vaken werden vorleydet van den logeneren vth deme weghe
der rechtferdicheyt. Ok bewyſet he, dat mannych ſyk ſuluen
bedrucht, de dar na is, grote leene vnde prouene to vor=
krygen by den heren, vnde ſyne ghyrycheyt nenen vortganck
hebben kan. He bewyſet ok, dat den vorſten vnde heren
dat vele nutter is, to hebben den wyſen in ereme rade,
dan den ghyrygen; wente neynes vorſten hoff efte ſtad
ſunder wyßheyt vnde klockheyt ſtande mach blyuen lange in

eren. ¶ (7) Alſus is dyt boek van eyneme vorſten vnde
ſyneme houe. Ok is yd van [Bl. 5ᵃ.] deme ſtate der ghe=
menen ſympelen vnde is ok van den logeneren vnde be=
dregers, de myt loßheyt mannygen ſchenden, ſo hyr na
wert gheſecht van deme ſneydygen lyſtygen voſſe, de man=
nygen ſchendede vnde to plaſſe brachte vnde denne noch
myt ſyner loggen vnde valſcheit by macht bleff. ¶ (8)
Deſſeme heren vnde konnynge vnde ſynen byſytteren vnde
etliken van der menheyt werden ok ſunderliken etlike bynamen
efte tonamen gheuen in deſſeme boke vmme der ryme wyllen
vnde vmme dat des to nöchliker ſy deme leſer vnde tohorer.
Vnde den konnynck, den lauwen, nomet he Nobel, de negeſten
hertogen efte vorſten by deme konnynge, alze den baren,
nomet he Brune, den wulff heth he Yſegrym, de wulffynnen
heth he vrouwe Ghyremod, den voß alze eynen banreheren
heth he Reyneke, ok Reynart, de voſſynnen heth he vrow
Armelyne. Twey yunge voſſe ſynt hir ok, de he nomet,
den eynen Reynardyn, den anderen Roſſel. Den greuynck
heth he Grymbart, de wylde katte alze den kater nomet
he [Bl. 5ᵇ.] Hyntzen, de apen heth he Marten, de apynnen
heth he vrow Rukenauwe, den tzegenbock Hermen, de tzegen
Metke, den rambock Bellyn, den hazen Lampe, den ezel
Boldewyn, den groten hunt nomet he Ryn, den klenen
Wackerloß, den beuer Bokert. ¶ (9) Alſus ſeth deſſe
meyſter nicht allene den lauwen eynen konnynck ouer de
deren, men ok ouer de vögele mede, den ok etliken tonamen
efte bynamen werden angheſath lyk den deren in deſſeme
boke. Alzo nomet he den hanen hane Hennynck, ock Kreyant,
de hennen Kraſſevoet, den kron Lütken, den adebar Bartolt,
den vntruwen rauen Pluckebüdel, de kreyen efte karoek
Merkenauwe, de kreyinnen Scharpenebbe, de goes Alheyt,
de and Tybbeke, den hegger Marquart. Vnde ſus na der
ſuluen wyſe nomet he etlyke meer, welkere worde men
horen vnde leſen mach, men den ſyn der worde, wat de
lerer mede menet, ſchalmen merken vnde beholden, dar
lycht de wyßheyt in. Dit is de menynge des meyſters, de
dyt boek beghynt in ſolken worden, ſo hir na volget.

[Bl. 6ᵃ.] **Hyr beghynt dat erſte boek van Reynken deme voſſe vnde van allen deren.**

[Holzschnitt: ein nach links gewandter, mit der rechten Vordertatze ſchwörender Löwe.]

Dyt is dat bylde des lauwen, eer he konnynck wart, wo he do vpholden moſte vnde ſweren myt eyneme ſwaren ede, deme ryke truwe vnde holt to weſen vnde allen deren.

[Bl. 6ᵇ.] ¶ Wo de lauwe, konnynck aller deren, leeth vth=kreyeren vnde vaſten vrede vthropen vnde leet beden allen deren, to ſynem houe tho komen. Dat erſte capittel.

[Holzschnitt: In der Mitte König und Königin; auf der linken Seite Pferd Hirſch und Kater; rechts Schwein, Ochs und Wolf (?); vor ihnen Dachs, Bär und Eſel. Im Hintergrunde eine hügelige Gegend.]

[Bl. 7ᵃ.]
     D gheſchach vp eynen
     pynxteday,
     Datmen de wolde vnde
     velde ſach
     Grone ſtaen myt loff
     vnde gras,
     Vnde mannich fogel
     vrolich was

5   Myt ſange in haghen vnde vp bomen;
    De krûde ſproten vnde de blomen,
    De wol rôken hir vnde dar;
    De dach was ſchone, dat weder klar.
    ¶ Nobel, de konnynck van allen deren,
10   Helb hoff vnde leet ben vthkreyeren
    Syn lant dorch ouer al.
    Dar quemen vele heren myt grotem ſchal,
    Ok quemen to houe vele ſtolter gheſellen,
    De men nicht alle konde tellen:
15   Lütke de kron vnde Marquart de hegger;
    Ja, deſſe weren dar alder degger
    (Wente de konnynck myt ſynen heren
    Mende to holden hoff myt eren,

[Bl. 7ᵇ.] Myt vrouben vnde myt grotem loue
  20   Vnde habbe vorbodet dar to houe
       Alle be bere, groet vnde kleyne)
       Sunder Reynken ben vos alleyne;
       He habbe in ben hoff so vele myßban,
       Dat he dar nicht endorste komen noch gan.
  25   ¶ De quao beyt, de schuwet gern dat lycht;
       Alzo bede ok Reynke, de bözewycht:
       He schuwede sere des konnynges hoff,
       Dar in he habbe seer trancken loff.
       ¶ Do be hoff alsus anghynck,
  30   En was bar neen, an alleyne de greupnck,
       He habbe to klagen ouer Reynken ben voß,
       Den men held seer valsch vnde loß.

¶ Wo Reynke be vos van beme wulue vnde velen
anderen beren wert vorklaget vor beme konnynck. Dat
              anber capittel.

[Bl. 8ᵃ.]   Segrym de wulff beghunbe be klage;
         Sine vrunbe, sin slechte, syne negesten mage,
         De gingen al vor ben konninck stan.
         Isegrym de wulff sprack ersten an

      [Holzschnitt von Bl. 6ᵇ. wiederholt.]

      Vnde sebe: „hochgheboren konninck, gnebyge here,
      Dorch huwe ebbelicheyt vnde borch huwe ere,
[Bl. 8ᵇ.] Beybe borch recht vnde borch gnaben
      Entfermet yw des groten schaden,
      Den my Reynke be vos heft ghebaen,
      Dar ik vaken van hebbe entfaen
      Grote schanbe vnde swar vorlees.
      Vor alle sake entfermet yw des,
      Dat he myn gube wyff heft ghehönet
      Vnde myner kynber ok nicht gheschonet;
      He bemeech vnde beseychebe se, bar se legen,
      Dat ber bre ny sobber ensegen
      Vnde worben bar aff al starblynt.
  50   Nochtan hönbe he my noch synt;

Wente yd was eyns so vern ghekomen,
Dat eyn dach wart vpghenomen,
Men scholde desse sake rychten efte scheden.
Do both syk Reynke to den eden.
55 Do ik den eyd wolde hebben to lesten,
Entquam vnde entfor he vns in syne vesten.
Here, dat weten noch huwe besten man,
De hir nu synt vnde by my stan.
Here, ik en konde nicht in eyner weken
60 Alle dat quade vor yw vthspreken,
[Bl. 9ᵃ.] Dat Reynke, de loze valsche kumpan,
My tho leyde heft ghedaen.
Ja, were al dat laken pergement,
Dat dar wert ghemaket tho Gent,
65 Men scholdet dar nicht in konen schryuen.
Dat lathe ik nochtans achter blyuen;
Men de laster mynes whues, de gheyt my na,
Blyft nicht vnghewroken, wo yd gha".
¶ Alse Ysegrym syne klage sus habbe gedan,
70 Do quam dar eyn kleyn hundeken ghan
Vnde was gheheten Wackerloß.
De klagede deme konninck vp frantzöß,
Dat he so arm was eer,
Dat he alles gudes nicht habbe meer,
75 Dan alleyne eyne kleyne worst
In eynem wynter vp eyner horst,
Vnde em Reynke de sulue nam.
¶ Hyntze de kater do ock dar quam.
Al tornich he vor den konninck ghynck
80 Vnde sprack: „gnedyghe here, her konnynck,
Vp dat gy Reynken syn vnholt,
[Bl. 9ᵇ.] So en is hir nemant, hunck noch olt,
He vruchtet Reynken meer dan yw.
Dat Wackerloß hir klaget nu,
85 Des is vele yar, des syd berycht;
De worst was myn, (wol klage ik des nicht)
Wente ick was eyns in myner yacht
Vnde quam in eyne molen by nacht,
Eynen slapenden molenman vant ik dar,

90 Dem nam icf be worst, bat is war.
    Habbe Wacferloß ychtesweß an ber,
    Dat quam al van mynen lysten her".
  ¶ Do sprack panther alzo vort,
    Do besse flaghe was ghehort:
95 „Hynße, latet be flage blyuen,
    Gy fonen bar nicht vele mebe bebryuen. —
    In Reynfen is altes nene ere,
    He is eyn beff vnbe eyn morbenere.
    Dat bor icf seggen by mynen eren,
100 Ja, bat wetten wol al besse heren.
    He rouet, he stelet alze eyn beff,
    He en heft ocf nemanbe alzo leff,
[Bl. 10ª.] Noch suluen ben fonnynck, bebe is vnse here,
    He wolbe, bat he gub vnbe ere
105 Vorlorre, mochte he bar an ghewynnen
    Eyn veth morsel van eyner hennen.
    Dat icf yw byt bewysen mach:
    He bebe noch ghsteren, ben suluen bach,
    Eyn be grotsten ouerbaet
110 An Lampen, beme hazen, be hir staeb,
    De nobe yennych beer so bebe;
    Wente he em bynnen bes fonnynges vrebe
    Vnbe bynnen bes fonnynges gub gheleybe
    Louebe em to leren synen crebe;
115 He louebe en to maten to eynem cappelan
    Vnbe leten vor syf sytten ghan.
    Se beghunben beybe ben crebo to syngen,
    Men Reynfe brufebe van synen olben byngen
    Vnbe helt Lampen vaste twysschen synen been
120 Vnbe begunbe em bar eyn vel to theen.
    If quam van vnschicht ben suluen ghanck
    Vnbe horbe bar erer beyber sanck.
    De leccie, be erst was beghunt,
    Dar swegen se van tor suluen stunt.
[Bl. 10ᵇ.] Do if bar hen quam gheghan,
    Dar vant if mester Reynfen stan,
    Vnbe brufebe van synem olben spele:
    He habbe Lampen by ber fele.

Ja, ghewyſſe habbe he em dat lyf ghenomen,
130 Were ick em nicht to hulpe komen
Do ſulueſt to den ſuluen ſtunden.
Hir moghe gy noch ſeen de verſche wunden
An Lampen, dem ſeer vromen man,
De doch nemande quad don en kan.
135 Jk ſegge yw, her konnynck vnde al gy heren,
Wylle gy dyt nicht wreken vnde keren,
Dat gy des konninges vrede, gheleyde vnde breue
Laten ſus breken van ſodanem deue,
Jd wert deme konnynck noch vaken vorwetten
140 Van velen, de yd nicht drade vorgetten,
Of des konnynges kyndern ouer mannich yar".
¶ Do ſprack Yſegrym: „yd is ſeker war,
Reynke doch nummer neen gud doet;
Were he doet, dat were ſere guet
145 Vor vns allen, de gern in vreden leuen.
[Bl. 11ᵃ.] Men wert em dyt nu vorgheuen,
He wert in kort noch etlyke ſchouen,
De em des nu nicht to en louen".

[Holzschnitt: Auf dem Throne links sitzt der König mit
Scepter und Krone, vor ihm der Hund und zwei andere zu
ihm aufblickende Tiere sowie Hinze, welcher, ihm den Rücken
zukehrend, auf dem Erdboden sitzt und zu fressen scheint.
Im Hintergrunde ragen aus einem von spärlichen Waldungen
eingeschlossenen Thal Teile eines Schlosses hervor.]

¶ Wo Grymbart de greuynck Reynken vorantwordet vor
deme konnynge vnde wo he den wulff wedder wroghet vmme
etlyk quad. Dat iii capittel.

[Bl. 11ᵇ.] DE greuinck was Reynken brobers ſone;
De ſprack do vnde was ſeer kone,
He vorantworde in bē houe den voß,
De doch was valſch vnde loß.
He ſprack to deme wulue do alzo vort:
„Her Yſegrym, yd is eyn oltſproken wort:
155 ,Des vyendes munt ſchaffet ſelden vrom';
So do gy ock vp Reynken, mynen om.

Were he ſo wol alze gy hir to houe

Vnde ſtunde he alzo in des konnynges loue,

Her Yſegrym, ſo alze gy doet,

160   Id ſcholde yw nicht duncken gud,

Dat gy en hir alſus vorſpreken

Vnde de olden ſtucke hir vore reken.

Men dat quade, gy Reynken hebben ghedan,

Dat lathe gy al achter ſtan.

165   Id is noch etlyken heren wol kunt,

Wo gy myt Reynken makeden vorbunt

Vnde wolden weſen twey lyke gheſellen.

Dat mod ick deſſen heren vortellen.

Wente Reynke, myn om, in wynters noet

170   Vmme Yſegryms wyllen vyl na was doet.

[Bl. 12ª.] Wente yd gheſchach, dat eyn quam ghevaren,

De hadde grote vyſſche vp eyner karen.

Yſegrym hadde gerne der vyſſche ghehalet,

[Holzschnitt: Rechts treibt ein dem Zuschauer den Rücken
zukehrender Knecht auf einem Gaul diesen mit der Peitsche
an; der Gaul zieht einen zweirädrigen Karren, auf dem zwei
Fässer stehen. Links im Vordergrunde ist der Wolf mit dem
Verspeisen eines Fisches beschäftigt. Weiter dem Hinter-
grunde zu steht auf der linken Seite Reinke, nach dem Karren
sehend. Im Hintergrunde einige mit Bäumen bestandene
Hügel, hinter denen die Türme einer Stadt hervorragen.]

Men he habbe nicht, dar myt ſe worden betalet.

175   He brachte mynen om in de nod;

Vmme ſynen wyllen ghynck he lyggen vor dod

[Bl. 12ᵇ.] Recht in den wech vnde ſtunt euentúr;

Merket, worden em ok de vyſſche ſur?

Do ghenne myt der kaer ghevaren quam

180   Vnde mynen om dar ſuluest vornam,

Haſtygen toch he ſyn ſwerd vnde ſnel

Vnde mende myneme ome to rucken eyn vel;

Men he roghede ſyk nicht kleyn noch groet.

Do mende de, dat he were doet;

185   He leyden vp de kaer vnde dachten to vyllen.

Dyt wagede he al dorch Yſegryms wyllen.

Do he do vordan begunde to varen,

Warp Reynke etlyke vyſſche van der karen.

Ysegrym van verne na quam
190 Vnde desse vyssche al to syk nam.
Reynke spranck wedder van der karen,
Em en luste do nicht lenck to varen;
He hadde ok gherne der vyssche begherd,
Men Ysegrym hadde se al vorterd,
195 He hadde getten, dat he wolde barsten,
Vnde moste dar vmme ghan tom arsten.
Do Ysegrym der graden nicht en mochte,
Der suluen he em eyn weynich brochte.
[Bl. 13ᵃ.] ¶ Jt segget by der truwe myn:
200 Reynke wuste eyns eyn geslachtet veth swyn,
Wor dat hangede an eyneme wyme;
Dyt sede he vp louen Ysegryme.
Dar ghyngen se hen vp beyder euentur,
Men Reynken wart dat swyn gantz sur:
205 He moste krupen tom venster in
Vnde werp dat nedder vp beyder ghewyn.
Dar weren ok hunde grot vnde starck,
Myt den hadde Reynke syn vulle werk,
Se ruckeden em to degen syn gude vel;
210 De wyle ath Ysegrym vp dat swyn al heel.
Myt groter nod he nauwe wech quam
Vnde gynck, dar he Ysegryme vornam.
He klagede syne nod vnde esschede syn deel.
‚Ja’, sprak Ysegrym, ‚eyn gud morsel
215 Hebbe ik dy vorwaret, holt vnde eth,
Begnage yd wol, yd is wol veth’.
Dat morsel, dat he em do langede,
Was dat krumholt, dar dat swyn by hangede.
Reynke konde nicht spreken van smachte;
220 Merket, gy heren, wat he do dachte. —
[Bl. 13ᵇ.] Jt segget yw, her konnynck, gnedyghe here,
Der ghelyck syn wol hundert stucke efte mere,
De Ysegrym by Reynken heft gheban;
Dat lathe ik noch achter stan.
225 Kumpt Reynke to houe manck desse ghesellen,
He wert yd suluen wol beth vortellen.
¶ Merket, here her konnynck, eddele vorste,

Wan ick yd nummer seggen dorste,
So sprickt Yſegrym eyn gecklyk word,

230 Dat gy heren wol hebben gehord.
He ſprickt ſuluen vp ſyn egene wyff,
De he ſcholde bedecken myt ſele vnde lyff
Vnde alzo beſchutten de ere.
Jd is wol ſeuen yar efte mere,

235 Eſt Reynke er gaff eyn deel ſyner truwen,
Brouwen Ghyremod, der ſchonen vruwen.
Dat ſchach in eyneme auentbantz,
Wente Yſegrym was do buten lantz.
Jk ſegge yd ſo, alze ik yd weyd:

240 Jd gheſchach in fruntlyker houeſcheyt
Vaken Reynke ſynen wyllen — meer ſegge ik nicht.
Wattan? ſe klaget yo ſuluen nicht;

[Bl. 14ᵃ.] Se was des to hant ſcheer gheneſen —
Wat worde ſcholen dar meer aff weſen?

245 Were Yſegrym vroed, he ſwege dar van,
Dyt ſulue em doch klene ere bryngen kan."

[Holzschnitt: Links sitzt der König mit Scepter, Krone und
Mantel; das Scepter hält er in der rechten Hand, mit der
linken macht er eine Bewegung nach dem vor ihm sitzen-
den Hasen, der seine linke Vorderpfote auf die Erde stemmt
und die rechte empor hebt; ihn bellt von links her Grimbart
an. Hintergrund: bergige Gegend, hier und da mit Gebüsch.]

¶ Grymbart ſprack vort: „nu klaget de haze
Eyn mereken vnde eyne vyſevaze.

[Bl. 14ᵇ.] Eſt he ſyne leccie nicht wol en las,

250 Reynke, de ſyn meſter was,
Moſte he ſynen ſcholer nicht ſlan?
Dat were vnrecht vnde ouel ghedan,
Scholdemen de ſcholrekens nicht kaſtyen
Vnde wennen ſe van eren tüſſcheryen,

255 Nummer mer lereden ſe to degen.
¶ Nu klaget ok Wackerloß, he habbe gekregen
In eyneme wynter eyne worſt,
De he vorloß vp eyner horſt.
De klage were beter bleuen vorholen.

260 Ja, hore gy dat wol, ſe was gheſtolen.
Male queſite, male perdite:

Myt rechte wert men quatliken quyte,
Dat men ouel heft ghewunnen.
We wyl Reynken des vorghunnen,
265 Dat he gheſtolen dynck eme nam?
Eyn yſlyk eddel van hoghem ſtam
Schal haten de beue vnde ſchal de vangen.
Ja, hadde he ok Wackerloß do ghehangen,
We ſcholde eme dat vorkeren?
270 Men he leed yd dem konnynck to eren,
[Bl. 15ᵃ.] De lyffſake alleyne heft in ſtraff,
Al heft myn om weynich danckes bar aff.
Reyneke is eyn rechtferdich man,
De neen vnrecht lyden kan.
275 Wente ſobber dat de konnynck ſynen vrede
Kundygen vnde vthropen bede,
En ſochte he vp nemande neen beyach.
He eth men eyns vp yſliken dach,
He leuet alſe eyn kluſener
280 Vnde kaſtyet ſynen lycham ſeer;
Regeſt ſyneme lyue drecht he har,
He ath neen vleſch in eyneme yar,
Wat vleſch yd ſy, wylt edder tam;
Dat ſede, de ghyſteren van em quam.
285 Syn ſlot, dat dar heth Malepertus,
Heft he vorlaten vnde buwet eyne klus;
Bleck vnde mager is he van pynen,
Hunger, dorſt vnde ſware karynen
De lydet he nu vor ſyne ſunde.
290 Wat ſchadet em, dat he in deſſer ſtunde
Hir is beklaget in ſynem affweſen?
Kumpt he to antworde, he mach noch gheneſen".
[Bl. 15ᵇ.] ¶ Do deſſe worde ſus weren gheſecht,
Quam hane Hennynck myt ſynem gheſlecht
295 In des konnynges hoff ghevaren
Vnde brochten vp eyner bodenbaren
Eyne dode henne, de heeth Kraſſevoet,
De Reynke hadde ghebeten doet:
Hals vnde houet hadde he er affghebetten;
300 Dyt moſte nu de konnynck wetten.

¶ (1) Jn deſſen iii vorgheſechten capittelen werden ſunder=
lyken vii ſtucke gheſath to vnſer lere. ¶ Jnt erſte, wo de
ghyrygen in der heren houe vaken ſake vynden van hate
vnde klagen ouer andere, be vnder en ſyn, vmme dat ſe
grote leene vnde prouen hopen to vorkrygen van den
vorſten, de ſe anderen nicht en ghunnen, ghelyk alſe hir
be ghyryge wulf klaget ouer Reynken. Ok ſchůd yd
vaken, dat de grouen vnwyſen eſte vnghelerden de wyſen
vnde kloken haten, vp dat ſe allene in deme regymente
mogen bliuen by den vorſten, ghelyk alſe de wulf hatet
den kloken voß. ¶ (2) To dem anderen male bewyſet
[Bl. 16ᵃ.] be lerer, dat yd vaken ſchůd, dat eyn ghyrych
eſte eyn hateſch mynſche, vp dat he wynnen vnde ſynen
nyd vullenbryngen moghe, ſo ſparet he nicht, to ſpreken
ſyn eghen laſter mede edder der ſynen, ghelyk hir de wulf
ſyn eghen wyff mede beſede. ¶ (3) To deme drydden
wert hir gheroret de ebrekerye, de in etliker heren lande
ſchůd manck welken ebbelyngen in afweſende des rechten
heren edder echten gaden, dat vyllychte leyder wol ſchůd
in Lomberdyen vnde in Wallant, dar dyt boek erſten ghe=
dychtet is; men nicht en is dat des lerers meninge, dat
yd in deſſen landen ſchůd, gob ſy ghelouet. ¶ (4) To
dem verden ſchůd yd vaken, ſo wan eyn groet gheachtet
man ouer yemande klaget, dat denne ok vaken de kleynen
begynnen to klagen ouer den ſuluen, alſe hir de kater,
de hunt vnde haze. ¶ (5) To deme vyften, dat yd gub
is, dat eyn hebbe eynen vrunt by deme heren, de ene
vorantwordet in ſyneme afweſende, ſo alſe de greuinck
Reynken vorantworde alſe eyn vrunt ¶ (6) To deme
ſeſten wert hir bewyſet dat qua= [Bl. 16ᵇ.] de vorbunt
(gob beware yo deſſe land darvor!), dat in Wallant eſte
in Lomberdyen etlike quade heren eſte ebbelynge vnder
ſyk maken vp eren euenmynſchen, den to beſchedyghen
vnde to ſchaden myt roue eft ghewalt, wo ſe yd men krygen,
ſo alſe hir is gheſecht van deme wulue vnde voſſe, wo
de vorbunt hadden. ¶ (7) Dat ſeuede is de vntruwe, de
vnder en ſuluen is, alſe hir myt den vyſſchen vnde ſwyne
wert bewyſet.

¶ Wo de hane myt groter droffenyſſe kumpt vnde klaget
vor dem konnynck ouer Reynken, bewyſende ſyne mnſſe=
daet.   Dat iiii capittel.

De hane quam vor den konnynck ſtan
   Vnde ſach ene ſeer drofflyk an.
   He hadde by ſyk twey hanen groet,
   De drouych weren vmme deſſen dot.
305   De eyne was gheheten Kreyant,
   De beſte hane, den men vant
   Twyſſchen Hollant vnde Franckryk.
   De ander was em ſeer ghelik
[Bl. 17ᵃ.] Vnde heth Cantart, ſeer kone vnde vprycht;
310   Se drogen malk en bernende lycht.
   Der hennen broder weren deſſe twee.

[Holzschnitt: Links sitzt der König mit der Krone, in der
Linken hält er das Scepter aufrecht; vor ihm steht eine mit
der Längsseite dem Zuschauer zugewandte Bahre, auf der
die tote Henne mit ausgebreiteten Flügeln liegt. Jenseits
der Bahre ein Hahn, ein Licht emporhaltend. Auf dem Ende
des linken Längsbalkens der Bahre, am weitesten nach dem
Könige zu, steht ein Hahn, die Flügel in die Höhe schlagend;
vor ihm, etwas weiter nach links und mehr im Vordergrunde
auf einem Bein ein anderer Hahn, der mit dem rechten ein
Licht empor hält. Hintergrund: Hügel, über die ein Turm
und Schlosserker hervorragen.]

   Se repen beyde wach vnde wee;
   Vmme Kraſſevoet erer ſuſter doet
   Dreuen ſe ruwe vnde droffenyſſe groet.
[Bl. 17ᵇ.] Noch weren twey ander, de drogen de boren;
   Men mochte ere droffenyſſe vern horen.
   ¶ Hane Hennynck vor den konnynck ghynck
   Vnde ſprack: „gnedyghe here, her konnynck,
   Horet myne word dorch gnaden
320   Vnde entfermet yw des groten ſchaden,
   Den my Reynke heft ghedan
   Vnde mynen kynderen, de hir ſtan.
   Wente do de wynter vorghangen was
   Vnde men ſach loff, blomen vnde gras
325   Schone bloyen vnde ſtan grone,
   Do was ik ſeer vrolych vnde kone

Vmme myn grote slechte ghemeyne,
Wente ick habbe hunger sonen teyne
Vnde schoner dochtere tweymal seuen,
330 (Och, den luste so wol to leuen!)
De al myn wyff, dat kloke hoen,
Vort brachte in eyneme sommer schon.
Se weren starck vnde wol tho vreden
Vnde ghyngen vmme vödynge in eyner steden,
335 De was bemüret, der monnyke hoff,
[Bl. 18ᵃ.] Dar in ses hunde, starck vnde groff,
De bewarden myne kynder vnde habben se leff.
Dyt hatede Reynke, de quade deff,
Dat se so vaste weren dar bynnen,
340 Dat he der nene konde ghewynnen.
Wo vaken ghynck he vmme de müren by nachte
Vnde leyde vns laghe myt groter achte!
Wan dyt de hunde kreghen tho wetten,
So moste he yd vp syn lopent setten.
345 Se hadden en eyns twysschen kregen
Vnde ruckeden em syn vel tho degen;
Nauwe entquam he tor suluen tyd.
Do worde wy syner eyne whyle quyd.
¶ Vorder horet my, gnedyghe here!
350 Synt quam he eyns alse eyn klusenere,
Reynke, de sulue olde deeff,
Vnde brachte my do eynen breff,
Dar hangede juwe seggel nedden an;
Dar vant ick in gheschreuen stan,
355 Dat gy lethen kundyghen vaste vrede
Allen deren vnde vogelen mede.
[Bl. 18ᵇ.] He sprak, he were klusener gheworden
Vnde wo he helde eynen harden orden,
Dat he syne sunde böten wolde

[Holzschnitt: In einer hügeligen Landschaft steht links im Vor-
dergrunde hoch aufgerichtet Reinke in der Mönchskutte, deren
Halskragen zurückgeschlagen ist. In seiner rechten Hand
hält er einen Rosenkranz, in der linken einen Brief mit daran
hangendem Siegel, welchen er dem rechts vor ihm stehenden
Hahn geben will. Im Hintergrunde rechts auf einer Anhöhe
würgt Reinke, mit einem Halskragen versehen, ein Huhn.]

360 Vnde ick vor em nicht mer vruchten scholde
    Vnde mochte ane hode vor em wol leuen.
    He sprak ok: ‚ik hebbe my gantz begeuen,
[Bl. 19ᵃ.] Alle vlesch vorlouet myt eyn'.
    He leet my kappen vnde schepeler seen
365 Vnde eynen breff van synem pryer,
    Vp dat ik were des to vryer.
    He wysede my ok do suluest albar
    Vnder der kappen eyn kleed van har.
    Do ghynck he wech vnde sprack to my:
370 ‚Gode, deme heren, bevele ik dy;
    Ik gha, dar ik hebbe to doen,
    Ik hebbe noch to lesen sext vnde noen,
    Of vesper dar to van dessem dage'.
    Al lesende ghynck he wech vnde leyde vns lage.
375 Do was ik vrolich vnde vnververt
    Vnde ghynck to mynen kynderen wert.
    Ik sede en de tydynge, (do wart en leue)
    De my was vorkundyget vth huwem breue,
    Vnde Reynke were worden klusener;
380 Wy dorsten vor em nicht vruchten mer.
    Myt en allen ghynck ik do buten de mure,
    Dar vns ouerquam krauck euentúre;
    Wente Reynke habbe vns ghelacht syne lage
    Vnde quam slykende vth eyner hage
[Bl. 19ᵇ.] Vnde hefft vns de porten vnderghan
    Vnde grep myner besten kynder eyn an;
    Dat ath he vp vnde quam webber vaken.
    Sodber he se ersten begunde to smaken,
    Konde vns wer yeger efte hunt
390 Vor em wachten to neuer stunt.
    He leyde vns alle tyd syne laghe
    Beyde by nachte vnde ock by daghe
    Vnde berouede my alzo myner kynder.
    So vele is myn tal de mynder:
395 Twyntich vnde veer plach der to wesen,
    De hefft Reynke vpghelesen,
    Dar van hebbe ik men vyue, nicht mere.
    Dat latet yw entfermen, her konnynck, here!

                                              2*

Myne droffenysse klaghe ik to deſſen ſtunden;
400 Noch gyſteren wart em myt den hunden
Myn dochter affgheyaget, de he beth doet,
De ik hir brynge in myner noet.
Gy ſeen yd, wat he er heft ghedan;
Dat latet yrw doch tho herten ghan!"

[Bl. 20ª.] ¶ (1) In deſſem capittel is gheleret ſunderlyken
iii ſtucke. Int erſte, dat de henne, de wol vorwaret is
in eyner ſtede vnde nochtan vyende heft, dat he nicht licht=
lyken vmme ſyn ghenöchte ſchal vthghan, alſe hir de hane;
de wuſte Reynken ſynen vyent to weſen vnde denne noch
vmme ſyn ghenöchte ghynck vth ſyner veſten. ¶ (2) To
dem anderen male, dat nemant ſyneme vyende löuen ſchal
to grunde, al yſſet ok ſo, dat he eme vele wyſſenheyt
wyſet efte ſecht, ghelyck hir Reynke dede; ya, al yſſet ock
ſo, dat he kumpt vnder eyneme ſchyne vnde klede der
gheyſtlicheyt efte hillicheyt. ¶ (3) To deme drydden male
wert hir bewyſet van den quaden, dat, ſo wanner eyn
morder, eyn rouer, eyn vechter, de gerne blod vorgheten,
ſo wanner ere tene ſynt blodich gheworden, dat is, wanner
ſe hebben ghenöchte efte en wol ſmeckt quad to don, dat
ſelben efte nummer men beterynge van den derff vor=
moden, ghelyk hir is gheſecht van deme bedrechlyken val=
ſchen voſſe.

[Bl. 20ᵇ.] ¶ Wo de konnynck ghynck tho rade myt ſynen
vnderſaten vnde wyſen, wo vnde in wat wyſe he richten
mochte rechtferdygen de boßheyt des voſſes, vnde wo de
bode henne wart begrauen, dar de hanen ſtan alze de
negeſten vrunde, ſyck moyende myt ouertogen koggelen,
ſo weſtwort de wyſe is. ¶ Dat v capittel.

De konninck ſprak: „her greuinck, komet her!
Hore gy wol, yurwe om, de kluſener,
Wat karinen he vaſtet vnde wo he deit?
Leue ik eyn yar, yd wert eme leyt.
Wat ſcholen deſſer worde nu meer?
410 Hane Hennynck, nu horet heer!
Jurwe bode dochter, dat gude hoen,

Der wyl wy der boden rechtichent doen
Vnde laten er de vigilie fyngen
Vnde fe to der erden bryngen;

415 Dat fchal fcheen myt groten eren.
Denne wylle wy vns myt deffen heren
Vmme deffen mord wol befpreken,
Wo wy dat beft mogen wreken".

[Bl. 21ᵃ.] Do gheboth he beyde nunck vnde olden,

420 Dat fe vigilie fyngen fcholden.
Do des konnynges both was gheghan

[Holzschnitt: Im Hintergrunde stehen auf einer Anhöhe mit
nach dem Altar zugewandten Gesichtern der Löwe und die
Löwin, hinter ihnen Kuh (?), Hirsch und Dachs (?); links (vom
Zuschauer) ein mit zwei Leuchtern bestandener Altar, vor
welchem der Widder und das Schaf aus einem auf einem Lese-
pulte ruhenden, aufgeschlagenen Buche singen; rechts (v. Z.)
liegt auf einer Bahre, neben welcher ein grosser Leuchter
steht, das tote Huhn, an welches im Vordergrunde von links
her drei mit Kappen verhüllte Hühner herantreten.]

Vnde domen beghunde to heuen an
Dat placebo domino
Vnde de verfche, de dar horen tho, —

[Bl. 21ᵇ.] Ift febe yd wol, men yd were to landt,
We dat dar de leccien fanck
Vnde de refponfen, fo fyk dat behord.
Dar vmme korte ick deffe word:
Se wart do int graff gheleyt,

430 Eyn fchon marmelfteyn wart dar bereyt,
Ghepollieret fo klar, alze eyn glas,
De veerkant, groet vnde dycke was,
Myt groten boekftauen dar vp ghehauwen,
Datmen klarlyken mochte fchauwen,

435 We dar vnder lach begrauen.
Alfus fprack de fchrift der boekftauen:
¶ Kraffevoet, hanen Henninks dochter, de befte,
De vele eyer leyde in de nefte,
De wol myt ören voeten konde fchrauen,

440 De lycht vnder deffeme fteyn begrauen.
De valfche Reynke was, de fe vorbeeth;
Se wyl, dat al de werlt dyt weed.

Dyt dede he ane recht, myt valscher laghe,
Vp datmen se des to meer beklaghe'.
445   ¶ Alsus nam de schrift eynen ende.
De konnynck leet beden al, de he kende,
[Bl. 22ᵃ.] De kloeksten van rade, syk wol to bespreken,
Wo he desse vndaet best mochte wreken
Vp Reynken, de nicht en was van den besten.

[Holzschnitt wie Bl. 6ᵇ.]

450   Do reden de heren eme to lesten,
(Wente se Reynken seer lystich kenden)
Hir vmme scholdemen eme boden senden,
[Bl. 22ᵇ.] Dat he wer dorch schaden edder dorch vromen
Nicht enlethe, he scholde komen
455   To des konnynges houe tom herendage,
Vnde dat Brun de bare desse bodeschop drage.

¶ Wo Brun de bare myt eynē breue wart ghesant to
Reynken vnde wo he ene vant vnde ansprack. ¶ Dat
vi ghesette.

DE konnynck sprack to Brune, dē beer:
„Brune, ik segge yw alze yuwe heer,
Dat gi mit vlit desse bodeschop döt.
   Men seet, dat gy syd wyß vnde vroet;
Wente Reynke is seer valsch vnde quad,
He wed so mannygen lozen rad;
He wert yw smeken vnde vore leghen,
Ja, kan he, he wert yw wysse bedreghen".
465   ¶ „Wanne neyn", sprack Brun, „swyget der rede!
Ik segget by myneme swaren eede:
So gheue my god vngheual,
Wo my Reynke ycht hönen schal.
[Bl. 23ᵃ.] Ik wolde em dat so wedder inwryuen,
470   He scholde vor my nicht wetten to blyuen".
Alsus makede syk Brun vp de vart,
Stolt van mode, tho bergewert;
Dorch eyne wosteny, groet vnde lanck,
Dar dorch makede he synen ghanck.

475 Do quam he, dar twey berghe laghen;
Dar plach yo Reynke, syn om, to hagen
Vnde hadde den vordach dar gheweft.
So quam he vor Malepertus tho left;
Wente Reynke hadde mannich schon huß,
480 Men dat castel to Malepertuß
Was de befte van synen borgen;
Dar lach he, alze he was in forgen.
¶ Do Brun vor dat flot was ghekomen
Vnde de porten ghefloten vornomen,
485 Dar Reynke vth plach to ghan,
Do ghynck he vor de porten ftan
Vnde dachte, wat he wolde begynnen.
He reep lude: „Reynke oem, synt gy dar bynnen?
Ik byn Brun, des konnynges bode;
[Bl. 23ᵇ.] He heft ghefworen by syneme gode,
Kome gy nicht to houe, to deme ghedynge,
Vnde ik yw nicht myt my enbrynge,

[Holzschnitt: In einer hügeligen, mit Bäumen und Gebüsch
spärlich bewachsenen Gegend, die im Hintergrunde in der
Ferne ein Schloss zeigt, bringt (auf der linken Seite) der
Bär, sich auf seine linke Pfote stützend, mit der rechten dem
ihm gegenüber sitzenden Reinke einen Brief, an welchem
ein Siegel hängt.]

Dat gy dar recht nemen vnde gheuen,
Dat wert yw koften yuwe leuen;
495 Kome gy nicht, gy ftan buten gnade,
[Bl. 24ᵃ.] Jw is ghedrauwet myt galgen vnde rade.
Dar vmme ghaet myt my, dat rade ik int beft“.
Reynke horde wol deffe worde erft vnde left;
He lach dar bynnen vnde lurde
500 Vnde dachte: „wan my dyt euentúrde,
Dat ik deme baren betalde deffe word,
De he fo homodygen fprickt vord!
Hir vth wyl ik dencken dat befte“.
Dar myt ghynck he deper in syne vefte;
505 Wente Malepertus was der wynckel vul,
Hir eyn ghath vnde gyndert eyn hol,
Hadde mannyghe krumme, enge vnde land,
Vnde hadde ock mannygen feltzen vthghanck,

De he tobede vnde toſloet,

510 Alze he vornam, dat he des habbe noet;
Wan he dar hennygen roeff in brochte
Edder wan he wuſte, datmen ene ſochte
Vmme ſyne valſchen myſſedaet,
So vant he dar den nauweſten rad.

515 Mannich deer in ſympelheyt ok dar in leep,
Dat he dar in vorretlyken greep.

[Bl. 24ᵇ.] ¶ (1) Byſleye ſtucke leret de lerer in deſſem vorgheſechten capittel. ¶ Dat erſte is, al yſſet ſo, dat eyn vorſte, eyn here efte eyn ander rychter waraftige klage horet van ſynen vnderſaten ouer eynen, de deme ſuluen ghelyk is edder ok bouen deme edder benedden deme, dat he nochtans nene haſtyghe wrake ouer em don ſchal. ¶ (2) Dat ander is, dat he hebben ſchal kloke wyſe radeslude, de wyßheyt wetten vnde ſake, bede laſtich is, de in rechtferdicheyt to vnderſcheden. ¶ (3) Dat drybbe, datmen nemande ſchal vorordelen vngheeyſchet edder vnghevraget. ¶ (4) Dat verde, dat de grouen vn= lympigen ſyk vaken vormeten vnde vnderwynden groter dynge, men van den lyſtygen ſuptilen braden vorleydet konen werden. ¶ (5) Dat vyfte, dat nemant ſchal anne= men ſobans, dar to he nicht bequeme is, alze hir wert bewyſet by deme grouen baren, de ſyk groter dynge vor= math; men wo he voer, dat volghet hir na.

[Bl. 25ᵃ.] ¶ Wo Reynke vorſychtygen ſyk bedachte vnde dar na vthghynck vnde Brunen myt vruntliken worden wylkome heth. Dat vii capittel.

[Holzschnitt von Bl. 23ᵇ wiederholt.]

D O Reynke ſus des baren worde
Wol vornam vnde ok horde,
He louede nicht gruntlik den worden ſtolt,
[Bl. 25ᵇ.] Em was lede vor eyn achterholt.
Do he dat enckede habbe vornomen,
Dat Brun alleyne was ghekomen,
[Holzschnitt von Bl. 23ᵇ wiederholt.]

Des to mꭹn he do vorſchrack;
He ghꭩnck vth tho em vnde ſprack:
525 „Dem Brun, wꭩlkome mothe gꭩ weſen!
[Bl. 26ᵃ.] Ik hebbe recht nu de veſper gheleſen,
Dar vmme konde ik nicht eer komen;
Ik hope, ꭩd ſchal mꭩ ſꭩn to vromen,
Dat gꭩ tho mꭩ ghekomen ſꭩd.
530 Sꭩd wꭩlkomen, oem Brune, tho aller tꭩd.
Deme enwed ik des ꭩo nenen danck,
De dat ſchaffede, dat gꭩ deſſen ganck
Scholden ouerghan, bede is ſeer ſwar;
Gꭩ ſweten, dat ꭩw nath is dat haer.
535 En vant vnſe here, de konnꭩnck, nu
Nenen anderen boden to ſenden dan ꭩw?
Wente gꭩ ſꭩnt de eddelſte vnde grotſte van loue,
De nu is in des konnꭩnges houe.
Ib wert mꭩ ſꭩn ſunderlꭩk to vromen,
540 Dat gꭩ ſꭩd her to mꭩ ghekomen:
Juwe vrode rad wert mꭩ helpen ſere
Bꭩ deme konnꭩnge, bede is vnſe here.
Al hadde gꭩ deſſen wech nicht anghenomen,
Ik were doch morgen to houe komen.
545 Doch duncket mꭩ ſere in mꭩneme waen,
Ik ſchal nu nicht wol konen ghaen:
Ik hebbe mꭩ gheten alto ſath,
[Bl. 26ᵇ.] Ib was nꭩe ſpꭩſe, de ik ath;
Dat gantze lꭩff deyt mꭩ wee dar van“.
550 ¶ Do ſprak Brun: „Reꭩnke oem, wat ete gꭩ dan?“
Do ſprak Reꭩnke: „leue oem, wat hulpe ꭩw dat,
Wan ik ꭩw ſede, wat ik ath?
Ib was rꭩnge ſpꭩſe, dar ik nu bꭩ leue;
Eꭩn arm man en is ꭩo neen greue.
555 Wan wꭩ id nicht konen beteren mꭩt vnſen wꭩuen,
So mote wꭩ eten verſche honnichſchꭩue .
Sodane koſt ath ik dorch de noed,
Dar van is mꭩ de buek ſo groet;
Ik moet ſe eten an mꭩnen danck,
560 Dar van bꭩn ik wol half kranck;
Wan ik dat ꭩummer beteren kan,

Wolde iᵏ vmme honnich node vpſtan".

¶ Do ſpraᵏ Brun alzo vort:

    „Wanne wanne, wat hebbe iᵏ nu ghehort!

565   Holde gy honnich ſo ſeer vnwerd,

Dat doch mannich myt vlite begerd?

Honnich is eyn ſo ſöthen ſpyſe,

De iᵏ vor alle gherychte pryſe.

[Bl. 27ᵃ.] Reynke, helpet my dar by to komen,

570   Iᵏ wyl wedder ſchaffen huwen vromen".

¶ Reynke ſpraᵏ: „Brun oem, gy holden huwen ſpot".

Brun ſpraᵏ: „neyn, ſo helpe my god!

Scholde iᵏ ſpotten, dat do iᵏ node".

Do ſpraᵏ wedder Reynke, de rode:

575   „Is dat huwe ernſt, dat latet my wetten,

Moghe gy dat honnich ſo gherne eten?

Eyn bur wonet hir, de heth Ruſtevyle,

Dat is men eyne halue myle;

By em is ſo vele honnyges, vorſtat my recht,

580   Gy ſegens ny meer myt al huwem ſlecht".

¶ Brunen deme ſtaᵏ ſeer dat ſmer,

Na honnige ſtunt al ſyn begher.

He ſpraᵏ: „latet my komen dar by,

Iᵏ denᵏe des wedder, louet des my.

585   Wan iᵏ my honniges ſath mochte eten,

So moſtemen my des vele·tometen".

¶ Reynke ſpraᵏ: „gha wy hen vp de vart!

Honniges ſchal nicht werden gheſpart.

Al kan iᵏ recht nu nicht wol ghaen,

[Bl. 27ᵇ.] Recht truwe mod hummer ſchinen vor an,

De iᵏ myt gunſt to yw drage.

Wente iᵏ weed nenen manᵏt al mynen mage,

Den iᵏ alſus wolde menen;

Wente gy my ſeer wol wedder konen denen

595   Jegen myne vyende vnde yegen ere klage

In des konnynges hoff tom herendage.

Iᵏ make yw noch tauent honniges ſath,

Dar to van deme beſten, merket dat,

So vele, alſe gy des hummer mogen dregen".

600   Men Reynke mende van groten ſlegen.

Reynke loech seer vnde swynde;
Brun volgede em na alse eyn blynde.
Reynke dachte: „wylt my ghelyngen,
Jk wil di to degen vppet honnichmarket bringen".
605 Se quemen to hant by Rustevyls thun.
Do vraude syk seer de bare Brun,
Men des he syk vroude, dar wart nicht van.
So gheyt yd noch mannygem vnvroden man.

¶ (1) Dre stucke werden in deſſem vorgheſechten capittel
gheleret. Dat erſte is, dat mannich dum [Bl. 28ᵃ.] mynſche
wert bedrogen van deme lyſtyghen ſneydygen to mannigen
tyden twyerleye wys. Erſt, dat de lyſtyge bedreger den
dummen pryſet vnde louet, ghelyk hir Reynke louet den
grouen baren. Tom anderen male, wan men em vor=
brynget dat, dar he meyſt to gheneget is: alſe den houer=
dygen doren myt tytliker ere, den vratygen myt ſpyſe
vnde drancke, den ghyrygen myt ghelde vnde ghauen, den
vnkuſſchen myt vrouwen. Vnde hir vmme beghynnet
Reyneke erſt deſſen grouen baren to pryſen vnde na der
hant vorleydet he ene myt ſpyſe, dar he meyſt to ghe=
neget was, alſe myt honnighe, dat em doch ouel bequam.
¶ (2) Dat ander, dat de poete hir leret, is, dat eyn dor
mynſche draden is to plaſſe bracht, ſo wan he vort louet
ſchonen worden, der de werlt nu vul is.   ¶ (3) Dat
drydde, dat men hir ſchal merken, is, ſo we den quaden
ghelouet vnde volget, dat de ynt leſte vnde ok gantz
draden wert bedrogen vnde ſchendet, ſo hir na wert ghe=
ſecht. ¶ (4) Ok is gheyſtliken hir betekent by deme voſſe
de duuel, de boze gheyſt; [Bl. 28ᵇ.] wente he ſeer lyſtych
vnde behende is, vnde eme god to ghelaten heft, dat he
den mynſchen bekoren mach, vp dat de mynſche in der
bekoringe ouerwynne vnde alſo vmme des wedderſtandes
wyllen des, to grotter lon moghe entfangen in der ſalicheyt.
Vnde de deme bedreger, deme duuel, volget vnde vul=
bordet den bekoryngen vnde deyt, alſe eme de ſynne to=
dreghen, be wert vorloren vnde dar to van deme voſſe,
deme duuel, beſpottet vnde belachet in den pynen der
vordomenyſſe, gelyk hir Reynke voß den baren to ſyneme
ſchaden beſpottede vnde belachede, ſo gy horen ſcholen.

Alſus gyſt vns de duuel vor yſlikem, alze he in ſyner
klockheyt merket dat, dar eyn alder meyſt to gheneget is.
De denne wedderſteyt vnde bruket der ghaue des hilgen
geyſtes, bede is de geyſtlike ſtarkheyt, vnde blyft in deme
wedderſtande vulherdich wente in den ende, deſſe wert
ſalich; wente vnſe leuent is hir eyn vechtent vnde eyn
wedderſtant, eyne rydderſchop, alze Job ſecht; de hir nicht
vechtet wedder vndöget, en berff [Bl. 29ᵃ.] ſyk nener krone
vormoden, vnde volget he der ſynlycheyt, ſo vulget he
deme voſſe, dē bózen geyſte, ghelik hir na wert gheſecht
van deme baren.

[Holzschnitt: Im Hintergrunde ein mit Stroh gedecktes
Bauernhaus; vorn rechts der Bär mit nach dem Hause er-
hobenem Kopfe; links neben ihm Reinke, der ihm zusieht.]

¶ Wo Reynke myt Brunen, deme baren, ghynck vnde en
leydede, dar he honnich eten ſcholde, dat em ouel bequam.
Wo en Reynke bedroch vnde leet en ſtan beklemmet in
dem bome eſt blocke myt deme houede vnde beyden voeten.
¶ Dat viii capittel.

[Bl. 29ᵇ.] DO de auent was ghekomen
     Vnde Reynke dat habbe vornomen,
     Dat Ruſtevyl, de vorgheſechte bur,
     To bedde was in ſynem ſchur —
Ruſtevyl was van groteme loue
Eyn tymmerman vnde habbe in ſynem houe
615   Lyggende eyne eke, de he wolde klouen,
Vnde habbe dar in gheſlagen bouen
Twey grote kyle, de weren ſeer glat;
Reynke de voß merkede dat.
Dat ſulue holt was an eyner ſyd
620   Vpgheklouet eyner elen wyd.
He ſprack: „horet my, Brun oem!
Recht hir in beſſem ſuluen boem
Is honnyges meer, wan gy lȫuet;
Steket dar in wol beepe huwe hȫuet.
625   Nemet nicht to vele, dat is myn rad,

Jw mochte dar anders aff komen quad
Jn huweme lyue, syd des bericht".
¶ Brun sprack: „Reynke, sorget nicht!
Mene gy, dat ick sy vnvrod?
630 Mathe is tho allen dyngen gud".
[Bl. 30ᵃ.] Alsus leet syck de bare bedoren
Vnde stack dat hóuet in ouer de oren
Vnde ock de vorderſten voete mede.
Reynke do groet arbeyt bede:
635 He brack vth de kyle myt der haſt.
Dar lach de bare ghevangen vaſt
Myt houet vnde voeten in der eken;·
Em halp wer ſchelden edder ſmeken.
He plach to weſen kone vnde ſtarck,
640 Men hir hadde he ſyn vulle werck.
¶ Sus brachte de neue ſynen oem
Myt loßheyt ghevangen in den boem.
He beghunde tho hulen vnde to braſchen,
Myt den echterſten voeten to kraſchen
645 Vnde makede alzo groten lud,
Dat Ruſtevyl myt der haſt quam vth;
He dachte, wat dar weſen mochte.
[Bl. 30ᵇ.] Ja, eyn ſcharp byl he myt ſyk brochte
Vp euentur, eſt des were noed.
650 Brun lach do in angſte groed:

[Holzschnitt: Im Hintergrunde ein Bauernhaus, weiter vorn
links ein Baumstamm mit einem Keil; auf der einen Seite (nach
rechts zu) steht Reinke, ihm gegenüber auf der andern Seite
des Baumstammes der begierige Bär. Im Vordergrunde rechts
der Baumstamm, in welchem der Bär mit Haupt und Füssen
eingeklemmt sitzt, hinter ihm steht Reinke.]

De kloue, dar he in lach, ene kneep,
He brack ſyk vnde toch, dat he peep.
Men dat was pyn vmme nicht ghedaen,
[Bl. 31ᵃ.] He vormode ſyck nummer van dar to ghan.
655 Dat meende ok Reynke vnde ſach Ruſtevyle
Van verne komen myt deme byle.
He reep tho Brune: „wo ſteyt yd nu?
Eteth nicht to vele, dat rade ik yw,
Des honniges; ſegget my, yſſet ock gud?

660 Jk see, dat Ruſtevyle kumpt hir vth;
Vyllichte wyl he yw bedencken
Vnde wyl yw vp de maltyd ſchencken".
Dar mede ghynck Reynke wedder na huß,
Na ſyneme ſlote to Malepertuß.

¶ Dat ir capittel.

DO quam Ruſtevyle altohant;
Den baren he ſus ghevangen vant.
He leep haſtygen myt eyneme lope,
Dar he de bure wuſte to hope,
Dar ſe helden geſtery.

670 He ſprack: „komet haſtygen myt my!
Jn myneme houe is eyn bare
Ghevangen, dat ſegge ick yw vorware".

[Bl. 31ᵇ.] Se volgheden em alle vnde lepen ſere;
Iſlyk nam myt ſyk ſyne were,

675 Wat he erſt krech vth ſynem werke:

[Holzschnitt: Reinke liegt jenseits eines Flusses auf einer
Anhöhe im Hintergrunde und sieht triumphierend nach dem
im Flusse schwimmenden Bären, auf welchen vom diesseiti-
gen Ufer ein Bauer losschlagen zu wollen scheint. Rechts
im Mittelgrunde ein Bauernhaus. Vorn wird der im Baum-
stamme eingeklemmte Bär von drei Bauern mit Heugabel
und Knütteln zerbleut.]

De eyne eyne forke, de ander eyne harke,
De drybbe eyn ſpeet, de verde eyne rake,
De vyfte eynen groten tunenſtake;

[Bl. 32ᵃ.] De kerkhere vnde de koſter beyde,

680 De quemen dar ok myt ereme gherede.
De papemeyerſche, de heeth vrow Jutte,
(Dat was de, de de beſten grutte
Konde bereyden vnde kocken)
De quam ghelopen myt ereme wocken,

685 Dar ſe des dages habbe by gheſeten,
Den armen Brune mede to meten.
Do Brun horde dat rochte ſo grvet,
Dar he lach vp ſynen boet,

He toch myt pynen dat hôuet vth,
690 Men dar bynnen bleff bekleuen de hud
By beyden oren vmme dat hôuet heer.
Jk mene, men fach nû letlyker beer.
Dat bloet em ouer de oren ran;
Al brochte he dat hôuet vth, nochtan
695 Bleuen beyde voete dar in al vaſt,
Doch ruckede he ſe vth myt der haſt
Al raſende, eft he were van den ſynnen
Men nochtan bleuen de klawen dar bynnen,
Dar to dat fel van beyden voeten.
700 Dat honnich was nicht van deme ſoeten,
[Bl. 32ᵇ.] Dar em Reynke, ſyn oem, van ſede.
Eyne quade reyſe Brun do bede;
Ja, yd was em eyne forchlyke vard:
Dat bloet leep vaſte ouer ſynen bard,
705 De voethe deden em wee ſo feer,
He konde nicht ghan wer na ebber ver.
¶ Ruſtevyl quam vnde beghunde to ſlan:
Se ghyngen en altomalen an,
Al de myt em quemen heer;
710 Brunen tho ſlande was al er begher.
De pape habbe eynen langen ſtaff;
Wo mannygen ſlach he eme gaff!
He konde nergen ghan efte krupen.
Se quemen vp en in eyneme hupen,
715 Eyn deel myt ſpeten, eyn deel myt bylen;
De ſmyt brachte beyde hamer vnde vylen,
Etlyke habben ſchuffele, etlyke ſpaden,
Se ſlogen en ane alle gnaden;
Alle geuen ſe em mannygen ſlach,
720 Dat he ſyk bebede, dar he lach.
Al ſlogen ſe; ya, dar en was neen ſo klene:
[Bl. 33ᵃ.] Slobbe myt deme krummen bene
Vnde Ludolff myt der breden neſe,
Alder wredeſt weren eme deſe.

[Holzschnitt von Bl. 31ᵇ wiederholt.]

725 He ſloch myt ſyner holten ſlyngeren,
Gerolt myt den krummen vyngeren

Vnde ſyn ſwager Kuckelrey,
Alber meyſt ſlogen deſſe twey;
Abel Quack vnde dar to vrouw Jutte,
730 Vnde Talke Lorden Quacks (de ſloch myt der butte)
Nicht deſſe alleyne, men al de wyue,
De ſtunden al na Brunen lyue;
He moſte nemen al watmen eme brochte.
Kuckelrey makede dat meyſte gherochte,
735 Wente he was de ebbelſte van gheborthen:
Vrow Wyllyghetrud vor der kaffporthen,
De was ſyn moder, dat wuſte yderman,
We auer ſyn vader was, dar wuſtmen nicht van;
Doch ſeden de bur vnder malckander,
740 Id were de ſtoppelmeter, de ſwarte Sander,
Eyn ſtolt man, dar he was alleyn.
Brun moſte ok van mannygem ſteyn
Den worp entfangen vp ſyn lyff:
Se worpen na em, beyde mans vnde wyff.
745 Jnt leſte Ruſtevyls broder her ſpranck,
De habbe eynen knuppel, dycke vnde lanck,
Vnde gaff em int höuet eynen ſlach,
Dat he wer horde edder ſach.
Van deme ſlage entſpranck he myt ſyneme lyff;
Al raſende quam he manckt de wyff
Vnde vel manckt ſe alſo ſeer,
Dat der vyue quemen int reuer,
Dat dar by was vnde ok ſeer deep.
Haſtygen bo de pape reep
755 Vnde was ſcheer half vortzaget:
„Seet, gyndert vlüd vrouw Jutte, myn maget,
Beyde myt pelze vnde myt rocke!
Seet, hir lycht ock noch er wocke!
Helpet er alto malen nu;
760 Twey tunne beers, de gheue ik yw,
Dar to afflat vnde gnade groet“.
Sus leten ſe Brunen lyggen vor doet
Vnde lepen haſtygen hen manckt de wyue
Vnde hulpen en vth deme water, al vyue.
765 De wyle ſe hir myt weren vorworn,

Kröp Brun int water van grotem torn
Vnde beghunde van grotem we to brummen.
He mende nicht, dat he konde swummen;
Syn andacht was vnde beghunde to dencken,
770 Dat he syk suluen wolde vorbrencken,
Vp dat en nicht meer slogen de bure.
[Bl. 34ᵇ.] Do webberuoer em noch dyt euenture:
He konde noch swommen vnde swam to degen.
Ja, do dyt de bure alle segen,
775 Myt grotem gherochte vnde myt gremen
Spreken se: „wanne, wy mogen vns wol schemen!“
Se hadden dar vmme grote vndult
Vnde spreken: „dyt is besser whue schult;
Ju vntyd quemen se hir to mate.
780 Seet, he swommet wech syne strate!“
Se segen den block vnde worden des enwar,
Dat dar noch in sath beyde hud vnde har
Van voeten vnde oren; dat was en leeff.
Se repen: „kum wedder, orloze deeff!
785 Hir synt dyne oren vnde hantschen to pande!“
Sus volgede em to deme schaden schande.
Doch was he vro, dat he entghynck.
He vlökede deme bome, de ene vynck,
Dar he van vöten vnde oren wes leeth,
790 He vlökede Reynken, de ene vorreeth.
Dyt was dat ghebeth, dat he do laß,
De wyle he in deme water waß.
De strom leep snelle vnde vast;
[Bl. 35ᵃ.] Den dreff he nedder myt der hast
795 Vnde quam in eyner korten whyle
Byl na bykant eyne myle.
He krop to lande by dat sulffte reuer;
Nywerlde sach yemant bebroueder beer.
He meende synen geyst dar vp to geuen
800 Vnde troste do nicht lenger to leuen.
He sprack: „o Reynke, du valsche creatur!“
Ok dachte he vp de quaden bur,
Dat se en sus hadden slagen tor stupen,
Vnde dat Reynke en heeth so deep in krupen.

3

¶ Dat ɼ capittel.

DO Reynke vos seer wol bedacht
    Synen om alsus habbe ghebracht
    Vppet honnichmarket mit quader liste,
        He leep, dar he welke honre wyste;
    Der nam he eyn vnde leep ok seer
810 Al nedberwert by deme suluen reuer.
    He dede syne maeltyd myt deme sulften hoen
    Vnde ghynck vort, dar he des habbe to don,
[Bl. 35ᵇ.] Na deme reuer vnde brand ok tho.
    He sprack yo vaken: „nu byn ik vro,
815 Dat ik den baren hebbe alsus
        [Holzschnitt wie Bl. 18ᵇ.]
    Ghebracht to des Rustevylen hus.
    Ik wed, dat desse Rustevyle
    Heft ok vele der scharpen byle.
[Bl. 36ᵃ.] Brun was eyn der vyende myn,
820 Nu hebbe ik em dat ghebreuen in.
    Ik helt en, dat is war, vor mynen oem,
    Men nu lycht he doet in deme boem.
    Des byn ik vro in alle mynen dagen;
    He wert yo nicht mer ouer my klagen.”
825 ¶ De wyle he sus ghynck, de loze wycht,
    Quam he, der Brun lach, van vnschycht.
    Do he en sach lyggen also,
    He wart webber seer vnvro
    Dar vmme, Brun noch leuendich was,
830 Vnde sprack: „o Rustevyl, du slymme dwas,
    Du arme slumpe groue wycht,
    Machstu solke spyse nicht,
    Gud van smake vnde ok wol veth,
    De mannich gud man doch gerne eth,
835 Vnde was dy so wol ghekomen tor hant?
    Doch duncket my, he heft dy laten eyn pant.”
    Sus sprack Reynke, do he sach,
    Dat Brun sus drouich vnde blodich lach.
    He wart des vro vtermaten seer
840 Vnde sprack: „Brun om, wo queme gy hir her?

[Bl. 36ᵇ.] Hebbe gy by Rustevyle wes vorgetten?
　　　　Jt wylt em gherne laten wetten,
　　　　Dat gy hir ſyd, vnvorholen.
　　　　Jt gyſſe, gy hebben em ſyn honnich gheſtolen;
845　　Edder is em dat ock betalet?
　　　　We heft yw ſus rod vormalet?
　　　　Dyt is yw eyne leetlyke ſake;
　　　　Was dat honnich ock van gudeme ſmake?
　　　　Jk weed des noch meer tome ſuluen kope.
850　　Leue oem, ſegget yd my, eer ik lope,
　　　　Jn wat orden hebbe gy yw ghelouet,
　　　　Dat gy dregen vp yuweme houet
　　　　Eyn rod bereyt? eſte ſy gy abbet?
　　　　He heft yw ſeker na den oren gheſnabbet,
855　　De yw de platten heft gheſchoren.
　　　　Gy hebben ſeker yuwen top vorloren,
　　　　Dar tho dat fel van yuwen wangen;
　　　　Ok hebbe gy yuwe hantſchen laten hangen".
　　　　¶ Do Brun al deſſe ſpeyen worde
860　　To ſyneme ſchaden van Reynken horde,
　　　　Nicht konde he van pynen ſpreken;
[Bl. 37ᵃ.] Ok enkonde he dat do nicht wreken.
　　　　Vp dat he der worde nicht horde meer,
　　　　Krop he wedder in dat reuer.
865　　He dreff al myt deme ſtrome nedder.
　　　　Sus quam he tor anderen ſyden wedder
　　　　Vnde lach dar kranck vnde ſeer vnvro
　　　　Vnde ſprack do to ſyk ſuluen alzo:
　　　　„Al ſlogemen my doet, ik kan nicht ghan;
870　　Doch moet ik de reyſe beſtan
　　　　Al hen na des konnynges hoff,
　　　　Wodoch ik byn gheſchendet groff
　　　　Van Reynken, dem ſeer quaden ketyff,
　　　　Wente ik nauwe beholden hebbe dat lyff.
875　　Dat ſulue is em dar to noch leeth,
　　　　Deſſeme quaden deue, de my vorreeth."
　　　　He ruckede, he krop myt groter plaghe
　　　　Vnde quam to houe in deme verden daghe.

¶ Wo Brun de bare wedder vmme quam to houe seer ouel
ghehandelt, klagende ouer Reynken. ¶ Dat xi capittel.

[Bl. 37ᵇ.] DO de konnynck dat vornam,
    Dat Brun sus to houe quam:
    „Is dyt nicht Brun?" sprack he do,
    „Here god gnade, wo kumpt he so?
    [Holzschnitt von Bl. 6ᵇ wiederholt.]
    Brun vort to deme konnynge sprack:
    „Here, ik klage yw dyt vnghemack.
[Bl. 38ᵃ.] Ik byn gheuaren, so gy hir seed,
    Wente Reynke my schentlyken vorreeth".
    ¶ De konnynck sprack myt snelleme rade:
    „Dyt horet my to wreken ane gnade.
    Dorste Reynke schenden alsolk eynen heren
890   Alze Brun is, ya, by mynen eren,
    Dar to swere ik by myner krone,
    Dat Reynken dyt schal werden to lone,
    Al dat Brun to rechte begherd.
    So mothe ik nummer dragen swerd,
895   Wo ik dyt sus nicht enholde."
    Do gheboet he beyde yunck vnde olde,
    De in den rad des konnynges horden,
    Syk to bespreken myt korten worden,
    Wo men mochte wreken desse ouerdaet.
900   Do droch ouer eyn de sulueste rad,
    Eft dyt de konnynck sus hebben wolde,
    Datmen anderwerf dagen scholde,
    Vnde dat Reynke queme dar
    Vnde synes rechtes neme war
905   Van aller tosprake vnde klaghe,
[Bl. 38ᵇ.] Vnde dat Hyntze desse bodeschop drage
    To Reynken, wente he was vrod.
    Desse rad duchte deme konnynck gud.

¶ (1) In dessen iiii vorghesechten capittelen is mannyghe
gude lere, sunderlyken sesse. Int erste menet hir de poete,
dat eyn vnvorvaren mynsche draden is ghebracht to schaden,
so wanner he vort louet schonen worden, dar vaken val-
scheyt vnder is behuth. ¶ (2) Dat ander, dat desse lerer

menet, is, datmen schal schuwen quade selschop; so we den
volget vnde myt den quaden vmme gheit, en is nicht
moghelik, dat de ane schaden efte ane schande efte funde
van en kumpt, alze Dauyd secht: „Myt den hylghen werstu
hyllych, myt den vorkerden werstu vorkeret". So ghynck
yd hir Brunen, deme baren. ¶ (3) Dat drydde is, dat
eyn yslyk schal kloek vnde vorsychtich wesen vnde syt vlyt=
lyken höden vor de quaden lyst der bözen, ebber he kumpt
in last, er he syk vormodet, dar he nicht lychtlyken ebber
ane grote vorderffnysse is vth to bryngen. [Bl. 39ᵃ.] ¶ (4)
Dat verde, dat hir be lerer bewyset, is de spot vnde
hoen, den mannich moed lyden to syneme schaden, nicht
allene hir, men ock hir na, alze hir vor etlyker wegen is
ghesecht: so welk geckaftich mynsche dat honnich, alze besser
werlde ghenöchte, socht vnde der volget, (dat doch men
bedregerye is, wente he nicht en vyndet, dat he socht) desse
wert hir na besspottet in den pynen in der vordomenysse
to syneme schaden van deme vosse, dat is van deme duuele;
wente Dauid heth ok de bözen gheyste vosse vmme des
standes wyllen, wente eyn voß styncket, dat is syne ard,
vnde is vul bedregerye vnde valscheyt vnde anderer velen
vnard; dar vmme sprikt de sulue profete in deme lxii sal=
men manck anderen worden alsus: „De bözen ghan dorch
ere bößheyt in de grunt der erden der vordomenisse, vnde
alle bedregers werden ghegeuen in de ghewalt des swer=
des, alze des scharpen ordels des lesten gherichtes, vnde
entfangen deel vor ere valscheyt in den pynen myt den
vossen, den bözen geysten". Alsus moste de arme Brun
van [Bl. 39ᵇ.] synem bedreger vnde vorreder in synen
pynen vnde ok to synem schaden spot lyden van Reynken.
¶ (5) Dat vyfte, dat desse meyster menet, is, dat he
leret dult der hennen, de schaden vnde spot lyden, vnde
syk nicht scholen vorantworden, men swygen, alze hir Brun
dede; he antworde Reynken nicht, do he en besspottede,
men he gaff syk van em, so he best konde. ¶ (6) Dat
feste, dat hir wert gheleret, is, dat eyn here efte eyn
richter nicht schal eynen vorordelen ebber vorrichten, de
vorklaget is, ya ok van velen, er der tyd, dat he nicht
to antworde is, men anderwerff esschen laten vnde nicht
in hastygem torne ouervallen, alze hir na wert bewyset.

¶ Wo Hyntze de kater wart ghesant van deme konnynge
to Reynken, en anderwerf esschen to daghe vnde en myt
syck to bryngen, vnde wo he voer. ¶ Dat xii capittel.

[Bl. 40ª.]   Alse de konninck myt synen ghenoten
       Dessen rad so hadde ghesloten,
       Dat Hyntze de reyse scholde wagen
       Vnde to Reynken de bodeschop dragen,

[Holzschnitt wie Bl. 11ª.]

     He sprack to Hyntzen: „merket dyt recht,
     Wat desse heren hebben ghesecht.
[Bl. 40ᵇ.] Ghaet vnde segget Reynken alzo,
     Desse heren beden eme to:
     Schalmen em daghen brydbewerff,
     Dat schal em syn eyn ewych vorderff,
     Em vnde ok al syneme slechte.
920   Wyl he, he mach dyt merken rechte.
     Al deyt he anderen deren quad,
     Jodoch horet he gherne yuwen rad".
     ¶ Hyntze sprack: „yd sy schade efte vrome,
     Wat schal ik doen, alze ik dar kome?
925   Vmme mynen wyllen men doet efte laet.
     Sendet eynen anderen, dat is myn rad,
     Wente ik byn van personen kleyn.
     Brun, de doch groet is gheseen,
     De konde Reynken nicht vorwynnen;
930   In welker wyß schal ik des beghynnen?"
     ¶ De konnynck sprack: „dar lycht nicht an.
     Men vyndet mannygen kleynen man,
     Dar in is wyßheyt vnde lyst,
     De mannygem groten vromde ist.
[Bl. 41ª.] Al synt gy van personen nicht groet,
     Gy synt doch wol gheleret, wyß vnde vrod".
     ¶ Hyntze sprack: „yuwe wylle be schee!
     Isset, dat ik eyn teken see,
     Is dat to der rechteren hant,
940   So wert myn reyse wol bewant".
     Do he eynen wech van dannen quam
     Vnde to hant sunte Mertens fogel vornam,

He reep: „gud heyl, ebbel vogel!
Kere hir her dynen flogel
945 Vnde vlech to myner rechten syde!"
De vogel vloch vnde gaff syne lyde
Vp eynen boem, den he dar vant,
Vnde vloch Hyntzen to der lochteren hant.
Hir wart he seer bedrouet van,
950 He meende, syn ghelucke lege dar an.
Doch bede he, alze mannich doet,
Vnde makede syk suluen beteren moet
Vnde reysede hen to Malepertuß
Vnde vant Reynken vor syneme huß.
955 Sus sprack he to em myt vrheme mod:
[Bl. 41ᵇ.] „God, bede is ryke vnde gud,
De mothe yw guden auent gheuen.
De konnynck drauwet yw an yuwe leuen,
Kome gy nicht to houe myt my.
960 Ok heeth he my seggen hir by,
En kome gy nu nicht to rechte,
He wyl yd wreken in alle yuwem slechte".
¶ Reynke sprack: „syd my wylkomen!
God gheue yw ghelucke vnde vromen,
965 Hyntze neue, des gan ik yw wol".
Reynke, bede is der loßheyt vul,
Meende dyt nicht vth hertens grunt,
Men he dachte eynen nyen vunt,
Wo he Hyntzen ok mochte schenden
970 Vnde en so wedder to houe senden.
Reynke heeth den kater synen neuen;
He sprack: „neue, wat wyl ik yw gheuen
To ethen, dat gy hir vorterd?
Dar van wyl ik syn yuwe werd
975 Dessen auent, er wy vns scheyden.
So gha wy denne vnder vns beyden
[Bl. 42ᵃ.] To houe morgen myt deme daghe;
Wente ik en hebbe manck al mynen mage,
Hyntze, nemant, dar ik my nu
980 Beth to vorlathe, dan to yw.
De vratzyge Brun quam hir seer quad

Vnde töghede my so valschen rad;
He dúchte my syk syn to stark,
Dat ik nicht vmme dusent marck

985 Den wech myt eme habbe bestan.
Men, neue, ik wyl wol myt yw ghan
Morgen in dem bagheschyn;
Desse rad duncket my be beste syn".

   ¶ Hyntze antworde vp be word:

990 „Neen, gha wy nu rechte vorb
To houewert vnder vns beyden.
De maen schynet lychte an der heyden,
De wech is gud, be lucht is klar".

   ¶ Reynke sprak: „by nacht to wancken bringet var!

995 Sodanen mochte vns by baghe möthen,
He scholde vns seer vruntlyk gröten;
Queme he by nachte in vnse ghemod,

[Bl. 42ᵇ.] He bede vns quad vnde nummer gud".

   ¶ Hyntze sprak: „Reynke neue, latet my wetten,

1000 Blyue ik hir, wat schole wy etken?"
Dar vp antworde Reynke also:
„Spyse gheyt hir gantz rynge to:
Ik wyl yw gheuen, nu gy hir blyuen,
Gude versche honnichschyuen,

1005 Soethe vnde gud, des syd bericht".

   ¶ „Der ath ik al myn baghe nicht",
Sprak Hyntze, „hebbe gi nicht anders in dem huß?
Gheuet my doch eyne vette muß,
Dar mede byn ik best vorwart;

1010 Men honnich wert wol vor my ghespart".

   ¶ Reynke sprack: „latet my weten,
Moghe gy so gerne múse etken?
Is dat yuwe ernst, dat segget my.
Hir wonet eyn pape negest hir by;

1015 Dar steyt eyn schune by syneme huse,
Dar syn ynne so vele múse,
Men vorede se nicht vp eyneme wagen.

[Bl. 43ª.] Wo vaken hore ik den papen klagen,
Se doen em schaden dach vnde nacht".

1020   ¶ Hyntze sprack gantz vmbedacht:

„Wylle gy von den wyllen myn,
Brynget my, dar de múſe ſyn;
Wente bouen alle wyltbreth
Pryſe ik múſe, de ſmecken beth".

1025 ¶ Reynke ſprack: „by der truwe myn,
Ik brynge yw, dar ſo vele múſe ſyn,
Nu ik dat hore vnde merke yd wyß,
Dat dyt vaſt yuwe ernſt is;
Gha wy hen, latet vns nicht tóuen!"

1030 Hyntze volgede vp rechten louen.
Se quemen to des papen ſchune to hant;
De was al vmme van lemen, de want.
De pape habde de nacht dar beuoren
Eyn van ſynen hanen vorloren,

1035 Wente Reynke eyn gath habde broken
Dorch de want; dyt habde gherne wroken
Des papen ſone, de heth Martinet,
Vnde habde vor dat gath gheſeth
Eyn ſtryck, dar mede he meende vaſt

[Bl. 43ᵇ.] Synen hanen to wreken myt der haſt.
¶ Reynke wuſte vnde merkede dat;
He ſprack: „Hyntze neue, recht in dyt gath
Krupet dar in; ik holde de wacht
De whyle gy muſen, wente yd is nacht.

1045 Gy werden dar múſe by hopen grypen.
Hore gy, wo ſe van welicheyt pypen?
Komet wedder vth, wan gy ſyn ſath;
Ik beyde yuwer hir vor deſſem ghath.
Van auende moghe wy vns nicht ſcheyden;

1050 Morgen gha wy dan vnder vns beyden
Hen to houe vnſe rechten vard".
¶ Hyntze ſprak: „mene gy, dat ik ſy vorward,
Eſt ik hir in krupe? is yd rad?
De papen weten ok vele quad".

1055 ¶ Do ſprack Reynke, de loze wycht:
„Synt gy ſo blóde? dat wuſte ik nicht.
Komet, latet vns wedder keren
To myneme whue, de vns myt eren
Wert entfangen vnde vns ok gheuen

1060   Gude ſpyſe, dar wy wol by leuen

[Bl. 44ª.] Mogen, al ſynt yd nene muſe".

      Do ſpranck Hyntze int deme huſe

      Vnde ſchemede ſyk, bo he deſſe worde

[Holzschnitt: Links im Vordergrunde Reinke; auf die rechte
Vorderpfote stützt er sich, die linke hebt er belehrend empor
zu dem vor ihm kauernden Hinze; neben diesem, mehr nach
vorn rechts, ein steinerner Trog (?). Im Hintergrunde in
einer Thalsenkung links eine Seite des Pfaffenhauses, rechts
die mit Stroh gedeckte Scheune, in deren Schmalseite (gegen-
über dem Pfaffenhause) ein Loch mit einer Schlinge.]

      Van Reynken in ſpotte alſus horde.

1065   Tohant quam Hyntze ghevangen in be veſte.

      Sus ſchendede Reynke ſyne geſte.

[Bl. 44ᵇ.] ¶ (1) In deſſem vorgheſechten capittel ſynt viii
ſtucke to merkende. Dat erſte is hypocryſerye eſte gud-
dunckelheyt manniger, de gherne wyllen ghepryſet weſen
eſte louet, vnde denne noch ſyk ſynſen, wo ſe ſyk ent-
ſchuldygen, des ſe doch nicht en menen. ¶ (2) Dat ander,
dat deſſe, de ſyck ſuluen wyß vnde kloek holden, ſynt ok
lychtliken mit pryſen in laſt to bryngen; ghelyk hir is
gheſecht van Hyntzen. ¶ (3) Dat drydde, dat dyt capittel
roret, is vnloue eſte wyckerye eſte touerye, bar neen criſten-
mynſche an louen ſchal; wente myt ghelyke mach be nicht
ſeggen, dat he criſten ſy, bede beyt hegen ben hylgen
louen, bede vorbuth alſobanes, alze de heyden plegen to
bonbe. Wente mannich is, de menet, dat eyn bach meer
ſy vorworpen, wan alze de ander: etlyke louen an de
guden holden, etlike an de ſwarten, düuelſchen kunſt, et-
lyke an der vogel ſchrey, etlyke an gud ghemöthe, alze
eſte em to möte kumpt eyn beer eſte eyn vogel eſte ander
ſobanes, dar he ſynen louen hen ſtelt; ghelyck hir Hyntze
ſynen louen ſatte tor [Bl. 45ª.] vorberen hant. ¶ Dar
ſteyt gheſchreuen in der byblyen in dem erſten boke der
konnynge van Saul, de vorleeth den louen der warheyt
vnde leeth ſyk toueren vnde wycken; wo he voer, dat ſteyt
dar ſulueſt. ¶ (4) Dat verde, dat ſyk eyn ſchal beth
holden in webbermob, wan em dat herte van bynnen to
ſecht. ¶ (5) Dat vyfte is, nicht to louen allen ſchonen
worden, ſo ock hir vor is geſecht etliker wegen. ¶ (6) Dat

vi, nicht to wanderen efte reyſen des nachtes. ¶ (7) Dat
feuede, dat dyt capittel roret, is, dat nicht allene de
groue efte dumme van vorſtande, men ok de dunckelgude,
de ſyk wyß duncket to ſyn, deſſe machmen vnde werden
ok vorleydet vaken dar myt, wanmen en vorgyft dat, dar
ſe meyſt to gheneget ſyn, alſe deſſe wylde kater Hyntze
myt den müſen. ¶ (8) Dat achte is vorrederye; alze
wan eyn vorreder erſt weet den ſyn des, den he wyl
vorraden, vnde en vth heft ghehoret, denne kan he ſyne
vorrederye vullenbryngen des to beth, alze hir Reynke
dede: he vragede erſten vth de grunt den kater van den
müſen. [Bl. 45ᵇ.] ¶ (9) Hir machmen ok wol byſetten dat
negede ſtucke, vnde is vnkünde, alzo dat deſſe is geck vnde
vnkloek, de ſyk leth leyden in vmbekande ſtede, dar de
leydeſman nicht vorghan wyl, alze hir is gheſecht van
Reynken, wo he Hyntzen brachte int ſtryck.

[Holzschnitt: Links läuft Reinke fort mit einem Huhn im
Maule, rechts stehen sich Huhn und Hahn gegenüber. (Dia-
log. creat.: de gallo et capone; vgl. Anm. zu 3247).]

¶ Wo Hyntze de kater vorraden wart van Reynken vnde,
int ſtryck ghebracht, ghevangen myt lozen valſchen worden,
vnde wat em weddervoer. ¶ Dat xiii capittel.

[Bl 46ᵃ.] Alze Hyntze quam in dat gath,
Dar dat ſtryck was gheſath,
Vnde he des ſtryckes wart gheware,
Do was he in groter vare
[Holzschnitt von Bl. 44ᵃ wiederholt.]
Vnde was do rede ghevangen vaſt.
He vorſchreckede ſyk ſere myt der haſt
[Bl. 46ᵇ.] Vnde ſprank vort, — dat ſtryck leep to.
Hyntze beghunde to ropen do
1075   Wemodygen, myt eynem drouygen ghelate,
Dat Reynke dat horde buten dem gate.
He vroude ſyk vnde ſprack int ſulue hol:
„Hyntze, moge gy de müſe wol?
Synt ſe ock ghud vnde vet?

1080 Wuſte dat de pape eſte Martinet,
     Dat gy ſyn wyltbret ethen alzo,
     He brochte yw ſeker ſeny dar to;
     Se houeſchen knape is Martinet.
     Syngetmen ſo to houe, wan men eth,
1085 Alze gy nu doen? ſo wolde ik dat,
     Dat Yſegrym were int ſulue gath
     In ſodaner wyſe, alze gy nu ſyn,
     So mochte ik em dat dryuen in.
     He heft my vaken leyt gheban".
1090 Myt deſſen worden ghynck he van dan
     Vnde ghynck nicht alleyne vp deuerye,
     Men ock vp ebrock vnde vorrederye;
     Rouen, morden helt he nicht vor ſunde.
     He vpſatte ok to der ſuluen ſtunde,
[Bl. 47ᵃ.] Vrouwen Ghyremod wolde he ſoeken do.
     Dar habbe he twey ſake to:
     Erſt, eft he er ycht konde afffragen,
     Wat Yſegrym meyſt vp en wolde klagen;
     Dat ander, he ghynck vp ebrekerye.
1100 Sus makede he olde ſunde nye.
     Reynke wuſte encket vp dat pas,
     Dat Yſegrym to houe was.
     De meyſte hath twyſſchen voß vnde wulue,
     So ik merke, was yd dyt ſulue,
1105 Dat Reynke, de ſulue loze deeff,
     Myt der wulfynnen bolerye dreeff.
     ¶ Do Reynke vor ere wonynge quam
     Vnde he ſe dar nicht vornam,
     He vant ere kynder vnde ſprack in ſpot:
1110 „Guden morgen gheue yw god,
     Myne alder leueſten ſteffkynder!"
     Dyt weren ſyne worde, wer meer ebber mynder.
     Hir myt ghynck he wech na ſynem ghewyn.
     To hant quam vrouwe Ghyremod in
1115 In der morgentyd, do yd dagede.
[Bl. 47ᵇ.] Se ſprack: „was hir yemant, de na my vragede?"
     Se ſpreken: „ya, hir was recht nu
     Vnſe pade Reynke; he vragede na yw.

He ſprack, wy weren ſyne ſteffynder al,
1120 Wo vele vnſer of is in deme tal".
Do ſprack de wulfynne alzo vorb:
„Dar vor ſchal en ſlan be morð!"
Dyt wolde ſe wreken, eft ſe konde.
Se volgede em in der ſuluen ſtunde,
1125 Se wuſte, wor he plach to ghan,
Se quam by en vnde ſprack en an:
¶ „Reynke, wat ſynt dyt vor worde,
De ik van mynen kynderen horde,
De gy en ſeden openbar?
1130 Dar vor kryge gy eyn quad yar!"
Se was tornich vnde ſeer quad
Vnde togede em eyn byſter ghelaed
Vnde taſtede eme vort na deme barbe,
Dat he dat volede vnder der ſwarde.
1135 He leep vnde wolde deme torne entwyken;
Se begunde em dat na to ſtryken.
Nicht verne lach eyne woeſte borch,
[Bl. 48ᵃ.] Dar lepen ſe beyde haſtygen dorch.
Nu machmen horen euenture:
1140 Dar was eyne tobrokene mure
An eyneme torne der ſuluen borch,
Dar leep Reynke haſtygen dorch.
De ſulue broke was ſeer enge,
Dat Reynke dar dorch quam myt dwenge.
1145 Ghyremod was eyn ſtarck groet wyff
Vnde hadde eyn groet dycke lyff;
Do ſe er houet ok in ſtack,
Se toch, ſe ſchoff vnde ſe brack,
Se wolde volgen, men dar wart nicht van;
1150 Se konde wer vorwert edder to rugge gan.
Do Reynke dyt ſach, he nam de krumme
Vnde leep tor anderen ſyden vmme.
Do he ſach, dat ſe ſath ſo vaſt,
He ghynck ſe an myt der haſt.
1155 Se ſprack, he bede alze eyn droch.
He ſprack: „wat nicht gheſchen is, dat ſche noch."
De heft ſyne ere nicht wol vorwart,

De sus syn wyff myt eyner anderen spart,
Alze Reynke bede, de loze deeff.

[Bl. 48b.] Jd was em lyke vele, wat he bedreff.
Do se do loß quam vth deme ghate,
Do was Reynke al wech syne strate.
Se meende to vordedyngen er ere,
Men se leet dar der blyuen noch mere.

1165   Van Reynken wyl wy yd nu laten blyuen
Vnde vordan van Hyntzen schryuen.

¶ Wo Hyntze, alze he ghevangen was, wart gheslagen,
gheschendet vnde so loß quam. ¶ Dat xiiii capittel.

D O Hyntze int stryck ghevangen wart,
He reep barmychlyk na syner ard.
Dit horde de vorghesechte Martinet,
De dar dat stryck hadde gheseth.
Hastygen he vth deme bedde sprank;
He reep lude: „god hebbe dank!
To guder tyd so heft ghestaen
Myn stryck, wente dar is ghevaen

1175   De honredeeff, na myneme wane.
Nu wert betalet vnse hane“.

[Bl. 49a.] He entfengede eyn lycht myt der hast;
Alle dat volk slep gantz vast,
He weckede moder vnde vader

        [Holzschnitt von Bl. 44a wiederholt.]

1180   Dar to dat ghesynde alle gader:
„Stat vp, de voß is ghevangen,
Wy wyllen ene wol entfangen“.

[Bl. 49b.] Se quemen al spryngen, kleyn vnde groet.
De pape suluen ok vpstod,

1185   Syne loze mantel he vmmehengede;
De papemeyersche vele lychte entfengede.
Dar stunt eyn peekstaff by der want,
Den krech Martinet in de hant;
Hir myt ghynck he ben kater an,

1190   Myt groten slegen wol to slan
Vp syn houet vnde vp syne hud,

Vnde sloch ok Hyntzen eyn oghe vth.
Van allen krech he sleghe vel.
De pape hadde eynen forkenstel,

1195 Dar myt he Hyntzen vellen wolde.
Do Hyntze sach, dat he steruen scholde,
He was tornich vnde gram.
Dem papen he twyssschen de bene quam.
He beeth, he kleyede myt grotem nyd,

1200 He schendede den papen vnde makede em quyd
Nicht al, men dat drydde pard,
Dar van he eyn man gheheten ward;
Dyt spleet he eme vth der hud.
De pape reep seer ouerlud,

[Bl. 50ᵃ.] He vel tor erden in grote vmmacht.
De meygersche sprack do vmbedacht:
„De duuel heft angherycht dyt spyl!"
Se swor do hastygen vnde vyl,
Al er gud dar vmme to geuen,

1210 Dat dyt vngheual were na ghebleuen;
Ja, se swor, hadde se eynen schath van golde,
Den suluen se dar al vmme gheuen wolde,
Dat sus nicht were gheschendet er here,
Wente se sach ene vorwundet sere;

1215 Ok sach se dar lyggen by der want,
Des he quyd gheworden was to hant.
In des duuels namen weret stryck dar gheset,
Sprack se, vnde sede ok to Martyneth:
„Sych, leue sone, is dyt nicht groet schade?

1220 Dyt is van dynes vaders ghewade!"
Er schade was de grotste, meende se.
In desser klaghe vnde in desseme wee
Wart de pape to bedde ghedreghen.
¶ Hyntze sach, dat se syner vorteghen.

1225 Wo wol he was in groter nod
[Bl. 50ᵇ.] Vnde wuste nicht anders men den doet,
(Ok was he vorwundet vnde toslagen)
Doch betengede he to byten vnde to gnagen
Dat sulue stryck, dar he lach in;

1230 Eft he syck konde lözen, dyt was syn syn.

Sus ghynck dat stryck in twey stucke.
Dat duchte em wesen groet ghelucke.
He sprack in syck: „hir ysset seer quad.
Bleue ik hir lenger, dat is neen rad"
1235 Vnde spranck hastygen wedder vth deme ghathe.
He makede syck wedder vp de strate,
De na des konnynges houe hen lach;
Eer he dar quam, was yd lycht dach.
He sprack: „heft my de důuel desse nacht
1240 By Reynken, den bözen vorreder, ghebracht?!"
He quam to houe sere gheschendet,
Dar to myt eynem oghe gheblendet.
To des papen hus hadde he entfangen
Vele harde slege an syne thene vnde wangen
1245 Vnde was eynes ogen gheworden quyd.
De konnynck sprack myt torne vnde nyd,
He drauwede Reynken ane alle gnade
[Bl. 51ᵃ.] Vnde leet vord vorboden to syneme rade
Syne wysen vnde syne besten baron.
1250 He vragede, wat em best stunde to doen,
     [Holzschnitt von Bl. 6ᵇ wiederholt.]
Datmen Reynken to rechte mochte bryngen,
De sus besecht ward myt velen dyngen.
[Bl. 51ᵇ.] ¶ Alze alzus vele klage dar ghynck,
Sprack vord Grymbart de greuynck:
1255 „Gy heren, yd is war, hir is mannich rad.
Al were myn oem noch so quad,
So schalmen doch vryrecht draghen;
Men schal en dryddewerff vordagen,
Alzemen eynen vryen manne plecht.
1260 Kumpt he dan nicht, so gha dat recht,
So is he schuldich alle der dynck,
De men hir klaget vor deme konnynck".
¶ De konnynck sprack: „we is so soth,
De Reynken dor bryngen dat drydde both
1265 Vnde eyn oghe heft to vele edder eyn lyff,
Dat sulue wagen omme den bözen ketyff,
Edder sus syne suntheyt hengen in de wage,
Denne noch Reynken nicht konen bryngen to dage?

Nemant is hir, mene ick vorware".

1270   ¶ Do sprack Grymbart openbare:
        „Here her konnynck, beghere gy yd van my,
        Desse bodesschop drege ick, wo yd ok sy.

[Bl. 52ª.] Ja, yd sy luetbar effte stylle,
        Jd gha my dar na, wo yd wylle".

1275   ¶ De konnynck sprack: „so ghaed alzo vordh!
        Gy hebben desse klage al wol ghehord;
        Nemet myt wyßheyt yuwe berad.
        Reynke is loß vnde quad".
        ¶ Grymbart sprack: „dat sette ick to waghe;

1280   Jck hope en to bryngen myt my to daghe".
        Alzus ghynck he na Malepertuß
        Vnde vant Reynken in syneme huß,
        Syn wyff vnde ock syne kyndere mede.
        Dyt weren de worde, de he en sede:

1285   „Reynke oem, ick bede yw mynen groet!
        Gy syn yo gheleret, wyß vnde vroet,
        My wundert, dat gy dat holden vor spot
        Vnde achten nicht des konnynges both.
        Duchte yd yw, yd were wol tyd,

1290   (Achtet nicht des gherochtes, dar gy in syd)
        Jck radet, gy myt my to houe komen:
        Vortogherent schaffet yw nenen vromen.

[Bl. 52ᵇ.] Jd is war, ouer yw synt vele klaghe.
        Gy synt nu dryddewerf esschet to daghe;

1295   Kome gy nicht, gy werden belacht,
        Wente de konninck wert komen myt macht
        Vnde vmme beleggen yuwe huß,
        Dyt sulue kastel Malepertuß;
        Jw, yuwe kynder vnde yuwe wyff

1300   Wert yd alle koften gud vnde lyff.
        Sus moghe gy deme konninge nicht entghan.
        Dar vmme so ysset best ghedaen,
        Dat gy to houe myt my ghaet;
        Wente gy konet noch so mannich quad,

1305   Dat yw lychte wol baten mach.
        Jw is wol eer scheen vp eynen dach
        So groet euentur, alze dyt mach syn,

                                      4

Vnde quemen noch wech ane schaden vnde pyn,
Dat gy so lystygen dorch hebben dreuen,
1310　　Dar yuwe webberpart in schanden bleuen".

¶ (1) In dessen ii vorghesechten capittelen werden ghe=
merket negenleye stucke. Dat erste is [Bl. 53ᵃ.] de hoen
vnde spot, den mannych lyden mod to syneme schaden, de
to plasse kumpt vnde leth syk vorleyden vnde myt quader
selschop vmme gheyt, der men nicht ghebetert wert, men
gheschendet; dar ok van is ghesecht hir beuoren vp deme
blade, dar sodan tal steyt xxxix; wente Hyntze de kater
van Reynken spotworde leeth, do he was to plasse bracht.
¶ (2) Dat ander is de boßheyt eynes vorreders; wente
de eyns vorreth, de vorreth wol meer, de eynen vorreth,
ya, konde he, he vorrede mere in der suluen vorreberie;
alze hir Reynke sprack, dat he wolde, dat Ysegrym alzo
were by eme. ¶ (3) Dat drybbe is de vnedbelheyt vnde
boßheyt eyner sunde; wente eyne boetsunde is so böze,
so vro alze se wert ghebaen, so wyl se nicht alleyne wesen,
men se teleth vnde thuet eyne efte vele andere to syk;
alzus hanget de eyne sunde by der anderen, ghelyck so
eyne keede is to hope hangen van velen leden; vnde so
mannyge boetsunde de mynsche deyt, so mannych lyth
maket he de keden lenger vnde vaster, myt welkerer [Bl. 53ᵇ.]
keden en de duuel int leste byndet in de ewyghen pyne;
wente nichtes is in der helle, dat de sele pynyget, men
allene de sunde. Wente were ib sake, dat eyn sele were
in der hellen vnde dat vp er leghe alle yseren vnde alle
keden, de de werlt heft, efte alle, dat swar wesen mach,
dyt alle, were ib ok dat gantze ertrike, en konde de sele
nicht beholden in der helle, de ane dotsunde were. Were
yd ok mogelyck, dat eyn sele were in deme hemmele myt
eyner dotsunde, so is de eyne sunde so vnedbel vnde so
swar, dat de sele in eyneme oghenblycke nedderuelle in
de vordomenysse. Salich is de man, de syk vor dot=
sunde höden kan; wente vallet he in eyne, so vorkoft he
syne sele deme duuel, de er denne mechtich wert, vnde
vorplychtyget syck eme vnde vorleth synen heren vnde
synen god vnde kan der sunde nicht quid werden ane
swarheyt vnde ane de hulpe godes vnde is vort gheneget,

mer ſunde to bonde, dar mit de duuel de keden vaſt
maket, dar he ene mede dencket to holden ewichliken. Dat
dyt ſus is, wert hir bewyſet van de= [Bl. 54ᵃ.] me voſſe;
wente do he habde vorraden, do ghynk he ok vp deuerye
vnde ebrekerye. ¶ (4) Dat veerde, dat hir de lerer menet,
is beroem; wente nicht allene was Reynke to freden in
velen ſunden, men he makede de keden ſyner boßheyt
lenger vnde vaſter dar myt, dat he ſyk ſyner ſunde be=
gunde to beromen, ſunderlyken der ebrekerye myt der
wulfynnen, in deme dat he ere kyndere heeth ſyne ſteff=
kynder. Deſſe ghelyk is mannych, de leth ſyk nicht nogen,
dat he ſchande efte ſunde deyt, men he beromet ſyk der,
dat to malen eyne ſware ſunde iſ. Vnde ſodane ſundere
ſynt des duuels monnyke, wente ſe ſpreken, dar ſe nycht
ſpreken ſcholen, vnde ſwygen, dar ſe ſpreken ſcholen; wente
id kumpt vaken, dat god ſodanen ſunders nicht draden
edder ſelben de gnade ghft, dat ſe waraftyge bycht ſpreken.
Wente in der bycht kan ſodanen ſunder nicht vele worde
maken vnde dar behoret em to ſpreken ſyne boßheyt. Id
kumpt ok vaken, dat god alſodanen leth ſtum werden in
ſyneme leſten, alße dat he denne ſyne ſunde [Bl. 54ᵇ.] nicht
bychten kan darvmme, dat he ſyk der beromede vnde de
to vntyden vthſprack vnde beleuede ſe, dar he ſe ſcholde
beſuchten vnde beruwen. ¶ (5) Dat vyfte ſtucke is vns
eyne lere, alzo dat wy dem torne efte deme tornygen
mynſchen ſcholen entwyken vnde nycht eme vnder ogen
kyuen efte ſlan; wan dyt ſchege, ſo bleue vaken dotſlach
vnde mannyges ewych vorderff na. Dyt wert vns hir
gheleret, dat Reynke de vlucht nam, do he de wulfynnen
tornich ſach. ¶ (6) Dat ſeſte is deſſem vyften wes ghe=
lyk; wente mannich is, de myt kyuen, myt ſchelden efte
myt wrekender hant wyl ſyne ere beſchermen efte vor
gherychte, wo dat is, vnde yodoch denne ſyk ſuluen meer
berochtyget, dat ſus nableue, wan he duldich were vnde
gheue gode dat gherychte, alze de here in deme ewangelio
vns leret. Wente do de wulffynne myt kyue vnde mit
wrake ere ere wolde beſchermen, der ſe doch nicht vele en
habbe, do erſten wart yd luetbar vnde openbar ere vn=
ebbelheyt vnde krech dar to eyne ſchande to der anderen;

wo wol yb ere [Bl. 55ᵃ.] menynge nicht en was, dat ſe
myt ghewalt vnde myt lyſt des voſſes meer wart ghe=
ſchendet. ¶ (7) Dat ſeuede, dat de poete hir menet, is
andrepende den gheyſtlyken, de buten der rechten gheyſt=
lyken regulen leuen; wente he ſecht hyr van deme papen,
bede hadde eyne meyerſchen vnde kyndere, dat vntemelyk
is in der kriſtene ee, wodoch in der olden ee yd plach to
weſen, dat de preſters hadden echte vrouwen, vnde ok yd
noch is eyne wyſe in der yodeſchen ee, ock manckt den
Greken vnde Rußen, dar ere preſter hebben echte vrouwen
vnde kyndere; dat ſo to louende is, dat deſſe pape ok is
gheweſt eyn van eyner anderen ee vnde nicht van der
kryſtene ee. Des gheliken ſteyt hir bevoren ok van eynem
papen myt ſyner meyerſchen vp deme blade, dar ſodanen
tal ſteyt xxxii, welkere gheyſtliken in der hylghen kryſten=
heyt ſcholen weſen vorgengers der leyen in eyneme vp=
rychtyghen, vnſtrafliken leuende, alze en de here gheleret
heft in deme hylghen ewangelio, dar he ſecht: [Bl 55ᵇ.]
„Sic luceat lux veſtra coram hominibus, vt videant
opera veſtra bona et glorificent patrem veſtrum, qui
in celis eſt.“ Alzus leret de here de gheyſtliken in dem
ewangelio Mathei in dem v capittel vnde ſpricht manckt
anderen worden alſus: „Alzo ſchal luchten yuwe licht vor
den mynſchen, dat ſe ſeen yuwe guden werke vnde erwer=
dyghen yuwen vader, de in deme hemmel is“. O, wo
quatlyken wyllen de gheyſtlyken ſtaen, bede voren eyn
ſundich, boze leuent, dar ſyck de wertliken vnghelerden
ynne argeren, wan ſe ere quaden werke ſeen vnde denne
ok des to briſtliker ſundigen vnde ſpreken etlike: „ya,
were yd ſo grote ſunde, ſo beden yd de papen nicht“.
Wo wol eyn yſlyk ſyne egene ſchult mod dregen, ſo en
wyl nemande dat lychtlyck weſen in der vordomenyſſe, dat
he anderen volget in den ſunden, wowol de gheyſtlyken
meer ſundygen, wan de leyen in ener lyken ſunde; wente
yo hogher grad, ſo deper ghevallen, wan ſe ſundygen,
vnde mothen mer rede gheuen vor andere, de ſyk an ſe
argeren, wan eyn leye. Eyn leye ſchal navolgen den
guden gheyſtlyken mynſchen vnde ock der ghuden [Bl. 56ᵃ.]
lere der geyſtliken vnde nicht óren bózen werken; ok is

neen leye ſo ſere plichtich, de geyſtlyken to ſtraffen, alze
de gheyſtliken plichtich ſyn, to leren vnde to ſtraffen de
leyen vnde en vor to gan in eyneme guden leuende, ſo
vor is gheſecht. ¶ (8) Dat achte is plage vnde pyne
vor de ſunde; wente neen gud blyft vmbelont, wo kleyn
yd ok is, ſo enblyft ok neyn quad vnghepyniget, wo kleyn
yd is. Ok ſchud yd vaken, dat god dat ſo vorhenget,
dat eyn wert ghepynighet hir in den ledematen, dar he
mede heft gheſundiget; alze hir wert gheſecht, wo de pape
wart vorwundet vnde ſchendet. Ok ſcholen de vordomeden
in der helle ewich in den ledematen pynyget werden, dar
in ſe hebben gheſundighet. ¶ (9) Dat negede artikel, dat
hir de poete menet, is andrepende den heren vnde den
richteren, dat ſe nemande ſcholen ouervallen, wo vele klage
dar ok kumpt, yd en ſy dan, dat he ſy drewerff gheeiſchet
tho rechte; ſo hyr is gheſecht van Reynken, den de greuink
to dem dridden male to rechte eſſchede; dem Reynke ant=
worde, ſo hir na volget.

[Bl. 56ᵇ.] ¶ Wo Reynke deme greuinge antworde, de en
vorbodede vnde eme reeth, dat he myt eme to houe
ghynge.   Dat ꝗꝟ capittel.

[Holzschnitt: Rechts im Hintergrunde sitzt der Dachs vor
zwei Füchsen links, von denen der eine ihm den Kopf zu-,
der andere abwendet. Im Vordergrunde rechts liegt demütig
Reinke mit eingezogenen Vorderpfoten; auf sein Haupt hat
der ihm links gegenüber stehende Dachs seine linke Vorder-
pfote gelegt.]

[Bl. 57ᵃ.] DO Grymbart to Reynken dit habbe geſecht,
Sprack Reynke: „om, gy ſegget recht.
Jd is beſt, dat ik kome dar
Vnde mynes rechtes neme war.

1315   Jk hope, de konninck wert my doen gnade:
Jk byn em nutte in ſyneme rade;
Dat wed he wol vnde is des wys.
Dyt hatet mannich, de by em is,
Wente de hoff mach ane my nicht ſtaen.

1320   Al habbe ik noch meer myſsghedaen,
Js, dat my dyt mach beſcheen,
Dat ik en vnder de oghen mach ſeen,

Den konninck, vnde so myt em spreken,
He wert synen torn myt sachtmode breken.

1325 Wo wol de konnynck by syck had,
De mede ghaen in synen rad,
Dat gheyt em nicht to deme herten in;
Wente se wetten wer rad efte syn.
Alle de rad slut meyst an my.

1330 In wat houe dat yd ock sy,
Dar konnynge efte heren syck vorsamen,
Darmen subtilen raed schal ramen,

[Bl. 57b.] Dar mod Reynke vynden den vunt,
Wo wol my dat wert vorghunt

1335 Van mannigen, den ik des hebbe tovoren.
Des hebben vele van en ghesworen
Myn argeste van den, de dar nu syn.
Dyt sulue bedrucket dat herte myn,
Wente erer is dar mere wan teyne,

1340 Se synt mechtyger dan ik alleyne.
Dyt sulue wyl my meyst vorveren.
Nochtan is beter, dat ik myt eren
My suluen myt yw to houewert make
Vnde suluen ock spreken vor myne sake,

1345 Dan dat ik wyff vnde kynder sus lethe
In angste vnde in vordrete;
So were alle dynck vorloren ghewyß,
Wente my de konninck to mechtich is.
Wan yd hummer wesen scholde,

1350 So moste ik doen al dat he wolde;
Vnde wan ik dan nicht beth enmach,
So en is nicht beter, dan gud vordrach.

[Bl. 58a.] ¶ Wo Reynke orloff nam van syneme wyue vnde
myt deme greuynge to houe ghynck, vnde wo he vp deme
weghe bychtede. Dat xvi ghesette.
[Holzschnitt von Bl. 56b wiederholt.]

[Bl. 58b.] Reynke sprack: „vrouwe Ermelyn,
Ik bevele yw de kynder myn,
Dat gy der wol war nemen nu.
Bouen alle dynck bevele ik yw

Mynen yungesten sonen Reynardyn;
Em staen syne granken alzo syn
Vmme syn müleken ouer al,
1360 Jk hope, dat he na my slachten schal.
Hir is Rossel, eyn schone beeff,
Den hebbe ik werlich alzo leeff.
Doet dessen kynderen gud to samen,
Wylle gy mynes wyllen ramen.
1365 Jk dencke des wedder, mach ik entghan".
Myt sodan worden scheyde he van dan
Vnde leet vrouw Ermelyn blyuen to huß
Myt synen tween sones to Malepertuß.
Vmberaden leet he syn huß alzo,
1370 Des was de vossynne gantz vnvro.
¶ Do se so ghyngen eyne kleyne stunt,
Sprack Reynke: „horet my, om vnde vrunt
Grymbart, alber leueste neue,
Van anxste vnde sorgen ik beue;
1375 Jk vruchte, ik gha nu in den boet,
[Bl. 59ᵃ.] Vnde myn berumynge is so groet
Vmme de sunde, de ik hebbe ghedaen.
Dar vmme wyl ik tor bychte ghaen,
Leue om, hir suluest to dy;
1380 Hir en is anders neen pape by.
So wan ik myne sunde hebbe ghebycht,
Myne sake wert des to arger nicht".
¶ Grymbart sprack: „gy mothen vorlouen,
Dat gy nicht mere wyllen rouen;
1385 Vorrederye vnde alle deffte stellet aff,
Juwe bychte helpet anders nicht eyn kaff".
„Dat wed ik wol", sprack Reynke do,
„Alzus begynne ik, horet wol to:
¶ Confiteor tibi, pater et mater,
1390 Dat ik den otter vnde dē kater
Vnde mannyghem hebbe myßgͦhebdaen.
Des wyl ik gherne by bote staen".
¶ De greuynck sprack: „ik vorsta des nicht.
Spreket vp dudesch yuwe rechten bycht,
[Bl. 59ᵇ.] So mach ik dat recht vorstan".

¶ Reynke sprack: „ik hebbe myßghedan
Jegen alle deren, de nu leuen,
Vnde bydde gern, se yd my wyllen vorgeuen.
Wente ik den baren, mynen oem,

1400 Gheuangen brachte in den boem,
Dar em al blodich wart syn houet,
Vnde meer slege krech, wan hennich louet.
¶ Hyntzen leerde ik muse vangen,
Vnde bleff so in deme strycke behangen;

1405 Se slogen en dar myt alleme vlyt.
Dar ouer wart he synes ogen quyt.
Dat was myn schult, wo yd ok sy.
¶ Van rechte klaget de hane ouer my:
Jk hebbe em ghenomen syne kynder.

1410 Weren se groter efft weren se mynder,
Jk makede em der hummer loß;
Van rechte klaget he ouer den voß".

[Bl. 60ᵃ.] ¶ (1) In dessen ii vorghesechten capittelen is to merkende veer stucke. Dat erste de subtyle lystyghe raed des vosses, dar Reynke suluen van secht, dat de konninck syner nicht kan entberen; efte he wolde seggen, yd is nutte den heren, dat Reynke mede sy in ereme rade; ok efft he wyl seggen, yd sy nutte efte nicht der meenheit, Reynke is doch mede in deme rade der heren, wente de vos wanket nu to degen. ¶ (2) Dat ander is, datmen sik suluen schal trosten, so men is in sorgen, de men nicht kan vmmeghaen; so Reynke hir bede vnde gaff syk vp de vart. ¶ (3) Dat drydde is, dat de gerne vruchtet, de schuldich is. ¶ (4) Dat verde is vns eyne lere, dat eyn yslyk, de in vruchten is, dat de schal bichten vnde beruwen syne sunde vnde de vullenkomen vthspreken myt aller vmmestandicheit, so de syn ghescheen, wodoch id van noden is allen vnde eynem ysliken cristenen myn= schen, de to synen vorstentliken yaren .komen is, alle tyd, dat is to velen tyden, lutter bicht spreken schal. Men wan sus vorsumynge efte vortogeringe schege, [Bl. 60ᵇ.] so schalmen doch meyst denne lutter bicht don, so wan eyn is in vruchten.

¶ Wo Reynke vordan bychtet etlike syne myssedaet,
sunderliken, wo he den wulff vaken heft bedroghen. Dat
                         xvii ghesette.

DE konnynck en is my nicht entghaen,
    Ik hebbe em vaken schande ghedan",
    Sprack Reynke, „vnde ok der konnyginnen,
    Dat se spade wyl vorwynnen;
Se synt beyde gheschendet by my.
Noch hebbe ik dar to, dat segge ik dy,
Isegrym den wulff gheschendet myt vlyt,
1420 Dat al to seggen neme vele tyd.
He is nicht myn om, wol heet ik en so,
He horet my altes nichtes ·to.
Id gheschach eyns, des is wol ses yar,
He quam to my to der Elemar
1425 In dat kloster, dar ik was
Begheuen vp dat sulue pas.
He bath, dat ik em helpen scholde,
[Bl. 61ᵃ.] Wente he dar ok monnyck werden wolde.
He meende, dat were van synen dyngen,
1430 Vnde beghunde myt der klocken to klyngen;
Dat lüdent duchte em wesen so soethe.
Ik leet em bynden beyde vöthe
An den klockreep na syneme wyllen,
Vp dat he synen lusten mochte styllen
1435 Vnde dat lüdent wol mochte leren.
Men dyt quam em to klenen eren;
Wente he lubde so sere vtermaten,
Dat alle dat volk by der straten
Weren alle in groter vare.
1440 Se meneden, de duuel were dare,
Vnde lepen, dar se dat lüdent horden;
Vnde eer he konde in korten worden
Seggen: ‚ik wyl my hir begheuen',
Hadden se em vyl na ghenomen syn leuen.
1445 He bath my, dat ik en scholde eren
Vnde dat ik em lethe eyne platten scheren;
Dar suluest to der Elemar

Leet ik em affbernen bouen dat haer
So seer, dat em de swarde kramp.
[Bl. 61ᵇ.] Vaken krech he van my ben ramp.
¶ Ik lerde em vyssche vangen vp eynen dach,
Dar he ok entfenck mannygen slach.
Ik leydede en eyns in Guleker lant
To eynes papen hus seer wol bekant;
1455   Dar suluest en was neen pape ryker.
Desse habbe eynen langen spyker,
Dar mannych specksyde ynne lach,
Dar he entfenck mannygen slach;
Dar to was in deme spyker noch
1460   Versch sles ghesolten in eynen troch.
Isegrym brack dorch de want eyn gath,
Vp dat he flesches mochte ethen sath.
Ik heeth en vry krupen dar in,
Ik wolde en schenden, dat was myn syn.
1465   He ath so vele vthermathe,
Dat he vth deme suluen ghathe
Nicht komen konde, dar he in quam,
Dat em syn grote buek benam.
Do moste he klagen solk ghewyn;
1470   Wente dar he hungerich sus quam in,
[Bl. 62ᵃ.] En mochte he sath nicht komen vth.
Ik ghynck vnde makede groet gheluth
In dat dorp vnde groet gherochte,
Vp dat ik en to plasse brochte.
1475   Ik leep, dar de pape sath
Ouer tafelen vnde ath,
Vnde vor em stunt eyn kappon
Ghebraden, eyn so vetten hon.
Ik spranck to myt der hast
1480   Vnde nam dat hoen vnde leep do vast.
De pape makede groet gherochte,
He leep my na, al dat he mochte;
Vnvorwarynges he vmmetoch
De tafel, dat se henne vloch.
1485   Dyt schach al an synen banck;
Dar lach spyse vnde branck.

He reep: ,ſla, warp, vange vnde ſteck!'
Do vel de pape in den dreck.
Al de dar quemen, de repen: ,ſla!'
1490 Jk leep vor vnde ſe my dat na.
Des volkes wart vele in deme tal,
De myn argeſte meenden al.

[Bl. 62ᵇ.] De pape dat grotſte rochte dreff,
He reep: ,we ſach ye konre deeff?
1495 He nam my dat hoen, dar ick ſath
Ouer tafelen vnde ath.'
So lange leep ik vp dat pas
Wente vor den ſpyker, dar Yſegrym was;
Dat hoen leet ik vallen dar,
1500 Wente yd was my alto ſwar;
An mynen danck moſte ik yd laten
Vnde leep do hen myne ſtraten.
Jd was noth, dat ik wech quam.
Vnde do de pape dat hoen vpnam,
1505 Heft he Yſegryme vornomen
Vnde al, de myt em weren ghekomen.
Do reep he lude: ,vrunde, ſlaet!
Hir is eyn wulff, noch eyn deeff quad.
Lathe wy en lopen, des hebbe wy ſchande
1510 In alle deſſeme Güleker lande.'
Yſegrym dachte, wat he konde;
Ja, dar entfenck he mannyghe wunde.
Se makeden alzo groten lud,
Dat alle de buren quemen vth;
[Bl. 63ᵃ.] Se ſlogen en, dat he lach vor doet.
Newerlde quam he in ſolke noet.
De dyt vp eyn laken malede,
Wo he des papen ſpeck betalede,
Noch ſcholde dat gantz ſelſen laten.
1520 Do worpen ſe Yſegrym vp de ſtraten;
Se ſlepeden en dorch ſtruck, dorch ſteen,
Neen leuent wart in em gheſeen.
Se worpen en in eyne vnreyne kule,
Wente he ſtanck greſeliken vule;
1525· He habbe ſyk van groten ſleghen

Beschetten vnde bevulet alderweghen.
Se meneden alle, he were doet.
In sodanen slegen vnde noed
Vnde in alsodaner vmmacht
1530 Lach he dar de gantzen nacht
Alze eyn recht armer wycht.
Wo he wech quam, des weed ik nicht
Vnde weed des neen encket bescheed.
¶ Dar na swor he my eynen eyd,
1535 Syne hulde eyn yar vmmen trent;
[Bl. 63ᵇ.] Men dat enwas nicht vele bewent.
Dar vmme he my swor, was dat:
Ik scholde em honre maken sath.
Vp dat ik en echt mochte beschalken,
1540 Sprack ik van eyneme hanenbalken,
Dar seuen honre vp to sytten plegen
Vnde eyn hane, wol veth tho degen.
Do ik en dar hadde ghebracht,
Do was yd eyne stunde na mytnacht.
1545 Dar was eyn venster vpghestuth;
Ik dachte, dat scholde my komen to nuth.
Ik dede, wo ik wolde krepen dar dore,
Men Ysegrym moste krepen vore.
Ik sprak: ‚krupet men vry dar in,
1550 Wente dede wyl hebben ycht ghewyn,
De mod dar yo wes vmme doen;
Sus kryghe gy braden eyn vetten hoen.'
He krop in wol halff in vare
Vnde ghynck tasten hir vnde dare.
1555 Do swor he dure by syner ere:
‚Wy syn vormeldet, dat vruchte ik sere.
Hir vynde ik van honren nicht eynen bytten.'
[Bl. 64ᵃ.] Ik sprack: ‚de hir vore plegen to sytten,
De hebbe ik vuste wech ghenomen.
1560 Men wylle wy schaffen vnsen vromen,
Wy moghen nicht vordroten syn
Vnde mothen deper krepen in.'
De balke was smal bouen der dore,
Dar wy vp kropen; men he was vore.

1565 De wyle he fus de honre fochte,
Sach ick, dat ick en hönen mochte:
Ick krop to rugge webber vth,
Dat venfter vel to ouerlub,
Do ick de ftutteklyncken loßbrack.

1570 Dar van Yfegrym fo fere vorfchrack,
Dat he vel eynen fwaren val
Van deme balken, wente he was fmal.
Se worden vorveret, de dar flepen;
De by deme büre legen, fe repen,

1575 Dat borch des hogen venfters gath
Ghevallen were, fe wuften nicht wat.
¶ Se ftunden vp vnbe entfengeben lecht.
Do fe en fegen, dar wart he echt

[Bl. 64ᵇ.] Gheflagen, vorwunt wente in ben boet.

1580 Ik hebbe en ghebracht in mannyge noet,
Meer wan ik nu kan nomen;
My wundert, dat he noch is entkomen.
¶ Noch hebbe ik ok dat bebreuen
(Ik wolde, dat yd were na ghebleuen)

1585 Myt fyneme wyue, vrouwen Ghyremob,
Dar er vnere van entftob,
Vnbe lanckfem dat fchal vorwynnen.
See, dyt yffet, dat ik van al mynen fynnen
Vnbe vp beffe tyd kan bebencken,

1590 Dat myne fele mochte krencken.
Vp dat myn fele kryge quyteren,
So bybbe ik feer vmme abfolueren,
Vnbe fettet my, dat yw duncket gub."
¶ Grymbart was lyftych vnbe vroet.

1595 He brack eyn rys by deme weghe
Vnbe fprack: „om, nu flaet yw bre fleghe
Vp yuwe hub myt beffeme ryfe
Vnbe legget yd ban, dar ik yw wyfe,

[Bl. 65ᵃ.] Vnbe fprynget bar brewerf ouer her

1600 Sunder ftrumpelen ouer bwer.
Denne kuffet dat ryß funder nyd
     [Holzschnitt von Bl. 56ᵇ wiederholt.]
In eyn teken, dat gy ghehorfam fyd.

Desse penitencie ick yw sette;
Hir myt sy gy van alre smette
[Bl. 65ᵇ.] Quyd vnde van allen sunden,
De gy ye deden vor dessen stunden;
Wente ik vorgheue se yw alle,
Wo vele der ok is in deme talle".
¶ Dyt bede Reynke an alle vordreet.

1610   Do sprack Grymbart: „om, nu seet,
Dat gy yw beteren myt guden werken;
Leset yuwe salmen vnde ghaet tor kerken,
Vastet de rechten setteden tyd,
Vyret de hylgen daghe myt vlyt,

1615   Trostet de krancken in alle yuwen dagen,
Wyset de to weghe, de dar na vragen.
Juwe almysse schole gy gerne geuen
Vnde vorsweren yuwe böze leuen,
Alze rouen, stelen vnde vorraden;

1620   So kome gy ane twyfel to gnaden".
¶ Reynke sprack: „ik wyl myt vlyt
Dyt wyllygen doen al myne tyd".

¶ (1) In dessem vorghesechten langen capyttel [Bl. 66ᵃ.]
gyfft vns de poete vor achteleye stucke. Dat erste is an=
drepende den vntruwen denstluden, alle de in denst is
efte in truwer huldynge eynes heren, he sy vnder wat
heren edder in wat denste, he sy ryke efte arm. Vnde
dyt menet he dar, dar Reynke secht, dat he heft ghedaen
vntruwe vnde schande synem heren, deme konnynge, vnde
der konnyngynnen. ¶ (2) Dat ander, dat hir wert ghe=
roret, is eyne lere, dat nemant vuldon schal syner syn=
lyken lust; wente de so wyl leuen, alze em de synlyke
lust tosecht, de is eyn anbeder der affgodde, in deme dat
he syn lyff holt leckerlyken na allem synlyken wyllen, alze
eyn beest, de heft synen lycham vor synen god vnde leuer
wan god vnde voedet synen vyent vnde mod syt vor-
moeden groter sleghe hyr na, ghelyck deme wulue, de van
lusten lübbe de klocken. ¶ (3) Dat dryдde, dat hyr de
poete menet, dar he van deme wulue secht, dat he so
vele ath, dat he vth deme ghathe nycht wedder konde
komen sath, dar he hungerych in quam, [Bl. 66ᵇ.] darby

ſyn to vorſtande alle de, dede komen by eyn leen eſte
prouene, voghedye, eſte wat yd ſy, dar rente eſte vordeel
to boren is, ebder ok eyn ander ghyryger, de wes to
hope ſleyt, vnnochſam ebder ane nòghe, vnde alleyne ſyn
ghewyn ſocht vnde ſyne bathe, vnde nycht der meenheyt.
Deſſe vmbarmhertigen alle werden hir vorſtan by dem
gyrigen wulue, wente ſe komen in eyn gath hungerich,
dat is in einen ſtab, id ſy gheiſtlik eſte wertlik, vnde den
hunger eſte de begherlycheyt des leens eſte prouen en
keren ſe nicht to der begherynge vul to don vor de
prouene, alzo dat ſe nicht en hungeren de rechtferbicheyt
vnde de ſalicheyt eres euenmynſchen, ſo en de here heft
gheleret in deme hylghen ewangelio, dar he ſecht: „Beati,
qui eſuriunt et ſitiunt iuſticiam, non pecuniam terre-
nam, ſicud cupidi, non voluptatem carnalem, ſicud
voluptuoſi, non potenciam ſecularem, ſicut ſuperbi;
iſti enim non ſunt beati." Alzus is nu mannich in
eyneme ſtate, ſo vor gheſecht is, vnd belaſtet ſyne ſele ſo
ſeer myt tytliken goderen vnde ſleyt to hope, help recht,
[Bl. 67ᵃ.] help krum, vnde belaſtet ſyk alzo, dat he nummer
eſte ſelben vth deme ghate der ſunden kumpt; wente ſo
lange, dat he ouervallen wert in der ſtunde ſynes dodes
van ſynen vyenden, den bozen geyſten, de en denne han-
delen vnde ſlan ane gnade vnde werpen en in de kulen
der vordomenyſſe, dar ere tydkortynge is wenent der
oghen vnde klapperent vnde knyrſynge der tenen; dar
mod he denne betalen, wes he denne to vnrechte heft
ebder ſus vnwerdichlyken ebder ane barmhertycheyt to den
armen heft beſeten. Dat mannich ſus wert belaſtet, be-
tueget de warheyt des hylgen ewangelii van deme ryken
manne, de in de helle wart begrauen, vnde Lazarus, de
hir arm was, in Abrahammes ſchoet ghevoret van den
engelen. Nicht en ſteyt in deme ewangelio, dat de ryke
man rouede eſte ſtal eſte mordede, men dat he lecker-
lyken leuede in eten vnde brynken vnde weken kleberen
vnde dat he nene barmhertycheyt dede deme armen Lazaro.
Hir myt wart he belaſtet vnde is gekomen in de hande
ſyner vyende vnde kan nummer meer to [Bl. 67ᵇ.] ewygen
tyden betalen eſte krygen eynen dropen waters ſyne tungen

mede to leſſchen, de em wert ghepynighet, wente he in
der ſundigede. Hir vmme is yd rad, de belaſtet is myt
vntemelykem rykedom efte vnrechtem gude, dat de vth=
vorkeſe eynen kloken bychtfader vnde ſyt der laſt entlad=
bighe. Vnrecht gud ſchalmen dem ſuluen tokeren, deme
yd is affghetogen; kanmen de nicht hebben, ſo horet yd
den rechten negeſten eruen; kan men de al nicht hebben,
ſo horet id den armen na rade eynes wyſen bychtfaders.
Vor alle ſunde machmen bothe ſetten ane allene vor vn=
recht gud, dat mod men wedder geuen, ſo vern men dat
heft vnde vormach, quia peccatum non dimittitur, niſi
ablatum reſtituatur. Wes eyn nicht vormach, dat vor=
mach god, wente god en wyl neyn vmmogelycheit van
vns. God kaſtiet vaken ſyne leffhebbers vnde ſyn volck
dorch boze vmmylde voghede efte heren efte andere vor=
weſers; vnde dat is vmme mannygerleye ſake wyllen, doch
de meyſte ſake ys vmme der ſunde wyllen; ſo wan ſyk
[Bl. 68ᵃ.] denne de meenheyt beteren in deme kummer vnde
ropen god an, ſo is de almechtyge god ghelyk eynem
vader, de ſynen kynderen wyſet de rode vnde ſe ok dar
mede ſleyt; vnde wan ſyk denne de kynnere beteren vnde
don den wyllen des vaders, ſo brykt he de roden entwey
vnde werpt ſe int fuer vnde heft de kynder lyke leff. By
der roden is betekent eyn vmmylde boze vorweſer eynes
landes efte ſtad; de is de rode, dar god almechtich mede
tuchtyget vnde ſleyt ſyne kynder, de ſyk vth deme dwange
beteren in den ſunden vnde bekennen, dat god ſe recht=
ferdighen tuchtighet; vnde wan god denne ſued de be=
terynge ſynes volkes, ſo brykt he de rode entwey vnde
werpet ſe int für, dat is, he nympt van hir den vmmylden
vorweſer vnde werpet ſyne ſele int fuer der hellen. Ok
kumpt yd vaken, dat eyn ghyrich vorweſer kumpt in de
hande der hennen, den he dat er heft affgheſchattet, vnde
denne varen ſe myt em alze hyr de bure myt deme wulue
et cetera. [Bl. 68ᵇ.] ¶ (4) Dat veerde, dat hir wert ghe=
roret, is vorrederye, ſo eyn ſodanen ghyrich vaken wert
vorraden van ſynem egenen medekumpen; ſo hir Reynke
Yſegryme dede, van welker vorrederye vele ſteyt in deſſem
boke. ¶ (5) Dat vyffte is deſſem verben ghelyck, men

hir en krech de wulf·nicht to ethen, men slege; do he int
venster krop, beteket mannygen, de swar arbeyt vnde ar⸗
beyt deyt, wes gudes to krygen myt vnrechte, vnde des
nummer krycht efte bruket, yodoch in nod dar vmme kumpt
beyde der sele vnde des lyues. ¶ (6) Dat vi, dat hir
de lerer menet, is de vorlesinge eynes guden rochtes vmme
efte myt slymmen sunden, vnde nummer wedder kumpt
in eyn gud rochte, alze Reynke hir secht van der wul⸗
synnen, dat de lanksem de schande schal vorwynnen.
¶ (7) Dat seuede is eyne lere, bothe vnde penytencyen
othmodichliken entfangen vnde holden. ¶ (8) Dat achte
is eyne lere den bychtfaders, dat se den sunder scholen
trosten vnde leren de sunde to schuwen.

[Bl. 69ᵃ.] ¶ Wo Reynke myt Grymbart, deme greuynge,
vortgeyt na des konnynges hoff vor eynem kloster ouer.
Dat xviii ghesette.

[Holzschnitt: Im Hintergrunde Klostergebäude, umgeben von
einer mit einer Durchfahrt versehenen Mauer; rechts eine
Scheune. Vor dem Kloster vier Hühner. Im Vordergrunde
links Reinke mit rückwärts geschlagenem Halskragen und
nach den Hühnern gedrehtem Kopfe; von rechts auf ihn zu-
schreitend Grimbart, neben welchem vier Gänse. Verkleinerter
Nachschnitt des Holzschnittes in d, bl. 3ᵇ = 4ᵃ.]

[Bl. 69ᵇ.] DO Reynke syne bote habbe vullenbracht,
So hir vor is ghesacht,
Do ghynck he hen to houe wert,
He vnde syn bychtvader Grymbart.
Se quemen vp eyn slychten sant;
Dar lach eyn kloster tor rechten hant,
Dat horde gheystliken nonnen to,
1630 De gode beneden spade vnde vro.
Se hadden vele hanen vnde mannich hoen,
Vele genze vnde ok mannyghen kappon,
De vaken buten der muren weren;
De plach yo Reynke to visiteren.
1635 Dar vmme sprack he do alzo:
„Recht na dessem kloster to
Lycht vnse rechte strate hen".
He menede de honre, dat was syn syn,

Wente se gyngen dar buten dem schure
1640 Vmme ere weyde by der mûre.
Synen bychtfader leyde he myt syk dar.
Tohant wart Reynke der honre war,
Syne oghen beghunden eme vmme to ghaen,
Buten den allen ghynck eyn haen,

[Bl. 70ᵃ.] De veth was, groet vnde yunck;
Na deme gaff Reynke eynen sprunck,
So dat em de vedderen stôuen.
Grymbart swor by syneme louen:
„Vnsalyghe om, wat wyl gy doen?!"
1650 Sprack he, „wyl gy wedder vmme eyn hoen
In alle de groten sunde ghaen,
Dar gy de bycht van hebben ghedaen?
Dat mach wol syn seltzene ruwe".
Reynke sprack in rechter truwe:
1655 „Dat dede ick in dancken, leue neue.
Byddet god, dat he my dat vorgheue;
Ik wylt nicht meer doen vnde gerne laten".
Do kerden se wedder tor rechten straten
Den wech ouer eyne smale brugge.
1660 Wo vaken sach Reynke ouer rugge
Wedder hen, dar de honre ghyngen!
Dar van konde he syck nicht bedwyngen.
Haddemen em syn hôuet affgeslagen efte togen,
Ik hadde na den honrenwert gheulogen.

1665 ¶ Grymbart sach wol dyt ghelaet.
[Bl. 70ᵇ.] He sprack: „o Reynke, vnreyne vraet,
Wo lathe gy yuwe oghen vmme ghaen!"
Reynke sprack: „om, dat is mysghedaen,
Dat gy myt yuwen vorlopenden worden
1670 My sus vth myneme bede vorstorben.
Latet my doch lesen eyn pater noster
Der honre selen van deme kloster
Vnde ock den gansen, en al tho gnaden,
Der ick gantz vele hebbe vorraden,
1675 De ick desser hylgen nunnen
Myt myner lyst hebbe affghewunnen".
Grymbart swech, men de vos Reynart

Habbe hümmer dat hôuet to den honren wert,
Wente dat ſe quemen tor rechten ſtraten,
1680 De ſe to voren habben ghelaten.
To hant wart Reynke ſeer bedrôuet,
Meer wan yennich rechte lôuet,
Do he ſach den hoff, des konnynges pallas,
Dar he int hogeſte vorklaget was.

[Bl. 71ᵃ.] ¶ (1) In deſſem vorgheſechten capittel werden
vyff ſtucke ghemerket. ¶ Dat erſte is de vlytyge ſorch=
folbicheyt, de eyn yſlyck behouet na der bycht, ſyk to be=
waren vor webberinval in ſunde; wente de dre vyende
rauwen nicht to like, alze de buuel, de werlt vnde vnſe
egen fles: yſſet, dat de eyne rauwet vnde vns nicht en
bekoret, de ander de rouwet nicht. ¶ (2) Dat ander, dat
hir de lerer menet, is, dat men ſchal myden weghe vnde
ſtede vnde perſonen efte andere ſelſchop, dar he edder
myt den he vyllychte webber to den olben ſunden komen
mochte, alze Reynke hir nicht en mydede den wech na
deme kloſtere, dar he ſere wart bekoret. ¶ (3) Dat drydde,
dat hyr de poete menet, is ypocriſerie, dat is, ſchalkheyt
vnde boßheyt to bedecken myt eyner ghefynſeder hyl=
lycheyt, ghelyk hir Reynke bede, do he ſede, he bedede vor
de ſelen der honre vnde genze. ¶ (4) Dat verde is, dat
mannich ſunder ſyne ſunde bichtet vnde dar bote vor ent=
fanget, men de ruwe is in em nicht warhaftich; wente
etlyke ſyn, de bichten ere ſunde vnde entfangen bothe dar
vor, men ſe beleuen [Bl. 71ᵇ.] noch etlyke vorgangen ſunde
vnde hebben nene warafthyghe ruwe vor alle vnde ſeen
to rugge, ſo Reynke hyr bede na den honren. Nicht en
is de gheſchycket dar to, dat he kryghe vorgheuynge ſyner
ſunde van gode, dem noch etlyke ſunde beleuen; wente de
ſued tho rugge, alze Reynke bede. Van deſſen ſecht de
here in deme hylgen ewangelio, alze ſunte Lucas beſchryft
in deme ix capittel alſus: „De ſyne hant lecht an den
ploch vnde ſued to rugge, de en is nicht gheſchicket, dat
he moghe ghan int ewyge leuent”; dar de here mede
menede, ſo vor is gheſecht van beleuynge etlyker ſunde
in eyneme botſamen leuende.

¶ Wo Reynke kumpt in den hoff vor den konninck, deme
he otmodichlyck tonyget, vnde vyndet dar welke, de ouer
en klaghen. Dat xix capittel.

[Bl. 72ª.] DO in den hoff dat was vornomen,
   Dat dar Reynke was ghekomen,
   Al de dar weren, groet vnde kleen,

[Holzschnitt: Auf einer Bodenerhebung links sitzt der Löwe,
mit der Krone und dem Königsmantel angethan; in der
Rechten hält er das Scepter, die Linke erhebt er drohend.
Vor ihm der Reihe nach der Bär, der Kater liegend, der
Hahn, der Wolf. Weiter im Hintergrunde mehr rechts auf
einer Anhöhe knieen mit eingezogenen Vorderpfoten Grimbart
und Reinke, letzterer mit zurückgeschlagenem Halskragen. —
Verkleinerter Nachschnitt des Holzschnittes in d, bl. 6ª.]

[Bl. 72ᵇ.] Begerden alle Reynken to seen.
   Dar weren nicht vele in deme daghe,
1690 Se hadden ouer Reynken sunderlyke klaghe.
   Dat duchte Reynken nicht vele van werde;
   Des dede he alze be vnvorverde.
   Myt syneme ome, deme greynynck,
   Drystichlyken he so vor syck ghynck
1695 Tzyrlyken dorch de hogesten strate,
   Alzo mobich van ghelate,
   Efte he were des konnynges sone
   Vnde eft he nemande vp eyne bone
   Edder sus nemande hadde myszghedaen.
1700 Vor Nobel den konninck ghynck he staen
   Manck de heren in den pallas
   Vnde helt syck beth, wan eme was.
   ¶ He sprack: „ebdele konnynck, gnedyge here,
   Dorch yuwe ebdelheyt vnde dorch yuwe ere
1705 Ik bydde, dat gy my horen to recht.
   Jd en hadde ny here so truwen knecht,
   Alze ik yuwer vorstlyken gnaden byn,
   Wo wol dat der vele hir syn,
[Bl. 73ª.] De my yuwe fruntschop menen berouen
1710 Myt loggen, wan gy en des wolden louen.
   Men yuwe rad is vroet, erst vnde lest;
   Gy louen nicht braben, bat is bat best,

Wat yw deſſe valſchen alle vore leſen
Myt leghen vnde dregen in mynem affweſen.
1715 Se hathen, dat ik yuwe beſte mene
Vnde yw alle tyd truwychlyken dene."
¶ De konnynck ſprack: „ſwyget, latet aff!
Juwe ſmekent helpet yw nicht eyn kaff.
Juwe vndaet wert yw nu vorgolden,
1720 Wo gy den vrede hebben gheholden,
Den ik gheboet vnde hebben gheſworen.
Hir ſteyt de hane, de heft vorloren
Syn ſlechte; o, valſche vntruwe deeff,
Dat gy vele ſeggen, gy hebben my leff,
1725 Dat hebbe gy in deme laſter myn,
Vnde is · an mynen lüden wol ſchyn:
[Bl. 73ᵇ.] Arm man Hyntze vorloß ſyne ſunt
Vnde Brun is noch ſyn houet vorwunt.
Jk wyl yw nicht vele meer ſchelden,
1730 Men yuwe hals ſchal des entgelden.
Hir ſynt vele klagers vnde ſchynbar daet;
Dyt alle wyl yw weſen quaet."
¶ „Gnedighe here", ſprack Reynke, „wat ſchadet my
Eſt Brunen noch blodich is ſyne platte?   [hatte,
1735 Wor vmme was he ſo vormeten
Vnde wolde Ruſtevylen ſyn honnich ethen,
Vnde em de bur laſter an beden?
Brun is yo ſo ſtark van leden!
Js he gheſlagen efte vorſproken,
1740 Were he gud, he habbet ghewroken,
Eer he quam in dat water.
Echter ok mede Hyntze de kater,
Den ik herbergede vnde wol entfenck,
Vnde he do vth vmme ſtelen ghynck
1745 To des papen hus, ſunder mynen raet,
Vnde em de pape bede quaet —
Seker, ſcholde ik des entgelden
[Bl. 74ᵃ.] Vnde ik dar vmme lyden ſchelden,
Dat were to na yuwer vorſtliken kron.
1750 Doch wat gy wylt, dat moghe gy boen
Vnde alzo ghebeden ouer my,

Wo gud vnde klar myne sake ok sy.
Gy mogen my vromen, gy mogen my schaden,
Ja, wyl gy my seden efte braden,
1755 Hangen, koppen efte blenden,
Jo byn ik in juwer gnaden henden.
Wy synt yo alle in juwem bedwanck;
Stark sy gy, vnde ik byn kranck,
Myn hulpe is kleyn, de juwe is groet.
1760 Vorwar, al sloge gy my ok doet,
Dat were yw eyne krancke wrake.
Doch wyl ik al in desser sake
Rechtferdich vnde vprichtich syn."
   ¶ Do sprak rambok, de heet Bellyn:
1765 „Jd is recht tyd, wylle wy nu klagen".
Dar quam Ysegrym myt alle synen magen,
Hyntze de kater vnde Brun de bare
Vnde der deren eyne grote schare;
[Bl. 74ᵇ.] Lampe de haze vnde de ezel Boldewyn,
1770 Wackerloß de klene, ok de grote hunt Ryn,
Metke de zeghe vnde Hermen de bock,

        [Holzschnitt von Bl. 6ᵇ wiederholt.]

Ekeren, weselken, hermelken weren bar ok;
De osse, dat perd, de weren ok dar,
Vele wylder deren eyne grote schar,
[Bl. 75ᵃ.] Dat herte, dat ree vnde Bokert de beuer,
Kanynen, maerten vnde ok de wylde euer,
Bartolt de adebar vnde Marquart de hegger,
Ok Lütke de kron was dar alder degger,
Tybbeke de and vnde Alheyt de goes:

[Holzschnitt: Links ein Hahn und zwei Hühner, die nach rechts,
auf der rechten Seite eine Taube (?) und drei Täubchen (?),
die nach links gehen. (Dialog. creat.: de ornice et gallina.)]

1780 Desse klageden alle ouer den vos.
Hennynck de hane vnde al syne kynder
Klagheden gantz seer eren hynder.
Noch weren dar der voghele meer
Vnde andere der deren eyn groten heer,
[Bl. 75ᵇ.] De ik nu nicht al kan nomen;
Desse alle wolden den vos vorbomen

Vnde dachten dar vp myt scharpen synnen,
Wo se em syn leuent mochten affwynnen.
Se ghyngen vor den konnynck al;
1790   Dar hordemen klaghe ane tal.

[Holzschnitt: Links eine nach rechts gewandte Gans(?); rechts
ein nach links gewandter Habicht, in der Mitte zwischen
beiden ein nach links gewandter Sperber   (Dialog. creat.:
de osmerillo et accipitre.)]

¶ Wo Reynke van velen synen wedderparten vorklaget
wart in swaren saken; wo he hyslykem antwort gaff, doch
int leste myt tughen ouerwunnen wart vnde to deme
dode vorordelt. Dat xx capyttel.

[Bl. 76ᵃ.]   Alsus wart dar eyn groet perlement;
              De deren, de dar stunden vmmen trent,
              Wolden Reynken syn lyff affwynnen.
              Se spreken en an myt allen synnen,
1795   Myt velen klaghen, de men dar horde;
        Ja, hyslykem gaff he schon antworde.

[Holzschnitt: Rechts ein nach links gewandter Storch; links
eine nach rechts gewandte Schwalbe. (Dialog. creat.: de
ciconia et yrundine.)]

        Ne wart ghehoret vp eynen dach
        Mere klaghe, alze dar gheschach
        Van voghelen vnde wylden deeren,
1800   Van nauwem rade vnde mannich viseren,
[Bl. 76ᵇ.] Dat men dar horde vnde vornam.
        Men do Reynke to antworde quam,
        Wart ne schonre vntschuldynge ghehort,
        Alze Reynke dar suluest brachte vort;
1805   He entschuldyghede syk in al den dyngen,
        De men ouer en mochte bryngen,
        Dat al den heren dat wunder bede,
        Dat Reynke wuste so schone rede
        Vnde syk al der sake wolde entleggen,
1810   De men dar ouer en konde seggen.
        Jnt leste (dat it korte desse wort)
        Quemen etlyke tueghe dar vort,

Dat weren vprychtyghe waraftyge mans;
Se túgheden ouer Reynken heel vnde gantz,
1815   Schuldich to wesen in der myssedaet.
Do ghynck de konnynck in den raed.
Se sloten eynbrachtygen vnde eynes modes:
„Reynke be vos is schuldich des dodes.
Men schal en bynden vnde vangen,
1820   Dar to by syneme halze vphangen".
Syne kloken worde hulpen nicht vele.
Do ghynck yd Reynken vth deme spele.
[Bl. 77ª.] De konnynck dat ordel suluen affsprack,
Dar vmme Reynke gantz sere vorschrak,
1825   Vnde wart to der suluen stunden
Ghevangen vnde harde ghebunden.

[Holzschnitt: Links auf einer Erhöhung sitzt der König mit
Krone, Mantel und in der Linken das Scepter haltend; seine
Rechte stützt er auf das rechte Bein. Vor ihm im Vordergrunde
wird Reinke von dem Bären und dem Wolf gebunden; neben
dem Wolf, weiter nach rechts der Kater liegend. In der
Mitte, rechts vom Könige, auf einem Altar ein aufgeschlage-
nes Buch, auf welches der Widder seine beiden Vorder-
pfoten gelegt hat, rechts von diesem Grimbart und die Affin,
beide nach dem Widder sehend, sowie zwei andere Tiere
aus Reinkens Freundschaft.]

[Bl. 77ᵇ.] ¶ (1) In deſſen tween capittelen leret de poete
vyff stucke. ¶ Dat erſte is, dar de troſt dúr is, schal
ſyt eyn wys man suluen troſten vnde vordryſten, alze
Reynke hir bede. ¶ (2) Dat ander is reuerencie vnde
othmod, den men eynem heren efte richter sal beden.
¶ (3) Dat drydde is, de vorklage to krygen, dem dat ſo
vallen mach. ¶ (4) Dat veerde is den rychteren efte
heren eyne lere, dat de nycht louen scholen gherynge
lyſtyge worde, vnde schal ſyt ok nicht haſtygen myt worden
laten vmme bryngen van deme weghe der rechtferdicheyt,
men den mysdadygen straffen, vnde ernſthaftich to weſen.
¶ (5) Dat vyfte is, dat eyn here efte richter nicht louen
schal allen klagers, men myt waraftygen tuegen de war-
heyt vnderſoeken vnde dar na rychten, gelyk alze Reynke
hir wart ouerwunnen myt warcftigen tugen vnde do dar
na vorrichtet to dem dode, dat doch krech eynen vmme-
ſlach, ſo hir na volget.

¶ Wo Reynke ghevangen vnde ghebunden wart vnde
wart ghevoret na deme dode, vnde wo Reynkens vrunde
orloff nemen. Dat xxi capittel.

[Bl. 78ª.] DO Reynke alſus was ghevangen
Vnde dat ordel was, men ſcholden hangen,
Vnde Reynken vrunde dyt hadden vornomen,
De ok to houe weren gekomen,

[Holzſchnitt von Bl. 77ª wiederholt.]

Alze Marten de ape, de ok was to rechte,
Vnde Grymbart myt velen, de in Reynken ſlechte
[Bl. 78ᵇ.] Horden vnde em to quemen van blode,
De dyt ordel horden gantz node
1835 Vnde worden hir vmme ſeer bedrouet,
Meer wan yennich rechte louet,
(Wente Reynke was eyn banrehere
Vnde wart ghewyſet van aller ere,
Dar to in eynen ſchendygen boet) —
1840 Se en mochten nicht deſſe noet
Vordragen, men ſe nemen orloff
Van deme konnynge vnde rumeden den hoff.
¶ De konninck betrachte deſſe dynck,
Dat mannich knape van em ghynck,
1845 Der vele was vth Reynken ſlechte.
„Jd were gud, dat ick bedechte",
Sprack he to eynem vth ſyneme rad,
„Al were ok Reynke noch ſo quad,
Jn ſynem gheſlecht is doch mannich man,
1850 De dat hoff ouel entberen kan".
Jſegrym, Hyntze vnde Brun de bare,
Deſſe nemen Reynkens meyſt ware.
[Bl. 79ª.] Dyt weren, de en bunden vnde vengen,
Deſſe dachten en ok vp to hengen.
1855 De konnynck habbe en bevolen dat,
Dyt deden ſe gern, went ſe weren em hath.
¶ Do ſe do ſus myt em quemen,
Dar ſe to hant de galghe vornemen,
Do ſprak Hyntze to deme wulue:
1860 „Her Yſegrym, ghedencket nu an dat ſulue,

Wo Reynke, deffe quade deeff,
Dat to werke brachte vnde ok dreeff
Vnde he ok fuluen mede vthghynck,
Dar men yuwe beyden brober vphynck,
1865 Des Reynke do vro was in al fyneme ghelate;
Betalet ene nu myt der fuluen mathe.
Ok Brun, ghedencket, wo he yw vorreeth
To Ruftevylen hus, dat mannich weeth,
Dar yw flogen beyde manne vnde wyff,
1870 Dat yw blodich was beyde hövet vnde lyff.
Seet to, wente Reynkens lyfte fyn groet;
Entqueme he wech vth deffer noet,
Sus wroke wy vns nummer mere.
[Bl. 79b.] Dar vmme latet vns haften fere;
1875 He heft yd an vns groet vorwracht.
Dar mothe wy nu fyn vp vordacht."
[Holzschnitt von Bl. 77a wiederholt.]

[Bl. 80a.] ¶ Do fprak Yfegrym alzo vort:
„Wat helpen doch alzo vele wort?
Habbe wy eynen reep efte lyne,
1880 Draden wolde wy eme korten de pyne".
Se spreken Reynken al entyegen.
Alze he fus lange habbe ghefwegen,
So begunde Reynke ok to fpreken.
He fprak: „nu gy yw doch wyllen wreken,
1885 My wundert, gy nicht na dem ende flaet.
Hyntze weet wol guden raet
To eyner lynen, ftark vnde gud,
Dar he to des papen hus ynne ftod,
Dar he noch wech quam ane alle ere.
1890 Ok Yfegrym vnde Brun, gy haften fere,
Dat gy yuwen om tom bode bryngen;
Gy menen, yw fchal denne wol ghelyngen".
¶ De konnynck vnde al fyne heren,
De dar do myt to houe weren,
1895 Ok de konnyghynne des ghelyken,
Se volgeden alle na, arm vnde ryke;
Van Reynken wolben fe feen ben enbe.
[Bl. 80b.] Yfegrym bevol al, be he kenbe,

Synen magen vnde synen vrunden,
1900 Dat se yo vaste by em stunden
Vnde dat se Reynkens nemen war,
Dat he nicht wechqueme vth der var.
Sunderlyken bevol he syneme whue.
He sprak: „see to by dyneme lyue,
1905 Help holden vaste dessen voß.
Ik segget vorware, queme he nu loß,
He worde arger in korter tyd
Vnde scholde vns schenden myt allem vlyt".
Sus sprak he ok Brunen an:
1910 „Ghedencket, wat schande he yw heft ghedaen!
Dyt wyl wy em nu al betalen.
Hyntze schal de lyne vphalen,
He is behender vnde lychter dan wy.
Holdet vnde staet my alle by,
1915 Ik wyl de ledder to rechte vlyen.
Nu betale wy em syner tuscheryen".
   ¶ Brun sprak: „settet de ledder whsse an,
Ik wyl en holden alze eyn man".
[Bl. 81ᵃ.] ¶ Reynke sprak: „yuwe sorge is groet,
1920 Dat gy yuwen om bryngen in den doet,
Den gy byldichlyk scholden beschermen,
Vnde gy yw syner seer entfermen,
Dat he so nicht enqueme in schade;
Dorste ik, ik bede halff gnade.
1925 Isegrym hateth my bouen al,
He buth, dat syn wyff my holden schal;
Wolde se dencken an olde daet,
Nummer meer bede se my quaet.
Doch yd mod nu ouer my gaen;
1930 Ik wolde, dat yd were ghedaen.
Myn vader starff ok in sorgen groet,
Men do he nam synen doet,
Do was yd kort myt em ghedaen;
Ok volgede em nicht so mannich man.
1935 Schande mothe yw wedder varen,
Wo gy Reynken lenger sparen."
   ¶ Brun sprak: „hore gy, dat he vloket vns al?
Syn tuschent nu ende nemen schal".

[Bl. 81ᵇ.] ¶ (1) Jn deſſem capittel werden iii ſtucke ghe=
merket. Dat erſte is vruchte, welker vruchte nicht weſen
ſchal in deme gherichte; wente de konninck vruchtede ſchaden
van Reynken vrunde haluen wegen, de orloff nemen.
¶ (2) Dat ander is eyne ſtraffynge der, de eynem, de
vororbelt is to deme bode, vnde be dem ſuluen noch
ſyne myſſedaet wyl vorleggen; dat is nicht gud vnde men
ſchal dat nicht doen, wente eme bange noch wert an
deme, dat he bar vor lyben ſchal, alze hyr Hyntze vnde
Yſegrym vnde Brun Reynken vorweten, wat he bözes
en ghedaen habbe, vnde he en myt ſpeyen reden nicht vele
togaff; dar by vorſtan wert, dat eyn vororbelter ſchal
arger werden edder myßmodich dar van.   ¶ (3) Dat
drydde is de lyſtighe klokheyt Reynkens, wo he begunde
to pynſen, ſyk loß to bedyngen, in deme he van ſynes
vaders bode ſebe al in behenden vorbedeben worden,
vnde doch vp ſynen eghenen vader loch, ſo hir na wert
gheſecht.

[Bl. 82ᵃ.] ¶ Wo Reynke bath vmme tyd, ſyne bycht open=
bar to bonde, vnde wat he bychtede in menynge, ſyck loß
to bedingen vnde andere in be ſuluen laſt to bryngen, ſo yb
gheſchach, bo he by ben galgen quam.   Dat xxii capittel.

[Holzschnitt: Links der Galgen, bestehend aus zwei senk-
recht gestellten Baumstämmen und dem Querbalken. Auf
letzterem sitzt Hinze und zieht an einem Stricke, der um
Reinkes Hals gelegt ist, diesen auf einer Leiter in die Höhe.
Reinke hat die Leiter halb erklommen und wendet sich mit
dem Gesichte zurück. Unten an der Leiter stehen der Wolf
und der Bär, beide mit den Vorderpfoten an die Leiter ge-
lehnt und zu Reinke hinaufsehend. Rechts zunächst der
Hase, dann das Einhorn, dann mehr nach der Mitte zu König
und Königin, über deren Kronen der Kopf der Affin hervor-
ragt; ferner die Köpfe von Widder und Hirsch. Den Hinter-
grund bildet eine hügelige Landschaft mit zwei grossen und
drei kleinen Bäumen.]

[Bl. 82ᵇ.] Reynke was in angſte groet.
          He dachte: „mochte it in beſſer noet
          Vnde recht nu in beſſer ſtunt
          Vynden eynen nyen vunt,
Dat my be konnynck bat leuent gheue

Vnde by deſſen dren de ſchande bleue!"
1945 So ſprack Reynke to ſyk ſuluen van bynnen.
„Hyr mod ik vp dencken myt allen ſynnen,
Allent, wes ik nu bruken kan;
Wente de noet, de gheyt my an.
Al is de konnynck gram vp my
1950 Vnde mannich ander, de em is by,
(Wattan, dat hebbe ik al vordent)
Jd mochte noch werden vmmeghewent.
De konnynck is ſtark, ſyn rad is vroet,
Nochtan en do ik em nummer gud —
1955 Queme ik to worden, dat hope ik nach,
Jk worde nicht ghehangen vp deſſen dach".
¶ Sus was Reynke in angſte groel.
He ſprack: „ik ſe vor my den doet,
Deme ik nu nicht mach entgaen.
[Bl. 83ª.] Hir vmme gy alle, de nu hir ſtaen,
Jw bydde ik eyne kleyne bede,
Eer ik van der werlde ſchede,
Dat gy wyllen bydden den konnynck nu,
Dat yk moghe ſpreken vor yw
1965 Myne bycht myt allem vlyt,
Dat my de konnynck wylle gunnen de tyd,
Vp dat ik de warheyt moge vormelden
Vnde dat myner vndaet nicht dorue entgelden
Eyn ander vnſchuldich, we he ok ſy,
1970 Vnde nicht betegen werde vmme my,
Vp dat god, de alle dynck recht wyl lonen,
Myner ſelen des to beth wylle ſchonen".
¶ De meyſte deel, de dyt horden,
Worden bewagen van den worden.
1975 Se ſpreken: „yd is twar eyne kleyne bede"
Vnde beden den konnynck, dat he dat bede.
Des gaff de konnynck orloff dar to.
¶ Reynke wart wedder eyn weynnych vro.
He dachte, yd mochte noch beter vallen,
[Bl. 83ᵇ.] Vnde ſprack alſus vor en allen:
„Nu help my ſpiritus domini!
Wente ik en ſe hir nemande by,

Dem ik nicht hebbe entyegen daen.
Vorder, do ik noch was eyn kleyn kumpan

1985 Vnde ik nicht meer en foch de brusten,
Do ghynck ik vaken na mynen lusten
Manck de hungen lammer vnde zegen,
Wan se ghyngen buten ben weghen;
Ere blekent vnde stemmen horde ik gern.

1990 Do beghunde ik ersten leckerye to lern,
Wente ik vorbeter eyn to doet.
Dar lerde ik ersten lapen bat bloet.
Dar na vorbeth ik hunger zegen veer;
Ik taste to vnde dede bat noch meer.

1995 Sus wart ik dryster vnde konre,
Ik sparde wer vogel efte honre,
Of ende vnde gôze, wor ik se vant.
Ik hebbe der vele gheraket int sant,
De ik al van deme leuende brochte,

2000 Wan ik se nicht al ethen mochte.
[Bl. 84ᵃ.] ¶ Dar na quam ik by Ysegryne
In eyneme wynter by deme Ryne.
He schulede vnder eyneme boem
Vnde rekende syk, bat he were myn om.

2005 Do ik en horde sus de mageschop vortellen,
Alzus worde wy al dar ghesellen,
(Dat my nu wol myt rechte mach ruwen)
Wente wy loueden dar myt truwen
Gude gheselschop de eyne deme anderen

2010 Vnde beghunden to samende alzo to wanderen.
He stal dat grote vnde ik dat klene;
Dat wy kregen, dat was ghemene,
Doch nicht so mene, so yd scholde,
Wente he delede yd, so he wolde,

2015 Nummer krech ik rechte myn deel halff;
Wente so wan Ysegrym habbe eyn kalff,
Eyne zegen, eynen weder efte eynen ram,
So grymmede he vnde makede syk gram,
Vppe dat he so my van syk dreff

2020 Vnde em myn deel alleyne bleff.

¶ Noch van Reynkens bycht.

[Bl. 84ᵇ.] ¶ Noch was dyt dat mynste al;
Men alze my hadden solt gheval,
Dat my eynen offen efte eyne koo

[Holzschnitt von Bl. 82ᵃ wiederholt.]

Gheuengen, ya, denne quemen dar to
2025 Syn wyff vnde myt er feuen kynder,
Denne mochte ik klagen mynen hynder :·

[Bl. 85ᵃ.] Jk krech denne nauwe den mynsten rebben;
Nochtan, eer ik den mochte hebben,
Hadden se dat flesch al affghegnagen;
2030 Dar myt moste ik my vordragen.
¶ Doch, god danckes, ik habbes neen noet,
Wente ik hebbe noch den schat so groet,
Beyde an suluer vnde an golde,
Dat den eyn waghen nicht dregen scholde
2035 To seuen werff vnde so wech voren."
De konnynck begunde hir na to horen,
Alze he den schat horde nomen,
Vnde sprack: „van wanne is de yw ghekomen?
Segget yb nu, ik mene den schat".
2040 ¶ Reynke sprack: „wat hulpe my dat,
Dat ik yw des nicht en sede?
Wente ik en neme des nu yo nicht mede.
Jk wylt yw seggen, nu gy yb my heet.
Wer dorch leff noch dorch leet
2045 Schal dat nu lenger blyuen vorholen,
Wente de schat was gheftolen.
[Bl. 85ᵇ.] Jb was bestelt, men scholde yw morden,
Hadde de schat nicht gheftolen worden.
Gnedighe here, merket gy dat?
2050 Dyt makede de vormaledyede schat.
Dat de schat sus gheftolen wart,
Des bede myn vader eyne quade vart
Van desser werlde to ewygem schaden,
Doch was yb nutte to yuwen gnaden."

¶ (1) Jn dessem capittel wert bewyset twey stucke. Dat
erfte is seer merklyk vnde is: So wanner eyn valsch vor=

reber efte orrunre wert to worden ftedet vnde men fynen
worden ghelouet in der heren hȯue, fo wert mannygem
quatlyken ghelduet, de to voren wol ftunt. Wente wan
eyn vorſte efte eyn here krycht wantruwe to etlyken fynen
heren efte gheſynde, dat is feer quat vnde is vaken eyn
van den grotſten ſtucken, bede vorſtoren vnde ſchuchterynge
maken eyn hus eynes heren, alzo men left van Herodes,
do he quat vormodent habbe vnde krech vnlouen to fyner
konniginnen vnde to fynen egenen [Bl. 86ᵃ.] kynderen, de
he leeth boden. Doch is dyt dat befte to raden, dat eyn
here nicht haftygen en gheloue eyneme vntruwen, alze
Reynke was, men he ſchal meyſt ghelouen olden ghe=
truwen deneren vnde den meer louen gheuen, wan alze
eynem quaden anbringer. Dar mod hummers ghelouet
wefen; wente do Reynke to worden quam vnde em des
wart ghelouet, fo hir wert gheſecht, do worden de ghe=
ſchendet, bede fus wol ſtunden. ¶ (2) Dat ander ſtucke,
dat de poete menet in deſſem capittel, is, wo dat mannich
here efte rychter wert vorleydet vth deme weghe der recht=
ferdicheyt myt hopenynge, ſchat to vorkrygen; fo hir Reynke
deme konninck eynen waen makede, fo hir na ok beth
wert vorklaret.

[Bl. 86ᵇ.] ¶ Wo de konninck leet fwygent beden vnde
Reynke van der ledderen wedder affſtygen, vp dat he ene
              beth vragede. Dat xxiii gheſette.
              [Holzſchnitt von Bl. 82ᵃ wiederholt.]

[Bl. 87ᵃ.] Alze de konnigynne van Reynken horde,
              Dat he ſprack van deſſeme morde,
              De andrepende was ereme heren,
              Se begunde fyk feer to vorveren.
          Se ſprack: „ik vormane yw, Reynart,
2060   Vp de langen hennevart,
          De yuwe fele nu varen ſchal,
          Dat gy de warheyt feggen al,
          Wo yd is vmme deſſen mord".
              ¶ De konnynck ſprack do alzo vort:
2065   „Men ſchal beden eynen yſlyken to fwygen
          Vnde laten Reynken nedder ſtygen;

Desse sake gheyt my suluest an,
Dat it be beth moghe vorstan".
Do krech Reynke eynen beteren moet
2070 Vp der ledderen, dar he stoet.
Se mosten en do also wedder
Afsthgen laten van der ledder.
De konnynck nam en by syt allene,
Ok de konnygynne, vnde vrageden ene,
2075 Wo desse sake were ghetacht.
[Bl. 87ᵇ.] Ja, do wolde Reynke legen myt macht;
He dachte: „mochte it nu wedder wynnen
Des konnynges hulde vnde der konnygynnen,

[Holzschnitt: Im Vordergrunde in der Mitte rechts der Löwe, dann Reinke, der seinen Kopf nach rechts dem Könige zu wendet, endlich links von Reinke die Königin, alle drei sitzend auf dem Erdboden in geheimer Beratung. Im Mittelgrunde links ragen die Küpfe von Wolf (?), Bär und Kater über eine Erderhebung hervor; rechts der Galgen. Hintergrund: spärlich bewaldete Hügel.]

Vnde mochte dat dar to vorweruen,
2080 Dat it desse alle mochte vorderuen,
De sus nu stan na myneme doet,
[Bl. 88ᵃ.] Vnde it so queme vth desser noet,
Dat mochte it reken vor grote bathe.
Men it moet seer legen vthermathe."

¶ Wo Reynke openbar wroget vnde besecht synen eghenen vader vnde syne anderen vrunde, vppe dat in sodaner manneren syne vyende mede worden besecht, vnde wo he by sodanen stucken wart vorlöset.   Dat xxiiii capittel.

DE konnygynne sprak wedder an:
„Reynke, latet vns recht vorstan
Van desser sake de warheyt vast,
Vp dat juwe sele blyue vmbelast".
¶ Reynke sprack: „jhd des berycht,
2090 It mod nu steruen, dat is anders nicht;
Scholde it denne myne sele also beladen,
Dar myt se queme in ewygen schaden
Vnde se des ewych scholde entgelden?

6

Beter yſſet, dat it be nu mod melden,

[Bl. 88ᵇ.] Wo wol ſe ſyn myne leueſten magen,
De it vul node ſcholde bedragen.
It vruchte der hellen pyne, de dar is groet;
Dar vmme it yd hummer ſeggen moet."
¶ Deme konnynck wart dat herte ſwar;

2100 He ſprack: „Reynke, ſechſtu ok war?"
¶ Reynke ſprack: „o ebbele here,
Id is war, al byn it ſus ſundich ſere.
Wat ſcholde my dat to bathe komen,
Dat it my ſuluen wolde vorbomen?

2105 Gy ſeen yo wol, wo yd myt my is,
Steruen mod it nu, dat is wys.
Scholde it nu nicht ſpreken de warheyt,
Dar my de doet vor ogen ſteyt?
My mach nycht helpen bede efte gud."

2110 Sus beuede Reynke, dar he ſtod,
In eyneme gheſynſeden ſchyn van vruchten.
Vort ſprack de konnygynne myt tüchten:
„Reynkens nod entfermet my ſere.
Hir vmme bydde it yw, myn here,

[Bl. 89ᵃ.] Doet Reynken etlyke gnade,
Vp dat na blyue grotter ſchade.
Latet ene nu in beſſer ſtunt
Vns wytlyk doen de rechten grunt,
Vnde dat eyn yſlyk ſwyghe ſtyl,

2120 Vp dat he nu ſpreke, dat he wyl."
¶ De konnynck boet ſwygent alzo vort.
Reynke ſprack: „nu horet myne wort!
Is dat myneme heren, deme konnynck, leff,
It wyl yw leſen ſunder breff

2125 Vnde de vorrederye openbaren,
Dar it nemande denke an to ſparen".
¶ Nu machmen horen eynen nyen vunt,
(Reynkens loßheyt habbe nene grunt)
Wo he ſynem egen vader mede

2130 Quad vnde vnere ouer ſede,
Ok den greuynck, ſynen leueſten vrunt,
De em doch in allen nöden byſtunt.

Dyt bede he al in der andacht,
Datmen synen worden des to beth geue macht,
[Bl. 89ᵇ.] Dat he alzo myt syner sprake
Syne vyende brochte in de suluen sake,
De sus na syneme lyue stunden.
¶ He sprak: „myn here vader habbe ghevunden
Des mechtygen konnynges Emerykes schat
2140   In eyneme vorholentlyken pat,
Vnde do he habbe sus groten gud,
Wart he so stolt vnde hoghe van moed
Vnd helt alle deren in vnwerdicheyt
Myt syner gecklyken hochfarbicheyt,
2145   De to voren syne ghesellen waren.
He leeth Hyntzen, den kater, varen
In Ardenen, dat wylde lant,
Dar he Brunen, den baren, vant;
He entboet eme dar syne hůlde
2150   Vnde dat he in Vlanderen komen scholde,
Eft he konnynck wolde wesen.
Do Brun vnde Hyntze den breff hadden lesen,
He wart kone, vrolych vnde vnvorverd,
Wente he des lange habbe begherd.
2155   He reysede in Vlanderen altohant,
[Bl. 90ᵃ.] Dar he mynen heren vader vant;
He entfenck ene wol vnde sande tor stunt
Na Grymbart, dem wysen, vnsen vrunt,
Vnde na Ysegrym ok alzo vort.
2160   Desse veer handelden mannich wort;
Hyntze de kater was de vyfte.
Dar lycht eyn dorp, dat heeth Yfte;
Twysschen Yfte vnde Ghent
Hadden se sus dyt perlement
2165   In eyner dusteren, langen nacht.
Nicht myt god, men des duuels macht,
Vnde myt mynes vaders ghewelde,
De se dwanck myt syneme gelde,
Sworen se dar des konnynges doet;
2170   Eyn yslyk deme anderen syne hulde boet.
Se sworen vp Ysegrymes hŏuede vorware

Alle vyue, dat Brun de bare,
Den wolden se to konnynge maken
Vnde voren en in den ftoel to Aken
2175　Vnde fetten eme vp de krone van golde.
Were yemant, de dyt keren wolde,
Van des konnynges vrunden efte magen,
[Bl. 90ᵇ.] De fcholde myn vader al voryagen,
Myt fyneme fchatte dat vmme dryuen,
2180　Myt vmme to kopen, myt breue to fchryuen.
Dyt krech ik to wetten alʒo:
Jd ghefchach vp eynen morgen vro,
Dat Grymbart den wyn dranck vngheſpart,
Dar van he vrolyck vnde drunken wart,
2185　Vnde fede dat hemelyken fyneme wyue.
He fprack: ,fee, dat dyt by dy blyue!'
Se fwech fo lange, vorftad my recht,
Dat fe yd myneme wyue ok heft ghefecht.
Se fwor er, dar fe weren to famen,
2190　By der dryer konnynge namen,
By erer ere vnde truwe,
Wer dorch leff noch dorch ruwe,
Nemande fcholde fe feggen vort;
Men myn wyff helt nicht ere wort.
2195　Wente dat erfte, dat fe by my quam,
Sede fe my al, dat fe vornam.
Se fede ok eyn warteken dar by,
Dat ik encket vorftunt by my,
Dat yd war was alder dynck;
2200　Jk was al drouych, wor ik ok ghynck.
[Bl. 91ᵃ.] Jck wart andencken der poggen al,
De eyns to gode repen myt grotem fchal,
Dat he en eynen konnynck wolde gheuen,
Dat fe in dwange mochten leuen,
2205　Wente fe weren vry in allem lant.
God horde fe vnde fande en tohant
Den adebar, de fe noch hatet
Vnde fe nummer in vreden latet;
Alle tyd beyt he ene vngnade.
2210　Nu klagen fe vaft, nu yffet to fpade;

Se ſyn bedwungen alber dynck
Vnder den abebar, eren konnynck."
¶ Sus ſprack Reynke to al den deren,
De dar ſtunden vnde de dar weren:
2215 „Seet, ſus vruchtede ik ſeer vor vns allen,
Dat yd ok myt vns ſus mochte vallen.
Here, ſus ſorgede ik ok vor yw,
Des gy my weynich dancken nu.
Jck kenne Brunen ſchalck vnde quaet
2220 Vnde vul van groter ouerdaet.
Dar vmme vruchtede ik ene ſeer;
[Bl. 91ᵇ.] Jk dachte, worde he vnſe heer,
Dat wy denne alle weren vorlorn.
Jk kenne den konnynck wol gheborn,
2225 Seer mechtich vnde ok guberteren
Vnde ok gnedich allen deren.
Jck dachte vuſte vp deſſe dynge,
Jd were eyne quade weſſelynge,
Datmen eynen bur, eynen vnebbelen vrab,
2230 Brochte in alſodanen ſtad.
Jck dachte dar vp mannyghe weken,
Wo ick deſſe ſake mochte tobreken.
Bouen alle ſake vrodede ick dat:
Behelde myn vader ſynen ſchat,
2235 He ſcholde myt ſyneme valſchen ſpele
To plaſſe bryngen vele vnde vele
Vnde den konnynck bryngen van ſyner ere.
Dyt betrachtede ik gantz ſere,
Wor de ſchat weſen mochte,
2240 Vp dat ik en van dannen brochte.
Wor myn vader, de lyſtyge olde,
Jn deme velde efte in deme wolde
Henne toch efte henne leep,
[Bl. 92ᵃ.] Was id heet, kolt, nat efte deep,
2245 Was id by nachte efte by dage,
Jummer was ik ok in der laghe.

¶ (1) Jn deſſeme capyttel machmen merken iii ſtucke.
Dat erſte is heteſcheyt; vp dat mannich ſynen vyenden
mach ſchaden, ſparet he nicht to beſeggen ſyne eghen

vrunde, ſo Reynke ſynen vader beſede vnder eyneme
ſchyne der hillicheyt, vnde he id doch loch. ¶ (2) Dat
ander is, wo eyn orrunre, eyn valſch klaffer mannygem
ſchadet in der heren höue, ſo Reynke den konnynck in
vruchten brachte van deme morde, vp dat he loß worde
vnde ſyne vyende belaſtede. ¶ (3) Dat brydde is, dat
mannich here wert vorleydet vnde bedoret, de logenners
to worden ſteden, ſo hir Reynke den konnynck bede, dat
doch alle loßheyt vnde loggen was.

[Bl. 92b.] ¶ Wo Reynke ſpricht vnde vorvolget ſyne vp=
ghehauene loggen van deme ſchatte vnde ſpricht, ſo hir
volget.   Dat xxv capittel.
[Holzſchnitt von Bl. 87b wiederholt.]

[Bl. 93a.] Ik lach vp eyne tyd in der erde
          Vnde wachtede, alze de ſeer begherde,
          Wo ik beſt gheweten konde
          Vnde wor dat ik den ſchat ghevunde,
Dar ik gherne van habbe vornomen.
Do ſach ik mynen vader komen
Vth eyner ſteynrytzen, de was deepe.
Ik lach vorborgen, efte ik ſlepe;
2255   Nicht en wuſte he van my,
        Dat ik em was ſo na by.
        He beghunde ſyck wyde vmme to ſeen.
        Do he vornam, dat he was alleen,
        Vnde alze he ſus nemande ſach,
2260   Dede he, alze ik yw ſeggen mach:
        He ſtopte dat hol wedder myt ſande
        Vnde makede dat ghelyck deme anderen lande.
        Dat ik dyt ſach, dar wuſte he nicht van.
        Ok ſach ick, er he ſchede van ban,
2265   Dat he den ſtert leet ouer gaen,
        Dar ſyne voete hadden gheſtaen;
        He vorwhylbede ok ſyn votſpor myt deme munde.
        Dyt lerede ik dar in der ſtunde
[Bl. 93b.] Van myneme olden valſchen vader,
2270   De deſſe lyſte wuſte alle gader;
        Sus leep he wech na ſyneme ghewynne.

Ik dachte vast in myneme synne,
Efte dar mochte wesen de schat;
Ik ghynck to werke vnde opende dat ghat
2275   Myt mynen voeten vnde krop dar in.
Dar vant ik groten ghewyn,
Fynes suluers vele vnde rot golt.
Hir en is ok nemant alzo olt,
De des ye so vele to lyke sach.
2280   Do sparde ik wer nacht efte dach,
Ik ghynck slepen vnde dragen
Sunder karen vnde sunder wagen.
My halp myn wyff, vrouwe Ermelyn;
Wy hadden arbeyt vnde pyn,
2285   Eer wy den seer ryken schat
Brochten in eyne ander stat,
Dar he beth lach to vnser laghe.
De wyle was myn vader alle daghe
By den, de den konnynck sus vorreden.
2290   Nu moghe gy horen, wo se deden:
[Bl. 94ª.] Brun vnde Ysegrym sanden vth to hant
Ere breue in mannich lant
An alle, de soldye wynnen wolden.
Brun de bare scholde se vpholden,
2295   Vnde dat se schere to eme quemen
Vnde ere soldye to voren nemen;
He scholdet ene gheuen myt mylder hant.
Myn vader leep do dorch de lant
Vnde droch erer twyer breue.
2300   Wo luttyk wuste he, dat de deue
Em synen schat hadden ghenomen!
Ja, habbet em ok mogen vromen
Alle de werlt to den stunden,
He en habbes nicht eynen pennynck gheuunden.

¶ Wo Reynke noch spricht van syneme vntruwen vader
vnde wo de synen ende nam, dar myt he syne loggen
        slut. Dat ꝗꝛvi ghesette.

[Bl. 94ᵇ.] **D**O myn vader al vmme myt pyne
            Twysschen der Elue vnde deme Ryne
            Hadde ghelopen dorch de lant,
            Dar he mannigen ƶolbener vant,
          [Holzschnitt von Bl. 87ᵇ wiederholt.]

[Bl. 95ᵃ.] De he wan myt syneme golbe,
  2310   De Brunen to hulpe komen scholbe,
         Alze de sommer queme int lant,
         Do kerebe he webber, bar he vant
         Brunen vnde de ghesellen syn.
         He sebe en van der groten pyn
  2315   Vnde de mannichfoldyghen sorghe,
         De he vor de hogen borghe
         Int lant van Sassen hadde gheleden,
        · Dar de yegers na eme reben
         Myt eren hunden alle baghe
  2320   Vnde so syn lyff hangebe in der waghe:
         Se hadden eme baen vele to webberen.
         Dyt sprack he vor den veer vorrebberen.
         He tóghebe ok de breue van den ghesellen,
         De Brunen do seer wol bevellen;
  2325   De lesen se alle vnue to samen,
         Dar twalff hundert kempen by namen
         Van Ysegryms magen al in stunden,
         Myt scharpen tannen vnde wyben munden,
         Sunder de katers vnde de beren,
  2330   De alle in Brunen hulpe weren;
[Bl. 95ᵇ.] Alle de veelvraten vnde de baffen,
         Beyde van Dorryngen vnde van Sassen,
         Desse hadden al myt em ghesworen,
         In deme batmen en gheue to voren
  2335   Van breen weken eren ƶolt,
         So wolden se komen myt ghewolt
         To Brunen by deme ersten bobe.
         Dyt hynberbe ik al, des bancke ik gobe.

Do dyt alzus al was beſtelt,
2340 Ghynck myn vader ouer gynt velt
Vnde wolde ok den ſchat beſchouwen;
Men do ghynck yd to groten ruwen:
Jo meer he ſochte, yo myn he vant,
Al ſyn ſoekent was men eyn tant,
2345 Syn ſchat was al wech ghedragen.
Dar dede he, dat ik mach klagen,
Wente he van torne ſyk ſuluen hynck.
Alzus bleff na Brunen dynck
By mynen behenden lyſten al.
2350 Nu merket hir myn vngheval:
Jſegrym vnde Brune, de fraet,
Hebben nu den nauweſten rad
[Bl. 96ᵃ.] By deme konnynck tor hoghen banck,
Vnde arm man Reynke is ſunder danck,
2355 Heft ſynen egen vader ouergeuen,
Vmme den konnynck to beholden ſyn leuen.
Wor ſyn ſe hir, de dyt doen ſcholden,
Syk ſuluen to vorderuen, vmme yw to beholden?"

¶ Wo Reynke den konnynck vnde de konnyghynne vor=
leydet myt loghene vnde ſe in waenhöpenynge brynckt
van deme ſchatte. Dat xxvii gheſette.

DE konnynck vnde de konnyghynne,
Se hopeden beyde vp ghewynne.
Se nemen Reynken vp eynen ort
Vnde ſpreken: „ſegget vns nu vort,
Wor gy hebben den groten ſchat!"
¶ Reynke ſprack: „wat hulpe my dat,
2365 Scholde ik nu wyſen myn gud
Deme konnynge, de my hangen doet
Vnde löuet den deuen vnde mordeneren,
De myt legende my beſweren
Vnde wyllen my vorretlyken myn lyff affwynnen?"
[Bl. 96ᵇ.] „Neen, Reynke", ſprack de konnyghynne,
„Myn here ſchal yw laten leuen
Vnde yw vruntlyken vorgheuen

Alto malen ſynen ouelen mod.
Gy ſcholen vort an weſen vroet
2375 Vnde myneme heren alle tyd ghetruwe".
¶ Reynke ſprack: „myn leue vruwe,
In dem dat my de konnynck nu
Dyt vaſt louen wyl vor yw,
Dat ik mach hebben ſyne hülde,
2380 Vnde alle myne bröke vnde ſchülde
Of allen vmmod my wylle vorgheuen,
So is neen konnynck nu in deme leuen
So ryke, alze ik en maken wyl
(Wente des ſchattes is bouen mathe vyl)
2385 Vnde eme wyſen, wor de lycht."
¶ De konninck ſprak: „vrowe, louet eme nicht!
Legen, ſtelen vnde rouen,
Sodanes moghe gy eme to louen;
He is der argeſten loggener eyn".
[Bl. 97ᵃ.] ¶ De konnyngynne ſprack: „here, neyn!
Al was Reynke quad van leuen,
Nu moghe gy em wol louen gheuen,.
Wente he den greuynck, ſynen vrunt,
Mede beſecht in deſſer ſtunt,
2395 Dar to ok ſynen eghen vader,
De he beſchonen mochte alle gader
Vnde mochte dat ſeggen van ander deren,
Wolde he weſen quaderteren.
He wert nicht meer ſyn ſo vrighetruwe."
2400 ¶ De konninck ſprack: „mene gy dat, vruwe,
Vnde dor gy dat vor yuwe beſte raden,
Dat dar nicht na kome groter ſchaden,
So wyl ik deſſe broke nemen vppe my
Van Reynken, wo groet de ſake ok ſy,
2405 Vnde wyl echt louen ſynen worden ſchone.
Men ik ſweret em by myner krone:
Weret, dat he hir na meer myßdede,
Al, de em to horen tom teynden lede,
We ſe ok weren, ſe ſcholden al
2410 Komen in ſchaden vnde vngheval,
[Bl. 97ᵇ.] Dar to in vele perlement."

Reynke sach sus vmmewent
Den konnynck vnde krech eynen beteren mod.
„Here", sprak he, „ik were vnvroet,
2415 Wan ik nu spreke alzodane wort,
De ik so nicht bewysede vort,
Ja, in korter tyd, spade vnde vro".
De konninck menede, yd were alzo,
Vnde vorgaff Reynken alle gader,
2420 Erst de vngunste van syneme vader
Vnde syne eghene schulde ock alzo.
Do wart Reynke vtermaten vro.
Dat enkonde ok anders nicht wesen,
Wente he was van deme bode ghenesen.

¶ Wo Reynke deme konnynge dancket vnde der konni=
ginnen vnde syne loggene vorvolget, vp dat he moghe
entkomen vth der last. Dat xxviii capittel.

[Bl. 98ᵃ.] **O**Konnynck", sprak Reynke, „eddele here,
God möthe yw lonen desser ere
Vnde myner vrouwen, de gy my doet.
Ik wyl des dencken, byn ik vroet,
Vnde yw des dancken so hochlyken,
2430 Wente in allen landen vnde ryken
Leuet nu nemant vnder der sunne,
Deme ik den schat alzo wol ghunne
Alze yw beyden, wente gy
Dyt sus hebben vordenet vmme my.
2435 Ik gheue yw den ane allen hath
So vry, alze den konnynck Emeryck besath.
Nu wyl ik yw seggen, wor he lycht,
Vnde wyl de warheyt sparen nicht.
Int osten van Blanderen, merket my,
2440 Dar lycht eyne grote wosteny.
Dar is eyn busch, de heth Husterlo,
Syn rechte name de is alzo;
Dar is eyn born, heth Krekelput,
(Gnedyghe here, merket gy dyt!)
2445 Desse steyt nicht vern dar van.

Dar kumpt nicht hen wer wyff efte man,

Ja, in eyneme gantzen yar,

So grote wyltnyſſe is al dar,

Sunder de vle vnde de ſchuſuth:

2450 Here, dar lycht de ſchat behuth.

De ſtede is gheheten Krekelputte,

(Vorſtath dyt wol, yd is yw nutte)

Gy ſcholen dar hen vnde ok myn vrouwe,

Wente ik nemande web ſo ghetruwe,

2455 Den gy ſenden alze eyn bode,

Wente yuwen ſchaden wolde ik node.

Here, gy ſuluen möten dar hyn.

Wan gy Krekelputte vor by ſyn,

Werde gy dar vynden twey yunge berken,

2460 (Here her konninck, dyt ſchole gy merken!)

De harde by deme putte ſtaet.

Gnedyghe here, to den berken ghaet,

Dar lycht de ſchat vnder begrauen.

Dar ſchole gy kratzen vnde ſchrauen,

2465 Denne vynde gy moß an eyner ſyde,

Denne werde gy vynden mannich gheſmyde

Van golde rycklyken vnde ſchone.

Gy werden dar vynden ok de krone,

De Emeryck droch in ſynen dagen;

2470 De ſcholde Brune hebben ghedragen,

Wan ſyn wylle habde gheſcheen.

Gy werden dar mannyghe tzyrheyt ſeen,

Edbele gheſteynte vnde guldene werck,

De werdich ſyn mannich buſent marck.

2475 Her konnynck, alze gy hebben dyt gub,

Wo vaken wylle gy in yuweme mob

Ghedencken: ,o Reynke, ghetruwe voß,

De hir ſus grauede in dyt moß

Deſſen ſchat myt dyner lyſt,

2480 Gob gheue dy ere, ſo wor bu byſt'."

¶ Hir na wert ghesecht, alse wan eyn vntruwe schalck by
eynem vorsten is belastet vnde myt loggen este loste loß
wert vnde so des vorsten mod heft vmmewendet, denne
werden se alle vorveret, de ouer den schalk hebben ghe=
klaghet; vnde vp dat se van alsodaneme vmbelast blyuen
mogen, so seggen se al, wat deme vntruwen leff is, vnde
seggen, yd sy war, wes he heft ghesecht, so gy hir na
horen mogen van deme hazen.   Dat ꭓꭓiꭓ ghesette.

[Bl. 99ᵇ.]   DE konninck sprack: „horet my, Reynart,
    Gy moten myt my vp de vart;
    Ik kan de stede allene nicht raken.
    Ik hebbe wol horen nomen Aken,
2485 Lupke, Kollen vnde Parys,
  Men wor Husterlo este Krekelput is,
  Dar en hebbe ick ne er van ghehort.
  Ik vruchte, yd is men eyn dichtet wort.“
  ¶ Dyt enhorde Reynke nicht gerne.
2490 He sprack: „here, ick wyse yw yo nicht verne,
  Alse wente to der groten Yordane,
  Dat gy my sus holden in quademe wane.
  Yd is hir harde by in Flanderen.
  Myne worde wyl ick nicht voranderen.
2495 Horet, ick wyl hir vragen etlyke ghesellen,
  De ok dat sulue scholen vortellen,
  Dat Krekelput by Husterlo,
  Dat de dar is vnde heth alzo.“
  He reep Lampen, vnde Lampe vorschrack.
2500 To hant Reynke to eme sprack:
  „Lampe, weset nicht vorveret!
[Bl. 100ᵃ.] Komet, de konninck yuwer begheret.
  Ik vraghe yw by yuwen eeden,
  De gy kortes myneme heren beden,
2505 Segget yd by deme suluen eyd:
  Wette gy nicht, wor Husterlo steyt
  Vnde Krekelput in der wosteny?“
  Lampe sprack: „wyl gy yd horen van my,
  Krekelput is by Husterlo,
2510 Dat is eyn busch, de heth alzo;

Wente Symonet de krumme müntede dar
Syn valsche gelt so mannich yar
Vnde lach dar myt den ghesellen syn.
Jk hebbe dar vaken gheleden pyn
2515 Van hunger vnde van groteme vroste,
Wan ick in nöden lopen moste
Vor Ryne, deme hunde, de my was hart."
Do sprack vortan de vos Reynart:
„Lampe, ghaet wedder mankt ghenne knecht,
2520 Sy hebben myneme heren ennoch ghesecht".
¶ De konninck sprack: „Reynke, weset to vrede,
Wente ick in hastygem mode dat dede,
[Bl. 100ᵇ.] Dat ik yw betech myt vnrechten dyngen.
Men seed, dat gy my dar henne bryngen."
2525 ¶ Reynke sprack: „des were ick gantz vro,
Wan myne sake stunde also,
Dat ick myt deme konnynge mochte wanderen
Vnde mochte eme suluen volgen in Flanderen;
Men, myn here, yd were yw sunde.
2530 De sake segge ik yw in besser stunde,
Wo wol ik my des van rechte mach schamen.
Wente Ysegrym eyns in des duuels namen
In eynen orden ghynck hir bevoren
Vnde to eyneme monnyke wart beschoren.
2535 Eme konde an der prouene nicht ghenogen,
De em vi monnyke vpdroghen.
He klaghede alle tyd vnde kermde
So seer, dat yd my entfermde,
Wente he wart kranck vnde trach.
2540 Do halp ik eme alze myneme maech,
Jk gaff eme rad, dat he quam van dan.
Hir vmme byn ik in des pawes ban.
Myt yuweme wyllen wyl ik morgen,
[Bl. 101ᵃ.] Ok myt yuweme rade, myne sele besorgen
2545 Vnde wyl vro, alze de sunne vpghaet,
Na Rome vmme gnade vnde aflaet.
Van dar wyl ick ouer meer,
Vnde eer ik do eyn wedderkeer,
Wyl ik so vele hebben ghedaen,

2550 Dat if mht eren mach bh hw ghaen.
      Renfede it nu mht hw, wor dat of were,
      Chn hflhck fprefe: ,feed, vnfe here
      Heft nu fus fhn mehfte bedrhff
      Mht Rehnfen, deme he wolde nemen dat lhff;
2555 Dar to is Rehnfe of in deme ban'.
      Seet, gnedhghe here, whlt dht vorftan."
      ¶ „Jd is war", fprak de konnink, „nach dem gh fhd
      Jn deme banne, dat were mh vorwhd,
      Wan if hw lethe mht mh wanderen.
2560 Jf whl Lampen efte ehnen anderen
      Mht mh nemen to der putte.
      Men vorwar, Rehnfe, hd is hw nutte,
      Latet hw abfolueren vth deme ban.
      Gh hebben mhne hůlde, gh mogen ghan.
[Bl. 101ᵇ.] Jf en whl huwe bedevart nicht weren.
      Mh dunefet, gh whllen hw gantz bekeren
      Van deme quaden to guden dhngen.
      God late hw de rehfe vullenbrhngen."

¶ Wo dat de konnhnck openbar Rehnfen vorgaff alle
fhne mhffedaet, de he ghedan habde, vnde gheboet ehnem
hflhfen, dat he Rehnfen vnde de fhnen fcholde eren vnde
          reuerencie beden.   Dat xxx capittel.

      Echt alze dht was ghedaen,
        Ghhnck de konninck fuluen ftaen
        Vp ehne hoghe ftede van ftehne
        Vnde heet de deren alghemehne
      Swhgen vnde fhtten int gras,
      Jflhck na dat he gheboren was.
2575 Rehnfe ftunt bh der konnhnghnnen.
      De konnhnck fprack van al fhnen fhnnen:
      „Swhget vnde horet al ghelhfe,
[Bl. 102ᵃ.] Gh vogele, gh dere, arm vnde rhfe,
      Horet to, gh klehnen vnde gh groten,
2580 Mhne baronen vnde mhne hußghenoten!
[Holzschnitt: Links sitzen auf einer hohen Bank die Löwin
und der Löwe, zwischen ihnen Reinke. Unten rechts zu-
nächst der Bär und der Wolf, die abgünstig nach Reinkes

Platz sehen. Daneben Grimbart (?), Hirsch und Hinze (?),
welche auf den Bären und den Wolf sehen. Im Hinter-
grunde hügelige Landschaft.]

     Reynke steyt hir in myner ghewolde,
     Den men huden hangen scholde.
     Nu heft he dat hir ghedaen to houe
[Bl. 102ᵇ.] So vele, dat ik ene nu loue.
 2585 Jk geue em myne hulde myt gantzeme synne.
     Vnde ok myn vrouwe, de konnyghynne,
     Heft so vele ghebeden vor en,
     Dat ik syn vrunt gheworden byn
     Vnde he vorsonet is teghen my
 2590 Vnde ik hebbe en ghegeuen vry,
     Beyde syn gud, syn lyff vnde lede.
     Jk gheue em dar to vasten vrede
     Vnde ghebede yw allen by yuweme lyue,
     Dat gy Reynken vnde syneme wyue
 2595 Vnde synen kynderen alle ere doet,
     So wor se yw komen in ghemoet,
     Isset by nachte efte ysset by daghe.
     Jk enwyl ok nu meer nene klaghe
     Van Reynkens dyngen nicht horen.
 2600 Heft he quad ghedan hir beuoren,
     He wyl syck beteren vnde dyt alzo:
     Wente Reynke, he wyl morgen vro
     Staff vnde rentzel nemen an
     Vnde to deme pawes to Rome ghan;
 2605 Van dannen wyl he ouer dat meer
[Bl. 103ᵃ.] Vnde kumpt ok nicht wedder heer
     Er, dan dat he heft vulle afflat
     Van alle der sundichlyken daet."

¶ Wo Reynkens wedderparte syk vorschreckeden vnde vn-
tofreden weren, do Reynke loß wart, vnde wo Ysegrym
vnde Brun ghevangen worden vnde ouel ghehandelt. Dat
       xxxi ghesette.

Hyntze sprack van groteme torn:
  „Alle vnse arbeyt ist vorlorn"
  To Ysegryme vnde ok to Brune,
  „Jk wolde, dat ik were to Luntertune.

Is Reynke wedder in des konnynges gunst,
He wert bruken alle syne kunst,
2615 All dre werde wy nu beth gheschendet.
He heft my rede eyn oghe gheblendet,
Dat ander oghe steyt nu euenthr."
[Bl. 103ᵇ.] ¶ Brun sprack: „gud rad is hir nu dúr".
Isegrym sprack: „dyt is seltzen dynck,
2620 Gha wy hen vor den konnynck".
[Holzschnitt von Bl. 102ª wiederholt.]

Se ghyngen hen myt drouygen synnen,
Isegrym vnde Brun, vor de konnyghynnen.
Se spreken vp Reynken mannich wort.
[Bl. 104ª.] De konnynck sprack: „hebbe gy id nicht ghehort?
2625 Ik hebbe Reynken to gnaden entfangen".
De konnynck wart tornich vnde leet se vangen,
Brunen vnde Ysegrym, myt der haft,
He leet se bynden vnde sluten vast.
He was en doch quad vmme de word,
2630 De he van Reynken habbe ghehord.
Alzus treck vp den suluen dach
Reynkens sake eynen vmmeslach.
Syne wedderparten he sus vorreet
Vnde vorwerff ok, datmen do sneet
2635 Van Brunen rugge eyn vel aff,
Datmen em to eyneme rentzel gaff,
Voetes lanck vnde voetes breet.
Allentelen wart sus Reynke bereet.
Reynke bath de konnyghynnen do,
2640 Dat se eme wolde schaffen twey scho,
Vnde sprack: „vrouwe, ik byn juwe pelegrym.
Hir is myn ouerhere Ysegrym,
De heft veer scho, vast vnde gud,
Der suluen ik twey hebben mod.
2645 Bestellet my dat by myneme heren.
[Bl. 104ᵇ.] Of moed vrouwe Ghyremod twey entberen,
Se blyft doch to hus in ereme ghemack".
To hant de konnynghynne sprack:
„Scholdet ok kosten erer beyder lyff,
2650 Ysegrymen mene ik vnde syn wyff,

7

Se moten malck twey ſcho entbern".

Reynke ſprack: „ik dancke yw gern.

Nu kryghe ik veer gude ſcho.

Ja, alle dat gude, dat ik do,

2655 Des ſchole gy mede beelaftych ſyn,

Gy vnde ok de here myn.

Wente yd is yſlykens pelegrymen recht,

Dat he vor de to bydden plecht,

De em helpen myt ychteſwes.

2660 Dat do gy vlytich, god lone yw des".

¶ (1) In deſſen vorgheſechten vii capittelen wert vele lere entholden, doch de rechte grunt is int erſte, dat de logen=aftygen bedregers vele quades konnen vortſetten, ſo wanner en in der heren houe wert ghelouet vnde ſe betemen leth in ereme ſprekende vnde orrunende. [Bl. 105ᵃ.] ¶ (2) To deme anderen male leret hir de poete, dat yd nicht gud is, dat eyn here vmme geldes whllen de rechtferdicheyt na leth, ſo hir de konnynck Reynken loß gaff vmme hopenynge geldes vnde ſchat van em to krygen. ¶ (3) To deme drydden wert hir gheleret, dat neyn here in vnrechter whſe ſchal horen ſyneme whue; wo doch ſo ſchal eyne vrouwe barmhertich weſen vnde bydden vor de vangene vnde armen, vnde dat vmme godes whllen, welkere vnſe god meer is barmhertyger wan yennich mynſche. Men ſo hir de konnygynne bath vor Reynken, dat was wer van barm=herticheyt wegen edder van godes wegen, men vmme ghyrycheyt, vmme den ſchat, den ſe mede begherde. Vnde ſo wanner ſus wert ghebeden vor eynen böſen, ſo kumpt yd vaken vt, dat de hopenynge afflehyt, vnde dat gude, ſe ſyk vormoden, wert ghewandelt in boßheyt; ſo yd myt Reynken ghynk, alze hir na wert geſecht. Wo quad dat is, dat eyn here horet ſyneme whue in quader bede, dar quat vnder ſchulet, dar ſteyt van in deme [Bl. 105ᵇ.] drydden boke der konnynge in deme xxi capittel. Dar ſteyt ghe=ſchreuen van Achab, deme konnynck, de horde ſyneme whue Jezabel eynes quaden rades; dar vmme moſte ſteruen de vrome vnde rechtferdyge man Naboth. Des ghelyk ſteyt in deme hilghen ewangelio, alze ſunte Marcus ſcrift in deme vi capittel van deme hilgen ſunte Johannes, den

Herodes leet doden vmme des wnues wyllen, de den rad
vthgaff. Eyn vorste schal wys wesen, vnde eft vnlůchte
syne vorstynne wyl bydden efte begheren wes van eme,
dat he to se, efte yd ok sy der meenheyt beste.   Wente do
Reynke loß wart, do wart yd seer quad wedder vor de
meenheyt, alze hir na wert ghesecht.   De meyste sake, dat
Reynke loß wart, was de ghyricheyt vnde vntemelyke be=
gherynge, de de konnynck habbe to deme schatte, dar he
doch ane wart bedrogen.

[Bl. 106ª.] ¶ Wo Ysegryme syne vorvoete vnde syneme
wnue ere achtervoete worden affghestroyffet, dar Reynke
scho aff krech, vnde wo Brunen eyn stucke van syneme
velle wart ghesneden, Reynken to eyneme rentzele.   Dat
xxxii capittel.

[Holzschnitt: Links, mehr nach dem Hintergrunde zu, sitzt
der König mit der Krone; in der Linken hält er aufrecht
das Scepter, die Rechte stützt sich auf das rechte Hinterbein.
Daneben (weiter nach rechts) die Künigin, die, ihre rechte
Tatze erhebend, den König ansieht und sich mit der linken
Tatze auf die Erde stützt.   Ganz rechts Reinke, der vergnügt-
schlau die beiden anlächelt.   Vorn links liegt Isegrim auf dem
Rücken; ihm wird von einem Affen mit einem Messer in das
rechte Vorderbein geschnitten; daneben rechts hat ein anderer
Affe dem vor ihm halb aufgerichteten Bären mit einem Messer
einen grossen Schnitt ins Fell des Rückens gethan.]

[Bl. 106ᵇ.]   Reynke, de valsche pelegrym,
                  Vorwerff, dat her Ysegrym
                  Van beyden vorvoeten ton knyen to
                  Heft vorloren syne scho.
2665   Des ghelyck syn wyff, vrow Ghyremod,
        Worden er achtersten voete blod,
        Dat sel al myt den klawen af.
        Desse scho men vort Reynken gaf.
        Sus worden den beyden gheströyfet de been.
2670   Ne werlde worden armer wychte gheseen
        Alze Brun, Ysegrym vnde syn wyf.
        Se hadden vyl na ghelaten er lyf;
        Wente Brunen was ok de reyse nicht gud:
        He vorloß eyn stucke van syner hud.

                                              7*

2675   Sus brachte echt Reynke desse iii to plas.
        He ghynck, dar de wulfynne was,
        Vnde sprack: „seed doch hir, myn leue moye,
        Ik mod nu dregen huwe schoye.
        Gy hebben vaken vnde mannich werf

2680   Grote moye ghehath vmme myn vorderf;
        Dat is my alto malen seer leyt.

[Bl. 107ᵃ.] Men so alze huwe sake nu steyt,
        Dar hebbe ik vele vmme gheban.
        Van gantzeme herten ik yw des gan,
          [Holzschnitt von Bl. 106ᵃ wiederholt.]

2685   Wente gy synt van mynen leuesten magen,
        Dar vmme wyl ik huwe schoye dragen.
        Vordene ik aflaet, weynych efte vele,

[Bl. 107ᵇ.] Dar van kryge gy alzus huwe dele,
        Wente ik mod wanderen ouer de see".

2690   Vrouwe Ghyremod lach in groteme wee,
        So dat se nauwe konde spreken.
        Doch sprak se: „ach Reynke, god mote vns wreken,
        Dat sus vort geyt huwe wylle".
        Isegrym lach vnde swech pur stylle,

2695   He hadde de seuen vraude nicht al,
        Brun, syn ghefelle, ok alzo wal:
        Se weren ghebunden vnde vorwunt.
        Reynke bespottede se, dar he stunt.
        Hadde Hyntze dar ghewest, de wylde kater,

2700   Reynke hadde em ok ghewermet dat water.

¶ In desseme vorghesechten capittel is nicht sunderlikes,
men alleyne, dat nu in der werlde neyne medelydynge is
efte weynich barmherticheyt eyn to deme anderen; men de
schaden krycht, de derff vor den spot nicht sorgen, so alze
hir is ghesecht van Reynken, wo he desse dre bespottede
to ereme groten schaden.

[Bl. 108ᵃ.] ¶ Wo Reynke orloff nam vnde scheyde vth
deme houe vnde fynsede syk, wo he wolde pelegrymache
ghan, vnde wo eme de ram ben staff bede vnde ben rentzel
anhanghede.   Dat xxxiii capittel.

[Holzschnitt: Vorn links empfängt Reinke mit nach rechts
gewandtem Gesichte und um den Hals gehängter Tasche den
Stab vom Widder, der auf der rechten Seite steht. Im Mittel-
grunde links der König, der seine linke Tatze dem vor ihm
stehenden, mit Stab und Tasche ausgerüsteten Reinke in
dessen rechte Vorderpfote legt: mit der linken stützt dieser
sich; die Hinterpfoten Reinkes sind hier jede mit einem Schuh
    versehen. Hintergrund: spärlich bewaldete Hügel.]

[Bl. 108ᵇ.] Des anderen dages, des morgens vro,
          Reynke smerede syne scho,
          De Ysegrym kortes hadde vorlorn
          Vnde ok syn wyf den dach dar bevorn.
2705   He ghynck to deme konnynck vnde sede:
          „Here, yuwe knecht is nu rede
          To ghande ouer de hylgen weghe.
          Hetet yuwen prester, dat he my seghe,
          Dat ik vnder der benedygynge
2710   De pelegrymacye vullenbrynge".
          De rambock was de cappellan,
          De de geystlyken dynck plach to vorstan.
          He was ok schryuer vnde heet Bellyn;
          Den reep de konnynck to syk in.
2715   He sprack: „gy scholen Reynken alzo vort
          Querlesen welke hylge wort;
          He mod eyne lange reyse nu ghan.
          Henget ok eme den renzel an,
          Dar to doet gy eme synen staff".
2720   Bellyn deme konnynge antwort gaff:
          „Here, hebbe gy des nicht vorstan,
          Dat Reynke is in des pawes ban?
[Bl. 109ᵃ.] Ick queme tho plasse, dat is wys,
          Wente de bysschop myn ouerste is
2725   Vnde wan eme dyt worde ghesecht.
          Ik do Reynken wer krum efte recht.
          Doch kondemen dat so vmmedryuen,
          Dat ik mochte ane schaden blyuen
          By deme bysschoppe, heren Anegrunt,
2730   Vnde syneme proueste, her Lozeuunt,
          Vnde vor Rapiamus, syneme deken,
          So wolde ik de benedygynge spreken

Duer Reynken, huwen pelegrym".

De konnynck sprack: „wat schal de rym

2735 Vnde de velen vnnutten wort,

De hir van yw werden ghehort?

Wylle gy nicht lesen recht noch krumme,

Dar sla syck de düuel vmme!

Wat achte ick den bysschop in deme dome?!

2740 Höre gy nicht, Reynke wyl tho Rome,

He wyl syck beteren; wyl gy dat storen?"

Bellyn klauwede syck by den oren,

Do he den konnynck sach tornich wesen.

He beghunde vort in deme boke to lesen

[Bl. 109b.] Duer Reynken, de des weynich rochte.

Id halp so vele, alze yd mochte.

¶ (1) In desseme capittel leret vns de lerer iiii stucke. Dat erste is, wo in olden tyden de wyse vnde wonheit plach to wesen, wan yemant wolde bedeuart efte pele=grymacien wanderen, so plegen se othmodichlyken van deme prester to entfangende eren staff myt der benedyggynge. ¶ (2) Dat ander is, dat de ghenne, de in deme banne syn, dat men den nicht don schal hennyghe gheystlicheyt; ok synt se vmbequeme dar tho, de gnade der hylgen kerken to entfangen. ¶ (3) Dat drydde, dat hir wert bewyset, is, dat de gheystlyken, alze presters, schryuers efte cappelans, bede syn by den heren vnde vorsten, desse don vaken dat vmme der vorsten wyllen, dat syck nicht entemet, eyn deel vmme vruchten wyllen, eyn deel vmme eynes leens wyllen, eyn deel vmme den vorsten to wyllen et cetera. [Bl. 110a.] ¶ (4) Dat verde, dat hir de lerer menet, is eyn straffent der gheystlyken prelaten, dat de syn eyn deel alzodane nemers vnde to syk rapende, alze de here van en secht in deme ewangelio, dar he se heth beue vnde rouers, welckere bede anders ghan in den stad, wan syk dat behoret. Dar nomet he den bysschop Anegrunt vnde den prouest her Lozeuunt vnde den deken Rapiamus et cetera.

¶ Wo Reynke ghynck syne vart vnde tögede syck seer brouich, vnde alle beeren eme mosten volghen vorder weges.

Dat xxxiiii ghesette.

[Bl. 110ᵇ.] DO ouer Reynken was ghelesen
　　　　　Vnde he rede beghunde to wesen,
　　　　　Staff vnde sack wart eme gheban
　　　　　Vnde synsede syck to Rome to ghan.
[Holzschnitt von Bl. 108ᵃ wiederholt.]

　　　　He leet vallen ghesynsede tranen,
　　　　De lepen ouer syne granen,
[Bl. 111ᵃ.] Alze efte eme hammerde syn herte.
　　　　Men habbe he van ruwen yennyghe smerte,
2755　Dat sulue anders nicht en was,
　　　　Men dat he nicht be mede to plas
　　　　Mochte bryngen, de dar weren,
　　　　Ghelyck he Ysegrym vnde Brunen, deme beren.
　　　　Dyt mochte eme so nicht ghevallen.
2760　Nochtant stunt he vnde bath se allen,
　　　　Dat se vor em bydden scholden
　　　　Alzo ghetruwentlyk, alze se wolden.
　　　　Reynke hastede seer van dar;
　　　　He was noch gantz seer in vaer
2765　Alze eyn, de syk schuldich weet.
　　　　De konnynck sprack: „yd is my leet,
　　　　Reynke, dat gy sus hastich syd“.
　　　　„Neen“, sprack Reynke, „yd is recht tyd:
　　　　De gud wyl doen, en schal nicht sparen.
2770　Gheuet my orlef vnde latet my varen“.
　　　　¶ De konnynck sprack: „hebbet orloff!“
　　　　Vnde gheboet to hant ouer al den hoff,
　　　　Myt Reynken vorder weges to ghaen,
[Bl. 111ᵇ.] Behaluen de dar weren ghevaen,
2775　Alze Brun, Ysegrym, de weren in nod;
　　　　Se wunscheden syk suluen vaken den bod.
　　　　¶ Alsus ghynck Reynke vth deme houe,
　　　　Seer groet in des konnynges loue,
　　　　Myt syneme rentzel vnde staue
2780　Den rechten wech na deme hylgen graue
　　　　(Dar habbe he werff alze Meybom to Aken —
　　　　Jd wolde syk draden anders maken)
　　　　Vnde habbe alsus eynen flassen bard
　　　　Deme konnynge maket tor suluen varb,

2785 Nicht alleyne eynen bard van flaffe,
     Men ock eyne neze angheſeth van waffe.
     Se moſten em volgen in dem ſuluen daghe,
     De ouer em hadden bracht vele klaghe.
     Noch ſprack Reynke den konnynck an:

2790 „Here, ſeet, dat yw de nicht entghan,
     De twey groten mordenere,
     De gy hebben in deme kerkennere.
     Quemen ſe wech, dat were quad,

[Bl. 112ᵃ.] Se ſcholden ſchenden yuwe mayeſtact.

2795 Jd ſynt twey böze quade ketyff,
     Konden ſe, ſeker, ſe nemen yuwe lyff".
     Do dyt alle was gheſcheen,
     Deſſe pelegrym leet ſyck othmodichlyk ſeen,
     He ghynck in groter ſympelheyt

2800 Alze eyn, de des nicht beter enweyt.
     De konnynck ghynck wedder vp ſyn ſlot,
     Ock al de beren, kleyn vnde groet.
     Reynke heelt ſyck ſeer bedrouet,
     Meer wan yennich rechte louet,

2805 Dat yd etlyken ſeer entfermde.
     Vp Lampen, den hazen, he ſeer kermde:
     „O Lampe, ſchole wy vns nu ſcheyden?
     Jck bydde, dat gy my wylt gheleyden
     Vnde Bellyn, myn vrunt, de ram.

2810 Gy twey makeden my newerlde gram.
     Gy moget my wol beth vorder bryngen,
     Gy ſynt van ſöter wandelyngen,
     Vmberochtet vnde guberteren
     Vnde vmbeklaget van allen beeren,

2815 Gheyſtlyk vnde van guder ſede.
[Bl. 112ᵇ.] Gy leuen recht, alze ick bede,
     Do ick eyns eyn klüſener was:
     Wente wan gy hebbet loff vnde gras,
     Dar mede ſtylle gy yuwe noet,

2820 Gy vragen denne nicht na fleſch efte broet
     Edder ſus na anderer ſunderlyker ſpyſe".
     Sus heft Reynke myt ſodaneme pryſe
     Deſſe twey ſympelen ſeer bedort,

Alzo. dat se ghyngen myt eme vort,
2825 Wente dat se quemen vor fyn huß
By dat kaftel to Malepertuß.

¶ (1) In deffeme capittel is funderlyken to merken dre
ftucke. Dat erfte is de boßheyt mannyges valfchen pele=
gryms vnde mannyges geiftlyken boßaftigen, ghefynfeden
fchalkes, alze de Faryfeen, dar de here van fecht in deme
hylgen ewangelio: „fe fynt vnde fchynen butenwendich
hyllich, men van bynnen fyn fe grypende wulue; by erer
vrucht fchalmen fe kennen", fprycht de here. [Bl. 113ᵃ.] So
alfe hir by Reynken altes neen gud wart ghevunden, men
alleyne ghefynfede hillicheyt vnde bynnen vul alles quaden,
dat he beyde vor vnde ok dar na myt fynen werken be=
wyfede. ¶ (2) Dat ander is eyne lere, dat eyn hylyk, dede
wyl wanderen eynen wech, de fee vlytich to, myt wat
felfchop he fyck vorfammele, alze Dauid leret: „myt den
hyllighen werftu hillich, myt den quaden werftu quad vnde
vorkeret". Sus is des poeten menynge, dat eyn hylyk
fyk vlitich fchal hóden vor quade felfchop. Wan dyt de
yungen mynfchen alle to fynne nemen, fo bleue mannich
vngheſchendet an der fele, an der ere, an deme lyue, an
deme gude; men de yungen mynfchen wetten wol, wat ene
luftet vnde wat en ghenóchlyck is, men fe wetten nicht,
wat ene nutte vnde gud is. [Bl. 113ᵇ.] ¶ (3) Dat drydde
is eyne lere vns allen, alzo dat wy nicht fcholen ghenóchte
hebben in den fchonen worden, dar wy in ghelouet werden;
wente eyn gheck vnde eyn dor mynfche wyl gerne horen,
datmen ene fchal louen, men eyn wyß mynfche hóret dat
nicht gerne, men de lydet leuer, datmen ene ftraffet vnde
leret. Wente myt fmekende vnde fóten worden vorreet
Reynke de voß deffe twey, do fe horden, dat fe worden
ghelouet, alze de rambock vnde de haze, fo hir na vorder
wert ghefecht.

¶ Wo Reynke Lampen myt fyck in nam vnde eme fyn
lyff nam vnde wo he fyneme wyue fede de wyfe, wo he
loß quam. Dat xxxv ghefette.

[Bl. 114ᵃ.] Lze Reynke vor de porte quam,
Ⱨe sprak: „Bellyn neue", to deme ram,
„Gy moten alleyne hir buten staen,
Ick moet in myne veste ghaen.
Lampe schal in ghaen myt my.

[Holzschnitt: Rechts im Vordergrunde kauert Lampe, auf
dessen Nacken der vor ihm stehende Reinke seine linke
Vorderpfote gelegt hat und dem er das linke Ohr abbeisst.
Im Mittelgrunde rechts steht Bellin mit zurück (also nach
links) gewandtem Kopfe; er sieht auf Reinke, der auf der
linken Seite sitzt und seinerseits den Bock ansieht. (Reinke
hat auf diesem Holzschnitt nicht die Abzeichen des Pilgers).
Hintergrund: bewaldete Hügel.]

[Bl. 114ᵇ.] Byddet Lampen, dat he trostlyck sy
Myneme wyue, de lychte bedrouet is
Vnde noch brouyger wert werden, dat is wys,
2835 Wan se dyt recht wert vorstan,
Dat ik mod pelegrymacie ghan".
Vele soter word Reynke brochte,
Vp dat he desse twey bedregen mochte,
(Dat was syn vpsate vnde al syn syn)
2840 Vnde nam sus Lampen myt syck in.
Dar lach de vossynne in sorgen bedwungen
Myt den kleynen beyden yungen.
Se en menede nicht, dat Reynke de voß
Van deme konnynge queme loß.
2845 Men do se Reynken sus sach komen
Vnde se den rentzel habbe vornomen,
Pelegrymes wyß, myt scho vnde staff,
Hir habbe se groet wunder aff.
¶ Se sprack: „segget my, leue Reynart,
2850 Wo ysset yw gheghan in desser vart?"
Ⱨe sprack: „ick was in deme houe ghevaen,
Doch wyllygen leet my de konnynck ghaen.
[Bl. 115ᵃ.] Ick mod nu wesen pelegrym,
Wente Brun de bare vnde Ysegrym
2855 Syn borghe gheworden beyde vor my.
De konninck heft vns (danck hebbe he!)
Lampen ghegeuen in rechter soen,
Vnsen wyllen myt eme to doen.

De konnynck suluen sprack myt bescheyd,
2860 Dat Lampe de was, de my vorreet.
Hir vmme segge ick yw, vrouwe Ermelyne,
Lampe is ghewerd groter pyne,
Ick byn vp ene so rechte gram".
Do Lampe desse word vornam,
2865 Was he vorveret vnde wolde vleen,
Men dat en mochte eme nicht bescheen,
Wente Reynke heft eme vnderghan
De porten vnde greep ene an
By syner kelen gantz mordlyken.
2870 Lampe reep lude greselyken:
„Helpet, Bellyn, des is nu noet,
Desse pelegrym steyt na myneme doet!"
Men kort was ghedan dyt ghescrey,
Reynke beet em den hals entwey.
[Bl. 115ᵇ.] Alzus entfenck he synen gast.
He sprack: „gha wy eten myt der hast!
Jd is to malen eyn gud veth haze.
[Holzschnitt von Bl. 114ᵃ wiederholt.]
Wat scholde ik anders doen desseme dwaze?
Dyt hebbe ick eme lange na ghedragen,
2880 He wert nu nicht meer ouer my klagen".
[Bl. 116ᵃ.] Reynke, syne kyndere vnde syn wyff
Eten vnde pluckeden sus Lampen lyff.
Wo vaken sprack do de vossynne:
„Danck hebbe de konnynck vnde konnyginne!
2885 God gheue en beyden gude nacht,
De vns sus wol hebben bedacht
Myt desser spyse, gud vnde veth".
Reynke sprack: „etet men beth!
Jd recket wol to, hir is ghenoch,
2890 Etet yw sath yuwe ghevoch.
Al schal ick yd ock sus suluen halen,
Se motent doch int leste betalen,
De Reynken beseggen vnde vorklagen".
¶ Vrow Ermelyn sprack: „noch mod ik vragen,
2895 Wo worde gy loß vnde quyd?"
Reynke sprack: „dat neme vele tyd,

Scholde ick dat alle seggen mogen,
Wo ick den konnynck hebbe bedrogen,
Ock des ghelyken de konnyghynne,
2900 So dat de vruntschop is gantz dunne
Twysschen vns, dat weet ick wol,
[Bl. 116ᵇ.] Vnde noch krancker werden schal.
He wert my heten valsche wycht,
Wan he de warheyt to wetten kricht.
2905 Kreghe he my wedder in ghewolt,
He neme vor my neen suluer noch golt.
Ick weet yd, he wyl my volgen drade,
He scholde my doen neyne gnade.
Isset, dat he my wedder kricht,
2910 He leth my vnghehangen nicht.
Wy möten hen in Swauenlant,
Dar wy syn sus vmbekant,
Vnde möten dar holden des landes wyse.
Help! dar is so söte spyse.
2915 Honre, ghöse, hazen vnde kanynen,
Dadelen, sucker, vygen vnde rosynen;
Dar synt vele vöghele, kleyn vnde groet,
Myt eygeren vnde botteren backetmen dar dat broet.
Dar is gud water, reyne vnde klar,
2920 Help, wat söter lucht is dar!
Dar synt vyssche, de heten gallynen,
De smecken beth, wan yennyghe rosynen;
Ock welke andere alze auca.
[Bl. 117ᵃ.] Pullus, gallus vnde pauca.
2925 Dyt synt al vyssche van mynen dyngen,
Dar derf ick nicht deepe int water na spryngen.
Sodane ath ick in deme orden,
Do ick klůsener was gheworden.
Seet, vrouwe, wyl wy leuen in vrede,
2930 Dar wyl wy hen, gy möten mede.
Vp dat gy yd recht vorstaen,
De konnynck leet my hir vmme ghaen,
Dat ick em louede den groten schath,
Den Emeryck, de konnynck, besath.
2935 Ick wysede en hen to Krekelpůth,

Men he vyndet dar wer dat noch dyt,
Al sochte he dar ock yummer mere.
Hir vmme wert he syck tornen sere,
Alze he syck vynt sus bedrogen.
2940 Wat mene gy, wo mannyghe schone loggen
Dat ick dar sprack, eer ick entghynck?
Jd was nauwe, datmen my nicht enhynck.
Jck enleet ock ny mere noet,
Ock entrech ick ny den anxst so groet,
2945 Alze ick dar vor mynen ogen sach.
[Bl. 117ᵇ.] Jd gha my hir na, wo yd ock mach,
Jck en late my dar nicht meer to raden,
To komende in des konnynges gnaden.
Jck hebbe mynen dumen vth syneme munt,
2950 Danck hebbe myn subtyle vunt!"
¶ Vrouwe Ermelyn sprack alto hant:
„Schole wy nu theen in eyn ander lant,
Dar wy elende vnde vromde weren?
Hebbe wy doch hir, wat wy begheren,
2955 Vnde gy synt mester van yuwen gheburen.
Wor vmme wolde gy dan dat euenturen
Vnde nemen dat vnwysse vor dyt gube?
Wy mogen hir leuen myt sekerer hobe.
Vnse borch is yo gud vnde vast:
2960 Al wolde vns doen de konnynck ouerlast
Vnde leyde myt macht to besse strate,
Dar synt so vele sydelghate,
Wy wolden entkomen an synen danck,
Wente wy wetten hir mannygen ghanck.
2965 Dyt wette gy wol heel vnde al.
Eer vns de konnynck vangen schal
[Bl. 118ᵃ.] Myt macht, dar scholde vele to horen.
Men dat gy eme hebben ghesworen
To varen verne ouer dat meer,
2970 Dat sulue bedrouet myn herte seer".
¶ Reynke sprack by groter truwe:
„Bedrouet yw nicht, myn leue vruwe!
Beter ghesworen, wan vorloren.
My sede eyns eyn wyß man hir bevoren,

2975   Dar it mh bhchteſwhß mede bereht,
        He ſede, dat ehn bedwungen eht,
        Dat de were nicht vele werd.
        He hhndert mh nicht ehnen kattenſterd,
        Den ehd mene ick, vorſtaet mh recht.
2980   Ick blhue hir, ſo gh hebben gheſecht.
        Ick hebbe to Rome nicht vele vorloren.
        Ja, hadde ick ock tehn ehd gheſworen,
        Jt en kome ock nummer to Pheruſalem.
        Jd is mh alle nicht bequem:
2985   Ick blhue hir na huweme rad,
        Jt mochte hd vhnden wol ſo quad,
        Dar ick queme, alze ick hd hir lethe,
[Bl. 118ᵇ.] Whl nh de konnhnck ſus in vordrete
        Bryngen, ſeker, des mod ick wachten.
2990   Al is he mh to ſtarck van machten,
        Nochtan, wan ick en whl bedoren,
        Whl ick eme anhengen klocken mht oren.
        Jt do eme quad, dat nicht en docht,
        He ſchalt arger dar vhnden, wan he hd ſocht".

¶ Wo Bellhn Lampen eſſchede vnde reep, vnde wo Rehnke
Bellhne mht loßheht bedrechlhken toſprack. Dat xxxvi capittel.

        Bellhn ſtunt buten vnde begunde to khuen.
            He reep: „Lampe, whl gh dar blhuen?
            Komet hd wedder vnde latet vns gan!"
            Do Rehnke dht hadde vorſtaen,
        He ghhnck vth vnde ſprack alzo:
3000   „Bellhn, Lampe de büth hw to,
[Bl. 119ᵃ.] Latet hw dat nicht ſhn to wedderen,
        He is ſeer vrolich mht ſhner medderen.
        Dht ſcholde ick hw laten vorſtaen,
            [Holzſchnitt von Bl. 114ᵃ wiederholt.]
        Gh mogen wol ſachte vorhen ghaen.
3005   Mhn whff, de ſhn medder is,
        Leth en noch nicht ghaen, dat is whß".
[Bl. 119ᵇ.] Bellhn ſprack: „wat was dat gherochte,
        Do Lampe ſo reep, al dat he mochte

,Bellyn, helpet my, Bellyn!'

3010 Wat bede gy eme do an vor pyn?"

¶ Reynke sprack: „horet my recht!

Do ick vor myneme wyue habbe ghesecht,

Dat ick mod wanderen ouer de see,

Do krech se alderwegen wee,

3015 Dat se lange beswymet lach.

Do vnse vrunt Lampe dyt ghesach,

Do reep he: ,helpet, Bellyn, des is noet,

Ebder myn medder blyft nu doet.'"

¶ Bellyn sprack: „deme sy, wo deme sy,

3020 He reep yo seer droflyken tho my".

„Neen", sprack Reynke, „ick segget vorwar,

Lampen schadet nicht eyn har.

Ick wolde leuer, dat my mysqueme,

Eer dat Lampe schaden neme".

[Bl. 120ᵃ.] (1) In dessen tween capittelen leret de poete myt langen worden veer stucke. Dat erste is eyne dumme vn= vorvarenheyt mannyges sympelen mynschen, vnde leth syck vorleyden vnde vorraden myt schonen worden, so hir Reynke dem sympelen hazen bede. ¶ (2) Dat ander is boßheyt vnde vorrabent der quaden, dar myt se mannygen to plasse bryngen, vnde menen etlyke sodane quade, wan se eynen dummen ouervallen, dat se eme recht doen, vnde dencken etlyker sake, so hir Reynke menede, dat Lampe dat vordenet habbe, dat he scholde alzo varen. Alsus süd mannich eyn kleen ghebreck, alze eyne kleyne scheue, in eynes anderen oghe, men he en merket nicht eynen helen balken in synem eghen oghe. ¶ (3) Dat drydde is eyne lere der vnsteden mynschen, alzo dat de yenne, de wol syth, en schal nicht vpbreken to varen in eyn ander lant efte stath efte huß. Men wed, wat men heft vnde wormen is, men men wed nicht, watmen krycht efte wor men kumpt, alze hir Reynkens wyff reed int beste, dar to blyuen, dar [Bl. 120ᵇ.] se weren. ¶ (4) Dat veerde is, wo eyn boßaftich mynsche syne quatheit myt loggen vaken bedecket, vnde de eme des louet, varet des tho quatlyker, so hyr na beth wert vorklaret van deme rambocke Bellyne.

¶ Wo Reynke den rambock Bellyne bedroch vnde ene to
plasse brochte. Dat xxxvii capittel.

Reynke sprak: „Bellyn, horde gy ok dat,
Dat my de konnynck ghysteren bat,
Dat ick eme eyn par breue schreue?
Wylle gy se eme bryngen, leue neue?
Se syn gheschreuen vnde bereth,

3030 Schon bynck hebbe ick dar in gheseth.
Lampe is vrolich vtermaten,
Ick mod ene wat betemen laten.
He is myt syner medderen to sprake,
Se seggen vuste welke olde sake.

[Bl. 121ᵃ.] Se eten vnde bryncken vnde synt vro;
De wyle schreff ick de breue alzo".
¶ Bellyn sprack: „leue Reynart,
Wan de breue wol bleuen vorwart!
Wat hebbe ick, darmen de in steket,

3040 Vp dat de seggele nicht tobreket?"
¶ Reynke sprack: „ick weet wol rad.
De rentzel is dar to nicht quad
Van Brunen velle, den ick broch,
De is wol dicht vnde starck ghenoch;

3045 Dar wyl ik de breue yw leggen in.
Dar aff kryge gy groet ghewyn
Van deme konnynge, vnseme heren.
He wert yw ock entfangen myt eren
Vnde scholen eme seer wylkomen syn".

3050 Dyt louede alle de ram Bellyn.
¶ Reynke ghynck hastygen wedder in
Vnde nam den rentzel vnde stack dar in
Lampen houet, den he habbe vorbetten.

[Bl. 121ᵇ.] Men dat en moste Bellyn nicht wetten,
3055 Dat Lampen houet dar ynne stack.
He ghynck to Bellyn vnde sprack:

{Holzschnitt: Im Vordergrunde links Bellin, an dessen Hals
die Tasche hängt; er sieht sich um nach dem rechts stehenden
Reinke. Im Mittelgrunde links sitzt Reinke und belehrt den
mit umgehängter Tasche vor ihm stehenden Bellin. Hinten
ragen über bewaldete Hügel die Türme von Malepertus hervor.]

„Seet, henget den renßel an huwen hals,
Vnde ick vorbede yw als vnde als,
(Vp dat ick yw nicht bydde vorgheues!)

[Bl. 122ª.] Nicht schole gy beseen de schryft des breues,
Wente desse breue hebbe ick alzo
Vorwaret; dar vmme latet se to.
Gy moten ock nicht den sack vpdoen,
So werde gy vordenen schencke vnde loen.

3065 Wan yd de konnynck so heft gheuunden,
Dat de renßel is to ghebunden
In sodaner wyse, alze ick ene yw
Hebbe ghedaen to vorwarende nu,
Höret my recht, yd wert yw vromen,

3070 So wan gy vor den konnynck komen.
Wyl gy, dat he yw schal hebben leeff,
So segget, dat gy suluen den breff
Dychteden vnde hebben ghegeuen
Den rad, dat he so is gheschreuen;

3075 Gy krygen loen vnde groten danck".
Bellyn wart vrolych vnde spranck
Van der stede, dar he stoet,
Höger dan anderhaluen voet
Vnde sprack: „Reynke, neue vnde here,

3080 Nu weet ick, dat gy my doen ere.
Nu werde ick krygen seer groten loff

[Bl. 122ᵇ.] By al den heren in deme hoff,
Wan se seen, dat ick so wol kan dychten
In schonen worden vnde in slychten.
[Holzschnitt von Bl. 121ᵇ wiederholt.]

3085 Wo wol de kunst nicht is by my,
Dat ick kan dychten so wol alze gy,
Se scholent doch menen; ik dancke yw gherne.

[Bl. 123ª.] Yd was gud, dat ick yw volgede sus verne.
Nu wat rade gy vorder, Reynke vrunt?

3090 Schal Lampe ock mede ghan to desser stunt?"
„Neen", sprack Reynke, „wyl gy yd vorstaen,
Lampe kan noch nicht myt yw ghan.
Nu ghaet vor hen in gudem ghemake.
Ick wyl Lampen noch etlyke sake

3095 Vpdecken, de noch fyn vorholen".
Bellyn fprack: „fo fyd gode bevolen!
Ick gha hen vp myne vart".
Sus haftede he feer to houewert.
Alze he dar quam, do was yd myddach.

3100 De konnynck Bellyne fus komen fach,
He fach ock, dat de fuluefte ram
Den rentzel droch, den Reynke wech nam.
De konnynck fprack: „fegget vns, Bellyn,
Van wanne dat gy ghekomen fyn?

3105 Wor is Reynke, ick mod yw vragen,
Dat gy fus fynen rentzel dragen?"
Bellyn fprack: „konnynck, eddele here,
Reynke bath my fruntlyken fere,
Ick fcholde yw twey breue bryngen,

[Bl. 123ᵇ.] Dar fteyt in van behenden dyngen.
Alze de fyn ghedycht vnde ghefchreuen,
Den rad hebbe ick fo vth ghegeuen;
Dar vynde gy eynen fubtylen fyn.
De fuluen breue fynt hir in".

3115 ¶ De konnynck fyck nicht lange bereeth,
Den beuer he vorboden leeth,
De was notarius vnde fyn klerck.
Bokert heeth he, dyt was fyn werck:
He las de breue van fwarer fake,

3120 Wente he konde mannyghe fprake.
He fande ok na Hyntzen vnde fprack:
„Seet, wat Bellyn brynget in deme fack".

¶ Wo Bellyn quam vor den konnynck vnde habbe den
rentzel an deme halze vnde droch dar ynne Lampen houet,
dat he fuluen nicht en wufte. Dat ϫϫϫviii capittel.

[Bl. 124ᵃ.] DO Bokert de beuer habbe vpgedan
Den fack myt Hyntzen, fynem kumpan,
He toch Lampen houet hir vth.
Do fprack he alfus ouer luth:

[Holzfchnitt: Links im Vordergrunde zeigt Hinze, auf den
Hinterbeinen aufgerichtet, dem vor ihm ftehenden, das Haupt

zum Himmel hebenden Biber den Kopf des Hasen. Im
Mittelgrunde links sitzt der König, mit dem Königsmantel
und der Krone (aber nicht Scepter), die Vordertatzen auf den
Knien übereinander gelegt; neben ihm die Königin in gleicher
Kleidung, sie stützt sich mit den Vorderpfoten auf die Erde.
Vor beiden rechts Bellin mit offener, um den Hals gehängter
 Tasche. Hintergrund: hügelige, bewaldete Landschaft.]

      „Dyt is to malen eyn seltzene breff.
      Wor is de man, de deſſen ſchreff?
[Bl. 124ᵇ.] We is, de des nicht enlouet?
  3130   Vorware, dyt is Lampen houet".
      ¶ De konnynck vnde be konnygynne
      Worden vorſchrecket in ereme ſynne.
      De konnynck ſloch ſyn houet nebber.
      He ſprack: „ach Reynke, habbe ik by wedder!"
  3135   De konnynck myt der konnygynne
      Weren beyde van ſwareme ſynne.
      De konnynck ſprack: „ick byn bedrogen.
      Wo grote loggen heft Reynke logen!"
      He reep vnde was gantz ſere vorerret,
  3140   So dat al de deren worden vorveret.
      ¶ De lupardus by deme konnynge ſtunt,
      (He was des konnynges nagheboren vrunt)
      He ſprack: „wat is doch dyt ghewerd,
      Dat gy yw ſus ſere vorverd?
  3145   Al were de konnygynne ock doet,
      Latet varen deſſe ruwe groet.
      Grypet eynen mod, yd is anders ſchande.
      Sy gy nicht here van deme lande?
[Bl. 125ᵃ.] Jb is yo vnder yw al, dat hir is".
  3150   ¶ De konnynck ſprack: „is dat ſo wys,
      So latet yw dat neen wunder ſyn,
      [Holzschnitt von Bl. 124ᵃ wiederholt.]
      Dat nu myn herte lydet pyn,
      Ebber dat ik ſus hebbe myßghelaet.
      My heft myt ſyneme bozen beraet
[Bl. 125ᵇ.] Eyn quaet ſchalk ſo verne ghebracht,
      Dat ik myne vrunde hebbe vorwracht,
      Den ſtolten Brunen vnde Yſegryn.
      Dat ruwet my in deme herten myn.

Dat wyl seer an myne ere ghaen,
3160 Dat ick so vele hebbe myßghedaen
Tegen myne alder besten barone
Vnde ick deme quaden horensone
Alzo vele scholde betruwen.
Men yd quam al to by myner vruwen:
3165 Se bath vor ene so vele to voren,
Dat ick ere bede moste horen.
Dat is my leet, al ysset to spade.
Al ere rad kumpt my to quade".
¶ De lupard sprack: „horet my, konnynck here,
3170 Moyet yw dar vmme nicht alto sere!
Is dar myßghedaen, men schalt sönen,
Men schal deme wulffe vnde Brunen, deme könen,
Ock Ghyremode, der vrouwen syn,
Dessen schalmen gheuen den ram Bellyn,
3175 Wente he bekende suluen openbar vnde bloet,
[Bl. 126ª.] Dat he rad gaff to Lampen doet.
Dyt schal he wedder betalen vnde kopen.
Denne wyl wy alle na Reynken lopen.
Konne wy, he schal werden gheuangen,
3180 Vnde nicht vele worde, men vort vphangen!
Wente he kan syne worde so slycht,
Kumpt he to worden, men hanget ene nicht.
Myt desser soene, dat weet ick wal,
Brunen vnde Ysegrym wol nögen schal".

¶ Wo Brun vnde Ysegrym vth der vencknysse worden
ghelaten, vnde wo en de konnink den rambok vnde alle
syn slechte gyft in ere ghewalt vor eyne soene vnde beterynge.
Dat xxxix vnde ock dat leste capittel des ersten bokes van
Reynken deme vosse.

[Bl. 126ᵇ.] Alze dyt de konnynck habbe ghehort,
He sprack to deme luparde vort:
„Ick wyl doen na yuweme rad.
Hir vmme bede ik yw, dat gy ghad,
Halet vns heer de beyden heren,
3190 Men schal se wedder myt groten eren

By vns setten in den rad.
Jck bede ock, dat gy des nicht en laet,
Gy scholen vorboden alle de deren,
De hir latesten to houe weren.

3195 Men schal en allen laten vorstaen,
Wo valschlyken Reynke is entghaen
Vnde wo Bellyn vnde Reynke, de rode,
Lampen hebben ghebracht tom dode.
Eyn yslyck schal ock Ysegryme, deme wulue,

3200 Werdicheyt doen vnde Brunen dat sulue.
De sone schal syn, so gy hebben ghesecht,
Bellyn, de vorreder, vnde alle syn slecht".
¶ Do ghynck de lupard altohant,
Dar he Brunen vnde Ysegrym vant.

3205 Se legen ghebunden vnde worden gheloft.
[Bl. 127ᵃ.] He sprack: „ick brynge yw guden trost,
Dar to des konnynges vast gheleyde.
Vorstaet my recht, gy heren beyde,
Heft myn here teghen yw mysgghedan,

3210 Dat is eme leet vnde he leth yw vorstan,
He wyl, dat gy to vreden syn
Vnde entfangen tor sóne den rambock Bellyn,
Dar to syn slechte vnde alle syne mage
Van nu an wente tom yúngesten dage.

3215 Tastet de an ane alle gelt,
Isset in deme wolde edder vp deme velt.
¶ Noch ghyft yw dar to mynes heren gnaden
Reynken, de yw heft vorraden.
Den moghe gy ane yennyghe klacht

3220 Vorvolgen myt alle yuwer macht,
Reynken, syn wyff vnde alle syne magen,
So wor dat gy se konnen belagen.
Dyt is eyne seer kostlyke vryheyt,
De my de konnynck yw seggen heyt.

3225 Dyt wyl sus holden de konnynck ryck
Vnde syne nakomelynge ewychlyck.
[Bl. 127ᵇ.] Gy móten vorgetten alle schulde
Vnde sweren eme vast yuwe hulde.
Dyt moghe gy doen myt groter ere,

3230 He myßdeyt teghen yw nummermere.
      Nemet dyt, ick rade, dat gy yd doen".
      Alzus wart ghemaket de soen
      By heren luparde, deffen tor baten.
      Des mofte Bellyn den hals dar laten.

3235 Alzus wert Bellyns flechte alle daghe
      Noch vorvolget van Yfegrymes maghe.
      Deffe twydracht wart alzo beghunt;
      Se vorbyten se noch, al wor se kunt,
      Vnde menen vaft, se doen yd myt rechte.

3240 Lammer, schape, ya alle Bellyns flechte,
      Deffe werden van en nicht gheschonet,
      Ock wert de twydracht nummer vorfonet.
      ¶ De konnynck leet vorlengen den hoff
      Twelff daghe, vmme noch merer loff

3245 Brunen vnde Yfegrym to bonde;
      So blyde was he, dat he ene fonde.

[Bl. 128ª.] ¶ (1) In deffen dren vorghefechten capittelen
leret de poete mannygerleye ftucke, funderlyken feuen. In
deme erften wert gheroret de grote valfcheyt, dar vele in
deffeme boeke van fteyt, wo de bözen vaken myt rechter
vpfate vnde vorbedachteme mode den fympelen bedregen,
alze hir Reynke den rambock dede myt den breuen, al
legende. ¶ (2) Dat ander is vorheuynge in loue, alze
Reynke louede den bock, vnde he fyck vorhoeff. ¶ (3) Dat
drydde is, dat mannich hopet ghewyn vnde bathe van
eyneme dynge, dat eme doch vaken wert contrarie vnde
kumpt eme to vorderue vnde alleme vnlucke, gelyk alze hir
Bellyn vor. ¶ (4) Dat verde is, dat mannich groff ftump
mynfche by eyneme heren fyt wes vormyth vnde fyck to=
fchrift efte totekent eyn dynck, dat he doch nicht en kan,
vmme profyt efte prys vnde ere by deme vorften to kryghen;
dat vaken vmme erer loggen wyllen eynen vmmeflach
kricht, [Bl. 128ᵇ.] fo yd hyr myt Bellyne ghynck, do he fede,
dat he den rad vthghegeuen habbe, dat de breue fchreuen
weren. ¶ (5) Dat vyfte is, fo we den quaden ghelduet,
de wert ghefchduet, alze hir Bellyn Reynken louede, do
he eme vorboet, dat he den rentzel efte fack nicht fcholde
vpdoen, vmme to befeen, wat he droch, vnde leet fyk fo

bedregen. ¶ (6) Dat feſte is eyne lere der, de by den
vorſten negeſt ſyn, wo de ſcholen den vorſten troſten, wan
he is bedrouet edder vorerret; wente neen vorſte is ſo
mechtich in al der werld, eme is yo wat to wedderen,
alzo dat nicht de pawes efte keyſer, efte we ſe ſyn, neen
is van en, deme yd na alle ſyneme wyllen gheyt; vnde
ſus behöuen ſe troſtlyken rad, ghelyck hir de lupardus
tröſtede den konnynck, alzo dat he wedder eynen mod greep.
¶ (7) Dat ſeuede vnde dat leſte ſtucke, dar in leret de
lerer vnde beſlut dar myt dat erſte boek, vnde is, ſo wan
etlyke heren vnde vorſten in der werlde twydrachtich ſyn
vnde ſe ſyck vorlyken vnde myt malckander ſönen vnde ere
vyentſchop wert gheſtyllet, dyt [Bl. 129ª.] wert betalet myt
deme ghemenen volke, myt deme gude der vnderſaten, myt
ereme ſuren ſwete vnde blode, ghelyck hir is gheſecht van
deme rambocke vnde ſyneme ſlechte, dat myt ene de ſöne
wart ghemaket twyſſchen deme konnynge vnde Brunen
vnde Yſegryme.

Hir endighet dat erſte boek van Reynken deme voſſe.

[Bl. 129ᵇ.] ## Hir beghynnet dat ander boek van
Reynken deme voſſe.

¶ In deſſeme anderen boeke ſprickt de poete ſunderlyken
van deme ſtate der mynſchen vnde ereme ghebreke. Vnde
volget int erſte, wo to deme houe des konnynges, den he
heelt, quemen nicht alleyne de deren, men ock de vögele
in groter vorſammelynge, klagende ouer Reynken, vnde
ſpreken vnder ſyck, ſo hir na volget.

¶ „De konnynck heft vns to entboden,
Wy möten to houe, dat is van noden.
Nicht enhelpet Reynken meer ſyne kunſt,
3250   He is groff in des konnynges vngunſt".

[Holzſchnitt: Rechts ein Schwan, der einen links ſtehenden
Raben anfaucht. (Dial. creat.: de cigno et coruo) s. Anm.]

[Bl. 130ᵃ.] ¶ „So vele vnſer is in deme tal,
Quer Reynken wyl wy klagen al,
So wan wy komen in den hoff.
Dat heft he tegen vns vordenet groff".
[Holzschnitt von Bl. 75ᵃ wiederholt.]

3255   „Ja wy ock des ghelyck vnde vnſe kynder,
Wente wy ſyner hebben groten hynder;
Vnſe eyger vnde hungen he nummer enſpart.
Des kricht he nu eyne quade vart".

[Holzschnitt: Rechts eine nach links gewandte Taube; links
drei nach rechts gewandte Tauben, unter denen zwei mit
langen Schwanzfedern, die vorderste von diesen mit ge-
ſträubtem Kamme. In der Mitte Blattarabeske. (Dial. creat.:
de turture casta.)]

[Bl. 130ᵇ.] „Ja, wy wyllen yw doen vaſt byſtant,
3260   Vp dat he to degen werde gheſchant
Vor ſyne loßheyt vnde valſche laghe,
Dar he vns mede ſchadet heft vele daghe".

[Holzschnitt: Rechts ein nach links gewandter Rabe; ihm
kommt von links her eine Schnepfe entgegen. (Dial. creat.:
de coruo et ficedula.)]

„Ja, habbe wy eer vns ſus beſproken,
Wy habben vns lange wol ghewroken
3265   An Reynken, deme erloſen deue.
Wert he nu ghehangen, ſo gheſchüt vns leue".

[Holzschnitt: Rechts eine nach links gewandte Weihe, von links
her kommt ihr entgegen ein grosser Raubvogel. Zwischen
beiden eine Blattarabeske. (Dial. creat.: de herodio et milno)].

[Bl. 131ᵃ.] ¶ „Ja, Reynke plecht to ſyn vorbolgen.
Men late vns vry vnſe klage voruolgen.
Den ſchaden, he vns to donde plecht,
3270   Dar vor kricht he nu ſyn rechte recht".

[Holzschnitt: Links ein Hahn, der auf den rechts stehenden,
ihm zugewandten Falken losschreitet. (Dial. creat.: de falcone
et gallo.)]

¶ „Ja, de konnynck heft dat ordel ghegeuen,
Reynke ſchal nicht lenger leuen.
Eme wert nu alle ſchande vorlenet;
Dat heft he vaken noch vordenet".

[Holzschnitt: Rechts eine Weihe nach links zuschreitend auf
die ihr entgegenkommenden Lerche und Wachtel. (Dial. creat.:
de qualia et alauda.)]

[Bl. 131ᵇ.] ¶ Dat erſte capittel deſſes anderen bokes ſprydt
van deme groten houe, den be konnynk helt, vnde wat
mannygerhande dere vnde vögele dar quemen. Sunderlyken
ſecht hir de poete van der kreyen eſte karock vnde van
deme kannynen, wo de bar quemen, klagende ouer Reynken.

Lze de hof ſus was bereyt,
So hir vor geſchreuen ſteyt,
Vnde alle dinck was wol be=
ſtelt, Dar quam to houe man=
nich helt. De dere weren
bar nicht alleyne, Men ok
vele vögele, grot vnde kleyne.

Dar quam to houe mannich here
To Yſegrymes vnde to Brunen ere.
Dar was vraude myt groteme feſte,
Men heelt dar blytſchop be alber beſte,
3285 De ye wart gheſeen van beren.
Men dantzede den hoffdantz by manneren
Myt trumpen vnde myt ſchalmeyden.
De konnynck habbe laten bereyden,
[Bl. 132ᵃ.] Dat eyn yſlyck ghenoch dar vant.
3290 Alle was en boden gheſant,
Dat ſe moſten komen dar.

[Holzschnitt von Bl. 6ᵇ wiederholt.]

Vöghele vnde bere, mannich par,
Reyſeden dar hen by daghe vnde nachte.
Men Reynke be vos lach vp der wachte,
[Bl. 132ᵇ.] De valſche pelegrym vnde loze wycht
Quam de tyd to houe nicht.
He brukede al ſyn olde ſpeel;
De eme danckeden, der en was nicht veel.
Dar was to houe mannich ſanck,
3300 De ſpyſe vloyede vnde be branck,
Dar ſachmen ſchermen vnde vechten.
Eyn yſlyk quam myt ſynen ſlechten.
Eyn deel dantzeden, eyn deel de ſungen,
Dar ſachmen pypen vnde bungen.
3305 De konnynck ſach van ſyneme ſael,

Eme haghebe seer wol be grote grael.

¶ Do achte baghe al vmme weren,

De konnynck sath myt synen heren

Ouer tafelen vnde ath.

3310 Dat kannyn quam vor en, bar he sath

By syner vrouwen, be konnyghynne,

Vnde sprack myt eyneme drouyghen synne:

„Here, her konnynck vnde al, be hir syn,

Entfermet yw by ber klaghe myn!

3315 Jck mene, men selben heft ghehord

[Bl. 133ᵃ.] Soban vorrabent vnde argen morb,

Alze Reynke an my beghunde.

Gysteren morgen tor sesten stunbe,

Do sath Reynke vor syneme huß,

3320 Vor syner borch to Malepertuß.

Jck meenbe myt freben vor em to ghan,

Jck sach en alze eynen pelegrym stan.

My buchte, dat he syne tybe las,

Dar vmme ick bes to bryster was.

3325 De suluen straten moste ick borch,

Wolbe ick wesen to besser borch.

Do he my sus habbe vornomen,

Beghunbe he my neger to komen.

Jk bachte, he wolbe my vruntlyk möten;

3330 Do greep he my an myt synen poten,

He tastebe my an twysschen myne oren:

Jck meenbe, ik habbe myn hóuet vorloren.

Syne klawen weren lanck vnbe scharp,

Dar myt he my tor erben warp.

3335 Men (bes weet ick gobe banck!)

Jk was so lycht, dat ick entspranck

Vnbe sus vth synen poten quam.

[Bl. 133ᵇ.] He grymmebe seer vnbe was gantz gram,

Dar vmme he my nicht beholben mochte.

3340 Jck swech vnbe makebe altes neen gherochte,

[Holzschnitt: Links vorne sitzt der König mit der Krone, in
der Rechten das Scepter haltend; vor ihm das Kaninchen,
dessen linkes Ohr abgebissen ist, und die Krähe. Weiter nach
hinten rechts an einer Anhöhe Reinke, in dessen Rachen von
links her die Krähe mit ausgebreiteten Flügeln ihren Kopf

stecken hat. Links ganz im Hintergrunde eine von einem
Baume auffliegende Krähe, die nach Reinke (also nach rechts)
hinschaut.]

Doch moste ick myn eyne oor dar laten
Vnde in myneme houede iiii grote ghaten.
Hir moghe. gy seen dyt vnghevoch,

[Bl. 134ª.] Dar he my myt synen klawen sloch.

3345 Byl na habbe ick ghebleuen doet.
Here, latet yw entfermen desse noet,
Datmen alzus bryckt yuwe gheleyde.
We is, de varen dor ouer de heyde,
Nu Reynke alzus de strate belecht?"

3350 ¶ Do he dyt sus habbe ghesecht,
Quam dar Merkenauwe de kreye vorb
Vnde sprack to deme konnynck desse word:
„Werdyghe konnynck, gnedighe here,
Ick brynge yw yammerlyke mere.

3355 Van angste kan ick nicht vele spreken,
My duncket, my wyl myn herte tobreken.
Is dat nicht eyn yammerlyck dynck?
Huden morgen, do ick vthghynck
Myt Scharpenebbe, myneme wyue,

3360 Dar lach ghelyck eyneme doden ketyue
Reynke de voß vp der heyde
Vnde habbe syne ogen vorkeret al beyde;
De tunge henck eme vth syneme munde
Ghelyck so eyneme doden hunde,

[Bl. 134ᵇ.] Eme stunt de munt wyde open.
Van angste beghunde ick to ropen.
Io meer ick reep, yo stylre he lach.

[Holzschnitt von Bl. 133ᵇ wiederholt.]

Wo vaken sprack ick: ‚owy vnde owach!
He is alderdynge doet!'

3370 Dar vmme habbe ick ruwe groet,

[Bl. 135ª.] So seer my synes dodes entfermde.
Ick beklagede en, vnde myn wyff de kermde;
Meer ruwe habbe wy, wan yennich louet.
Ick betastede synen buek vnde ock syn houet;

3375 Myn wyff ghynck staen to syneme kynne,

Se merkede, eft ycht were dar ynne
Tekene des leuendes, groet efte kleyn,
Men he lach doet alze eyn steyn;
Dyt habbe wy beyde wol gheſworen.
3380 Wo ſe voer, dat moghe gy nu horen.
Do ſe in ſorgen ſus by eme ſtunt
Vnde er hȯuet helt by ſyneme munt,
He merkede, dat ſe ſyck nicht enhobbe;
He greep ſe an, ya, dat ſe blobbe,
3385 Vnde ſpleet er ock vort aff dat hȯuet.
Ick vorſchreckede my mer, wan yennich lȯuet.
Ick ſchryede lude: ‚owy, owy!‘
Do ſchot he vp vnde ſnauwede na my,
Men ick entfloch em myt anxſte groet,
3390 Anders were ick ock dar ghebleuen doet;
So nauwe was yd, dat ick entquam.
Vp eynen boem be vlucht ick nam
[Bl. 135ᵇ.] Vnde ſach van verne, wo deſſe ketyff
Stunt vnde ath myn gude wyff.
3395 He was ſo hungerich, ſo duchte my do,
He habbe noch wol twey ghegetten dar to:
He leet nicht na wer knoken efte been.
Do ick deſſen yammer habbe gheſeen,
Dat he dar nicht habbe ghelaten
3400 Vnde he wech leep ſyne ſtraten,
Ick floch dar, wol was yd my to webberen:
Dar vant ick noch etlyke vedberen
Van myneme wyue Scharpenebben,
Vp dat ick be myt my mochte hebben
3405 Vnde mochte be wyſen yuwen gnaden.
Latet yw entfermen deſſes groten ſchaden!
Here, do gy hir aff neyne wrake
Vnde achte gy nicht deſſe ſake,
Dat ſus yuwe gheleyde wert ghebroken,
3410 Gy werden ſeer dar vmme vorſproken.
Men ſpricht: ‚de is mede ſchuldich der daet,
De nicht enſtraffet de myſſedaet,
Vnde eyn yſlyck wyl dan weſen here.‘
Dyt were to na yuwer vorſtlyken ere“.

[Bl. 136ª.] ¶ In deſſeme erſten capittel bewyſet de poete
merklyken eyn ſtucke, vnde is de meyſte ſyn des capittels,
alze ſo wanner eyn vorſte eſte eyn here nicht enrychtet de
quaden vnde de myſbeders vnde leth dat recht nicht ghan,
denne kumpt yd vaken, dat de quaden arger werden, wan
ſe to voren weren, ſo wan de rechtferdicheyt en en wert
gheſparet; vnde de vorſten, de den bozen alto weeck ſyn
vnde ſe betemen laten edder de myſbaders ghan laten
(yd ſyn denne beue eſte rouers eſte morders), deſſe vorſten
vorleſen dar vmme vaken ere werdicheyt manck deme
ghemenen volke. Sus wert denne eyn here eſte eyn vorſte
nicht gheholden ſo werdich, vnde ok enwert he nicht ſo
ghevruchtet, alze eſt he de boßheyt der vnderſaten myt
deme rechte ſtraffede, des men grote vorvarenheyt heft in
velen landen huten in den dach. Wente de hylgen rechte
ſynt nicht alleyne ghemaket vmme den wyllen alleyne, de
ghebroken heft, den to richten, men ſe ſyn ock ghemaket
vmme anderer wyllen, dat ſe ſyck dar ane ſpeygelen, vp
dat ſe vmme [Bl. 136ᵇ.] vruchten des rechtes de boßheyt
vormyden. Wente de werlt is ſo quad, dat vmme der
leue wyllen, de eyn to deme anderen hebben ſcholde, nicht
ſo vele na blyft vele quades, alze vmme vruchten wyllen
des rechtes. Wente do Reynke nycht wart gherychtet, alze
vor is gheſecht, dar vmme ſchach dat dar na, dat he argher
wart vnde mannygen ſchendede, dar tho des konnynges
             gheleyde myt vorſate ok vaken brack.

¶ Wo de konnynck na der klage des kannynen vnde der
kreyen ſyck tornede vnde wat he ſprack. Dat ander capittel.

        DO alzus der kreyen word
           Vnde ok des kannynen weren ghehord,
           Alze ſe er klage ſus hadden vormelt,
           Nobel de konnink wart ſere vorgrelt.
        He ſprack in torne: „by myner truwen,
3420   De ik ſchuldich byn myner vruwen,
[Bl. 137ª.] Ick wyl dyt quade ſo erlyck wreken,
        Datmen dar lange ſchal aff ſpreken,
        Dat myn gheleyde vnde myn gheboth

Sus is tobroken. Jck was eyn soth,

3425 Dat ick deſſen ſchalken voß
So wyllygen hebbe ghelaten loß
Vnde ik ſyner loggen ſo lóuede,
Dar mede he my ſo lyſtygen ſchóuede.
Jck makede eynen pelegrym van em,

3430 He ſcholde hen to Dheruſalem.
Wo klauwede he my vp der mouwen!
Men de ſchult was by myner vrouwen.
Doch ick byn des alleyne nicht,
De by vrouwen rade ſchaden krycht.

3435 Late ick Reynken lenger betemen,
Alle wy móten vns des ſchemen.
Jb is to malen eyn ſlymmen droch,
So was he to yar, ſo is he noch.
Gy heren, dencket dar vp myt vlyt,

3440 Wo wy ene krygen in korter tyd.
Nicht en kan he vns entghan,
Wyl wy dat ernſtlyck grypen an".

[Bl. 137ᵇ.] ¶ (1) Jn deſſeme capittel is nicht ſunderlykes,
doch machmen hir ynne merken twey ſtucke. Dat erſte is,
dat eyne vrouwe ſchal wyß vnde kloek weſen vnde dencken
al enckede ouer, wat ſe ereme heren radet, vppe dat ſe
vyllichte nicht en werde vorſchemet vnde beropen, ſo wan
ere rad to deme argeſten kumpt, ſo hir de konnynk ſyner
vrouwen ſchult gyft. ¶ (2) Dat ander is, dat eyn here
ſchal vorſychtich weſen vnde merken wol ouer, eſte yd ock
gud rad is, dat eme ſyn vrouwe reth, dat vyllychte eme
dat dar na nicht enruwe, eſte he eres rades volgende is,
alze hir de konnynck naruwe hadde. Wente eyn man is
van vaſter complexien wan eyne vrouwe; dar vmme is
eyneme manne meer tho vorwyten, wan he ſchaden eſte
ſchande kricht by vrouwen rade, wan alze eyner vrouwen
is tho vorwyten, dat ſe den rad vthghyft (ſo vern ere
menynge gud is), den ſe in radende nienet; wente
vrouwen nicht enſyn ſo vullenkomen, alze de mans, ſo vor
 gheſecht is.

[Bl. 138ª.] ¶ Wo de konninck rede makede in torne myt
alle den deren vnde vöghelen, vnde wolde Reynken söken,
vnde wo dyt Ysegryme vnde Brunen seer wol behaghede.
Dat iii capittel.

[Holzschnitt: Rechts der Löwe stehend mit aufgehobener
Rechten, das Gesicht dem Zuschauer zuwendend, dann das
Pferd, der Widder (?), der Hirsch, alle vier auf die linke
Gruppe zuschreitend, welche der rechten Seite entgegen geht
und aus vier Vögeln mit papageiartigen Schnäbeln sowie
einem Papagei mit gesträubtem Kamme besteht. In der Mitte
im Hintergrunde ein Greif nach links zu gehend, mit hoch
ausholender linker Pfote; in der Mitte vorn eine Pflanze.
          (Dial. creat.: de leone qui pugnavit cum aquila).]

[Bl. 138ᵇ.] Ysegrym vnde Brune, desse beyde
               Behagede wol, wat de konnink sede.
               Se hopeden noch werden ghewroken
               An Reynken, konden se yd tostoken;
          Men se endorsten nicht spreken eyn word.
          De konnynck was so sere vorstord
          Vnde was seer tornich in alle syneme synne.
3450   Int leste sprack de konnyghynne:
          „Ick bydde yw, konnynck, myn gnedyghe here,
          Tornet yw doch nicht so sere!
          Gy scholen ock nicht so lychte sweren,
          Vp dat gy blyuen by macht vnde eren.
3455   Noch wette gy nicht waraftyghe sake,
          Ock horde gy noch nicht de weddersprake.
          Were Reynke nu hir tor stede,
          Vyllichte hir weren wol mynre rede
          Van den, de nu klagen ouer em.
3460   Audi alteram partem!
          He klaget vaken, de suluen myßdoet.
          Ick heelt Reynken wyß vnde vroet,
          Ick hobbe my nicht vor desseme rochte,
          Dar vmme halp ick eme, dat ick mochte.
[Bl. 139ª.] Dat dede ick, here, alle dorch yuwen vromen,
          Wo wol yd nu is anders ghekomen.
          Is he quad efte is he gud,
          He is van rade wyß vnde vroet,
          Dar to ock van groteme gheslechte.
3470   Hir vmme, here, bedencket yd rechte,

Dat gy nicht vorhasten huwe ere.
Gy synt yo al des landes eyn here,
Reynke kan vor yw nicht blyuen;
Wylle gy ene vangen edder entlyuen,
3475   Juwe ordel moed nummer ghan".
¶ Do sprack de lupard wedder an:
„Here, dat kan yw nergen ane schaden,
Dat gy erst Reynken to worden staden.
Wat schadet, dat gy ene horen erst spreken?
3480   Gy mogen denne doch yw an eme wreken.
Dar vmme volget yuwer vrouwen rad
Vnde ock der heren, de hir stad".
¶ Isegrym sprack: „dat en kan nicht schaden,
Dat wy des besten helpen raden.

[Bl. 139ᵇ.] Her lupard, höret my wes mede!
Al were Reynke hir vort tor stede
Vnde he syck der sake konde entleggen,
De desse twey hir vp eme seggen,
Ick wyl eyne sake doch bryngen vort,
3490   Dar he syn lyff heft mede vorbord.
Men nu wyl ick der suluen swygen
So lange, wy ene hir wedder krygen.
Des heft he bouen alle dat
Deme konnynck ghewyset eynen schat
3495   In Husterlo by Krekelput,
Dat noch grotter loggen is dan dyt.
He heft der loggen vele ghelogen,
Dar to heft he vns allen bedrogen,
He heft Brunen sere gheschendet vnde my.
3500   Dar wyl ik myn lyff noch setten by:
Newerlde he recht de warheyt sede.
Nu rouet vnde mordet he vp der heyde.
Wes deme konnynge vnde yw dunckt gud,
Dat is byllick, datmen alzo doet.
3505   Men hadde he hir wyllen to komen,
He heft de mere wol vornomen
[Bl. 140ᵃ.] Vth des konnynges houe by synen boden".
¶ De konnynck sprack: „wat is dat van nöden,
Dat wy alle hir na eme beyden?
3510   Ick ghebede, gy scholen yw alle bereyden

Vnde volgen my in deme feſten dage.
Jk wyl eynen ende hebben der klage.
Wo duncket yw van deme vulen wychte?
He makede wol eyn lant to nichte.

3515 Maket rede, al dat gy moghen,
Myt yuweme harnſche, ſpete vnde boghen,
Myt donrebuſſen, polexen vnde barden.
Jck ghebede, dat gy ſo vp my warden,
Eft ik yuwer welke to rydder ſloghe,

3520 Dat de den namen myt eren droghe.
Wy wyllen hen vor Malepertuß
Vnde ſeen, wat Reynke heft in deme huß".
¶ Se antworden deme konnynge alle: „ya,
Wan gy ghebeden, ſo volge wy na".

¶ (1) Seſleye ſtucke werden in deſſeme vorgheſechten capittel
gheleret. Dat erſte is [Bl. 140ᵇ.] van den, de dachlykes
by den heren ſyn; deſſe konen vele toſtoken to quade vp
eynen. de nicht yeghenwordich is vnde beklaget is, wan de,
de by den heren ſyn, dem ſuluen beklageden ok quad ſyn,
ghelyck hir is gheſecht van Yſegrym, wo he int beſte ſprack
vp Reynken ſake. ¶ (2) Dat ander is eyne lere eyner
yſlyken vrouwen, wo de myt ſachtmodygen worden eren
heren efte eren man ſchal tho freden ſpreken. ¶ (3) Dat
drydde is eyne lere den heren, dat ſe nicht lychtlyken
ſcholen louen efte ede ſweren. ¶ (4) Dat veerde is, datmen
den beklageden to worden ſchal ſteden. ¶ (5) Dat vyfte,
dat eyne vrouwe ſyk myt temelyken worden wol mach ent=
ſchuldyghen, ſo hir de konnygynne dede. ¶ (6) Dat ſeſte
is horſam, den in rechtferdyger ſake de vnderſaten ſyn
ſchuldich eren heren.

¶ Wo de greuynck leep to Reynken vnde en warnede vnde
vormeldede eme den rad, de ouer en was gheghan. Dat
iiii capittel.

[Bl. 141ᵃ.] Alſe deſſe rad ſus was gheſloten,
Dat de konnynck vnde ſyne ghenoten
Wolden theen vor Reynken huß,
Vor dat ſlot Malepertuß,

Grymbart was mede in deme rade.

3530 He leep haftygen vnde brade
      Na Reynken flot al dat he mochte,
      Vp dat he eme de tydynge brochte.
      He beklagede ene vnde fprack yo vaken:
      „Och, Reynke oem, nu wylt fyck maken!

3535 Du byft dat höuet van vnfeme ghefledt,
      Wy mogen dy wol beklagen myt recht.
      Wente wan du plechft vor vns to fpreken,
      So enkonde vns nicht entbreken,
      So fchone kanftu dyne fallacien".

3540 Myt fus groter lamentacien
      Quam he to Malepertuß ghegaen
      Vnde vant Reynken dar buten ftaen.
      He habbe vangen twey buuen yunge,
      Dar fe to ereme erften fprunge

3545 Vth ereme nefte vlegen wolden;
      Se vellen vnde konden fyck nicht entholden,
[Bl. 141ᵇ.] Wente ere vedderen weren noch to kort,
      Reynke fach dyt vnde greep fe vort,
      Wente he vaken vmme yacht vthghynck.

[Holzschnitt: Im Vordergrunde zerren Grimbart links und
Reinke rechts an einer Taube, indem jener die Füsse, dieser
den linken Flügel der Taube gepackt hat. Weiter nach hinten
zu zwei Berge; vor dem rechts liegenden sitzt rechts Reinke
und schaut auf Grimbart, der von links, aus dem durch die
beiden Berge gebildeten Thale hervorkommt. Grimbart scheint
auf eine nicht weit von Reinke zum Auffluge bereite Taube
losgehen zu wollen. Im Berge linker Hand eine Höhle, in
welcher zwei Füchse; vor dem Berge hat Reinke eine Taube
beim linken Flügel gefasst. Ganz im Hintergrunde zwei
                Türme und ein Haus.]

3550 Sus fach he komen den greuynck.
      He vorbeydede fyner vnde fprack ene an:
      „Wylkome, neue, vor yennygen man,
[Bl. 142ᵃ.] Den ick in myneme flechte weet.
      Gy lopen fo fere, dat gy fweet —
3555 Wat hebbe gy nyes vornomen?"
      Grymbart fprack: „ick byn ghekomen,
      Dat yck yw tydynge mochte bryngen,
      Wo wol fe is van quaden dyngen.

Lyff vnde gud is al vorloren.

3560 De konnynck suluen heft gheſworen,
He wyl yw laten ſchendyghen doden
Vnde heft al vmme heer gheboden,
Hir to weſen na ſes daghen
Myt bogen, myt ſwerden, buſſen vnde wagen.

3565 Al raden ſe to huweme ſchaden.
Hir moghe gy kortes yw vp beraden,
Wente Yſegrym vnde Brune ſyn nu
Beth by deme konnynge, dan ick by yw.
Al dat ſe wyllen, dat is ghedan.

3570 Yſegrym heft eme laten vorſtan,
Dat gy eyn morder vnde rouer ſyd.
He drecht vp yw ſo groten nyd,
He wert marſchalk noch eer deme meye.
Ock heft dat kannyn vnde ock de kreye

[Bl. 142b.] Vp yw ſo grote klage ghedregen,
Ik ſorge vor huwe leuent to degen,
Iſſet, dat yw de konnynck kricht".
¶ "Schyt!" ſprack Reynke, "yſſet anders nicht,
Dat is wol eyner bonen werd.

3580 Sy gy dar van ſo ſeer vorverd?
Al habbe de konnynck noch meer gheſworen
Vnde al, de to ſyneme rade horen,
Wan ick my ſuluen rad wyl gheuen,
Ick werde noch bouen ſe alle vorheuen:

3585 Se mogen vele raden, we yd ok ſy;
Men dat houet en doch nicht ane my.
Latet dat men varen, leue neue,
Komet in vnde ſeed, wat ik yw gheue:
Eyn par duuen, yunck vnde veth.

3590 Ick en mach ock neene ſpyſe beth,
Wente ſe ſynt gud to vordauwen.
Men mach ſe ſluken ſunder kauwen,
Vnde de knockſchen ſmecken ſo ſoet,
Yd is halff melck vnde halff bloet;

3595 Wente ick ethe gherne lychte ſpyſe.
[Bl. 143a.] Myn wyff holt ock de ſuluen wyſe.
Komet in, ſe wert vns wol entfaen.

Men dyt enlatet er nicht vorstaen
Van der sake, dat holdet vorborgen.

3600   Se is alto depe van sorgen,
Van klener sake valt se in vare,
Se is van herten alto sware.
Morgen wylle wy to houe ghan.
Leue oem, wylle gy ok by my stan,

3605   Alze eyn oem deme anderen doet?"
¶ Grymbart sprack: „ya, lyff vnde gud
Is to yuwer behoff myt flyt".
¶ Reynke sprack: „danck hebbet alle tyd!
Mach ick leuen, yd schal yw vromen".

3610   ¶ Grymbart sprack: „oem, gy mogen wol komen
Vor de heren vmme yuwe sake
Vnde vorantworden yw myt gudeme ghemake.
Wente de lupard sprack dessen rad,
Dat nemant yw doen schal quad,

[Bl. 143ᵇ.]   Eer gy suluen yuwe worde dar
Hebben ghesproken openbar.
Dyt sulfte sprack ock de konnygynne.
Dat moghe gy mede nemen to synne".

[Holzschnitt von Bl. 141ᵇ wiederholt.]

¶ Reynke sprack: „wat schadet my dan,

3620   Wan my de konnynck des so ghan?
[Bl. 144ᵃ.]   Ik hope, yd schal my noch vromen,
Mach ick myt eme to sprake komen".
Myt des Reynke bynnen ghynck.
Syn wyff se beyde wol entfynck:

3625   Se bereyde de spyse al dat se mochte,
De buuen, de Reynke mede brochte.
Eyn yslyck syn deel dar van ath.
Noch worden se nicht gantz sath;
Hadde der buuen meer ghewesen,

3630   Islyk hadde noch wol twey vpghelesen.

¶ Wo Reynke sprack van synen kynderen vnde den anderen
dach vortghynck myt deme greuynge na des konnynges hoff.
Dat v capittel.

DO ſprak Reynke to Grymbard:
   „Seet, oem, dyt is de rechte ard.
   Wo behagen yw deſſe kynder myn
   Alze Roſſeel vnde Reynardyn?
3635 Se werden vnſe ſlechte vormeren.
   Se beghynnen ſyck alrede to gheneren:
[Bl. 144ᵇ.] De eyne vanget eyn hoen, de ander eyn kúken;
   Se konen ock wol int water duken
   Na kyuyten vnde ock na enden.
3640 Ik mochte ſe wol vakener vmme yacht vt ſenden,
   Men ik wyl ſe erſten leren vroden,
   Wo ſe ſyk mogen wyßlyken hóden
   Vor de ſtrycke, vor de yegers vnde hunden.
   Wan ſe de art wol vorſtunden,
3645 So habde ik ſe wol togheruſt;
   Se ſcholden vaken vnſen luſt
   Van mannygerhande ſpyſe bóten,
   De wy van nóden hebben móten.
   Vnde ſe ſlachten na my ſeer vele,
3650 Wente grymmende ſpelen ſe er ſpele
   Vppe de, de ſe vorhaten;
   De konen nicht an ene baten:
   Se byten der vele entwey de kele.
   Dyt is de ard van Reynkens ſpele;
3655 Er grypent is ock myt haſtyger vard.
   Dyt duncket my ſyn de rechte ard“.
   ¶ Grymbart ſprack: „yd is eyne ere.
[Bl. 145ᵃ.] Eyn yſlyck mach ſyck vrouwen ſere,
   De kynder heft na ſyneme ſynne,
3660 De ſus mede ſynt na ghewynne.
   Ik vrauwes my ſere, vff myn eyd,
   Dat ik ſe in myneme ſlechte weyd“.
   ¶ „Dyt wylle wy nu ſus laten ſtaen“,
   Sprak Reynke, „vnde wyllen ſlapen ghan.
3665 Gy ſynt mode, Grymbart vrunt“.
   Sus ghyngen ſe ſlapen tor ſuluen ſtunt
   Vp den ſael, gheulegen myt hoye,
   Reynke, ſyn wyff vnde alle de proye.
   Reynke was in anxſte groet.

3670   He dachte, gud rad were nu wol noet.
       Sus lach he in dancken beswarb
       So lange, dat yd morgen warb.
       Do sprack he syneme wyue to
       Vnde sede: „vrouwe, weset nicht vnvro,
3675   Wente Grymbart heft my laten vorstan,
       Ick moet nyt eme to houe ghan.
       Doch bydde ik, weset wol to frebe.
       Eft yw yemant van my wat sede,
[Bl. 145b.]   Keret dat al in dat beste
3680   Vnde vorwaret wol vnse veste".
       ¶ Se antworde eme vnde sprack alzo:
       „Reynke, wat nödyget yw dar to?
       Dat is yo eyn seltzen dynck!
       Wette gy, wo yd yw latest dar ghynck?"
3685   ¶ Reynke sprack: „yd is yummer waer,
       Ick was do suluest in groter vaer,
       Etlyke weren my nicht seer holt.
       Doch dat euentür is mannichfolt:
       Yd gheyt sumtydes buten gyssen,
3690   De yd menet to hebben, moet des myssen.
       Ick moet yummer dar wesen nu.
       Weset to vreden, des bydde ik yw,
       Wente yd is al sunder angst.
       Yk kome wedder vppet alder langest
3695   Bynnen vyff dagen, ysset, dat ik kan".
       Hir mede scheyden se van dan.

[Bl. 146a.] ¶ Wo Reynke myt syneme ome, deme greuynge,
echt ghynk to deme houe des konnynges vnde wo Reynke
             bychtede.   Dat vi capittel.

Reynke vnde Grymbart, de beyde,
     Ghyngen to samende ouer de heyde
     Na des konninges slot de rechten straten.
     „Yd mach my schaden, yd mach my baten",
Sprack Reynke, „efte dyt my sus slumpt,
Dat my desse reyse tom besten kumpt!
Doch, leue oem, horet my nu!

Synt lateſten, dat ik bychtede tegen yw,
3705 Horet vorder myne ſunde, groet vnde kleyn.
Eſt ik my ſodder wes hebbe vorſeyn,
Dat werde ik yw ſeggen in deſſer ſtunde.
Ik leet Brunen eyne grote wunde
Snyden van ſyneme velle vnde lyue.
3710 Ik leet deme wulue vnde ſyneme wyue
De ſcho van oren voten vyllen.
Dyt dede ik al dorch hates wyllen.
Myt myner loggen ſchaffede ik dat,
[Bl. 146ᵇ.] Dat en de konnynck wart ſeer hath.
3715 Ik bedroch den konnynck to voren an
Meer, wan ik nu ſeggen kan.
Ik fynſede vnde ſede em van eyneme ſchat,
Men he en heft des noch nicht lange ghehat.
Lampen ik ſyn lyff affrouede
3720 Vnde ſande Bellyn myt ſyneme houede,
Dar myt he krech des konnynges torn.
Ik duwede dem kannyn ſo twyſſchen de orn,
Dat ik em vyl na dat leuent nam;
Yd was my leet, dat yd wech quam.
3725 ¶ Noch wyl ik ſeggen twyerleye.
Myt rechte klaget ouer my de kreye:
Ik ath ſyn wyff, vrouwe Scharpenebbe.
Dyt vſſet, dat ik bedreuen hebbe
Sodder myner leſten bycht.
3730 Noch hebbe ik eyn dynck vthghericht,
Dat ik lateſten hadde vorgetten
(Leue om, dat ſchole gy ok wetten)
Vnde wyl dat nu ok ſeggen mede.
Yd was eyne hornſcheyt, de ik dede;
[Bl. 147ᵃ.] Ik wolde nicht gherne, dat my dat ſulue
Schege, dat ik dede deme wulue.
Wente wy beyden vp eyne tyd ghyngen
Twyſſchen Kackyß vnde Eluerdyngen;
Dar ghynck eyne merye myt ereme volen,
3740 De beyde ſwart weren alze de kolen.
Dat volen mochte wol olt ſyn
Van veer maenden, nicht vele myn.

Ifegrym was vyl na boet,
Van hungers wegen leet he noet.

3745 He bath my, dat ick vragen fcholde,
Efte de merhe vorkopen wolde
Ere volen, vnde ock wo dúre.
Sus ghynck ick to er vp euentúre.
Ik fprack: ,fegget my, merhe vruwe,

3750 Ick weet, dat dyt volen is juwe;
Wyl gy yd vorkopen? fegget my dat'.
Se fprack: ,ya, ick vorkopet vmme fchat.
De fumme, dar ik dat vmme wyl gheuen,
Steyt achter vnder myneme voete ghefchreuen.

3755 Whlle gy yd feen, ik latet yw lefen'.
Do horde ik wol, wor fe wolde wefen.

[Bl. 147b.] Ik fprack: ,neen, vruwe, des fyd bericht,
Lefen eft fchriuen kan ick nicht.
Juwes kyndes ick ock nicht enbeghere,

3760 Men Yfegrym wufte gerne, wo yd were;
De heft my heer ghefant to yw'.
Do fprack fe: ,fo laet ene komen nu,
So wyl ick eme des maken vroet'.
Do ghynck ick hen, dar Yfegryme ftoet.

3765 Ik fprack: ,wyl gy yw ethen fath?
De merhe fecht vnde entbuth yw dat:
Dat ghelt fteyt vnder ereme vothe fchreuen,
Wor fe dat volen wyl vmme gheuen.
Se wolbet my hebben lefen laten,

3770 Men wat fcholde my dat baten?
Wente ik yo nene fchrift enweet.
Des lyde ick vaken groet vorbreet.
Om, feet, eft gy dat konnen lefen'.
¶ Ifegrym fprack: ,wat fcholde dat wefen,

3775 Dat ik nicht fcholde lefen, wat yd ock fy?
Ja, búdefch, walfch, latin, ok franßoß dar by.
Hebbe ick doch to Erfort de fchole gheholden!

[Bl. 148a.] Ock hebbe ick myt den wyfen olden,
Alze myt den mefters van der audiencien,

3780 Queftien ghegeuen vnde fentencien.
Ik was in lohe ghelicencieret.

So wat schriftur, datmen viseret,
Kan ik lesen ghelyck myneme namen.
Dar vmme whl ick wol mede toramen.
3785 Behdet myner hir ehn klehn,
Jt whl ghan vnde de schrift beseen'.
He ghynck hen vnde vragede euen,
Wo se dat volen wolde gheuen.
He vragede na deme besten kope.
3790 Se sprack: ,dat gelt steyt to hope
Gheschreuen vnder myneme achteren voet'.
He sprack: ,laet seen!' se sprack: ,ik doet'.
Se borde den voet vp bouen dat gras,
De nhe myt hseren beslagen was,
3795 Myt ses hofnagelen, vnde sloch whsse
Vnde rakede ock nicht al mysse,
Wente se sloch ene so vor syn hóuet,
Dat he storte vnde lach vordóuet
Vnde vel vor doet tor erden nedder.
[Bl. 148ᵇ.] Eer he syck recht vorhalede wedder,
Dat was wol ehne grote stunde.
De merhe leep wech, al dat se konde,
Vnde leet Ysegryme lyggen vorwunt.
He lach vnde hulede alze ehn hunt.
3805 Jck ghynck to eme vnde heet ene here,
Jck vragede ene: ,wor is de mere?
Synt gy van deme volen ock sath?
Wor vmme delede gy my nicht ock wat,
Wente ick yw doch de bodeschop dede?
3810 Hebbe gy vp yuwe maltyd gheslapen rede?
Wat was yd vor schrift vnder deme voet?
Wente gy synt in wyßheyt seer vroet'.
¶ ,Och Reynke', sprack he, ,spottet doch nicht!
Jck byn ghevaren so ehn arm wycht.
3815 Dat mochte entfermen ehneme steen.
De hore myt deme langen been,
Myt hseren was beslagen er voet,
Yd was neen schrift, de dar vnder stoet.
De nagelen, de dar ynne stunden,
3820 Dar myt sloch se my ses grote wunden'.

[Bl. 149ᵃ.] ¶ Hir van Ysegrym nauwe syn lyff behelt.
      Seet, neue, nu hebbe ick yw vortelt
      Al wat ick weet van myner myssedaet.
      Yd is myslyck, wo yd my nu gaet

3825   To houe; wente nu byn ick sunder vaer
      Vnde dar to van mynen sunden klaer.
      Ick wyl ock gherne by yuweme rade
      Beteren vnde komen wedder to gnade".

¶ (1) In dessen dren vorghesechten capittelen leret de
poete vi stucke. Dat erste is, dat neen vrunt schal sparen
arbeyt efte moye vmme synes vrundes wyllen, alze yd
noet is, ghelyck alze hir Grymbart de reyse annam to
Reynken, en to wernende. ¶ (2) Dat ander is lycht-
synnicheyt in quader tydynge, vmme dat eyn synen vrunt
nicht sachaftich make, alze Reynke dede. ¶ (3) Dat iii is,
dat eyn syne sones nicht schal van syck senden, er he se
wol heft gheleret vnde vnderwyset, wo se syck scholen
waren vor varlicheyt der sele vnde des lyues, so Reynke
hir secht, dat he erst syne sones wolde bet vnder- [Bl. 149ᵇ.]
wysen, wo se syck scholden waren vor de stricke vnde
yagers vnde hunde. ¶ (4) Dat verde is, dat eyn man
nicht en schal syneme wyue to erkennen gheuen syne last,
de groet is, yffet, dat he kumpt in sware last, ghelyck
Reynke hir syneme wyue dat beste vorsede. ¶ (5) Dat
vyfte is gudduuckelheyt, so dat mannich menet, he sy wyß
vnde wol gheleret, so Ysegrym menede, do he sede, dat
he konde vele sprake vnde schrift, vnde denne noch de
merye kloker was wan alze he, vnde dar to noch spot
lyden moste van deme vosse. — (6) Dat seste is eyne
lere, so dat alle, de annemen eyne sorchlyke reyse to lande
efte to water, dat is rad, dat de erst ere bycht doen vnde
beruwen ere sunde.

¶ Wo Reynke noch bychtet vnde etlyke sunde entschuldygen
wyl vmme quader exempele der prelaten.   Dat vii capittel.

          GRimbart sprak: „yuwe sunde sint grob.
          De doet is, moet blyuen bod;
          Dat were gud, mochten se noch leuen.
          Men, om, dyt wyl ik yw vorgeuen

[Bl. 150ᵃ.] Vmme den angſt vnde vmme de noet,
Wente ſe ſtan vaſt na huweme doet.

3835 Hir wyl ik yw abſolueren van.
Men dat meyſte, dat yw hynderen kan,
Is Lampen hóuet vnde ſyn doet.
Juwe dryſticheyt, de was ſeer groet,
Dat gy deme konnynck ſanden dat hóuet;

3840 Dat wyl yw meer ſchaden, wan gy lóuet".
¶ „Neen, ſchyt", ſprack Reynke, „nicht eyn haer!
Dem, ik ſegge yw dat vorwaer,
De nu dorch de werlt ſchal varen,
De en kan ſyck nicht ſo hyllych bewaren,

3845 Alze de in eyn kloſter hóret.
Ik wart van Lampen ſo ſeer bekóret,
He ſpranck vor my vnde was wol veth —
Sus wart de leue to rugge gheſeth.
Bellyne ik ok nicht ſeer wol gunde.

3850 Sus hebben ſe den ſchaden vnde ik de ſunde.
Se ſynt ock eyn deel ſo rechte plump,
In allen ſaken groff vnde ſtump.
Ick ſcholde do vele myt en credencien?
[Bl. 150ᵇ.] Des habbe ik do nene grote conciencien,

3855 Wente ik myt angſte ſcheyde vth dem hoff.
Ick vnderwyſde ſe, men yd was to groff.
Ick ſchal yo leff hebben myn ghelyken;
Wente der warheyt kan ik nicht entwyken:
Der en achtede ik do nicht ſeer groet.

3860 Doch de doet is, mod blyuen doet;
So ſpreke gy ſuluen vp der ſtede. —
Lathet vns ſeggen van anderer rede!
¶ Jd is nu eyne varlyke tyd;
Wente de prelaten, de nu ſyd,

3865 Se ghan vns vore, ſo men mach ſeen.
Dyt merke wy anderen, groet vnde kleen.
We is, de des nicht enlouet,
Dat de konnynck ok nicht mede rouet?
Ja, yſſet, dat he yd nicht en nympt ſuluen,

3870 He leth yd doch halen by baren vnde wuluen.
Doch menet he al, he doet myt recht.

Neen is, de eme de warheyt secht
Edder de dor spreken: ‚yd is ouel gheban',
Nicht syn bychtfader, noch de kappellan.

[Bl. 151ᵃ.] Wor vmme? wente se gheneten½ al mede,
Al were yd ock men to eyneme klede.
Wyl yemant komen vnde wyl klagen,
Ja, he mach vuste nayagen,
He vorspylbet men vnnutte tyd.

3880   Watmen eme nympt, des is he quyd,
Syne klage wert nicht vele ghehord,
He dor int leste nicht spreken eyn word.
Wente desses is he stedes andechtich,
Dat em de konnynck is to mechtich,

3885   ¶ Wente de lauwe is yo vnse here
Vnde holt yd al vor grote ere,
Wat he to syk rapen kan.
He spricht, wy syn alle syne man.
Dat is noch neyne grote eddelycheyt,

3890   Dat he den vndersaten schaden deyt.
Seet, oem, wan ick yd seggen dorste,
De konnynck is eyn eddel vorste,
Men he heft leeff den, de eme vele brynget
Vnde de so banket, alse he vore synget.

3895   Yd en is noch nicht al so klarc,
[Bl. 151ᵇ.] Dat nu de wulff vnde ok de bare
Myt deme konnynge wedder ghan to raden;
Dat wyl noch mannygem sere schaden.
He seth vppe se groten louen,

3900   Se konnen vele stelen vnde rouen,
Eyn yslyk denne mede stylle swycht.
Yd is alleyns, wo men dat kricht.
Sus heft de lauwe nu, vnse here,
Desser meer by syk, dan vere;

3905   De stan nu seer in syneme loue
Vnde synt de grotsten in syneme houe.
Arm man Reynke, nympt de men eyn hoen,
Dar wylt se alle denne vele vmme doen,
Den wylt se denne soeken vnde vangen,

3910   Ja, se ropen alle, men schal ene hangen.

De kleynen deue hengetmen wech,
De groten hebben nu starck vorhech,
De möthen vorstaen borghe vnde lant.
Seet, oem, so ick dyt hebbe bekant
3915 Vnde wan my dyt kumpt to synne,
So spele ick ok na myneme ghewynne.
Jt dencke vaken, yd is so recht,
[Bl. 152ª.] Wente men nu des vele plecht.
Doch vrage ick vaken myne conciencien
3920 Vnde dencke denne vp godes sentencien,
(Datmen vnrecht gud, wo kleyn yd ok is,
Wedder gheuen mod, dat is wys)
So kome ick denne to groter ruwe.
Men nicht lange ick hir vp buwe,
3925 Wan ik see der prelaten stad,
De etlyker wegen nu is seer quad.
Doch synt vele prelaten in deme talle,
De doch gherechticheyt beleuen alle.
Dyt were wol best, konde ik my vorwynnen,
3930 Dat ik den volgede myt al mynen synnen".

¶ (1) Jn dessme capittel leret de poete vi stucke. Dat
erste is, dat eyn sunder vaken vnde mannich werue syne
sunde wecht seer lycht, alze Reynke hir bede. ¶ (2) Dat
ander is: mannich sunder is, de der synlicheyt volget
vnde vmme rynge bekorynge valt in grote sunde, de he
nicht wedderstan wyl, so Reynke hir secht, dat he leet
bekorynge van Lampen wegen. [Bl. 152ᵇ.] ¶ (3) Dat
drydde is dat boze vorgandent etlyker prelaten eren vnder-
saten. ¶ (4) Dat verde is, dat mannich is, de menet, dat
de sunde dar vmme klene syn, dat he weet, dat de prelaten
sundygen, edder he lecht yd dar mede aff, dat he súd efte
weet, dat de ouersten edder andere syne ghelyck sundighen;
alze Reynke hir secht, dat he sach, dat de prelaten eme
duel vore gyngen. Adam, vnse vader, entschuldyghbede ok
syne sunde vnde wart gheworpen vth deme paradyse; syne
sunde wart darvmme nicht lichter, men meer beswaret.
Dat eyn sunder súd efte weet, dat vele lúde sundygen
vnde he darvmme des to drystyger ok sundyget, dat en
wyl syne vorbomenysse nicht vorlichten; wente dat vúr

enbrant des to myn nicht, wan dar vele holtes wert vp
gelacht, men yd wert grotter vnde brant ock meer vnde
heter. Alzo yffet ock myt den vorbomeden: yo meer der
funders in de helle komen, yo grotter dat vuer erer vor=
bomenyffe wert. ¶ (5) Dat vyfte is van deme baren
vnde wulue, dar de lauwe konnynck fynen [Bl. 153ª.] rad
mede habbe, betekent de ghyrygen rouers by deme wulue
vnde by deme baren, bede mede vmme guder baghe vorteren
vnde vordrucken dat fure arbeyt, dat fwed vnde bloet der
vnderfaten. ¶ (6) Dat fefte is, wo de armen vmme rynges
brokes wyllen vnde vmme klener fake, fo wert myt en
gheftarket dat recht, vnde der groten mechtyghen broke
wert fo nicht gheachtet vmme den wyllen, dat fe wol
konnen fpelen rapiamus. Dt is de meyfte fyn deffes
capittels van den heren, bede vpholden de vnrechtferbigen
róuers, vnde dat ere bychtfabers vnde ere cappelans efte
nemant alfodanen heren dor ftraffen, vnde dyt laten fe,
vmme dat fe den heren wyllen behagen efte vordeel to
erkrygen; ya, fodanes is nu vele in etlyken landen, dar
mede de ware leue is ghewandelt in vmplycht.

¶ Noch van Reynken bycht, vnde is eyne ftraffynge veler
quaden vnde eyn loff der guden. Dat viii ghefette.

[Bl. 153ᵇ.] Seet, Grymbart om", fprak Reynke vordan,
„De nu dorch de werlt mod ghan
Vnde fuet alzo der prelaten ftad,
(Eyn deel fyn gud, eyn deel fyn quab)
3935 He vallet in funde, eer he yd weet,
Wan he deme bózen nicht webderfteyt.
Vele prelaten fynt gud vnde gherecht,
Noch blyuen fe darvmme nicht vmbefecht
Van der meenheyt in deffen baghen,
3940 De nu dat quabe erft konnen vthvragen
Vnde fe ok dar nicht by vorgetten
Vnde konnen ock dar meer tofetten.
So bóze is nu ok de meenheyt.
Darvmme yd fus ok vaken gheyt,
3945 Dat vele nu nicht fyn werdich

To hebbende heren gud vnde rechtferdich.
Dat quade se vaken spreken vnde syngen;
Men wetten se wat van guden dyngen
Van welken heren, groet efte kleyn,
3950   Dat wert vorswegen int ghemeyn;
Nicht spreken se dat so braven ouerlud.
Wo scholde hummer der werlt scheen gud?
[Bl. 154ᵃ.] De werlt is vul van achterklapperye,
Vul loggen, vul vntruwe, vul deuerye.
3955   Vorraden, valsche ede, roeff vnde mord,
Alsodanes wert nu gantz vele ghehort.
Valsche profeten, valsche hypocriten,
Ja, desse de werlt nu meyst beschyten.
De meenheyt süd der prelaten stab,
3960   De vormenget syn beyde gud vnde quad.
Nicht volgen se den guden, men den quaden,
Dar myt se syk meyst suluen vorraden.
Werden se ghestraffet vmme de sunde,
Se spreken vort tor suluen stunde:
3965   ,Nicht en syn de sunde so swar,
Alze de ghelerden prediken hir efte dar.
Wan dat so were', sprikt mannich arm wycht,
,De papen deden dat suluen nicht'.
Se entschuldygen syck myt den quaden papen,
3970   Dar myt se ghelykent synt der apen,
De na wyl doen, wat se suet,
Dar vmme er vaken neen gud enschuet.
¶ Id is waer, vele papen syn in Lomberdyen,
[Bl. 154ᵇ.] De ghemeenlyken hebben ere egene amyen;
3975   Men nicht en syn de in desseme lande.
Desse dryuen vele sunde vnde schande:
Se ghewynnen kyndere, so my is ghesecht,
Alze andere mynschen doen in deme echt.
Se dencken denne meyst der kyndere bate
3980   Vnde bryngen se ok to groteme state.
Anderen gheuen se des nicht to voren,
Wo wol se syn vnechte gheboren.
Se ghan heer stolt, so vprichtygen recht,
Ja, eft se weren van eddelem gheslecht.

3985 Se menen suluen, ere sake sy slycht.
Men en plach der papen kynder nicht
So vor to teende vnde to eren,
Men nu hetet men se vruwen vnde heren.
Dat ghelt heft nu de oueren hant.

3990 Men vyndet nu selben eynes vorsten lant,
Dar nicht de papen boren den tollen;
Se raden ouer dorpere vnde mollen.
Desse de werlt erst vorkeren.
Wan sus de meenheyt dat quadeste leren

3995 Vnde seen, dat desse sus hebben wyuer,
[Bl. 155ᵃ.] So sundygen se myt en des to ryuer.
Eyn blynde sus den anderen leydet,
Vnde werden sus beyde van gode ghescheydet.
Nicht en wert nu in desser tyd

4000 Ghemerket myt so groteme vlyt,
Watmen suet van guden werken
Van vromen presteren in der hylgen kerken,
De vele guder exempele gheuen.
Weynich nu na dessen leuen,

4005 Vnde dyt wert nicht so braden ghemerket.
Men dat quade wert meyst ghesterket,
Dat nu sus gheschud manck der ghemeen.
Wo scholde der werlt gud ghescheen?
Doch spreke ik vorder, wyl gy yd horen:

4010 De alzus in vnechte is gheboren,
De hebbe hir ynne gude ghebult,
Wente he heft hir ane nene schult.
Men dat ik hir mene, dat is dyt:
De sus is, de othmodyghe syk myt vlyt;

4015 Nicht schal he bouen andere vthbreken,
Datmen nicht van en dorue spreken
So alze hir vor is ghesecht.
[Bl. 155ᵇ.] Spricht yemant dan vp se, de deyt vnrecht.
De ghebort maket nicht vnedbel efte gud,

4020 Men döghebe efte vndoget, de yslyk doet.
¶ Eyn gud papé, wol ghelerd,
De is aller ere werd;
Men eyn ander van quadem leuen,

De kan vele quader exempele gheuen.

4025 Predikt ock sodanen vaken dat beste,
So spreken doch de leyen int leste:
,Wat ysset, dat desse prebyket eft leret,
Wente he suluen is vorkeret?
Der kerken deyt he suluen neen gud,

4030 Men to vns spridt he: «ya, legget men vth!
Buwet de kerken, dat is myn raet,
So vordene gy gnade vnde afflaet.»
Ja, synen sermoen slut he alzo, —
Suluen lecht he dar weynich to

4035 Ebder ock wol nichtes myt allen,
Scholde ock de kerke dar nedder vallen'.
Sodanen holt dyt vor de wyse:
Schone klebere vnde leckere spyse,

[Bl. 156ª.] Grote bekummerynge myt wertlyken dyngen.

4040 Wat kan sodanen beden efte syngen?
Men gude presters, de denken alle tyd,
Wo se gode mogen benen myt flyd
Myt velen hylgen guden werken.
Desse synt nutte der hylgen kerken,

4045 Desse ghan den leyen best vore
Vnde bryngen se in de rechten dore.
¶ De bekappeden, de ock myt alleme vlyd
Bydden, gylen alle ere tyd,
De mene ik hir mede in deme suluen ghelyken.

4050 Meyst synt se leuer by den ryken;
Se konen ere worde so lystygen kleben
Vnde alto lycht synt se ghebeden:
Byddetmen eynen, so komen dar twey.
Noch synt to dessen twey efte drey

4055 In deme kloster best van worden;
Desse werden vorhauen in deme orden
To lesemester, custode, prior efte garbian,
De anderen moten by syden stan.
So wan men dar to reuenter eth,

[Bl. 156ᵇ.] Vnlyke werden de schottelen gheseth;
Wente desse moten des nachtes vpstan,
Syngen, lesen vnde vmme de grauer ghan.

10

De anderen eten de guden morſeel
Vnde krygen wech dat beſte vordeel.

4065 ¶ Wat ſpricktmen van des pawefes legaten,
Van abbeten, proueften efte anderen prelaten,
Beghynen, nonnen, ya we ſe ok ſyn?
Jd is al: geuet mi dat iuwe, latet my dat myn.
Men vyndet manck teynen nauwe ſeuen,

4070 De recht in ereme orden leuen:
So ſwack is nu de gheyſtlyke ſtad".
¶ Do ſprack de greuynk: „oem, dyt is quad,
Dat gy ſus der anderen ſunde
Vor my bychten in beſſer ſtunde.

4075 Des bychtent helpet nicht eynen dreck,
De nicht enbychtet ſyn eghene ghebreck.
Wat vrage gy na der gheyſtlicheyt,
Wat be eyne efte de ander beyt?
Jſlyck moet dragen ſyne eghene borden

[Bl. 157ᵃ.] Vnde rede gheuen vor ſynen orden,
Wo eyn yſlyck den heft gheholden,
Jd ſy manck den yungen efte manck den olden.
Dar wyl ick nemande buten ſluten,
Jd ſy in klöſteren efte dar buten.

4085 Doch, Reynke, gy ſpreken van velen dyngen,
Gy ſcholden my braden in erredom bryngen.
Gy wetten encket der werlde ſtaet
Vp dat nauweſte, wo alle bynck ghaet.
Van rechte ſcholde gy ſyn eyn pape

4090 Vnde laten my vnde andere ſchape
To yw bychten vnde van yw leren,
Dar myt wy mochten tor wyßheyt keren.
Wy ſynt eyn deel ſtump vnde groff".
Hir mede quemen ſe vor des konnynges hoff.

4095 Do wart Reynke halff vortzaget,
Doch ſprack he do: „yd is ghewaget!"

¶ (1) Jn deſſeme capittel menet de lerer v ſtucke. Dat
erſte is, dat de ſtaet gheyſtlyck vnde wertlyck is vormenget
myt prelaten vnde vorweſeren, [Bl. 157ᵇ.] beyde gud vnde
quad, vnde wo de ghemenen mynſchen meyſt anſeen vnde
merken de boßheyt vnde de ſunde der quaden vnde dar

vmme mył ene ſundyghen. ¶ (2) Dat ander is achter=
klapperie der mynſchen vp de prelaten vnde ock eyn vp
den anderen, dat tho malen eyne quade ghemene boze
ſunde is, vnde dat vmme deſſer ſunde wyllen vaken de
meenheyt werł ghepłaghet mył bozen heren vnde vorweſers,
wente ſe nicht werdich ſyn to hebbende gude heren. ¶ (3)
Dat drydde is eyn ſtraffent etlyker papen, bede vntuchtyghen
leuen, vnde ock ere kyndere, vnde wo de leyen ſych nicht
beteren dar van, eſt ſodanen preſter vele prediket eſte
leret; wente ſunte Jeronimus ſecht, dat den leyen nutter
is vnde dat ſe ſych meer beteren dar an, wan ſe ſeen dat
leuent vnde de werke eynes guden preſters, wan dat eyn
ſundich boze preſter behende vnde koſtlyken prediket vnde
leret, vnde doch in den werken he ſuluen nicht gud is.
Eyn gud leuent vnde nicht gheprediket is beter, wan alze
eyn quad leuent vnde vele gheprediket eſte leret. [Bł. 158ª.]
Ock en is gode nicht anname alſodane predekye; wente
god ſpricht to deſſen dorch den profeten alzus: „Worvmme
nympſtu in dyne ſundygen munt myn hylghe teſtament
vnde predikeſt beme volke myne hylghen worde, de du in
dynen bozen werken doch hateſt alle dogentłyke tucht?“
Doch is hir eyne lere, dat neyn leye alſodanen preſter
ſchal beſeggen eſte quad van eme ſpreken, wente de leyen
ſynt nicht rychters der gheyſtłyken. Merke dyt: de dar
quad ſprydt van eyneme leyen, de ſundyget; men ſpricht
he quad van eyneme geyſtlyken, he ſundiget vele ſwarer;
wo woł yd ock war is, nochtan is yd quad, dat yemant
alzo vortelt dat ghebreck eynes anderen vnde vormeret ſyn
egen. ¶ (4) Dat verde is de vnlyke delynge der prouene
in den kloſteren, dar vth vaken ſych ſaket grot hath vnde
nyth. ¶ (5) Dat v is valſche bycht, de mannich deyt, in
beme dat he ſecht anderer ghebreck, ſo Reynke hir bede;
de ſo bychtet, de bychtet vnrecht: eyn yſlyk ſunder ſchał klagen
ſyne eghene ſunde, alze Dauyd leret in beme xxxi ſalmen:
„Dixi, confitebor aduerſum me iniuſticiam meam domino“.

[Bł. 158ᵇ.] ¶ Wo Marten de ape reyſede na Rome vnde
Reynken motte vnde ſyne ſake mył ſyk nam, vnde van
      etłyken to Rome.   Dat ix capittel.

Marten be ape byt habbe vornomen,
Dat Reynke wolde to houe komen.
He wolde reysen ben wech na Roem.
Do he eme motte, he sprak: „leue om,
Hebbet vry eynen guden mod!"
He wuste wol, wo syne sake stod,
Doch vragede he na eyneme stucke.

¶ Do sprack Reynke: „my is bat ghelucke
4105   In dessen dagen seer entyegen.
Ick byn echt vorklaget tobegen
Van etlyken beuen, we se ock syn,
Van der kreyen vnde deme orlozen kannyn.
De eyne heft syn wyff vorloren,
4110   De ander de helfte van synen oren.
Mochte ick suluen vor den konnynck komen,
Dat scholde en beyden weynich vromen.
[Bl. 159ᵃ.] Dat meyste, my wert schaden dar an,
Is, ick byn in des pawes ban.
4115   De prouest heft der sake macht,
De by deme konnynge is in groter acht.
Dar vmme ik in deme banne byn,
Is, bat ick Psegryme gaff ben syn,
Do he monnyk was gheworden,
4120   Dat he wech leep vth deme orden,
Do he tor Elemar was begheuen.
He swor, he konde alzo nicht leuen
In alzo hardem strengen wesen,
So lange to vasten, so vele to lesen.
4125   Ick halp eme wech, dat ruwet my sere;
Dar vor deyt he my webber vnere
Jegen ben konnynck to voren an
Vnde deyt my quad, al wor he kan.
Schal ik to Rome, bat wyl seer hynderen
4130   Mynem wyue vnde mynen kynderen,
Wente Psegrym de leth des nicht,
He deyt ene quad, wor he se krycht,
Myt anderen, de my syn seer quad
Vnde soeken vp my seer bozen rad.
[Bl. 159ᵇ.] Were ick vth deme banne gheloft,

So habbe ick sus wol beteren troſt
Vnde mochte vprychtich myt ghemake
Spreken vor myne eghene ſake".
¶ Marten ſprack: „Reynke, leue oem,
4140	Jck wyl recht nu vp na Roem.
Jk wyl yw helpen myt ſchonen ſtucken
Vnde wyl yw nicht laten vordrucken.
Byn ick doch des byſſchoppes klerck!
Ja, gantz wol vorſta ick my vp dat werck:
4145	Jck wyl den proueſt to Rome citeren
Vnde wyl tegen en alzo pliteren,
Seet, oem, vnde doen yw execucien
Vnde bryngen yw eyne abſolucien
Synes vndanckes, were yd eme ock leet.
4150	Wente ick to Rome den loep wol weet,
Wat ik ſchal laten efte doen.
Dar is ock myn oem Symon,
De mechtich is vnde ſeer vorheuen;
He helpet deme gherne, de wat mach gheuen.
4155	Her Schalkevunt is dar ock eyn here,
[Bl. 160ª.]	Ock doctor Grypto vnde der noch mere,
Her Wendehoyke myt her Lozevunde,
Dyt ſynt alle dar vnſe vrunde.
Jk hebbe gelt vor hengheſant,
4160	Hir mede werde ick beſt bekant.
Ja, ſchyth, men ſecht vuſte van citeren —
Dat gelt yſſet al, dat ſe begheren.
Al were de ſake noch ſo krum,
Myt ghelde wyl ick ſe kopen vm.
4165	De gelt brynget, krycht to hantes gnade,
De dat nicht heft, de kumpt to ſpade.
¶ Seet, oem, dar vmme gy ſyd in deme ban,
Alle de ſake the ick my an.
Jk neme de vp my vnde gheue ſe yw quyd.
4170	Ghaet vry to houe, vnde ſo gy dar ſyd —
Dar is myn wyff, vrouwe Rukenauwe;
Wente de konnynck, vnſe here, de lauwe,
Heft ſe leeff vnde ock de konnyghynne,
Wente ſe ſeer behende is van ſynne.

4175　Spreket se an, se is seer vroet,
　　　Wente se gherne dorch vrunde wes doet.

[Bl. 160ᵇ.]　Gy vynden an er vruntschop groet,
　　　Dat recht heft vaken hulpe noet.
　　　Dar synt by er ere sustere twey

4180　Vnde ock dar to myne kyndere drey,
　　　Noch vele dar to van yuweme slecht,
　　　De yw wol bystan in deme recht.
　　　Mach yw dan sus neen recht bescheen,
　　　So schole gy dat in kort ok seen.

4185　Doet my dat yo draden to weten:
　　　Alle de int lant syn beseten,
　　　Isset konnynck, vrouwe, kynt efte man,
　　　Alle wyl ick se bryngen in den ban
　　　Vnde senden en interdict so swar,

4190　Men schal dar wer hemelyck efte openbar
　　　Syngen, grauen, döpen, wat yd ock sy.
　　　Neue, hir vp so troffet vry.
　　　¶ De pawes is eyn old kranck man,
　　　He nympt syck nenes dynges meer an,

4195　Alze datmen syner nicht vele acht.
　　　Men alto male des houes macht
　　　Heft de cardinal van Vnghenöghe,

[Bl. 161ᵃ.]　Eyn man yunck, mechtich, van behendem töge.
　　　Ick kenne eyne vrouwen, de heft he leeff,

4200　De schal eme bryngen eynen breff;
　　　Myt der byn ick seer wol bekant,
　　　Ja, wat se wyl, dat blyft neen tant.
　　　Syn schryuer heth Yohannes Partye,
　　　He kennet wol olde münte vnde nye.

4205　Horkenauweto is syn kumpan,
　　　De is des houes kurtesan.
　　　Slypenvndewenden is notarius,
　　　In beyden rechten eyn bacalarius;
　　　Wo desse noch eyn yar dar blyft,

4210　He wert mester in practikenschrift.
　　　Moneta vnde Donarius
　　　Synt twey richter int sulue hus:
　　　Wem desse twey afffeggen dat recht,
　　　Deme blyftet ock wol alzo ghesecht.

4215 Alsus is dar mannyghe lyst,
Dar an de pawes vnschuldich ist.
De moet ik alle holden to vrunde,
Dorch se vorghyftmen nu de sunde
Vnde lóset dat volck vth deme ban.

[Bl. 161ᵇ.] Seet, Reynke oem, hir holdet yw an.
De konnynck heft yd rede ghehord,
Dat ick yuwe sake vore vort;
He wed, dat ik dat wol kan weruen,
Men mach yw nicht laten vorderuen.

4225 Dyt wyl de konnynck bedencken recht,
Dat vele synt apen vnde vosses slecht,
De vaken eme gheuen den nauwesten rad.
Dyt wert yw helpen, wo yd ock ghad".
¶ Reynke sprack: „dat is gud trost;

4230 Ick dencke des wedder, werde ick vorlost".
Hir myt eyn van deme anderen scheyde.
Reynke ghynck vord ane gheleyde
Myt Grymbarde in des konnynges hoff,
Dar in he habbe seer klenen loff.

¶ (1) In desseme capittele leret de lerer mannigerleye,
sunderlyken veer stucke. Dat erste is de schalckaftyghe
boßheyt mannyges vntruwen, in deme dat he be bespottet,
de he to schaden heft ghebrocht; alze hir de voß bede,
dar he [Bl. 162ᵃ.] dat kannyn heet eynoor vnde de kreyen
anewyff. ¶ (2) Dat ander is, dat eyn mach soeken
gheystlik recht, de in wertlykem rechte nicht kan manen.
¶ (3) Dat drydde is, dat eyn vaken by etlyken heren
mach vorkrigen hulpe efte ghehoer dorch myddele der
vrouwen. ¶ (4) Dat veerde is andrepende der gheystlicheyt,
de myt deme rechte vmmeghan, de he nomet Symon vnde
her Lozevunt vnde Johannes Partie et cetera. Van dessen
secht he nicht vele in desser vthleggynge, yodoch is de
menynge, dat yd in der heren houe is to bonde vmme
den pennynck: de den myldichlyken vthghyft, kricht eer recht,
eer eyn ander by gheystlyken vnde by wertlyken in etlyken
landen. Dar vmme nomet he sunderlyken Symon, dat is
symonye et cetera.

Hir endyghet dat ander boek van Reynken deme vosse.

[Bl. 162ᵇ.] Hir beghynnet dat drydde boek van Reynken deme vosse.

¶ (1) In deſſeme drydden boeke wert ſunderlyken gheleret vnde bewyſet, dat eyn here eynes landes vaken wert ghe=leydet vnde ghebracht vth deme weghe der rechtferdicheyt, vnde dat dryerleye wyß. Erſt, ſo wanner he nicht en=ſtraffet, de ghebroken hebben, vnde de loß ghyſt, alze hir van Reynken is gheſecht. ¶ (2) Dat ander, wan he anſûd de gheſlechte vnde mechtygen des, dede heft ghebroken. ¶ (3) Dat drydde, ſo wan he den loggeneren horet vnde louen gyft, ſunderlyken den, de berochtyget ſyn. Doch is de meyſte ſyn deſſes drydden boekes de valſche kloke ent=ſchuldynge des voſſes yeghen alle klaghe in yegenwordicheyt der, de he bedroghen habbe.

[Bl. 163ᵃ.] ¶ Wo Reynke myt Grymbart, deme greuynge, quemen in den hoff, vnde wo Reynke ſyne worde makede vor deme konnynge. Dat erſte capittel.

[Holzſchnitt von Bl. 72ᵃ wiederholt.]

Eynke quam echt in den hoff,
 Dar in he was vorklaget groff.
 Vele, de eme nicht wol enghunden
 Vnde de na ſyneme leuende ſtunden,
[Bl. 163ᵇ.] De ſach he dar, wor yſlyck ſtob.
4240 He krech wol halff eynen twyfelen mob,
 Doch makede he ſyck ſuluen kône
 Vnde ghynck wech dorch alle de barone.
 Harde by eme ghynck de greuynck.
 Sus quemen ſe beyde vor den konnynck.
4245 ¶ De greuynck ſprack: „Reynke vrunt,
 Weſet nicht blôde in deſſer ſtunt!
 Deme blôden is dat ghelucke dûre,
 Deme kônen helpet dat euentûre,
 Dat mannich moet ſoeken hir vnde bar".
4250 ¶ Reynke ſprack: „gy ſegget waer.
 Ik bancke yw vor guben troſt,
 Ik bencke des wedder, werde ik vorloſt".

He sach syck vmme hir vnde dare
Vnde sach dar vele manckt der schare
4255 Van synen magen, de dar stunden,
De eme nochtant nicht wol enghunden
(Vnde dyt konde he ock wol vordenen)
Ja, van otteren, van beueren, van groten, van
[Bl. 164ª.] Myt den he vaken vosses art dreff.   [klenen,
4260 Doch weren dar vele, de en hadden leff,
De he dar sach ix des konnynges sale.

[Holzschnitt von Bl. 72ª wiederholt.]

¶ Reynke knyede syck tor erden dale
Vor den konnynck vnde sprack to hant:
„Gob, beme alle dynck is wol bekant
[Bl. 164ᵇ.] Vnde alles mechtich blyft ewychlick,
Bewar mynen heer, den konnynck ryck,
Vnde myne vrouwen, de konnygynnen,
Vnde gheue ene wyßheyt, recht to besynnen,
We dar recht heft efte ock nicht.
4270 Men vyndet nu mannyghen valschen wycht,
Ja vele, de van buten dragen schyn
Anders, dan se van bynnen syn.
Ick wolde, dat god dyt mochte gheuen,
Dat vor er houet dat were schreuen
4275 Vnde myn here, de konnynck, dat seghe;
Denne worde gy seen, dat ick nicht enleghe.
Wo denstlyck ik sy to yw ghevöghet
Alle tyd, denne noch byn ick ghewröget
Myt loggen vor yw van den quaden,
4280 De my gherne nu wolden schaden
Vnde my so bryngen vth juwer hülde
Myt vnrecht vnde sunder alle schülde.
Men, here, ick weet, gy synt bescheyden,
Gy laten yw so nicht vorleyden,
4285 Dat gy beme rechte ycht wedderstan;
Wente newerlde hebbe gy bat ghedan“.

[Bl. 165ª.] ¶ Wo dat rochte quam, bat Reynke was ghe-
komen in den hoff, vnde wo Reynke alle syne bedregerye
vnde boßheyt entschuldygede, sundergen van der kreyen
vnde kannyn. Dat ii capittel.

Lze eyn yslyk dat vornam,
Dat Reynke voß to houe quam,
Dat duchte mannygem wesen wunder.
Eyn yslyk brengede syk to byfunder,
Vp dat se horden syne sprake
Vnde wo he antworde to der sake.
¶ De konnynck sprack: „Reynke, boze wycht,
Dyne lozen worde helpen dy nicht.

4295 Du hefst des alto vele gheplogen
Vnde my vaken vorghelogen
Myt lozen vunden seer behende;
Dat schal nu myt dy nemen ende.
Bystu my truwe, dat is wol schyn

4300 An der kreyen vnde an deme kannyn.
Hadde ick anders nene sake to dy,
Desser suluen is ghenoch twyschen dy vnde my.

[Bl. 165b.] Dyne vndaet kumpt alle dage vth,
Du byst eyn schalck in dyner hud.

4305 Al synt dyne vunde valsch vnde behende,
Jd mod doch eyns nemen eynen ende.
Jk wyl nicht vele myt dy kyuen".
¶ Reynke dachte: „wor schal ik nu blyuen?
Och, were ik nu in mynen borgen!

4310 (Sus was he in angste vnde sorgen)
Nu dende my wol eyn nauwe rad;
Jk moet dar dorch, wo yd ock ghad".
He sprack: „konnynck, eddele vorste groet,
Al hebbe ick ok vordenet den doet,

4315 So gy menen na huweme waen,
Gy hebben de sake nicht recht vorstaen;
Des bydde ick yw, dat gy my horen.
Jck hebbe doch yw hir beuoren
Mannygen nutten rad ghegeuen

4320 Vnde byn in der noet by yw ghebleuen
Vaken, wan etlyke van yw weken,
De nu syk twyschen vns beyden steken
Jn myneme afwesende ane schulde

[Bl. 166a.] Vnde my sus berouen yuwer hulde.

4325 Eddel konnynck, wan ik hebbe ghesecht,

Byn ick dan schuldich, so gha dat recht.
Horet myne word! hebbe ick denne schult,
So denet my nicht beth, dan gude ghedult.
Nicht vele hebbe gy vp my ghedacht,

4330 Vaken wan ick heelt huwe wacht
In velen enden in huweme lant.
Mene gy, wan ick hadde bekant
Eynnghe sake in my, kleyn noch groff,
Dat ick hir dan queme in den hoff

4335 In huwe hegenwort openbare
Vnde ock manckt myner vyende schare?
Neen, nicht vmme eyne werlt van golde.
Wente ick was, dar ick wesen wolde,
Vp myn rum, dar ick was vry.

4340 Ick en weet ock nene sake in my;
Wente alze ick was vp der wachte,
Vnde Grymbart, myn oem, de tydynge brachte,
Dat ick to houe scholde komen,
Do hadde ick vor my ghenomen,

4345 Dat ick wolde wesen vth deme ban.
[Bl. 166ᵇ.] Desse sake leet ick Marten vorstaen:
He louede my vp allen louen,
Dat he nicht enwolde touen,
He wolde doch na Rome, vnde sprack to my:

4350 ,Alle de sake neme ik vp my.
Ick rade, gy scholen to houe ghan,
Ick loue yw to helpen vthe deme ban'.
Marten gaff my dessen raet,
Wente he was des bysschoppes aduocaet

4355 Van Anegrunt wol x yar.
Seet, alsus scheyde my vns dar,
Vnde byn nu ghekomen hir in den hoff
Vnde byn vor yw vorklaget groff
Van deme kannyne, deme ogheler.

4360 Hir is nu Reynke, he kome heer
Vnde klaghe nu hir openbar!
Ick weet, dat yd nicht is so klar,
So etlyke hir in myneme afwesen
Ere valschen breue ouer my lesen.

4365 Na klage vnde na antworde schalmen rychten.
Ick hebbe deffen tween valschen wychten
Gud gheban, by der truwe myn,
[Bl. 167ᵃ.] Alze der kreyen vnde ok deme kannyn.
Wente eerghysteren morgen dat gheschach,
4370 (Jd was noch vro vp den dach)
Do quam dat kannyn vor myn slot
Vnde grotede my, dar ick stoth.
Ick habbe beghynnet myne tyde to lesen.
He sede, he wolde to houe wesen.
4375 Ick sprack: ,gha hen, ick bevele dy gode!'
He klagede, he were hungerich vnde möde.
Ick vraghede, efte he wolde wat ethen.
,Ja', sprack he, ,gheuet my eynen betten!'
Ick sprack: ,ennoch gheue ick dy ghern'.
4380 Sus halede ick eme gude kersebern,
Dar söthe botter vppe lach;
Wente yd was myddeweken dach,
Dat ick neen vlesch pleghe to ethen.
Do he sus habbe wol ghegetten
4385 Van gudeme brode, botteren vnde vyssche,
Do ghynck myn yunge sone to deme dyssche
Vnde wolde bewaren, dat ouer bleff,
Wente yunge kynder hebben dat etent leff.
Do he totaste, tor suluen stunt
[Bl. 167ᵇ.] Sloch dat kannyn ene vor de munt,
Dat yd bloet leep ouer synen kyn.
Do dat sach myn ander sone Reynardyn,
He greep dat kannyn by der kele
Vnde spelde myt eme her Nyterdes spele.
4395 Sus ghynck dat to, noch meer noch mynder.
Jk leep to vnde sloch myne kynder
Vnde scheydede se van malckeyn;
Krech he do wat, dar mach he vmme seen.
He habbe noch wol meer vordenet,
4400 Wan ick ene habbe öuel ghemenet;
Wyffe hadden se eme dat lyff ghenomen,
Were ik eme nicht to hulpe komen.
Dyt is nu myn danck dar vor:

Nu ſpricht he, dat ick eme nam ſyn or.

4405 Wo gerne habde he des eynen breff
Sodaner ere, alze he dar dreff!
¶ Seet, her konnynck, gnedyghe here,
Do quam vort de kreye vnde klaghede ſere,
Wo he habde vorloren ſyn wyff.

4410 He ſprack: ,ſe ath den doet int lyff:
[Bl. 168ª.] Se wolde eren hunger ſaden
Vnde ath eynen vyſch vp myt den graben'.
Wor dat ſchach, dat mach he wetten.
Nu ſpricht he, ick hebbe ſe vorbetten.

4415 Byllychte heft he ſe ſuluen vormord;
Ja, wan he worde recht vorhord,
Mochte ick en vorhoren, alze ick wolde,
Byllichte he anders ſeggen ſcholde.
Wo ſcholde ick er yummer komen ſo na?

4420 Wente ſe vleghen vnde ick gha.
Wyl yemant ſus van vnrechten dyngen
Myt guden tüghen vp my bryngen,
So yd ſyck behord vp eynen ebbelen man,
Latet my na rechte beteren dan.

4425 Edder mach ick des nicht hebben vordrach,
Men ſette my kamp, velt vnde dach
Vnde eynen guden man teghen my,
De my ghelyck gheboren ſy.
Eyn yſlyk dar ſyn recht bekyue:

4430 De de ere wynnet, by deme ſe blyue.
Dyt recht heft hir alle tyd gheſtaen
Here, ick wyl yw ock nicht entghaen.".
[Bl. 168ᵇ.] ¶ Alle, de dar weren vnde dyt horden,
Wunderden ſyck van Reynken worden,

4435 Do he alſus konlyken dar ſprack.
Dat kannyn vnde de kreye vorſchrack,
Se dorſten beyde nicht ſpreken eyn word
Vnde ghyngen vth deme houe vord.
Se ſpreken: „dyt is vns nicht bequem,

4440 Nicht kone wy vechten yegen em.
He menet, wy ſcholent eme ouertüghen:
Wy moghen vaſte nygen vnde bughen,

He is vns myt worden ouer de hant,
Wente deſſe ſake is nemande bekant

4445   Dan vns allene; dar was nemant by.
We wolde denne túghen twyſſchen dy vnde my?
Hebbe wy ſchaden, wy móten beholden.
De dúuel mothe ſyner wolden
Vnde móthe eme gheuen eynen quaden ramp!

4450   He menet myt vns tho ſlan eynen kamp:
Neen, vorware, dat is neen rad!
He is valſch, behende, loß vnde quad.
Ja, were vnſer ok noch vyue,
Wy moſtent betalen myt deme lyue".

[Bl. 169ᵃ.] ¶ (1) In deſſen twen vorgheſechten capittelen
leret de poete vyff ſtucke byſundergen. Dat erſte is, dat
nemant ſchal vallen in twyfelen mod, deme bange is, men
ſyck ſuluen troſten vnde grypen eynen konen mod; dar
van wert ſyne ſake nicht arger, men beter. ¶ (2) Dat
ander is, dat de vrunde des bedruckeden ene ſcholen kon=
lyken troſten, ſo de greuynck Reynken bede. ¶ (3) Dat
drydde is, dar vaken van ſteyt in deſſeme boke, dat eyn
richter den vlytich horen ſchal, bede is beſecht, wo wol he
nicht alle den worden derff louen; wente wor dat gylt
lyff, ere efte dat gud, dar wert vaken groet vnde behende
ghelogen, alze Reynke hir ſyne entſchuldynge ſprak alle
myt groten behenden loggenen. ¶ (4) Dat veerde, dat
hir wert bewyſet, is, ſo wanner eyn ſympel mynſche klage
heft vor eyneme groten heren ouer eynen anderen, de em
to mechtich is, vnde denne deſſe, de mechtyger is, wan de
to worden kumpt vnde ſyne worde ghehoret werden, denne
ſchúd yd vaken, dat de ſympele ſwicht ſyner klage vnde
endor de nicht [Bl. 169ᵇ.] vorvolgen vnde wyket deme, de
mechtyger is, wan he, vnde vruchtet ene, ſo hir de kreye
vnde dat kannyn deden; wente do Reynke to worden quam
vnde he ok ghehoret wart, do weken ſe wech vnde dorſten
ere klage nicht vorvolghen. ¶ (5) Dat vyfte is eyne lere
to den, bede ſyn bedrucket van ſodanen bózen, dat yd beter
is, en to wyken, wan yd is, myt en tho kyuen ebder to
vechten, ſo alze hir beden deſſe twey, alze de kreye vnde
dat kannyn.

¶ Wo de wulff vnde de bare sunderlyken worden bedrouet,
do se seghen, dat de kreye vnde kannyn nicht bleuen by
órer klaghe vnde sus wech rúmeden; vnde wo de konnynck
          Reynken vorhóret.   Dat iii capittel.

Segrym was to mode wee
Vnde Brunen, do se desse twee
Vth deme houe rúmen saghen.
De konnynk sprak: „wyl yemant klagen,
De kome vort vnde lathe vns horen!

4460   Hir quam der ghysteren so vele to voren —
[Bl. 170ª.] Reynke is hir, wor synt de nu?"
        „Here", sprack Reynke, „dyt segge ick yw:
        Mannich klaget seer vnde hart.
        Ja, seghe he syn wedderpart,

4465   Byllichte de klaghe achter bleue,
        So doen ock nu desse twey lozen deue,
        Alze de kreye vnde dat kannyn,
        De my gherne brochten in schande efte pyn.
        Doch wyllen se gnade van my begheren,

4470   Jk vorgheuet en vor dessen heren.
        Men nu ik to rechte byn ghekomen,
        Hebben se dat refugium ghenomen
        Vnde dorsten hir nicht lenger blyuen.
        Den slymmen, bózen, lozen ketyuen,

4475   Scholdemen den horen, dat were schade,
        So kreghe yd mannich gud to quade,
        De yw synt truwe beyde dach vnde nacht.
        An my alleyne leghe klene macht,
        De ick vnschuldygen hir byn besecht".

4480   ¶ De konnynck sprack: „hore my to recht,
        Du vntruwe, loze, bóze deff!
[Bl. 170ᵇ.] Wat was yd, dat dy dar to dreff,
        Dattu Lampen, den truwen beghen,
        De myne breue plach to dreghen,

4485   Deme du, slymme bóze ketyff,
        Vnschuldyghen hefft ghenomen dat lyff?
        Wente ick dy alle dyne schulde vorgaff
        Vnde leet dy gheuen rentzel vnde staff.

Jd was so ghesecht, du scholdest tohant
4490　Wanderen in dat hylghe lant
To Jherusalem ouer dat meer,
Van dar to Rome vnde wedder heer.
Dyt sulue ick dy alle ghunde,
Vp dattu beterdest byne sunde.
4495　Dat erste, dat ick krech to wetten,
Was, dattu Lampen habbest vorbetten;
Wente suluen de cappellan Bellyn
Moste hir van dyn bode syn.
He brachte my den rentzel efte den sack,
4500　Dar ynne Lampen houet stack.
He sprack openbar vor dessen heren,
Dat in deme rentzel breue weren,
De he myt Reynken habbe gheschreuen,
[Bl. 171ª.]　Vnde he den syn habbe vthghegeuen.
4505　In deme sacke was meer noch myn,
Men Lampen houet stack dar in.
Dyt dede gy beyden my to schande.
Dar vmme bleff Bellyn to pande
Vnde heft myt rechte vorloren syn lyff;
4510　So schalt ock dy ghan, du böze ketyff!"
¶ Reynke sprack: „wo mach dat syn?
Js Lampe doet vnde ok Bellyn?
We my, dat ick byn gheboren!
So hebbe ick den grotsten schat vorloren!
4515　Wente ik sande yw by dessen boden,
By Lampen vnde Bellyne, de dürbaresten klenöden;
Nicht konnen de beter vp erden syn.
We habbe ghelöuet, dat de ram Bellyn
Sus scholde morden den guden man,
4520　Alze Lampen, synen eghenen kumpan,
Vp dat he de kleynöde vndersloghe?!
We hobbe syk vor desseme töghe?"
¶ Noch de whyle Reynke dyt sprack,
[Bl. 171ᵇ.]　Ghynck de konnynck in syn ghemack.
4525　He was vortornet vnde seer gram,
Alzo dat he nicht encket vornam,
Wat Reynke do sprack van den byngen.

De konnynck ghebachte Reynken to bryngen
To deme bobe myt aller schande.

4530 Jn syneme ghemake vant he stanbe
De konnyghynne, syne vrauwe,
Myt ber apynnen, vrouwe Rukenauwe.
De konnynck myt der konnyghynnen
Habben seer leff besse apynnen,

4535 Se was by en in groteme state.
Dyt quam bo Reynken essen to mathe.
Se was in wyßheyt seer gheleret,
Dar vmme was se ok hoch gheeret,
Men entsach se, al wor se quam.

4540 Do se ben konnynck sach sus gram,
¶ Se sprack: „ick bybbe yw, ebbele here,
Wyllet yw boch nicht tornen so sere!
Reynke horet mebe in der apen slechte.
Js he boch nu komen to rechte!

[Bl. 172ª.] Syn vaber plach in yuweme loue
Groet to wesenbe hir to houe,
Beter wan Ysegrym nu is ghebeten
Efte Brun, wo wol se nu syn beseten
Seer hoch by yw myt ereme slecht.

4550 Doch wetten se weynich van ordel efte recht".
¶ De konnynck sprack: „horet my bysunder!
Dunckel yw dat wesen wunder,
Dat ick deme beue Reynken byn gram,
De Lampen kortes dat leuent nam

4555 Vnde brachte Bellyne mebe in den dantz
Vnde wyl syck der sake entleggen gantz?
Dar bouen he noch myn gheleybe dor breken!
Horde gy, wat klaghe se vp eme spreken
Van rouen, nemen, van beuerye,

4560 Van morde vnde ock van vorreberye?"
¶ De apynne sprack: „gnebyghe here,
Reynke wert beloghen sere.
He is seer kloek, wo yb ock ghab,
Dar vmme synt eme der vele quab.

[Bl. 172ᵇ.] Gy wetten wol, bes is nicht lange,
Do hir de man quam myt der slange;

11

Nemant konde desse beyden
Myt rechtem rechte vor yw scheyden;
Men Reynke bede dat myt eren.
4570   Des pryfede gy en vor alle de heren.

¶ Wo de apynne spricht vor deme konnynge van deme
lyntworme efte flangen vnde van deme manne; vmme dat
se den konnynck fachtmodich mochte maken vp Reynken, fo
sprack se dyt Reynken to eren. Dat iiii capittel.

Alze de konnynck desse worde
Van der apynnen sus horde,
He sprack: „dat is my half vorgetten.
Latet my de fake wetten,
4575   Dat luftet my noch eyns to horen.
Ick weet wol, de fake was vorworen.
Wette gy de, segget se hen!"
Se sprak: „myt yuweme orloue schal dat schen.
[Bl. 173ᵃ.]   Yd is nu twey yar, alze dat gheschach.
4580   Hir quam eyn lyntworm vp eynen dach;
Desse fulue flange efte worm
Klaghede hir myt groteme storm,
Wo em eyn man entghynge in deme recht,
Dat eme twey mal was affghesecht.
4585   Ock was hir yegenwordich de man.
Alzus ghynck de klaghe erften an.
¶ De flange krop dorch eyn ghat,
Dar em eyn stryck was ghefat
By eynen thun, vnde bleff fus behangen,
4590   An eyn stryck vaft ghevangen.
He mofte dat lyff dar hebben ghelaten,
Men dar quam eyn man de suluen ftraten.
De flange reep: ,ick bydde dy,
Laet dy entfermen vnde lôze my!'
4595   ¶ De man de sprack: ,dat do ick ghern,
Wultu my louen vnde fwern,
Dattu my nicht doen wult quaet;
Wente my entfermet dyn byfter ghelaet.'
[Bl. 173ᵇ.]   De flange was des bereyt

4600 Vnde ſwor em eynen dûren eyd,
Em nummer to ſchaden in yennyger ſake.

[Holzschnitt: Rechts, mehr nach der Mitte zu, ein Mann, der um ein, bis über die Knie herabhängendes Gewand einen Gürtel trägt, an welchem eine Tasche und ein Messer (?) hängen; eine zurückgeschlagene Kapuze und die Tonsur kennzeichnen ihn als Geistlichen. Er wendet sich mit ausgestreckten Händen auf eine von links her kommende, sich ringelnde Schlange zu, die auf ihrem Kopfe drei Zacken mit Knäufen trägt. Zwischen beiden liegt am Boden ein Schwert ohne Scheide. Hinter dieser Gruppe ein einstöckiges Haus mit hohem unterem Geschoss, und mit diesem durch eine Mauer verbunden, etwas weiter nach links, ein Turm; noch weiter, ganz auf der linken Seite, ein Baum mit drei Asten].

Do lôzede he en vth dente vnghemake.
Se ghyngen to ſamènde eynen wech entſanck.
De ſlange was van hunger kranck,

[Bl. 174ª.] He ſchoth to na deme man
Vnde wolden toryten vnde ethen en dan.
Myt nauwer noet de man entſpranck.
He ſprack: ‚is dyt nu myn danck,
Dat ick dy halp vth dyneme vordreet,

4610 Dar du my ſworeſt eynen dûren eyt,
Dattu my nummer woldeſt ſchaden?‘
De ſlange ſprack: ‚ik byn beladen
Myt hunger, de my brynget dar to.
Ick mach yd vorantworden, dat ik do;

4615 Lyues noet bryckt dat recht‘.
Alze de ſlange dyt habbe gheſecht,
¶ Do ſprack de man: ‚ick bydde dy,
Dattu ſo lange my gheueſt vry,
Wente dat wy by etlyke komen,

4620 De nicht vmme ſchaden efte vmme vromen
Recht efte vnrecht recht konen ſcheyden‘.
De ſlange ſprack: ‚ſo lange wyl ick beyden‘.
Se ghyngen vort ouer eynen grauen.
Dar motte en Pluckebüdel be rauen

4625 Myt ſyneme ſonen Quackeler.
[Bl. 174ᵇ.] De ſlange ſprack: ‚komet heer!‘
He ſede eme alle de ſake hir van.
De raue rychtede to eten den man;

11*

He dachte mede vp ſyn ghelucke,
4630 He hadde ock gerne ghehath eyn ſtucke.
¶ De ſlange ſprack: ‚ick hebbe ghewunnen,
Nemant kan my des vorghunnen'.
¶ De man de ſprack: ‚neen, nicht vul node!
Scholde my eyn rouer wyſen tom bode?
4635 Ock ſchal he dat recht nicht ſpreken alleyn,
Ick gha myt dy vor veer efte teyn'.
¶ De ſlange ſprack: ‚ſo gha wy bare!'
Do motte en de wulff vnde de bare.
De man ſtunt manck deſſen allen,
4640 He dachte: ‚yd wyl ſyk hir ouel vallen'.
He ſtunt manck vyuen, he was de ſeſte;
Neen van deſſen meende ſyn beſte.
De ſlange, beyde rauen, wulff vnde bare,
Hir manck ſtunt he in groter vare.
[Bl. 175ᵃ.] De bare vnde wulff vnder ſyck beyden,
Do ſe deſſe ſake ſcholden ſcheyden,
Se ſpreken: ‚de ſlange mach boden ben man,
Wente hungers noet ghynck eme an.
Noet vnde dwanck bryckt eyde vnde truwe'.
4650 Do krech de man ſorghe vnde ruwe,
Wente alle ſtunden ſe na ſyneme lyue.
Do ſchoet de ſlange na eme ryue
Vnde ſchoet vth ſyn quade fennyn,
Doch entſpranck de man myt groter pyn
4655 Vnde ſprack: ‚du doeſt my vnrecht groet,
Dattu ſus ſteyſt na myneme doet.
Du hefſt noch neen recht to my ghehath'.
¶ De ſlange ſprack: ‚worvmme ſechſtu dat?
Dy is tweywerff ghewyſet dat recht'.
4660 ¶ Do ſprack de man: ‚dat hebben de gheſccht,
De ſuluen rouen vnde ſtelen.
Myne ſake wyl ik deme konnynge bevelen.
Brynget my vor en; wat he dan ſecht,
Dat do ick, yd ſy krum efte recht.
[Bl. 175ᵇ.] Schal ick dan lyden vnghevoch,
Jk hebbet denne noch quad ghenoch'.
¶ Do ſprack de wulff myt deme baren:

‚Dat fulue fchal dy webdervaren.
De flange fchal anders nicht begheren‘.

4670 Se meenden, queme dyt vor de heren
Jn den hoff, denne fcholde dat recht
So ghan, alze fe hadden ghefecht.
Here, if fegge dyt myt orloff,
Se quemen myt deme manne in den hoff,

4675 De flange, de bare, der rauen twey
Vnde der wulue quam dar drey,
Wente de wulff hadde dar twey fyner kynder;
Deffe beden deme manne den meyften hynder,
Alze Ydelbalch vnde Nummerfath,

4680 Quemen myt ereme vader, vmme dat
Se meenden den man mede to eten,
(Se mogen vele, fo gy wol wetten)
Se huleden vnde weren plump vnde groff,
Dar vmme vorböde gy en den hoff.

4685 ¶ De man reep an huwe gnaden.
[Bl. 176ᵃ.] He klagede, de flange wolde em fchaden,
Der he grote döget hadde ghedan,
Vnde wo he wedder hadde entfan
Sekerheyt vnde fware eyde,

4690 Vp dat he em nenen fchaden dede.
¶ De flange fprack: ‚dat is alzo:
Des hungers noet dwanck my dar to,
Dede gheyt bouen alle noet‘.
Here, gy weren bekummert groet

4695 Vmme de fake, alfus ghefecht,
Dat᾽ eyn yflyk kreghe fyn rechte recht.
Juwe eddelicheyt fach dat node,
Datmen den man wyfede tom bode,
De fus bewyfede hulpe in noet.

4700 Of dachte gy an den hunger groet.
Hir vmme ghynge gy to rade;
Meyft reden fe to des mannes quade,
Vp dat fe mochten na ereme wyllen
Den fuluen man helpen vyllen.

4705 ¶ Des hebbe gy do alto hant
[Bl. 176ᵇ.] Na Reynken voffe boden ghefant:

Wat de anderen ock fus reden,
Se kondent doch nicht rechte fcheden.
Dyt lethe gy alle Reynken vorstaen.

4710   Gy spreken, dat recht scholde alzo gaen,
Alze dat Reynke int beste rede.
¶ Reynke sprack myt grotem befchede:
,Here, latet vns ghan to hant,
Dar de man de slange vant.

4715   Seghe ick den slangen in besser stunden,
Dat he alzo stunde ghebunden,
So he was, do he ene vant,
Denne spreke ick dat recht to hant'.
Alzus wart de slange ghebunden

4720   In alle der mathe, so he en habbe vunden,
Vnde ock in de suluen stede.
¶ Reynke sprack: ,nu synt se beyde
Islyk so he was to voren,
Se hebben wer wunnen efte vorloren.

4725   Dat recht wyse ick yw nu snel.
[Bl. 177ᵃ.] De man mach nu, efte he wel,
Den slangen lözen vnde laten syck sweren.
Wyl he ock nicht, he mach myt eren
Den slangen sus laten bunden stan

4730   Vnde mach vry syne straten ghan,
Wente de slange an em vntruwe wrachte,
Do he se loß vth deme stricke brachte.
Alsus heft nu de man den kore,
Ghelyck so he habbe vore.

4735   Dyt duncket my wesen des rechtes syn,
De yd anders weet, de segge hen!'
¶ Seet, here, dyt ordel duchte yw gud
Vnde ock yuweme rade, de by yw stod.
Reynke wart bo ghepryset sere.

4740   De man wart quyd vnde banckede yw sere.
Reynke is seer kloek van synne,
Dyt sulffte sprack ock de konnyghynne.
Se spreken, dat Ysegrym vnde Brun
Weren gud vor eyn schampelun.

4745   Men vruchtet se beyde na vnde verne,

Bɥ der freterɥe ſɥnt ſe gherne.

[Bl. 177ᵇ.] Ib is waer, ſe ſɥnt kône, ſtarck vnde groet,
Men van klokeme rade hebben ſe neen noet.
Reɥnken rad is ɥm wol bekant,

4750 Der anderen radent is men eɥn tant;
Se dregen ſɥck meɥſt vp ere ſtarke,
Men wan men kumpt mɥt en to werke
Vnde wan men kumpt mɥt en to velde,
Ja, ſo môten her vor de ſchamelen helde.

4755 Hir ſɥnt ſe ſeer ſtarck van mode,
Men denne waren ſe de achterhode.
Vallen dar ſlege, ſo ghan ſe ſtrɥken,
Men de armen helde môten nicht wɥken.
Baren vnde wulue vorderuen de lant,

4760 Se achten weɥnich, wes huß dar brant,
Mogen ſe ſɥck bɥ den kolen wermen.
Se laten ſɥck ock nicht entfermen,
Mogen ſe men krɥgen vette kroppe;
Den armen laten ſe nauwe de doppe,

4765 Wan ſe en der eɥger hebben berouet.
En duncket beſt er eghen hôuet.
    ¶ Men Reɥnke voß vnde al ſɥn ſlecht

[Bl. 178ᵃ.] Bedencken wɥßheɥt vnde recht.
Eſt he ſɥk nu wes heft vorſeen —

4770 Seet, here, he en is ɥo neen ſteen.
Wan gɥ nauwen rad begheren,
So kone gɥ ſɥner nicht entberen.
Hir vmme bɥdde wɥ, nemet en to gnaden!"
    ¶ De konnɥnck ſprack: „ick wɥl mɥ beraden.

4775 Dat ordel ghɥnck ſo vnde dat recht
Van der ſlangen, ſo gɥ hebben gheſecht.
Dat is ɥo waer; men he is nicht gud,
He is eɥn ſchalck in ſɥner hud.
Al mɥt weme he maket vorbunt,

4780 De bedrucht he alle tor leſten ſtunt.
Dar kan he ſɥk dan ſo lɥſtɥgen vthdreɥen,
Wulff, bare, kater, kannɥn mɥt der kreɥen,
Alle deſſen is he to behende
Vnde heft int leſte eɥnen beſchetten ende.

4785 He deyt ene ſchaden, ſpot vnde ſchande,
Ja, de eyne leth eyn or to pande,
De ander eyn oghe, de drydde dat lyff.
Ik weet nicht, wo gy vor deſſen ketyff
Sus bydden vnde vallen eme by".

[Bl. 178ᵇ.] ¶ De apynne ſprack: „here, horet my!
Ghedencket, dat Reynkens ſlechte is groet".
¶ Myt des de konnynck vpſtoet
Vnde ghynck wedder vth van deme ſale;
Dar beydeden ſe ſyner alto male.

4795 He ſach dar vele, de Reynken beſtunden
Van ſynen angheboren vrunden,
De Reynken to troſte dar weren ghekomen,
De ik nicht alle hir wyl nomen.
De konnynck ſach an ſyn grote gheſlecht,

4800 De dar weren komen to recht;
He ſach ock to der anderen ſyden
Vele, de Reynken nicht mochten lyden.

¶ (1) In deſſen twen vorgheſechten capittelen leret de
dychter vii ſtucke. Dat erſte is vngunſt, den mannich heft,
de to rechte gheyt, van etlyken, de dat recht mede holden,
ſo hir by deme wulue vnde baren wert betekent. ¶ (2)
Dat anher is, dat de quade, de beſecht is, deſſe, wan he
ſud, dat de ſympele vorbluffet wert vnde ſyne klage
[Bl. 179ᵃ.] nicht vorvolget, deſſe ſprickt denne gerne kon=
lyken, entſchuldygende ſyne boßheyt vnde ſynen wedderſaten
to beſeggende, alze Reynke hir beſede de kreyen, dat kannyn,
den hazen vnde den rambock myt groten loggen van den
kleynöden. ¶ (3) Dat drydde is, dat hir de lerer ſecht
van der apynnen, wo de ſeer na was by deme konnynge,
doch ſunderlyken by der konnygynnen. Dyt menet de lerer
dar mede, dat de kameralken, de vrowen by den vorſtynnen
ebber ander vrowen in den ſteden, de ſyck vthmalen vnde
vthvlyen bouen den ſchreue, deſſe dat ſyn apen efte rechte
apynnen, ghelyck alze eyn ape gherne na deyt, wat ſe ſud.
So is nu de lichtferdicheyt der whuer in den ſteden vnde
vp den ſlöten: kumpt eyn dorynne myt eyneme nyen vunde
der klebynge, der haer efte höuetwumpele, ya, draben ſud
men der teyne efte eyn hundert, de ok dat ſo hebben wylt.

Se wyllen fyck anders maken, wan so alze se de almechtyghe
god heft gheschapen. Heft god ene ghegeuen swart haer,
se wyllent wyt hebben; nicht allene myt den [Bl. 179ᵇ.]
haren, men myt anderen ledematen, de schicken se anders:
se mogen wol apynnen syn. Of lyken se wol der wumpelulen
efte deme schufute; wente desse vogele vnde alle, bede grote
koppe hebben, desse dogen nicht. ¶ (4) Dat veerde is,
dat yd nutte is (be dat so don kan), dat eyne vrouwe,
de wol ghehoret is, eynen vorsten sachtmodich make vnde
vor eynen spreke, de besecht is, so hir de apynne vor
Reynken dat beste sprak vnde den konnynck sachtmodich
makede. ¶ (5) Dat v is eyn straffent alle der, de den
quad doen, de en gud hebben gheban; dat is to malen
eyne grote boßheyt, alze hir de slange deme manne quad
wolde wedder doen vor gud. ¶ (6) Dat vi is, dat eyn
rychter nicht en schal louen efte to tughe nemen den, de
berochtyget is in vndaet, alze de rauen, de wulff, de bare.
Alsus wert by deme rauen beteken de vntruwe, by deme
wulue de ghyryge, by deme baren de groue vnlympyghe
vnde vnghelerde; alsodanen schal men nicht horen, ock
schalmen sobane neen ordel affspreken laten, wente se raden
vaken [Bl. 180ᵃ.] to orlyghe vnde to knue vmme eres
eghenen profites wyllen edder ok van vnwettenheyt, dar
vaken groet vorderff na volget, vnde wan yd denne kumpt
to orloge, so staen alsobane gerne aff. ¶ (7) Dat vii is,
dat eyn vorste vaken vruchtet eyn slechte syner ebbelen
vnde deyt nene rechtferdicheyt efte nene wrake ouer den,
de groet beslechtyget is; hir van is hir vor in desseme
boke eer gheleret.

¶ Wo de konnynck anderwerff Reynken vraget in deme
rechte vmme Lampen doet, vnde wat grote loggen Reynke
loch, syck mede to entschuldyghende. Dat vyfte ghesette
efte capittel.

          DE konnink sprak: „Reynke, hore my nu!
             Wo quam dat to, dat Bellyn vnde du,
             Gy beyden, des so ouer quemen
             Vnde dem vromen Lampen syn leuent nemen?

[Bl. 180ᵇ.] Dar to gh beyden quaden beue
Offerden my syn houet alze breue;
Wente dô wy vpbeden ben sack,
4810 Nicht anders do dar ynne stack,
Men Lampen houet, my to hoen.
Bellyn heft ghekregen dar vor syn loen.
Dyt hebbe ick alrede eyns ghesecht:
Quer by schal ghan dat sulue recht".
4815 ¶ Reynke sprack: „wee my der noet!
Were ik men alrede doet!
Horet my! hebbe ick denne schult,
So is my best gude ghebult.
Hebbe ick schult, latet my bôben,
4820 Ik kome doch nummer vth ben nôben
Vnde vth den sorgen, dar ick ynne byn;
Wente de vorreder, de ram Bellyn,
Heft vnderslagen eynen schat so ryck,
Nicht is vp erben des ghelyck.
4825 Wente de kleynôde, de ick eme bede,
Do he myt Lampen van my schede,
De hebben Lampen vorraden dat lyff;
[Bl. 181ᵃ.] Wente Bellyn, de quade ketyff,
Heft de kleynôde vnderslagen.
4830 Och, mochtemen de wedder vpvragen!
Men ick vruchte, bar wert nicht aff werden".
¶ De apinne sprak: „synt de klenôde bouen erben,
Wy wyllen se vpvragen by vrunde rade.
Alle wylle wy beyde vro vnde spade
4835 Dar na vragen manck leyen vnde papen.
Segget vns, wo weren de gheschapen?"
¶ Reynke sprack: „se synt so gud,
Ik vruchte, wy vragen se nummer vth.
De se heft, de vorleth der nicht.
4840 So wan myn wyff dyt to wetten krycht,
Nummer kome ik in ere gnade;
Wente dyt was nicht myt ereme rade,
Dat ik desse klenôde dessen twen
So rechte wyllygen bede hen.
4845 Hir byn ick beloghen vnde besecht,

Wo wol ik moet lyden dyt grote vnrecht.
Werde ik loß beffer groten vnschult,
[Bl. 181ᵇ.] So late ik my doch nene dult:
Jk werde reysen dorch alle lant
4850 Vnde vragen, est yemande ycht sy bekant
Van deffen klenöden, dúrbar vthermaten,
Scholde ik myn lyff dar ok vmme laten".

[Holzschnitt: Links ein Ring mit einem Stein, rechts ein
kleiner runder Edelstein. (Dial. creat.: de smaragdo et anulo).]
¶ Wo Reynke spricht vnde lucht seer vthermaten van deme
ersten kleynöde, vnde secht, yd sy gheweft eyn rynck myt
eyneme ebbelen steyne, des böget he al myt loggen vth-
spricht lanck vnde breet. Dat vi capittel.

[Bl. 182ᵃ.] REynke sprack: „o konnynck here,
         Jk bydde yuwe ebbelicheyt sere,
         Dat gy my ghunnen to beffer stunden,
         Dat ik moge spreken vor minen vrunden
Van der ebbelicheyt mannygerhande
Der durbaren kleynöde, de ik yw sande,
Wo wol se yw nicht syn gheworden".
4860 ¶ De konninck sprak: „segge hen mit korten worden!"
¶ Reynke sprack: „ik hebbe vorloren
Ghelucke vnde ere, dat moghe gy horen.
¶ Dat erste kleynöde was eyn rynck,
Den Bellyn de rambock entfynck,
4865 Den he deme konnynge scholde bryngen.
Van seltzene wunderlyken dyngen
Was de rynck to hope ghesath,
De werdich weren eynes vorsten schat.
Van synem golde was de rynck,
4870 Vnde bynnen, dat teghen den vynger ghynck,
Dar stunden boekstaue gheambeleret,
De weren myt lasur behende vyseret.
De schrift was hebreysche sprake
[Bl. 182ᵇ.] Vnde weren dre namen dorch sunderlyke sake.
4875 Jn deffen landen was neen so vroet,
De deffe schryft gruntlyck vorstoet,

Men allene mester Abryon van Trere.
Dyt is eyn yobe van sodaneme mannere:
He vorsteyt alle tungen vnde sprake dorch
4880 Van Poytrow an wente to Luneborch:
De böget aller kruder vnde steyne
Kennet desse yobe alle int ghemeyne.
Jk leet eme seen den suluen rynck.
He sprack: ,hir ynne is eyn kostlyk dynck.

4885 Desse dre namen, hir in ghewracht,
Heft Seth vth deme paradyse ghebracht,
Wente he do suluest de myt syk brochte,
Do he den oly der barmherticheyt sochte'.
He sprack: ,de desse by syck draget,

4890 De blyft alle tyd vngheplaget
Van donre, van blyxem, van allem quaden,
Ok kan neen touerye eme schaden'.
De meyster sprack, he habbet ghelesen,
De den rynck droge, konde nicht vorvresen,

4895 Al were yd ok int hardeste kolt.
[Bl. 183ᵃ.] He leuet ok lange vnde wert olt.
¶ Eyn steyn, de enkonde nicht beter syn,
De stunt buten an deme vyngerlyn,
Eyn karbunckel, lycht vnde klar.

4900 Des nachtes sachmen dat openbar,
Al datmen ok yummer wolde seen.
Noch habbe meer böget de sulue steen:
Alle kranckheyt makede he ghesunt;
Wanmen den anrorde, ya, tor suluen stunt

4905 So wart wech ghenomen alle de noet,
So vern yd nicht enwas de doet.
¶ De steen habbe ok de macht vorware,
(Dat sprack de meyster openbare)
So we den droge in syner hant,

4910 De queme wol dorch alle lant;
Water efte vür konde eme nicht schaden,
Nicht worde he ghevangen efte vorraden,
Neen vyent synen whyllen ouer em kreghe;
So wan he den steen nochteren an seghe,

4915 He scholde se vorwynnen ouer al,

[Bl. 183ᵇ.] Weren ock der hundert in deme tal.
　　　　　¶ Vorgyft vnde ander bôȝe sennyn,
　　　　　Dar van scholde he ock vorwaret syn.
　　　　　Were yemant, de en ock nicht mochte lyden,
4920　　De krege ene leff in korten tyden.
　　　　　Nicht kan ick dat alle spreken vth,
　　　　　Wo kostel de steen was vnde wo gud.
　　　　　Ik nam en vth mynes vaders schat
　　　　　Vnde sanden deme konnynge vmme dat,
4925　　Dat ik my nicht duchte werdich to syn,
　　　　　To hebben sodanen kostlyken vyngerlyn,
　　　　　Vnde hadden deme konnynge dar vmme ghesent:
　　　　　He is de ebbelste, den men kent,
　　　　　Wente alle vnse wolvart an eme steyt,
4930　　He is al vnse ere vnde salycheyt,
　　　　　Vp dat syn lyff vor den doet
　　　　　Bewaret worde vnde vor alle noet".

¶ Wo Reynke spricht eyne andere loggen vnde secht erst
van eyneme kostlyken kamme vnde denne vort van deme
　　　　　　speygele.　Dat vii capittel.

[Bl. 184ª.] **J**t sande ock by Bellyne, deme ram,
　　　　　　Der konnyghynnen eynen kam
　　　　　　Vnde einen speygel, des nicht syn gelik
　　　　　　Mach wesen vp alle deme ertryck.
　　　　　Dessen speygel vnde dessen kam
　　　　　Ik ok vth mynes vaders schatte nam.

[Holzschnitt: Links ein runder Spiegel (?), in der Mitte ein
vierblättriges Kleeblatt (?), rechts ein Blatt.　(Dial. creat.: de
　　　　　　carbunculo et speculo).]

　　　　　Wo vaken hebbe ik vnde myn wyff
4940　　Hir vmme ghehat groten kyff!
　　　　　Wente se neen gud vp desser erde
　　　　　Men allene desse klenôde van my begherde.
　　　　　Nu synt se ghekomen van der hant.
　　　　　Desse twey klenôde hadde ik ghesant
[Bl. 184ᵇ.] Myner vrouwen, der konnyghynnen.
　　　　　Dyt bede ik myt wolbedachten synnen,

Wente se heft my vaken gud gheban
Bouen alle yo to voren an.
Se sprickt vor my vaken eyn word,
4950 Se is ebbel, van hoger ghebord,
Tüchtich, vul dögede, van ebbelem stam:
Se were wol werdich des speygels vnde kam.
Nu is deme leyder so nicht ghescheen,
Dat se be mochte krygen to seen.
4955 ¶ De kam was van eyneme pantere.
Dat is to malen eyn ebbel dere;
Des suluesten deertes wonynge is
Twyschen Yndia vnde deme paradys.
Yd heft ferwe van aller manneren,
4960 Syn röke is söte vnde guberteren,
Alzo dat de dere int ghemene
Deme röke na volgen, groet vnde klene,
Ja, alderwegen wor dat gheyt,
Wente en suntheyt van deme röke entsteyt;
4965 Dat bekennen vnde vőlen se int ghemeen.
[Bl. 185ª.] Van desses deres knoken vnde been
Was de kam ghemaket myt flyt,
Klar alze suluer, reyn vnde wyt,
Wol rukende bouen alle synamomen;
4970 Wente des deres röke plecht to komen
In syne knoken, wan dat sterft.
Nummermeer des deres knoke vorderft,
Vast vnde wolrukende he alle tyd blyft
Vnde yaget wech alle sennyn vnde vorgyft.
4975 ¶ Vp desseme kamme stunden ghegrauen
Etlyke bylde hoch vorhauen,
De weren alle kostlyken ghetzyret
Vnde myt deme fynesten golde dorchwyret,
Roth synober vnde blaw lazur,
4980 Vnde was de hystorye vnde dat euentur,
Wo Paryß van Troye eyns lach
By eyneme borne vnde dar sach
Dre afgodynnen, ghenomet alsus:
Pallas, Yuno vnde Venus.
4985 Se hadden eynen appel int ghemene

Vnde yslyk wolde den hebben allene.

[Bl. 185ᵇ.] Lange wyle se hir vmme keuen.

Int leste syn se des ghebleuen

By Paryß vnde seden, dat he scholde

4990 Gheuen den suluen appel van golde

Eyner der schonesten van en dren,

Dat se den scholde beholden alleyn.

¶ Paryß dachte hir vp myt beschede.

Juno de eyne to eme sede:

4995 ,Is, dattu my den appel towysest

Vnde my vor de schonesten prysest,

So gheue ick dy rydheyt vnde schat,

So vele des nemant heft ghehat'.

¶ Pallas sprack: ,gheschüd dat so,

5000 Dattu den appel my wysest to,

Du schalt entfangen so grote macht,

Dat dy scholen vruchten dach vnde nacht

Dyne vyende, dyne vrunde, alle to samen,

Al wor men nomende wert dynen namen'.

5005 ¶ Venus sprack: ,wat schal de schat

[Bl. 186ᵃ.] Efte grotterer ghewalt? segget my dat!

Is nicht de konnynck Priamus syn vader?

Syne brödere ryke vnde starck alle gader,

Hector vnde der anderen noch meer?

5010 Is he nicht ouer de stad Troye eyn heer?

Hebben se nicht de lande vmme betwungen,

Ja verne, beyde de olden vnde de yungen?

Wultu my vor de schonesten prisen

Vnde my den gulden appel towysen,

5015 De durbareste schat schal dy werden,

De nu is vp aller erden.

Desse schat is dat schoneste wyff,

De ye vp erden entfenck dat lyff,

Eyn wyff, de tuchtich vnde dogentsam is,

5020 Schone vnde eddel, vnde bar dy wyß;

Nicht kan men sodane to vullen louen,

Se gheyt deme schatte vele bouen.

Ghyff my den appel! gheloue my,

Dyt schone wyff schal werden dy.

5025   Dyt ſchone wyff, be ick hir mene,
       Is des konnynges van Greken wyff Helene,
       Eddel, ſedich, ryke vnde wyß'.
[Bl. 186ᵇ.]   Do gaff er den gulden appel Paryß,
       Dar to pryſede he ſe ſere
5030   Vnde ſprack, dat ſe de ſchoneſte were.
       Do halp de godynne Venus,
       Dat Paryß deme konnynge Menelaus
       Nam Helenen, ſyne konnygynnen,
       Vnde brachte ſe myt ſyk to Troye bynnen.
5035   Deſſe hyſtorye ſtunt ghegrauen
       Vp deme kamme hoch vorhauen,
       Myt boekſtauen vnder den ſchylden
       Myt den alder ſubtyleſten bylden.
       Eyn yſlyck vorſlunt, wan he dat laß,
5040   Wat dyt vor eyne hyſtorye was".

¶ (1) In deſſen dren vorgheſechten capittelen leret be
dychter ii ſtucke. Dat erſte is de ſneydicheyt vnde lyſt des
voſſes, be he myt loggen hir bruket, in deme dat he heft
ghemerket, wor to de konnynck, de lauwe, meyſt gheneget
was: dar hen ſatte he ſyne loggen to ſtarken; alze de
naturlyken meyſters ſpreken, dat de lauwe des wynters
grote kulde lyth vnde in kolden lan=[Bl. 187ᵃ.] den ſynt
nicht gern lauwen. Sus ſprack he, dat de doget des
eddelen ſteynes in deme rynge were alzo, dat, ſo we den
droge, enkonde nene kulde lyden. He ſecht ock, dat be
ſteyn ſcheen des nachtes, wente de lauwe wancket des
nachtes; ſus were em de rynck ſeer bequeme weſt. ¶ (2)
Dat ander, dat hir de dychter menet, is, ſo wanner eyneme
loggener wert ghehoret vnde em des gheloeuet, wes he ſecht,
ſo ſterket he ſyne loggen myt eyneme ghelyke, ſo hir Reynke
lucht van deme koſtlyken kamme vnde ſpeygel, de he der
       konnigynnen ſande, ſo he ſede, vnde loch to degen.

¶ Wo Reynke ſyne loggen ſterket vnde ſpricht van deme
wunderlyken ſchonen vnde koſtlyken ſpeygel, van ſyner doget
vnde wo he gheſtalt was, vnde ock van den yſtoryen, de
dar vp weren ghewracht; dar de erſte van was van eyneme
manne vnde perde vnde herte. Dat viii capittel. Vnde

be figure vnbe gheſtaltnyſſe beß ſpeygelß vynſtu vp beſſeme
ſuluen blabe vp ber anberen ſyben. [Bl. 187ᵇ.] ¶ De figure
vnbe gheſtaltenyſſe beß ſpeygelß [zugleich Seite nüberſchrift]

[Ein die ganze Seite einnehmender Holzſchnitt, den Spiegel
und den Rahmen darſtellend in fünf Medaillonbildern: 1. (vgl.
5042 ff.) Das mittlere zeigt ein im Hohlſpiegel betrachtetes
Bild einer Stube; an der linken Wand, vor welcher auf ge-
täfeltem Boden ein Tiſch ſteht und an welcher entlang eine
Bank hinläuft, ſind zwei Fenſter, nach vorn zu iſt die Wand
ausgebaut und eine Ofenthür (?) ſichtbar. Die Hinterwand,
an welche hinan die Schmalſeite des Tiſches reicht, hat
ebenfalls zwei Fenſter, auch eine Bank. An der rechten
Wand eine hohe, in der Mitte der Hochſeite durchbrochene
Bank und über dieſer ein Fenſter (?); an der Zimmerdecke
ſieht man vier Balken. 2. (vgl. 5073 ff.) Das Bild oben rechts
in der Ecke zeigt einen nach links fliehenden Hirſch, der
von einem das Horn blaſenden Reiter zu Pferde verfolgt wird;
im Hintergrunde mit Bäumen beſtandene Hügel. 3. (vgl.
5101 ff.) Das Bild oben links in der Ecke ſtellt ein mit ver-
gitterten Fenſtern verſehenes Zimmer dar; links ſitzt auf
einem Stuhle ein Mann mit langem Gewande und einem
Käppchen auf dem Kopfe, auf ſeinen Schooss legt ein Eſel
von rechts her ſeine Vorderbeine. 4. (vgl. 5159 ff.) Unten
links in der Ecke: links einige Bäume; auf einem von dieſen
ſitzt der Kater und wird von dem Fuchs von unten her an-
gebellt; im Hintergrunde ein das Horn blaſender, in der
linken Hand einen Stab haltender Mann. 5. (vgl. 5213 ff.)
Unten rechts in der Ecke: links einige Bäume, aus denen
Kopf und Hals des Wolfes hervorragen; in deſſen Rachen
ſteckt der Kranich ſeinen Kopf. Im Hintergrunde Hügel. —
Zwiſchen 2 und 3 und zwiſchen 4 und 5, ſowie an beiden
Seiten von 1 ſind Ranken.]

[Bl. 188ª.] N B horet van beme ſpeygel gub!
             Dat glaß, bat bar ane ſtob,
             Was eyn bryl, ſchone vnbe klar,
             So batmen bar ynne ſach openbar
5045   Al, wat ouer eyner mylen gheſchach,
        Jb were nacht, yb were bach.
        Habbe yemant in ſyneme antlate ghebrec
        Ebber in ſynen ogen yennich fleck,
        Wan he benne in den ſpeygel ſach,
5050   Dat ghebrec ghynck wech ben ſuluen bach
        Vnbe alle be vlecken; bat was nicht myn.
        Iſſet wunber, bat ik myſmobich byn,

12

De it myffe fobanen dúren fchat?

¶ Dat holt, dar dat glas was in ghefat,

5055 Heeth fethym vnde is vaft vnde licht,
Van wormen wert yd ghefteken nicht,
Jd kan nicht roten, dat fulue holt,
Jd is ock beter gheacht dan golt;
Ebenusholt is beffeme ghelyk.

5060 Dar aff ghemaket was feer wunderlyk
Eyn holten perd by Kromparbes tyben,
Des konnynges, dar myt he konde ryben

[Bl. 188b.]   [Holzschnitt von Bl. 187b wiederholt.]

[Bl. 189a.] Hundert myle in eyner ftunbe.

Scholbe ick byt euentúr vthfpreken to grunde,

5065 Dat konbe in korter tyd nicht fcheen,
Wente ne wart des perdes ghelyke feen.
¶ Dat holt, dar dat glas ynne ftoet,
Was breet anberhaluen mannes voet,
Buten vmme ghanbe alle runt,

5070 Dar mannyghe vrombe yftorye vppe ftunt,
Vnder yflyker yftoryen be worbe
Myt golbe borch, fo fyk bat behorbe.
¶ De erfte yftorye was van beme perbe.
Jd was nybich, wente yd begherbe,

5075 Dat yd mochte entlopen eyneme herte
Vnbe nicht enkonbe; bes habbe yd fmerte.
Dat perd ghynck to eyneme herben.
Jd fprack: ,by mach gheluce werben!
Sytte vp my, ick brynge by brabe.

5080 Iffet, battu volgeft myneme rabe,
Du fchalt vangen eyn herte wol veth,
Dar van fchal by werben beth.
Syn vlefch, fyne horne vnbe ok fyne hub

[Bl. 189b.] Machftu al búre noch bryngen vth.

5085 Sytte vp my vnbe lathe vns yagen!'
De herbe fprack: ,ick wyl yd wagen'.
Se rebben hen myt alleme vlyb
Vnbe quemen by bat herte in korter tyd;
Se rebben eme na vp beme fpor,

5090 Se eme bat na, bat herte leep vor.

[Holzschnitt: Links im Hintergrunde ein nach links laufender
Hirsch mit grossem Geweih; ihn verfolgt im Vordergrunde
vor einem Felsen auf rennendem Rosse ein Reiter, der mit
der Linken die Zügel hält und in der rückwärts gezogenen
Rechten ein langes Schwert. — Rechts im Mittelgrunde
einige Bäume.]

Dat perd ſyck wol halff begaff.
Jk ſprack to deme manne: ‚ſytte wat aff!
Jk byn möde, laet my wat rowen!‘

[Bl. 190ᵃ.] De man ſprack wedder: ‚neen ick, trowen!

5095　Jk is nu ſus: du moeſt my horen,
Dar to ſchaltu völen de ſporen.
Du heſſt my hir vmme ſus ghebracht‘.
Seet, ſus wart dat perd gedwungen mit macht.
He lont ſyck ſuluen myt velem quaden,

5100　De ſyk pynyget vmme eynes anderen ſchaden“.

¶ (1) Jn deſſeme capittel is de menynge des dichters,
dat eyn loggener, wan he heft ſynen wyllen in ſyneme
ſeggende vnde em des wert gehöret vnde ſo denne etlyken
dunckt wunderlyk weſen dat ſeggent des loggeners, alze
hir de yſtorie van Parys van Troye, ſo kumpt denne eyn
ertzeloggener her van der ſelten materyen to der profyte=
liken materyen. Wente myt dyngen, dat vordel vnde profyt
inbryngen mach, dar myt werden vorleybet heren vnde
vrouwen. ¶ (2) To deme anderen male wert hir gheleret
by deme perde, datmen ſchal vormyden nyd; wente de
nyd is alſo, dat de henne, de myt nyde ſynt vorworen,
de ſynt ſyk ſulueſt to ſwar, alze hir dat perd; dat was
nydich vp dat herte, vnde yd was ſyk ſuluen to ſwar,
wente ſyn wylle ghynck nicht vort.

[Bl. 190ᵇ.] ¶ Wo Reynke ſpricht van deme ezel vnde hunde
vnde lucht to begen noch van deme ſpeygel.　Dat ix capittel.

[Holzschnitt: Rechts sitzt auf einem Stuhle mit hohen Lehnen
ein mit Kappe und langem Gewande bekleideter Mann, der
mit der Linken ein Hündchen, das ihn lecken will, auf seinem
linken Beine hält. Von links her hat ein Esel sein rechtes
Vorderbein auf des Mannes Schooss gestellt: dieser sucht
den Esel mit der Rechten hinunterzuschieben. Hinter dem
Esel steht, indem er mit seiner Linken an des Esels Mähne
zerrt, ein mit Kapuze und kurzer Jacke bekleideter Knecht,

der mit der Rechten eine Keule auf den Esel zu schwingen
im Begriff steht, und an dessen rechter Seite ein Schwert
herunterhängt.]

Jk ſpreke ok, dat in deme ſpeygel ſtunt,
    Wo dat eyn ezel vnde eyn hunt
    Deneden beyde eyneme ryken man,
    Men de hunt de meyſten gunſt ghewan.

5105   He ſath by ſynes heren dyſch
    Vnde ath myt eme vleſch vnde vyſch.
    He nam en vaken vp den ſchod

[Bl. 191ᵃ.] Vnde gaff eme eten dat beſte brod.
    So wyſpelde de hunt myt deme ſtart

5110   Vnde lyckede ſyneme heren vmme den bard.
    ¶ Dyt ſach de ezel Boldewyn;
    Dat dede eme wee in deme herten ſyn.
    He ſprack to ſyck ſuluen allenen:
    ‚Wat mach myn here hir mede menen,

5115   Dat he deſſeme vulen canis
    Alzo rechte vruntlyck is,
    De ene ſus lycket vnde vp en ſprinckt?
    My men tom ſwaren arbeyde dwynckt,
    Jck moet dragen de ſacke ſwar.

5120   Myn here ſcholde nicht in eyneme yar
    Myt vyff hunden doen, ya were der ock teyne,
    Dat ik in veer weken do alleyne.
    He eth dat beſte, ick kryghe men ſtro
    Vnde mod vp der erden lyggen dar to.

5125   Wor ſe my dryuen efte ryden,
    Dar mod ick vele ſpottes lyden.
    Jk wyl nicht lenck ſus vorderuen,
    Men ik wyl ok mynes heren hulde vorweruen.‘
    ¶ Myt des quam de here, de werd.

[Bl. 191ᵇ.] De ezel hoeff vp ſynen ſterd,
    Vp ſynen heren dat he ſpranck,
    He reep, he rarde vnde he ſanck,
    He lyckede ſynen heren vmme de mulen
    Vnde ſtotte eme twey grote bulen

5135   Vnde wolden kuſſen vor de munt,
    Alze he hadde ſeen doen den hunt.

¶ Do reep de here myt anxſte groet:
‚Nemet den ezel vnde ſlat ene doet!'
De knechte ſlogen den ezel al
5140 Vnde yagheden ene wedder in den ſtal;
Do bleff he eyn ezel, alze he was.
Noch vyntmen mannygen ezelsdwas,
De eynem anderen ſyne wolvart vorgan,
Wo wol he dat nicht beteren kan.
5145 Ja, al kumpt alſodanen mede to ſtate,
So vöget eme doch dat ſulue ghelate
Alſe eyner ſögen, de myt leppelen eth,
Ja, vorware nicht vele · beth.
Men lathe den ezel dragen den ſack
5150 Vnde gheuen eme ſtro, dyſtel in ſyn ghemack.
Deytmen eme ock andere ere,
[Bl. 192ª.] He plecht al ſyner olden lere.
Wor ezels krygen herſchopyen,
Dar ſüd men ſelden vele dyen.
5155 Meyſt ſe er egene vordel ſöken,
Vp anderer wolvart ſe weynich röken.
Doch is dyt te meyſte klaghe,
Se ryſen in macht alle daghe".

¶ Dyt vorgheſechte capittel heft ſunderlyken anders nene
vthdüdynge, men ſo alze int leſte ſteyt, vnde is de ſyn,
dat groue lüde, de vmbeſlypet vnde vnghelerd ſyn, deſſe,
wor de dat radent krygen, dar drecht de ezel de kronen;
wente beter yſſet vor eyn lant efte ſtath, dat de wyſen
vorvaren dat radent hebben vnde de grouen vnghelerden
ezels ſcholen ſacke dregen. Wor dat anders is, dar is
efte blyft nicht lange eyne gude ordinancie.

¶ Hir ſprickt Reynke de drydden yſtoryen, de vp deme
ſpeygel ſtunt gemaket, ſo he ſede al legende, vnde is van
ſynem vader, deme olden voſſe, vnde van dem wylben
kater, de in deme holte lopt, den he hir ſchendet myt worden.
Dat x capittel.

[Bl. 192ᵇ.] **K**Onnynck here, gy scholen ok wetten,
(Latet myne rede iw nicht vorbreten!)
Wente vp dem speygel stunt ok gegrauen
Behende myt bylden vnde boekftauen,
Wo myn vader vnde Hyntze de kater
To samende ghyngen by eyneme water.

5165 Se sworen to samende myt swaren eyben,
Dat se wolden vnder syk beyden
Lyke belen, wat se ok vengen.
Wolde se yemant yagen efte dwengen,
So scholde eyn blyuen by deme anderen.

5170 Sus ghyngen se vele weges wanderen.
Id gheschach syk eyns, dat se vornemen,
Wo etlyke yagers na ene quemen,
De hadden ok vele quade hunde.
Hyntze bo to spreken beghunde.

5175 He sprack: ,gud rad is hir dúr'.
Myn vader sprack: ,yd is euentúr.
Eynen sack vul rades ik wol weet;
Wy wyllen malckander holden den eyt
Vnde wyllen vaste to samende stan.

5180 Deffen rad sette ik to voren an'.
[Bl. 193ᵃ.] ¶ Hyntze sprack: ,wo yd vns gaet,
Ik weet allene eynen raet,
Den moet ik bruken, dat segge ik yw, om'.
Alzus spranck he vp eynen bom,

[Holzschnitt: Links wird der Fuchs von zwei Hunden an-
gefallen, hinter ihnen reitet von rechts kommend der Hirte,
mit der linken Hand die Zügel haltend, mit der rechten das
Horn blasend. Im Hintergrunde und links und rechts je ein
Baum: auf dem linker Hand sitzt der Kater.]

5185 Dar eme be hunde nicht konden schaden.
Sus wolde he mynen vader vorraden,
Den he in anxfte leet staen.
Myt des quemen en be yegers an.
Hyntze fach dyt vnde sprack:
[Bl. 193ᵇ.] ,Wat, oem, doet nu vp yuwen fack!
Gy hebben dar doch vele rades in,
Bruket ben nu, dat is yuwe ghewyn'.

Men bleß int horn vnde men reep: ‚ſla!'
Myn vader leep vor, de hunde eme na.
5195　He leep, dat em vthbrack dat ſweet,
So dat he ok achter glyden leet.
Sus wart he do ychteſwat vorlycht,
Anders were he entkomen nicht.
Hir moghe gy horen, we ene vorreet:
5200　Dat dede de, dar he ſyck meyſt to vorleet.
De hunde weren eme to ſnel,
Byl na hadden ſe eme gherucket dat ſel;
Men dar was eyn gath, dat wuſte he wol.
Sus entquam he int ſulue hol.
5205　¶ Des ghelyk vyntmen noch mannygen droch,
De ſus dat ſulue bruken noch,
Alze Hyntze hir dede, de quade deeff;
Wunder were yd, hadde ik en leeff.
Doch ik hebbet em halff vorgheuen,
5210　Sus is dar noch wes achter bleuen.
Deſſe yſtorye myt deſſen reden

[Bl. 194ᵃ.] Stunt klar vp deme ſpeygel gheſneden".

¶ (1) In deſſeme capittele leret de dychter ii ſtucke. Dat erſte is, ſo wanner eyn loggener ſyk vtſchemet in der heren hðue vnde dor eynen beſeggen efte belegen, ya, ſo he denne vornympt, dat eme ghehorb wert, ſo belucht efte beſecht he wol ok eynen anderen myt eyner anderen ſake; ſo hir vor Reynke den ezel beſecht heft vmme ſyne grofheyt, ſo beſecht he nu in deſſem vorgheſechten capittel den wylden kater vmme de vntruwicheit vnde ſchuldyget ene vor eynen meeneber. ¶ (2) Dat ander, dat hir gheleret wert, is, dat eyn ſyk waren ſchal vor ſynen vorſðneden vyent; wente al yſſet ſo, dat he yd eme vorghyſt, ſo vorget he des doch nicht, alze hir Reynke ſecht, dat yd wunder is, dat he ene leff heft, vnde ſecht, he hebbet eme halff vorgheuen.

¶ Noch lucht Reynke eyne ander yſtoryen vnde ſede, dat de ok ſtunt vp deme ſpeygel, alze van deme wulue vnde deme krone. Dat ꝗ geſette.

[Bl. 194ᵇ.] NOch stunt vp deme speygel mede
            Van deme wulue eyne andere rede,
            Wente he vor gud nú sede danck.
                He leep eyns ouer eyn velt entlanck,
            Dar vant he eyn boet ghevyllet perd;
            Dat flesch was van den knoken vorterd.
            De wulff begunde de knoken to gnagen.
5220   Em quam eyn knoke dwers in den kragen,
            Wente he habde den hunger groet.
            Hir van krech he sware noet.
            He sande velen ersten boden,
            Nemant konde eme helpen vth nöben.
5225   He boet vuste vth eyn groten loen.
            Dar quam ock to em Lütke de kroen;
            He broch ock eyn roet bereet,
            Dar vmme he ene ock doctor heet
            Vnde sprack to em: ,help my myt flyb
5230   Vnde make my besser wedaghe quyb!
            Kanstu, the my den knoken vth,
            So gheue ick dy eyn groten gud'.
            ¶ De kron den schonen worden löuede
            Vnde stack den snauel in myt dem höuede
[Bl. 195ᵃ.] Vnde toch em alzo den knoken vth.
            Do reep de wulff ouer lub:
            ,We my, wee, du beyst my seer!
            Men ick vorgheuet dy, do des nicht meer!
            Wan my dat eyn ander so bede,
5240   Nummer ick dat van em lede'.

[Holzschnitt: Rechts sitzt der Wolf, die Vorderfüsse auf die
Erde gestemmt; in seinen Rachen hat der Kranich seinen
    Kopf gesteckt. Rechts und links je ein Baum.]

            ¶ ,Weset to vreden', sprack Lütke de kron,
            ,Gy synt ghenesen, gheuet my myn lon!'
[Bl. 195ᵇ.] ¶ Do sprack de wulff: ,horet dessen gheck!
            Ick byn suluen in deme ghebreck
5245   Vnde wyl van my gud hebben to!
            He dencket nicht der böget, de ick eme do,
            Wente he stack syn höuet in myne munt
            Vnde ik letet em wedder vththeen ghesunt,

Vnde heft my dar to wee ghedan!
5250 Jk mene, scholde yemant bathe entfan,
De behorde my myt allen rechten'.
Sus lonen schelke ören knechten.
¶ Seet, desse ystorye vnde der noch meer
Stunden vp deme speygel vmme heer
5255 Ghewracht, ghesneden vnde ghegrauen
Myt bylden vnde guldenen boekstauen.
Jk helt my vnwerdich vnde alto rynck,
By my to hebben sodanen kostlyken dynck.
Dar vmme sande ik se to groten eren
5260 Der konnygynnen vnde konnynge, myneme heren,
Wo grote ruwe myne kyndere beyde
Hir vmme hadden myt groteme leyde.
Sus was ere sorge mannygerhande,
[Bl. 196ᵃ.] Do ik den speygel van my sande.
5265 Se plegen dar vor to spelen vnde spryngen
Vnde segen, wo en be stertken hyngen,
Vnde ok, wo en ere muleken stunt.
Men leyder! dyt was my seer vnkunt,
Dat Lampen so na was syn doet,
5270 Wente ik vppe truwe vnde louen groet
Eme de kleynöde mede bevoel
Vnde myneme vrunde Bellyne alzo wol.
Dyt weren beyde myne truwesten vrunde,
De ik ye krech to yennyger stunde.
5275 Jk mach wol ropen ouer den mordener.
Of wyl ik dar aff wetten meer,
Wor hen de kleynöde syn ghestolen,
Wente mord blyft nicht ghern vorholen.
Jb mach lychte, he hir by vns steyt
5280 Manck dessen, de dar wol aff weyt,
Wor ghebleuen syn desse kleynöde
Vnde ok, wo Lampe ghekomen is tom bode".

¶ (1) Jn dessem capittel straffet de lerer grot de sunde
der vnbancknamicheyt. ¶ (2) To deme anderen [Bl. 196ᵇ.]
straffet he de, dede vngern vthgheuen dat vordenede loen,
alze hir be ghyryghe wulff nicht lonen wolde bem krone
vnde menbe noch banck dar vor to hebben, bat he eme
nicht ben kop affbeet.

¶ Wo Reynke spricht vor deme konnynge van der döget
synes vaders in eertyden ghescheen, vnde alle ghelogen efte
mit loggen spricht he vort desse fabelen van deme wulue
van seuen yaren.   Dat xii capittel.

Seet, gnedyghe here konnynck,
Jw kumpt vor so mannich dynck,
Dat gy yd nicht al beholden möget.
Ghedencket yw nicht der groten döget,
De myn vader, de olde voß, dede
By yuweme vader in desser stede?
Wente yuwe vader kranck lach to bedde
5290   Vnde myn vader em syn leuent redde.
Noch spreke gy, dat myn vader vnde ick mede
Jw efte den yuwen ne gud enbede.
[Bl. 197ᵃ.] Here, ik spreke yd myt yuweme orloue:
Myn here vader was hir to houe
5295   By yuweme vader in groter gunst,
Wente he wuste vast de rechten kunst
Van artzedyende, dat water beseen,
Vtbreken fystelen, ogen, bródere efte thene vththeen.
Jk loue wol, here, gy wetent nicht encket,
5300   Ot weet ik nicht, eft yw dat dencket;
Gy weren do men dre yar old
Vnde yd was in eyneme wynter kold,
Juwe vader lach kranck in groten plagen,
Men moste ene boren vnde dragen.
5305   Alle de arsten twysschen hir vnde Romen
De leet he halen vnde to syck komen;
Se gheuen ene ouer altomalen.
Jnt leste leet he mynen vader halen,
He klagede em seer syne noet,
5310   Wo he kranck were wente in den doet.
Dyt entfermde myneme vader seer.
He sprack: ‚o konnynck, myn gnedyghe heer,
Mochte ik yw myt myneme lyue baten,
Here, lóuet my, dat wolde ik nicht laten.
[Bl. 197ᵇ.] Maket yuwe water, hir is eyn glas'.
Juwe vader, de vele kranclyk was,

Dede, ſo eme heet mhn vader.
He klagede, he kreghe ho lenck ho quader.
¶ Dht ſulue ok vp deme ſpehgel ſtunt,
5320   Wo huwe vader wart gheſunt.
Wente mhn vader ſprack: ‚whl gh gheneſen,
So mod dat hummer entlht weſen.
Ehnes wulues leuer van ſeuen haren,
Here, hir an moghe gh nicht ſparen;
5325   De ſchole gh eten, efte gh ſynt doet,
Wente huwe water tóghet al bloet.
Dar haſtet mede vor alle dhnck‘.
De wulff ſtunt mede in deme rhnck,
He horde vaſt to, hd hagede eme nicht.
5330   Juwe vader ſprack, des ſhd berycht:
‚Horet, her wulff, ſchal ick gheneſen,
So mod hd huwe leuer weſen‘.
¶ De wulff ſprack: ‚here, ick ſegget vorwar,
Jk byn noch nicht olt vhff har‘.
5335   ¶ Do ſprak mhn vader: ‚hd helpet nicht, neen,
Jk whlt wol an der leuer ſeen‘.
[Bl. 198ª.] Do moſte de wulff tor koken ghan,
Vnde de leuer wart eme vthghedan.
De konnhnck ath ſe vnde ghenaß
5340   Van aller kranckheht, de in eme was,
Vnde danckede des ſere mhneme vader
Vnde gheboet ſhneme gheſhnde alle gader,
Dat ehn hſlhk mhnen vader doctor hethe
Vnde dht nemant bh ſhneme lhue lethe.
5345   Sus moſte mhn vader to allen thden
Ghan to des konnhnges rechter ſhden.
Ok gaff em huwe vader, ſo ik wol weet,
Ehn guldene ſpan vnde ehn roet bereht,
Dat moſte he dragen vor alle den heren,
5350   De en alle helden in groten eren
Vnde deden eme ere to allen dagen.
Men mht mh is dat nu vmme ſlagen,
Men dencket nu nicht mhnes vaders dóget:
De ghhrhgen ſchelke werden nu vorhóget,
5355   Eghene nütte vnde ghewhn men nu betracht,
Men recht vnde whßheht men klene nu acht.

Wor eyn kerleman wert eyn here,
Dar gheyt yd ouer de armen sere.

[Bl. 198ᵇ.] Kricht he denne grote macht,

5360 So weet he suluen nicht, weme he slacht,
Dencket nicht, van wannen he sy ghekomen.
Men syn eghen vordel vnde vromen
Dat gheyt vort in al öreme spele.
Desser synt nu by den heren vele.

5365 Sodane horen ock nemandes bede,
Dar en volge denne de gyfte mede.
Ere menynge is meyst: ‚brynget men heer!
Dyt vort ersten vnde denne noch meer!'
Desser ghyrygen wulue der is vele,

5370 Se prysen vor syck de besten morsele.
Konden se redden myt klenen saken
Eres heren leuent, dat scholde syk nicht maken.
Desse wulff wolde ock nicht entberen
Syne leueren to gheuen syneme heren.

5375 Noch seghe ik leuer, wyl gy yd horen,
Dat twyntich wulue er lyff vorloren,
Wan dat de konnynck efte syn wyff
Jcht scholden vorlesen ere lyff;
Vnde yd were ok mynre schade,

5380 Wente, wat dar kumpt van quabem sade,

[Bl. 199ᵃ.] Schal selben synes danckes doen döget.
¶ Her konnynck, dyt schach in yuwer höget.
Dyt weet ik vorware vnde encket,
Dat gy dyt alle nicht endencket.

5385 Men ik weet yd wol al myt eyn,
Ghelyk efte yd gysteren were scheen.
Desse ystorye vnde dyt gheschicht
Was vp deme speygel ok angherycht
Myt eddelen steynen vnde myt golde,

5390 So myn vader dat hebben wolde.
Mochte ik den speygel wedder vpvragen,
Dar wolde ik lyff vnde gud vmme wagen“.

¶ Vp dyt vorghesechte capittel is sunderlyk nene vthleggynge
ghesath, wente al, wat de lerer dar ynne menet, mach men
klar vorstan in dem capittel, wente hath vnde nyd is de
gantze syn dar ynne.

¶ Noch wo Reynke sprydt bedrechlyke worde, dar myt he
syk suluen entschuldiget vnde andere belastet, vnde is, wo
be wulff vnde voß to samende vengen eyn swyn vnde eyn
kalff.   Dat ꭓiii capittel.

[Bl. 199ᵇ·] DE konnynck sprack: „Reynke, de word
                Hebbe ik vorstan vnde wol ghehord.
                Was huwe vader so vorhöget
                Vnde dede he hir alsodane döget,
            Des mach lange syn, ik dencke des nicht,
            Ok is my dat nicht eer bericht.
            Men huwer sake der weet ik vele,
5400   Wente gy synt vaken mede in deme spele,
            So men vaken hir van yw secht.
            Doen se yw dan dat myt vnrecht,
            Dat is quad yo to voren.
            Mochte ik ok gud van yw horen
5405   Neen, dat en schüd nicht vaken".
            ¶ „Here, ik antworde to den saken",
            Sprack Reynke, „wente se my anghaen.
            Ik hebbe yw suluen gud ghedaen —
            Nicht, dat ik yw do ycht vorwyd,
5410   Wente ik byn schuldich to aller tyd
            Dorch yw to doen, al wes ik mach.
            Ghedencket yw nicht, wo yd eyns gheschach,
            Dat ik vnde de wulff, her Ysegryn,
            Hadden to samende ghevangen eyn swyn?
[Bl. 200ᵃ·] Do yd reep, bette wy yd doet.
            Gy quemen to vns, gy klageden huwe noet,
            Gy spreken, huwe frouwe queme dar achter,
            Hadde wy wat spyse, so worde yd sachter;
            ‚Gheuet vns mede van huweme ghewynne'.
5420   ‚Ja', sprack Ysegrym bynnen deme kynne,
            So datmen dat nauwe vorstunt.
            Men ik sprack: ‚here, yd is yw wol ghegunt,
            Ja, weren der swyne ok vele.
            Wene dunket yw, de vns dyt dele?'
5425   ‚Dat schal de wulff', so spreke gy do.
            Desses was Ysegrym seer vro.

He belede do na' syner olden febe,
Men bar enwas nicht vele schemede mede:
Eyn vernbel gaff he yw, bat ander huwer vrowen,
5430   De anderen helfte begunde he to kouwen.
He ath so ghyrhgen vtermaten,
Men be oren myt ben nezegaten
Vnde halff de lungen, byt gaff he my,
Dat ander behelt he al; byt feghe gy.
5435   Sus tögede he fyne ebdelheyt, fo gy wetten.
Doch do gy huwe deel habben vpghegetten,
[Bl. 200ᵇ.] Dyt weet ik wol, gy weren noch nicht fath.
Dyt fach de wulff wol, men he ath
Vnde boet yw nicht, noch kleyn noch grob.
5440   Do krech he van yw eynen ftod
Van huwen poten twhfschen be oren,
So bat em bat fel mofte fchoren.
He blobde vnde krech grote bulen
Vnde leep wech myt grotem hulen.
5445   Gy repen eme na: ,kum webber heer
Vnde scheme dy yo eyn ander tyd meer!
Jffet, battu dy ok nicht enschameft
Vnde myt deme belende dat anders rameft,
So wyl ik by anders wylkomen hethen!
5450   Gha haftyghen, hale vns meer to ethen!'
¶ Do fprack ik: ,here, ghebede gy dat,
So gha ik myt em; ik weet wol wat'.
Here, gy fpreken: ,ya, gha myt em!'
Do helt fyk Yfegrym feer vmbequem,
5455   He blobde, he ankebe, he konde vele klagen.
Sus ghynge wy echt to famende yagen.
Eyn veth kalff venge wy, bat gy wol mochten;
Do lachede gy feer, alze wy bat brochten,
[Bl. 201ᵃ.] Gy fpreken bo vnde loueden my groet,
5460   Jk were gub vthgheſent tor noet.
Gy fpreken, ik scholde belen bat kalff.
Jk fprack: ,here, yd is huwe rebe halff,
De anderen helfte ber konnyghynnen.
So wat benne is bar enbynnen,
5465   Dat herte, be leuer myt ber lungen,

Dyt deel horet to yuwen yungen.
My horet to de veer vóthe
Vnde Yſegryme dat hóuet, wente dat is ſóthe'.
Alze gy dyt horden, ſpreke gy do:

5470   ,Reynke, we lerde dy deſen alzo,
So rechte houeſchlyken? laet my vorſtaen!'
Iſt ſprack: ,here, dat heſt ghedaen
Deſſe, deme ſo roet is de kop
Vnde deme ſo blodich is de top.

5475   Wente hůden, do Yſegrym delede dat verken,
Dar by beghunde ick do to merken
Vnde lerde do den rechten ſyn,
Wo men lyke ſchal delen kalff efte ſwyn'.
Sus krech Yſegrym, de ghyryghe dwas,

5480   Schaden vnde ſchande vor ſynen vras.

[Bl. 201ᵇ.] ¶ Wo vele vyntmen noch ſodane wulue,
De alle daghe bruken dat ſulue
Vnde ere vnderſaten vorſlynden!
Se ſparen nicht, wor ſe de vynden.

5485   Al wor eyn wulff ſus ouermach,
Des wolvart krycht eynen vmmeſlach.
Eyn wulff ſparet nicht vleſch noch blod,
We em, de en ſadygen mod!
We der ſtath vnde deme lande,

5490   Dar můlue krygen de óueren hande!
¶ Seet, her konnynck, gnedyghe here,
Sodane ere vnde der noch mere,
De hebbe gy to mannygen ſtunden
Vaken vnde vele by my ghevunden.

5495   Wes ick hebbe vnde mach ghewynnen,
Is alle yuwe vnde der konnygynnen;
Dat ſy weynich efte vele,
Ja, dat meyſte is al yuwe dele.
Dencke gy des kalues vnde verken,

5500   So whlle gy wol de warheyt merken,
By weme de rechte truwe mach ſyn,
By Reynken efte by Yſegryn.

[Bl. 202ᵃ.] Nu is de wulff ſeer vorhoghet
Vnde is by yw de grotſte voghet.

5505 Nicht menet he yuwe vordel,
      Men syn egen gheyt vor, beyde halff vnde heel.
      He vnde Brun hebben nu dat word,
      Men Reynken sake wert node ghehord.
      ¶ Here, yd is war, it byn vorklaget.
5510 It mod dar dorch, yd mod syn ghewaget.
      Is hir to houe yennich man,
      De my de sake ouertüghen kan,
      De kome myt den tüghen tor sprake
      Vnde klaghe hir eyne vaste sake
5515 Vnde sette by, nicht na, men vor,
      By vorlust des gudes, efte eyn or
      Efte syn lyff yegen myn to vorlesen.
      Sodanen recht plecht hir to wesen.
      Here, alle desse sake, hir nu ghesecht,
5520 De sette ik by yw in dyt recht".

¶ (1) In desseme vorghesechten capittel leret de lerer
ii stucke. Dat erste, wo etlyke ghyryghe vntruwe vöghede
in der heren houe vor syck [Bl. 202ᵇ.] de besten morsele
beholden; so wan se den heren toyagen der armen sweet
vnde bloet, alze der armen gud, ya, so holden se belynge
myt eren heren alzo, dat se dat beste beholden. Desse
scholdemen vnderwysen, so hir de lauwe den wulff bede.
¶ (2) Dat ander stucke is, dat eyn wyß vornuftich mynsche
schal syk speygelen an eynes anderen schade vnde schande
vnde dar by leren vnde syk waren vor alsodanes, dar
eyn ander mede is to valle komen; so hir Reynke sprak,
dat he lerede so houeschen delen, do he sach, dat Ysegrym
be kop blobbe et cetera.

¶ Wo de konnink ghesachtmodyget wart ouer Reynken vnde
louede eme syner loggen vnde nam en echt to gnaden.
   Dat xiiii vnde dat leste capittel des brydden boekes.

D   E konnynck sprak: „wo deme ok sy,
      Deme rechte schalmen vallen by;
      Nemande do ik yeghen recht.
      Id is war, Reynke, du byst besecht,
[Bl. 203ᵃ.] Dattu weest van Lampen dode,

Wente it vorloß Lampen nobe,
Vorwar it habbe Lampen leff.

[Holzschnitt: Links sitzen König und Königin, beide mit der
Krone, der König hält das Scepter in der Rechten; vor ihnen
eine Versammlung von Tieren: am weitesten im Vordergrunde
steht Reinke und hebt den Kopf zum König empor; hinter
ihm, etwas nach rechts, hockt die Affin und macht mit beiden
Vorderarmen eine Bewegung nach dem Könige zu.   Dahinter
Bär, Dachs, Einhorn, Esel (?), Kater.   Im Hintergrund spärlich
bewaldete Hügel.]

Wo Bellyn dat myt eme dreff!
He brachte vns hir syn houet:
5530 It bedrouede my meer, wan yennich louet.
[Bl. 203ᵇ.] Is yemant, de nu whl meer
Klagen ouer Reynken, de kome heer!
Desse sake, de hir vp em is ghesecht,
De lathe it staen vp eyn recht,
5535 Wente Reynke is des by my ghebleuen.
Myne sake whl it eme vorgheuen.
Doch eft yemant welke tughe brochte,
De waraftich syn, van gudeme rochte,
De komen vort, so hir is ghesecht,
5540 Vnde gheuen sych hir myt Reynken int recht".
¶ Reynke sprack: „gnedyghe here,
It dancke yw seer yuwer ere,
Dat gy yw nicht laten vorbreten
Vnde whllen my rechtes laten gheneten.
5545 It segget by myneme swaren eyde:
Do Lampe myt Bellyne van my scheyde,
Do dede my dat herte so wee,
Wente it habbe seer leff besse twey.
Nicht wuste it, dat my vorhelt besse noet
5550 Efte dat Lampen so na was syn doet".
¶ Sus konde Reynke de word stofferen,
So dat alle, de dar weren,
[Bl. 204ᵃ.] Meneden, he spreke ane beraet.
Wente he habbe ernstaftich ghelaet
5555 Van den kleynoden in synen worden,
So dat alle, de dyt horden,
Meneden ok, dat he waer sede,

13

Vnde spreken en int beste to frede.
Sus makede he deme konnynge wes vroet,

5560 Wente deme konnynge de syn seer stoet
Na den kleynöden, de Reynke myt berathe
So groet habbe louei bouen mathe.
¶ Hir vmme de konnynck to Reynken sede:
„Reynke, weset men to frede!

5565 Gy scholen reysen vnde yagen,
Konde gy de kleynöde vpvragen.
Myne hulpe schal yw syn bereyt,
Kone gy vpvragen dar van bescheyt".
¶ Reynke sprack: „ebbele here,

5570 Jk dancke yuwer ebbelicheyt sere,
Dat gy my gheuen trostlyke word.
Jw behord to straffen rooff vnde mord,
De leyder dar vmme is ghescheen.
Jk mod myt slyte dar na seen

[Bl. 204ᵇ.] Vnde wyl ok reysen nacht vnde dach
Myt hulpe al de ik bydden mach.
Kryghe ik to wetten, wor se syn,
Vnde eft alleyne de hulpe myn
Were to swack, dat ik nicht enmochte

5580 Bullenbryngen de macht, dat ik se brochte
To yuwen gnaden (wente se syn yuwe),
Dat ik denne mochte myt gantzer truwe
Hülpe söken, eft yd were van nöden,
By yw vmme de kleynöden

5585 Vnde mochte se yw bryngen tor hant,
Denne were myn vlyd noch wol bewant".
¶ Dyt was deme konnynge al wol mede.
He vulborde Reynken vp al de rede,
Wo doch Reynke en heft bedrogen

5590 Vnde myt groten loggen vorghelogen
Vnde heft em eyne waffene neze anghesath.
Al de dar weren löueden ock dat;
He habbe en de oren vul gheslagen,
So dat he mochte al sunder vragen

5595 Ghan efte reysen, wor he wolde.
[Bl. 205ᵃ.] Men Psegrym wuste nicht, wat he scholde;

He wart tornich vnde mysmodich seer
Vnde sprack: „her konninck, ebbel heer,
Lône gy Reynken echt vp dat nye,
5600 De yw kortes vorloch twye efte drye?
Wunder yſſet, dat gy eme lôuet,
Deme lozen ſchalke, de yw vorbôuet,
De yw wyſſe vnde vns allen bedrucht,
Sprickt ſelden war, men alle tyd lucht.
5605 Here, ik late en ſo noch nicht theen.
Gy ſcholen yd horen vnde ſeen,
Dat he is eyn valſchen broch.
Ik weet dre grote ſake noch,
Der he my nicht wol kan entghan,
5610 Scholde ik eynen kamp ok myt eme ſlan.
Id is war, hir is yo gheſecht,
Men ſchal eme ouertûgen myt recht.
Ja, mach he hebben ſo langen dach,
So deyt he vort, al wat he mach.
5615 Kanmen alle tyd dar tûghe by nemen?
So machmen vuſte ſus laten betemen,
Bedregen den eynen na, den anderen vor.
[Bl. 205b.] Nemant is, de yegen em ſpreken dor
Edder de yegen em dor ſpreken eyn word;
5620 Men ſyne ſake gheyt alle tyd vort.
He is dar to ok nemandes vrunt,
Nicht yw efte den yuwen to nener ſtunt.
Nicht ſchal he van hir wyken efte ghan,
He ſchal my hir to rechte ſtan".

¶ (1) Dre ſtucke menet de lerer in deſſeme capittel. Dat
erſte is, dat eyn rychter richten ſchal na klaghe vnde na
antworde vnde ſchal vaſte vmberochtyge tûgen lôuen, ſo
alze hir de konninck ſprack: konde yemant wes tûgen myt
alſobanen, de vmberochtyget weren. ¶ (2) Dat ander is,
dat ein richter vaken wert bedrogen, vmme dat he ſyk vor=
hopet, wes to krygen kleynôde edder andere dult bottere,
vnde leth dar vmme na de rechtferdicheyt efte eynen myſ=
beder varen. Doch ſo hir de konnynck ſtunt in twyfel,
eft Reynke ſchuldich were efte nicht, ſo leet he yd ſtan vp
ſobanes, datmen ouer en tûgen mochte, edder [Bl. 206a.] he

13*

gaff ene loß. Dyt is ok eyne lere allen richteren vnde
vorften, dat, ſo wan ſe twyfelen in eyner myſſebaet, de
ouer eynen berochtygen is gheſecht, ſo ſcholen ſe leuer den
ſuluen loß gheuen, wan dat ſe ene richten. Wente vnder
twen eyn is beter, dat hundert ſchuldyghe enwech komen,
wan dat eyn vnſchuldich worde vnrechte richtet; wente
vnſchuldich bloet to vorgeten myßhaget gode to malen ſeer.
¶ (3) Dat drydde is: eyn myßbeder, de myt loggen efte
mit loßheyt loß wert ghegheuen, deſſe ſchal denne nicht
haſtygen menen, dat god nicht en vynden kan eyn ander
wegen, ebber dat eme ſyne myſſebaet nicht eyn ander wegen
wert vorgulden; wente er he ſyk dar vor hoth, ſo ſendet
eme god ouer eyn ander wegen eyn vnlucke efte eynen
ſchaden den, de ſyk nicht beteren. So na beſſer wyſe ghynck
yd Reynken hir: do he meende loß vnde quyd to weſen,
do quam he erſt to plaſſe vnde moſte kempen vp ſyn lyff.
　　　Dyt is dat beſlutent des drydden bokes.

[Bl. 206ᵇ.] **Hir endyghet dat drydde boek van
Reynken deme voſſe.**

Hir beghynnet dat verde boek van Reynken deme voſſe.

Eyne vorrede ouer dat verde boek.

¶ In deſſeme verden boeke leret de lerer vnde de dichter
deſſes bokes vele ſchoner lere; vnde ghelyk alze hir vor
in dem boeke vele is gheſecht van deme weghe der recht=
ferdicheyt vnde dat eyn ankleger eyner ſake myt nochaftygen
tüghen beſt kan vortghan in der klaghe, vnde ſo kumpt yd
vaken, dat eyn, bede wert beſecht, dat eme nicht wert na
gheghan myt tügen ebber dat [Bl. 207ᵃ.] men nicht vp en
tügen kan. Vnde ſo plach men oldynges de warheyt vnde
de rechtferdicheit to beſchermen myt eyneme kampe. Vnde

so alʒe in den hôuen der heren de ghyrigen vp de eyne
syden vnde de loʒen vp der anderen syden tegen malkander
syn vnde theen syck, vmme de oueren hant tho hebben, so
wyl de poete nu bewysen in desseme veerden boke de wyse
vnde dat recht van kempende, vnde wo de wyßheyt de
ghyricheyt vorwynt, dat hir wert vtgelacht myt fabelen
vnde myt velen schonen leren. So alʒe alle tyd in den
hôuen der heren groet nyd vnde hath is twysschen den
ghyrigen vnde den loʒen, alsus wert hir vorgebracht de
ghyrnge wulff vnde de loʒe voß; vnde so alʒemen nicht
lychtlyken ouerspyl efte ebrekerye betûgen kan, vnde de loʒe
vaken deme ghyrygen vntruwe deyt in deme dele des ebrokes,
sus so beghynt hir de dychter dyt verde boek van deme
ghyrygen, de ouer den loʒen klaget vnde beschuldyget ene
myt ebroke. Hir wert ock bewyset, dat desse sunde, alʒe
ebrekerye, is in groten sorgen vnde varlicheyden [Bl. 207ᵇ.]
vnde mod dar tho vele yammers, vorvolgynge lyden, alʒe
hir de wulfynne leet, ok Reynke mede hir to rechte stan
mod. Dat dyt war is, betûget de hilge schrift van Dauite,
de gode leff was, vnde vel in sunde der ebrekerye, dar he
doch alle syne dage ruwe vnde bothe vor dede, vnde denne
noch vmme der suluen sunde wyllen grote vorvolginge
moste liden. Ok secht de lerer sunte Augustinus veer
latinsche versche, de hir na volgen:

> Quatuor his casibus sine dubio cadet adulter:
> Aut erit pauper, aut morte mala morietur,
> Aut cadet infamia, qua debet carcere vinci,
> Aut aliquod membrum letali vulnere perdet.

¶ Wo Ysegrym de wulff echt klaget ouer Reynken den voß.
Dat erste capittel.

Segrym de wulff klagede echt.
He sprak: „here konninck, vorstat my recht,
Reynke is eyn loʒen droch,
So was he to yar, so is he noch.
[Bl. 208ᵃ.] He steyt vnde vorsprickt myn gantze gheslecht,
5630   Ja, alle schande he van my secht.
He heft my vele schande gheban

Vnde myneme whue to voren an.
He brachte se eyns by eynen dyck
Vnde heeth se waden in den slyck.

5635 He sprack, wolde se vele vyssche vangen,
Se scholde den start int water hangen;
Dar scholden so vele vyssche ane betten,
Se scholder sulff verde nicht konen eten.
Dar ghynck se waden vnde se swam

5640 So lange, dat se to deme ende quam.
Dar was yd wol deep, men doch nicht myn!
Dar heeth he den stert er hengen in
(De wynter was kolt vnde yd vroß seer)
So lange, dat se nicht konde holden meer,

5645 Wente de start er so hart bevroß.
Se toch vast, men se enwart nicht loß;
Ja, do er de start wart so swar,
Se menede, yd vyssche weren west vorwar.
Do Reynke dyt sach, desse quade deff,

5650 Dat dor ik nicht seggen, wes he do dreff;
[Bl. 208ᵇ.] Wente he ginck to vnde vorwelbigede myn wyff.
Myn efte em schal dyt kosten dat lyff.
Desses vorsaket he nicht, wo yd ok ghaet,
Wente ik vant en vp der schynbaren daet,

5655 Do ik den suluen wech van vnschycht
An deme amberghe ghynck in de ghericht.
Se reep lude, de arme dern,
Se stunt so vast, se konde syk nicht werp.
Do ik dat sach vnde ok horde,

5660 Wunder ysset, dat myn herte nicht toschorde.
Ik sprack: ‚Reynke, wat deystu dar?‘
Ja, do he myner wart ghewar,
Do ghynck he lopen syne strate.
Do ghinck ik to myt drouygem ghelate

5665 Vnde moste in deme slyke depe waden
Vnde in deme kolden water baden,
Eer ik dat yß konde tobreken
Vnde er den stert dar vth halp trecken.
Doch was yd noch yo nicht to lucken;

5670 Do se den stert vth wolde rucken,

Bleff in deme yse dat verde deel.
Se reep van wedagen (ya, dat was veel!)

[Bl. 209ᵃ.] So lude, dat de bure vthquemen
Vnde vns dar in deme byke vornemen.

5675 Ja, dar ghynck yd do an eyn ropen,
Se quemen so wrefelyck vp vns lopen
Myt peken, myt exen vnde myt stocken,
Ok quemen de wyue myt ben wocken.
Dar reep men: ,vange, werp, steck, sla to!'

5680 Ik en krech ne meer anxst dan do.
Dat sulue secht ok Ghyremod, myn wyff.
Nauwe brochte wy wech dat lyff.
Wy lepen, dat vns dat sweb vthbrack.
Dar was eyn lobber, de na vns stack

5685 Myt eyneme peke, grob vnde lanck;
Desse bede vns den meysten dwanck,
Wente he was starck vnde lycht to voet.
Jb was auent vnde de nacht anstoet,
Anders were wy seker doet ghebleuen.

5690 Dar lepen de wyue alse olde teuen;
Se repen, wy hadden ere schape betten.
Och, de hadden vns so gerne smetten!
Se repen vns na alle schande.
Do lepe wy wedder van deme lande

[Bl. 209ᵇ.] Na deme water; dar stunt vele bezen,
Dar mosten de bure vns do vorlesen
Vnde dorsten by nachte nicht navolgen.
Do kereden se wedder seer vorbolgen.
Jb was so nauwe, dat wy entghyngen.

5700 Seet, here, dyt is van leetlyken dyngen,
Dyt is vorweldynge, mord myt vorrade
Vnde horet yw to straffen ane alle gnade".

¶ Jn dessem ersten capittel des verden bokes leret de poete
eyn mercklyk stucke vnde is eyne lere to allen vrouwen
vnde hunckfrowen. Dessen wert gheleret, dat se nicht lycht=
lyken scholen louen, wente alle de, bede lichtliken louet,
wert draben bedrogen, sunderlyken vrouwen vnde hunck=
frowen. Wente Eua, vnse erste moder, dar vmme se lycht=
lyken vnde draben louede, wart se bedrogen. Vrouwen

efte yunckfrouwen, bede draden lóuen den lotgeters vnde
den schenders, desse werden bedrogen vnde draden erer ere
berouet, de se nummer konen wedder krygen. Dyt menet
de lerer myt desser fabelen, dat de loze voß de wulfyn=
[Bl. 210ᵃ.] nen myt schonen worden in den dyck brachte,
dar se myt deme starte vysschen scholde, dar se nicht mech
quam ane grote schande vnde schaden.

[Holzschnitt von Bl. 203ᵃ wiederholt.]

¶ Wo Reynke syk vorantwordet echt yegen Ysegrym, den
wulff, vnde wo he echt de wulfynnen to plasse brachte in
den soet, eyne merklike fabele. Dat ander capittel.

[Bl. 210ᵇ.] DE konninck sprack to desser klacht,
              De Ysegrym Reynken hir tolacht:
              „Dar wyl wy ouer holden recht;
              Doch wyl ik horen, wat Reynke secht".
          ¶ Reynke sprack: „wan dyt war were,
            Dat were to na myner ere.
            God vorbedet, dat men yd so vunde!
5710   Yd is war, ik wysede er to eyner stunde,
            Wo se vyssche scholde vaen
            Vnde eynen guden wech ouergaen
            To deme watere in by den dyck.
            Men se leep dar na so ghyrichlyk,
5715   Vp dat se dar draden mochte komen,
            Do se de vyssche horde nomen.
            Se en helt nicht den wech noch de wyse;
            Ok dat se bevroß in deme yse,
            Was des schult, dat se to lange sath.
5720   Der vyssche hadde se sachte ennoch gehat,
            Hadde se by tyden vpghetogen;
            Men se wolde syk so nicht laten nogen.
            Alto vele begheren was newerlde gud,
[Bl. 211ᵃ.] Ja, de sulue vaken myssen mod.
5725   Wes syn vnde ghemôthe dar hen steyt
            Vnde kricht den gheyst der ghyricheyt,
            De is myt velen sorgen beladen,
            Wente nemant kan den ghyrygen saden.

So ghynck yb ok vrowen Ghyremod,

5730 Do se alzus bevroren stod.
Dyt is nu myn danck to desser stunde,
Dat ik er do halp al dat ik konde,
Dar se alsus stunt bevroren
Vnde ik se dar vth wolde boren;

5735 Men yd was vorgheues, se was to swar.
Do quam Ysegrym van vnschicht dar
An deme duer, dar he stunt bouen;
He vlokede meer, dan yemant mach louen.
Jd is yo war, dat ik vorschrack.

5740 Do he alsus desse seghenynge sprack,
Ja, nicht eyns, men twye efte drye.
He vlokede my dar to de poppelsye,
He begunde van torne ock lude to ropen.
Do dachte ik: ,vorwar, nu mod ik lopen.

5745 Beter ghelopen, wan vorvulen'.
[Bl. 211ᵇ.] My dochte dar do nicht lenger to schulen.
He berde, wo he my wolde toryten.
Jd is war, wor syk twey hunde byten
Vmme eynen knoken, eyn mod vorlesen.

5750 Dar vmme duchte my dat beste wesen,
Dat ik wolde wyken syneme torn,
Wente syn ghemöthe was vorworn,
He was seer gram, so is he noch;
Secht he anders, he lucht alse eyn droch.

5755 Vraget des suluen syneme wyue!
Wat hebbe ik to donde myt deme ketyue?
Seet, here, alze he do des wart wyß,
Dat se bevroren stunt in deme yß,
He schalt, he vlokede ouer luth

5760 Vnde ghynck do to vnde halp er vth.
Dat sulue, dat he ok hir klaget,
Dat en de buren hebben gheyaget,
Ja, dat dede en beyden seer gud
Vnde makede en beyden warm dat blod,

5765 Wente se weren in deme yse vorvroren.
Wat schalmen hir lenger na horen?
Jd is to malen eyne groue vntucht,

[Bl. 212ᵃ.] De alzus ſyn egen wyff beluḋt.
  Se is yo hir, men maḋ ſe vragen;
5770 Were yd ſo, ha, ſe wolde wol klagen.
  Ik bydde vmme vrhſt eyne weken,
  Dat ik myt vrunden moge ſpreken,
  Dat ik my berade vmme dyt ſulve,
  Wat ik antworden moge beme wulue".
5775 ¶ Do ſpraḋ Ghyremod, des wulues wyff:
  „Seet, Reynke voß, al yuwe bedryff
  Is ſḋalkheyt vnde bóuerye,
  Leghen, bregen vnde tüſḋerye.
  Ja, de yuwen worden gruntlyk lóuet,
5780 De wert ghewyſſe int leſte ſḋóuet.
  Juwe worde ſyn loß vnde vorworn;
  Dat vant ik alzo by beme born,
  Dar be twey ammere hengeden an.
  Gy weren in eynen ſytten ghan,
5785 Dar were gy mede nebber ghebreuen,
  Niḋt konde gy ſuluen yw dar vth heuen.
  Gy kermeden ſeer; dyt was by naḋt.
  Ik ſpraḋ: ‚we heft yw hir in ghebraḋt?‘,
[Bl. 212ᵇ.] Do ik yw horde in beme putte,
5790 Do ſpreke gy webber, yd were my nutte,
  Ik ſḋolde in ben anderen ammer ſtygen,
  Ja, ik ſḋolde benne vyſſḋe be vulle krygen.
  In vntyd quam ik ben ſuluen weḋ dar,
  Ik meende, gy hadden gheſproken war.

[Holzschnitt: In der Mitte eine Brunnen-Einfassung; links
daneben ein senkrechter Stützbalken, auf dem der Ziehbalken
wagerecht liegt. An letzterem hängt in den Brunnen hinein
ein Eimer, und in diesem sitzt Reinke. Über der Stelle des
Ziehbalkens, wo der Eimer befestigt ist, eine Mondsichel mit
Gesicht, das in den Brunnen hineinsieht. Links neben dem
Stützbalken scheint Reinke einen Vogel zu erwürgen. Rechts
neben dem Brunnen sitzt die Wölfin und sieht Reinke an.
Im Hintergrunde rechts auf einer Anhöhe ein Baum.]

5795 Gy ſworen eynen eyd by yuwer ſele,
  Gy hadden der vyſſḋe getten ſo vele,
  Dat yw dar van we bede bat lyff.
  Des lóuede ik yw, ik bulle wyff.

[Bl. 213ᵃ.] Jk ſtech in den ammer; do gynck he nedder.
5800 Dar gy in ſeten, ghynck vpwert wedder.
Dat wunderde my, dat yd ghynck alzo.
Jk ſprack to yw: ‚wo gheyt dyt to?‘
Dar vp ſpreke gy to my wedder:
‚Alzus gheyt de werlt vp vnde nedder.
5805 Dat is nu ſo der werlde lope.
So gheyt yd ok vns beyden to hope:
De eyne vorneddert, de ander vorhöget,
Dar na eyn yſlyk heft vele böget.
So is nu der werlde ſtate‘.
5810 Do ſprunge gy vp vnde lepen yuwe ſtrate.
Jk bleff dar ſytten den gantzen dach.
Dar to entfenck ick mannyghen ſlach,
Eer dat ick konde komen van dar,
Wente twey bure worden myner ghewar.
5815 Jk ſath dar hungerich vnde bedröuet
Jn grotterem angſte, wan yennich lóuet.
Dyt bath moſte ik dar vthluren.
Do ſpreken vnder ſyk de ſuluen twey buren:
‚Su, hir ſyt de nedden in deme ammer,
5820 De yo to bytende plecht vnſe lammer‘.
[Bl. 213ᵇ.] De eyne ſprack: ‚hale ene vp hir bouen!
Jk wyl ſeen, kan ik ene tóuen.
Hir ſchal he nu betalen de lammer‘.
Wo he my tóuede, dat was groet yammer.
5825 Dar krech ik ſlach ouer ſlach,
Newerlde habbe ick drouꝛgeren dach.
Doch entquam ik noch int leſte“.
¶ Reynke ſprack: „dat was yuwe beſte,
Dat gy dar worden wol gheſlagen.
5830 Jk konde de ſlege ſo wol nicht dragen,
Vnde vnſer eyn moſte ſe yummer lyden,
(So was yd gheſchapen to den tyden)
Den ſlegen konde wy beyde nicht entghan.
Jk lerde yw gud, wolde gy yd vorſtan,
5835 Dat is, dat gy vp eyne ander tyd
To beth vp yuwe hoede ſyd
Vnde nemande lóuen alto wol,

Wente de werlt is der loßheyt vul".

¶ „Ja", sprack Ysegrym, „dat is war,

5840   Dat weet ik van Reynken openbar,
        Van eme hebbe ik den meysten schaden.

Bl. 214ᵃ.]   Wo vaken heft he my vorraden,
        Dat ik noch nicht al hebbe ghesecht!
        Wy quemen eyns manck der apen slecht

5845   In eynen berch in Saffenlant,
        Dar ik vyl na was gheschant.
        He heth my krepen in eyn hol,
        Id was dar quad, dat wufte he wol.
        Hadde ik nicht haftygen focht de dor,

5850   Ik hadde dar seker ghelaten eyn or.
        He heelt de apynnen vor syne medderen;
        Dat ik der entquam, was eme to wedderen.
        He wysede my in er vule nest,
        Ik meende, dar hadde de helle ghewest".

¶ (1) In deffeme capittel is gheleret iiii stucke. Dat erfte
is, de alto ghyrich is, de kricht vaken altes nicht. ¶ (2)
Dat ander is, men schal deme tornygen wyken, alze Reynke
hir bede, do he yd vp syn lopent satte. ¶ (3) Dat drydde
is, dat mannygem na deme schaden vnde na der schande
spot mede volget, alze hir Reynke sprack, he wolde de
wulfynnen vthboren. Dat fulue menet he [Bl. 214ᵇ.] ock,
dar he secht van den slegen, de se krech by deme borne.
Ok weren dat spotworde, do he sprack, dat de werlt so vp
vnde nedder ghynge. ¶ (4) Dat verde is eyne lere, alzo
eft eyne vrouwe yo to valle kumpt, so yd leyder vaken
schud, deffe schal haftygen wedder vmmekeren vnde syk nicht
ouergheuen, er ere beschermen myt al der lyst, de se kan;
so hir de wulfynne spricht van eyner anderen materien.

¶ Wo Reynke spricht van den meerapen efte meerkatten,
wo he myt deme wulue manck de quam; noch eyne andere
            fabele. Dat iii capittel.

Reynke sprack to alle den heren,
        De myt em dar to houe weren:
        „Ysegrym is nicht al by synnen.
        He spricht nu van der apynnen,

Syne worde synt nicht al so klar.
5860 Des is nu wol dryddehalff yar,
Dat ik em volgede int lant to Saffen,
Dar reysede he hen myt groteme braffen.
[Bl. 215ᵃ.] Jd is ghelogen, dat he dar secht,
Jd weren van den meerkattenslecht.
5865 He secht vnrecht my to wedderen:
Meerkatten en synt nicht myne medderen.
Vrouwe Rukenauwe vnde Marten de ape,
Deffe is myn medder vnde he myn pape;
He is notarius, he weet dat recht.
5870 Men dat Ysegrym hir van meerkatten secht,
Dat sulue secht he my to hoen,
Myt den hebbe ik altes nicht to doen.
Se weren ok nůwerlde myne ghefellen,
Se seen alze de důuel vth der hellen.
5875 Men dat ik de meerkatten do medder heet,
Ja, dat bede ik al vmme gheneet;
Dar konde ik do nicht an vorlefen,
Sus lete ik se anders wol vorvrefen.

¶ Dat verde capittel.

S eet, heren, wy gyngen buten den wegen
Vnder dem berghe, dar wy fegen
Eyn důfter hol, deep vnde land.
[Bl. 215ᵇ.] Ysegrym was van hunger kranck,
Wente ik fach en ne fo fath,
He habbe gerne meer ghehath.
5885 Jk sprack: ,dat hol, dat ik yw wyfe,
Jd feylt nicht, gy vyndet dar spyfe.
De dar wonet, dat schal nicht feylen,
De mod wat spyfe myt vns delen'.
¶ Do sprack Ysegrym: ,Reynke oem,
5890 Hir wyl ik beyden vnder dem boem.
Gy synt bequemer dar to wan ik'.
Seet, sus wolde he my wyfen int stryck.
He sprack, eft ik dar vunde to eten,
Dat scholde ik eme von to wetten.

5895   Jk ghynck dar in dorch eynen ghanck,
        Dar vant ik eynen wech, krum vnde lanck.
        De angst, de my dar entstunt,
        Wolde ik nicht vmme twyntich punt
        Noch eyns anghan; wente dar weren
5900   So vele der suluen leetlyken beren,
        Klene, grote, ok eyn deel mynder,
        Vnde weren der suluen meerapen kynder,
        Wente de meerapynne lach in deme nest.
[Bl. 216ᵃ.] Jk meende, yd were de düuel gheweft.
5905   Se habbe eyne wyde munt vnde lange tanden
        Vnde lange negele an vöten vnde handen,
        Ok eynen langen start anghesath;
        Jk en sach nů leetlyker dere dan dat.
        De yungen weren swart, van seltzener manneren,
5910   Jk meende, dat yd yunge düuele weren.
        Se segen my seer gruwelyk an,
        Jk dachte: ,och, were ik wedder van dan!'
        Se was grotter wan Ysegrym was,
        Ere kynder weren etlyke na deme suluen pas.
5915   Se legen dar in deme vulen hoye,
        (Jk en sach ne leetlyker proye)
        Beslabbert wente ten oren to myt dreck:
        Jd stanck dar alze dat helsche peck.
        De warheyt to seggen wolde dar nicht denen,
5920   Wente erer was vele vnde ik allenen.
        Ok weren se alle van quadem ghelab,
        Hir vmme vant ik eynen anderen rab.
        Jk grotte se schone, (dat ik nicht en meende)
        Jk leet my duncken, wo ik se kende,
5925   Jk het se wedder, de kyndere myne magen.
[Bl. 216ᵇ.] Jk sprack: ,god spare yw to langen dagen!
        Dyt synt yuwe kyndere, dat se ik wal.
        Help, se behagen my ouer al.
        Wo lustych syn se vnde wo schone,
5930   Eyn yslyk mochte syn eynes konnynges sone!
        Dar vmme mach ik yw wol louen myt recht,
        Dat gy alzus meren vnse slecht.
        Grote vraude habbe my dar van ghekomen,

Habbe it ghewetten van dessen mynen ômen.

5935 Men mach yo to en tyden tor nob'.
Ja, do it er sodane ere bob,
De it doch seker nicht en mende,
Do bebe se recht, wo se my kende;
Se heet my oem vnde was seer vro,

5940 Doch horet se my altes nicht to.
Nicht schadet my, dat it se medder heet,
Wo wol my van angste vthbrack dat swet.
Se sprack to my: ‚Reynke vrunt,
Weset wylkomen! sy gy ok ghesunt?

5945 Jb is my eyne vraube alle tyd,
Dat gy to my ghekomen syd.
Gy syn vroet, gy konen wol leren

[Bl. 217ᵃ.] Juwe ômkens helpen to den eren'.
¶ Seet, do it alsobanes horde,

5950 Dat vordenede it myt eyneme worde,
Dar vmme, dat it se medder heet
Vnde sparbe to seggen de warheyt.
Gherne habbe it gheweft van dan.
Do sprack se: ‚om, gy schult nergen ghan,

5955 Gy scholen erst eten eyne gube maltyd'.
Seet, do droch se my vor myt vlyd
So vele spyse, de it nicht al kan nomen
(My wunderde, wo de dar was ghekomen)
Van herten, van hynden vnde andere wyltbrath.

5960 It nam to my vnde ath wol sath.
Do it was sath vnde habbe ghenoch,
Gaff se my eyn stucke, dat it myt my droch.
Dat was eyn stucke van eyner hynde,
Dat scholde hebben myn wyff vnde ghesynde.

5965 Seet, hir myt nam it orloff van er.
Se sprack: ‚Reynke, komet vaken her!'
Dat louede it er vnde ghynck webber vth,
Wente yd enwas dar nicht seer gub:
Jb rock dar vaste na der wegen,

[Bl. 217ᵇ.] It habbe vyl na den boet ghekregen.
Jb was noch gub, dat yd so vel.
It makede my to lopenbe snel

To deme ghate vth, dar if in quam,
Vnde do if Ysegryme vornam,
5975 He lach vnde stende vnder deme boem.
Jt sprach: ‚wo gheyt yd myt yw, oem?'
He sprach: ‚nicht wol; if mod vorberuen.
My dunchet, if mod van hunger steruen.'
My entfermde seer synes vnghelucke
5980 Vnde gaff eme to eten dat sulue stucke,
Dat my ghegeuen was in deme hol.
He ath, ya, dat smeckede eme seer wol.
Des wuste he my do groten danck,
Al is de gunst nu worden kranck.
5985 ¶ Ysegrym sprach, do he habbe getten:
‚Reynke oem, latet my wetten,
We is, dede wonet in deme hol?
Wo ysset dar gheschapen, duel efte wol?'
Do sprach if war vnde lerede em dat best.
5990 Jt sede: ‚dar is eyn seer duel nest,
Doch spyse der is dar vele.
[Bl. 218ª.] Wyl gy, datmen be myt yw dele,
So ghaet dar in vnde seet,
Dat gy nicht seggen de warheyt.
5995 Warheyt to spreken môthe gy dar sparen,
Jsset, dat gy wol wyllen varen.
De warheyt alle tyd spreken wyl,
Mod ok lyden vorvolghynge vyl,
Mod ok vaken buten stan,
6000 Wan de anderen in de herberge ghan.'
Jt heet ene ghan in dat hol,
He scholde werden entfangen wol.
Wat he dar seghe, he scholde to voren
Spreken, dat se gern wolden horen.
6005 Seet, here her konnynck, byt weren de word,
So if en lerede; do ghynck he vord
Vnde dede hir al entyegen.
Heft he dar wes ouer ghekregen,
Dat is vorware syn eghene schade,
6010 Wente he volgede nicht myneme rade.
De grouen pluggen, we se ok syn,

Dar enwyl nene wyßheyt in,
Vp wyßheyt achten fe nicht to grunde,
[Bl. 218ᵇ.] Dar vmme haten fe fubtyle vunde,
6015 Wente fe fuluen de nicht vorftan.
It lerde Ðiegryme to voren an,
Wolde he fyck vor fchaden waren,
So mofte he dar de warheyt fparen.
He antworde my, he wufte dat wol.
6020 Myt des ghynck he in dat hol.
Dar vant he fytten de meerapen,
De alze de dúuel was ghefchapen,
Myt eren kynderen; he vorverde fyk feer.
He reep: ‚help, wat leetlyker beer!
6025 Synt dyt alle yuwe yungen
Edder fynt fe vth der hellen ghefprungen?
Ghaet, vordrencket fe! dat is rad.
Wat, bóze yar! fchal dyt quade fad?
Horden fe my, ik wolde fe hangen.
6030 Men mochte yunge dúuele hir mede vangen,
Wanmen fe brochte vp eyn moor
Vnde búnde fe dar vp dat roor.
Wo rechte leetlyk fynt fe fchapen!
Dyt mogen wol heten morapen.‘
6035 ¶ De meerkatte fprack altohant:
‚Welck dúuel heft yw boden ghefant?
[Bl. 219ᵃ.] Wat hebbe gy my hir to haffen
Efte wat hebbe gy hir to fchaffen?
Synt fe eyflyk efte fchon,
6040 Wat hebbe gy dar mede to don?
Reynke vos de is doch klok,
De was hir húden by vns ok;
He fprack, dat deffe myne kynder weren
Schone, fedich vnde guderteren.
6045 He heelt fe vor fyne gheborne vrunde,
Des is nicht meer dan eyne ftunde.
Hagen fe yw nicht, fo fe eme beden,
Hir en heft yw yo nemant ghebeden.
Dat fegge ik yw, Ðfegrym, wylle gy yd wetten.
6050 ¶ Do effchede Ðfegrym van er to eten.

14

He sprack: ‚langet heer, edder ik helpe yw söken!
Jd helpet my beth wan deffen spöken’.
He wolde er spyse nemen myt macht;
Do krech he, dat em was ghedacht:

6055 Se spranck vp en vnde beeth,
Myt eren negelen reet vnde spleeth;
Ere kynder beden des ghelyk,
Se betten, se kleyeden gruwychlyk.

[Bl. 219b.] He begunde to hulen vnde to ropen,

6060 Dat blod quam ouer syne wangen lopen.
He satte syk ok nicht tor were
Vnde leep wedder vth haftygen sere.
Do ik ene sach, he was tobetten,
Tokleyet, tospletten vnde retten,

6065 Eme was ghekenepen mannich ghat,
Vmme dat houet was he van blode nat.
Eyn or hadden se eme so gheplucket,
Ja, to degen hadden se ene gherucket.
Jk vrageden, do ik en so sach tokleyt,

6070 Eft he habbe sproken de warheyt.
He sprack: ‚ik sede, alze ik yd dar vant.
De leetlyke teue heft my gheschant.
Were se hir buten, se scholdet betalen.
Wo duncket yw, Reynke, ere kynder to malen?

6075 Wo slym se syn, wo eyslyk se seen!
Do ik dat sede, do was yd ghescheen,
Do vant ik by er nene gnade.
Jn vntyd quam ik dar to bade.’
¶ Do sprack ik wedder: ‚sy gy vorkerd?

6080 Alsus en hebbe ik yw nicht ghelerd.

[Bl. 220a.] Gy scholden hebben secht, horet my nu:
»Leue medder, wo gheyt yd yw
Vnde yuwen schonen kynderen ghemeyn?
Se synt myne neuen, grod vnde kleyn.«’

6085 ¶ Do sprack Ysegrym to my wedder:
‚Eer ik se wolde hethen medder
Vnde ere kyndere myne neuen,
Jk wolde se eer deme düuele gheuen.
Erer vruntschop hebbe ik neen ghebrack,

6090 Id is dat alder flymmeste pack.'
Seet, vmme dyt Pfegrym entfynck
Sobanen paghment, alze dar ghynck.
Here her konnynck, merket vnde feet,
Secht he nicht vnrecht, dat ik en vorreet?
6095 Braget ene fuluen, eft yd nicht fo was,
Wente he was do dar mede vppet fulue pas".

¶ (1) In deffem vorghefechten capittel leret be dychter
ii ftucke. Dat erfte is eyne lere, dat, fo we dar is manckt
quaber vnghenochlyker felfchop, dar he vruchtet, dat he
nicht wech komen kan ane de warheyt to fparen, deffe fchal
klok wefen vnde [Bl. 220ᵇ.] feen fyck fuluen wol vor, dat
he nicht enleghe fodane loggen, de yemande mochten to
na fyn, men he mach bruken fchoner worde, wo wol de
fuluen nicht al war fyn, vp dat he myt leue van dar
kome. — (2) Dat anber, dat de lerer menet myt beffer
fabelen, is, dat groue vnlymphge mynfchen, de vorftan
nenen wyfen rad, vnde lyfticheyt wyl en nicht to fynne.

¶ Wo Pfegrym Reynken nicht konde vorwynnen myt nener
klage, wente Reynke brachte dar al entyegen fyne practiken,
fyk to entfchuldygen; do boet Pfegrym Reynken eynen
hantfchen vnde effchede en to kampe. Dyt was oldinges
de wife: wan eyn den anderen to kampe effchede, fo boet
he em eynen hantfchen. Dat v capittel.

Segrym fprack webber an:
„Wylle wy na deme ende flan,
Wat wylle wy fus alle tyd kyuen?
De recht heft, fchal wol richtich blyuen.
Reynke, gy fcholen krygen den ramp!
Jk wyl myt yw flan eynen kamp.
[Bl. 221ᵃ.] Hebbe gy dan recht, dat vynde gy wol.
Gy fpreken hir van der apen hol,
6105 Wo ik dar was in hunger groet
Vnde gy my brachten fpyfe in noet.
Id was men eyn knoke, wyl gy yd wetten,
Dat vlefch habde gy dar aff ghegetten.
Gy fpotten myner, dar ik fta,

14*

6110 Vnde gy spreken myner eren to na.
Gy hebben mannich spottes word
Myt loggen vp my ghebrocht hir vord,
Wo ik deme konnynge syn leuent vorgunde
Vnde wo ik na syneme lyue stunde.

6115 Gy loueden deme konninge to wysende eynen schat,
Men he heft des noch nicht lange ghehath.
Gy hebben myn wyff, de wulfynnen,
Schendet, dat se nummer kan vorwynnen.
Dyt is de sake, de ik yw tye.

6120 Wy wyllen kempen vmme olt vnde nye.
Ik essche yw to kampe to besser tyd,
Ik spreke, dat gy eyn vorreder vnde morder syd.
Ik wyl myt yw kempen lyff vmme lyff,
Sus mach eyns endygen vnse kyff.

[Bl. 221ᵇ.] De vthbuth den kamp, dat is dat recht,
Eynen hantschen deme anderen to donde plecht;
Den hebbe gy hir, nemet to yw!

[Holzschnitt: Rechts Isegrim, der mit seiner rechten Vorder-
pfote dem links, Isegrim zugewandten Reinke einen Hand-
schuh in die linke Vorderpfote legt. Im Hintergrunde links
der König und die Königin. Hintergrund bewaldete Hügel.]

Draden schal syck dat vynden nu.
Her konnynck vnde alle gy heren ghemeyn,
6130 Dyt hebbe gy gehoret vnde gy mogent hir seyn.
[Bl. 222ᵃ.] He schal nicht wyken vth besseme recht,
Eer desse kamp sy nedder ghelecht".
¶ Do dachte Reynke in syneme mod:
„Dyt wyl gelden lyff vnde gud.

6135 He is grob vnde ik byn kleen.
Wert desse kantze nu vorseen,
So is myne lyst al vorloren.
Doch hebbe ik wes vordeel to voren,
(Nicht schal yd ghan na syneme wyllen)
6140 Ik leet eme yo vore de klawen afffyllen.
Al is syn mod noch nicht ghekolet,
Ik hope, dat he yo dat sulue noch volet."
¶ Myt des sprack Reynke tom wulue wedder:
„Isegrym, gy synt suluen eyn vorredder.

6145   De sake, de gy my hir toleggen,
        De leghe gy alle, wan gy be seggen.
        Myt yw to kempen, dat mod ik wagen,
        Dar vor wyl ik ok nicht vortzagen.
        Gy bryngen my, dar ik gherne were,
6150   Dyt was alle tyd myn beghere.
        Isegrym lucht hir, dat he secht;
        Des sette ik eyn pant hir in dyt recht."
[Bl. 222b.] ¶ De konnynck entfenck de pande do
        Van Reynken, ok van Ysegryme dar to,
6155   Vnde sprack: „gy twey scholt setten borgen,
        Dat gy to kampe komen morgen.
        Gy synt in beyden parten vorworen,
        Men kan alle tyd yuwe klacht nicht horen."
        Isegrymes borgen worden dare.
6160   Hyntze de kater vnde Brun de bare.
        Moneke de yunge, Marten apens sone,
        Wart borge vor Reynken vnde Grymbart de kone.

¶ Oldynges was yd eyne wyse, dat etlyke eddelynge vaken
eyn yegen den anderen plach to kempen, dar vele van steyt
in der ystorien van den Romeren vnde anderen böken vnde
kroniken; vnde ane orloff des konnynges efte heren des
landes so moste nemant kempen efte vechten lyff vmme
lyff.   Denne, wan de here efte konnynck des landes den
kamp beorlouede, so mosten de twey gan in gevenckenysse,
edder borgen setten, den ghesatteden dach to kampe to
komen.   Dyt sulue menet de lerer hir, dat Reynke vnde
Ysegrym borgen satten. [Bl. 223a.]   Vnde denne in der
myddeltyd twysschen deme dage des kampes heft eyn yslyk
bi synen vrunden gheweft, de em troftlik weren vnde en
vrimodich makeden, vnde dar hadden se denne welke vechters,
bede vorvaren weren in sodanen dyngen; desse lereden de
kempers, wo se syk scholden hebben.   Dyt menet de dychter
                hir na in deme capittel.

¶ Wo de ape Reynken lerede, vnde andere syne vrunde
        de nacht ouer bi eme bleuen.   Dat vi capittel.

DO ſprack to Reynken de apynne:
   „Reynke vrunt, weſet klock van ſynne!
   Marten, myn man vnde huwe vem,
   De nu vp ghetogen is na Roem,
De leerde my eyns eyn ghebeth,
Dat de abbet van Slukup heft gheſeth.
De abbet hadde Marten leff

6170   Vnde gaff em dyt beth in eynen breff.
He ſprack: ,dat beth is gud alle tyd
Den, de ghan wyllen in den ſtryd.
Den ſchalmen dyt beth ouer leſen

[Bl. 223ᵇ.] Des morgens nochteren; ſo ſchal he weſen
6175   Des dages vry van aller noet
Vnde is behoedet vor den boet
Den ſuluen dach to allen ſtunden.
Nemant ſchal ene konnen wunden,
He wert van alleme quaden vorloſt.'

6180   Hir vmme, neue, hebbet guden troſt!
Ik wylt ouer yw leſen morgen,
So dorue gy vor den boet nicht ſorgen."
¶ Reynke ſprack: „myn leue medder,
Ik dancke yw ſeer, ik dencke des wedder.

6185   Myne ſake is rechtferdich bouen al,
Dat ſulue my meyſt helpen ſchal".
¶ Reynkens vrunde de nacht dar bleuen,
Vp dat ſe Reynken de ſorge vordreuen.
De apynne, vrouwe Rukenouwe,

6190   Was Reynken gud vnde ſeer truwe.
Se leet ene twyſſchen houet vnde ſtart
Vnde ok vmme de borſt tom buke wert
Syn har alto malen affſcheren,
Dar to wol veth myt olye ſmeren.

6195   Reynke was runt, veth vnde wol ghevoet.
[Bl. 224ᵃ.] Se ſprack: „Reynke, ſeet, wat gy doet!
Horet na guder vrunde rad,
Dat deyt yw gud vnde nummer quad.
Drynket nu vele to beſſer tyd,

6200   Vnde wan gy in den kreyt ghekomen ſyd,
Holdet yuwe water ſo lange myt macht;

Men denne so weset dar vp vordacht,
Pysset denne vul huwen ruwen starb
Vnde slaet den wulff vmme synen bard.

6205 Konne gy en in de oghen raken,
Gy werden syn ghesychte düster maken.
Dat sulue mochte yw seer vromen
Vnde eme to groteme hynder komen.
Dyt alle mothe gy sus wagen.

6210 Vnde latet en ersten yw vuste yagen
Vnde gy schult lopen sus yegen den wynt,
Darmen vele stoues vnde sandes vynt,
Dat eme dat in de ogen moge weyen.
Denne schole gy yw van eme dreyen.

6215 De whyle he denne wysschet syne ogen,
So denket yuwe vordel, al dat gy moghen,
Ja, in syn angheschyte myt yuwer pyß!

[Bl. 224b.] He schal nicht wetten, wor he is.
Seet, neue, yd is nu so gheschapen,

6220 Gy scholen yw leggen nu to slapen:
Wy wyllen yw wecken, wan dat is tyd;
Erst wyl ik ouer yw lesen myt vlyd
De hylgen worde, dar ik van sede."
Myt des se de hant vp em leyde

6225 Vnde sprack: „gaudo stazi salphenio
Casbu gorfous as bulfrio.
Seet, Reynke, nu synt gy wol vorward."
So sprack ock de greuynck Grymbard.
Sus brachten se en tor rauwestede,

6230 Dar suluest syk Reynke slapen leyde.
He sleep, wente dat de sunne vpghynck.
Do quam de otter vnde de greuynck,
Se weckeden Reynken samptlyken beyde,
Se spreken, dat he syk wol bereyde.

6235 De otter gaff em eynen antfogel yunck.
He sprack: „ik spranck dar na mannygen sprunk,
Eer ik den eyneme vögheler nam
By Honrebroet, recht an deme dam.
Den schole gy ethen, leue vedder."

[Bl. 225a.] ¶ „Dat is gude hantgyst," sprack Reynke wedder,

„Borſmade if dat, ſo were if ſoth.
Dat gy myner dencken, dat lone yw god!"
Reynke ath wol vnde branck of to
Vnde ghynck myt ſynen vrunden do
6245   In den kreyt vnde vp den plan,
Dar men den kamp ſcholde ſlan.

¶ (1) In deſſeme capittel is geleret ij ſtucke. Dat erſte
is, dat eyn kriſtenmynſche nicht ſchal dón na rade der
tóuerers eſte tóuerſchen, de vele valſcher ſeghenynge, ſwerd=
breue, beſwerynge bruken; men wes eyn gud mynſche wyl
begynnen, yd ſy to der ſee to ſeggelen eſte in eynen ſtryd
to gande eſte wat arbeyt yd ſy, dyt ſchal he alle dón vnde
begynnen in deme namen godes. Vnde eyn leye ſchal
vorſychtich weſen, dat he ſyk nene wyue late ſegenen, men
he mach ſyk ſuluen ſegenen myt deme paternoſter vnde
auemaria vnde myt deme hylgen louen; ſegent he ſyk myt
anderen worden, dar moet he vorſychtich ynne weſen, dat
he vyllichte nicht gode meer reyſe [Bl. 225ᵇ.] to vmmode
dan to vruntlicheyt. De hylgen ſegenyngen der preſtere
in der hylgen kerken ſynt ingeſath, toghelaten vnde ſynt
hyllych vnde ſeer nutte vnde ſcheen openbar. Men des
dúuels preſtere, dat ſynt tóuerers, ſwartekunſtyger, de ſynt
vorboben, vnde de ſcheen gherne hemelyken, wente ſe ſynt
eres werkes nicht bekant. ¶ (2) Dat ander ſtucke is, dat
eyn vrunt deme anderen ſchal byſtant dón in ſorgen vnde
anxſte, ſo hir Reynkens vrunde deden.

¶ Wo Yſegrym vnde Reynke beyde to kampe quemen vnde
wat ſe beyden vor eyde ſworen vp malckander. Dat
vij capittel.

Lſe de konnynck Reynken vornam,
Dat he ſo beſchoren quam,
Datmen ene ſo to kreyte brochte,
He lachede ſyner al dat he mochte.
He ſach en alſus veth gheſmeret
Vnde ſprack: „o voß, we heft dy dat gheleret?
Du machſt wol heten Reynke voß,
Du byſt en altomalen to loß,

[Bl. 226ᵃ.] Jn allen orden weſtu eyn hol.

Wyl yd dy nu helpen, dat vynſtu wol."

¶ Reynke nech deme konnynge ſere

Vnde bod ok der konnygynnen ere.

He wyſede ſyk to weſen wolghemeyt

6260 Vnde ſpranck myt des in den kreyt.

Dar was de wulff myt ſynen vrunden,

De alle Reynken des quadeſten gunden.

Se ſpreken mannich vorbolgen word.

De kreytwarders brochten de hylgen vord,

6265 Dat was de lupard vnde de loß.

Dar moſte ſweren beyde wulff vnde voß,

Vmme wat ſe dar quemen in den kreyt.

De wulff de ſwor den erſten eyt.

He ſwor, dat Reynke were eyn vorreder,

6270 Eyn deff, eyn morder, eyn myſdeder,

Eyn ebreker vnde eyn valſch ketyff.

„Dyt gylt vns beyden lyff vmme lyff."

¶ Reynke ſwor wedder in deme ſuluen kreyt,

Dat de wulff ſwore eynen valſchen eyt.

6275 He ſwor ok, dat Yſegrym, de here,

Vp en loghe vnde vnrichtich were.

[Bl. 226ᵇ.] He ſcholde nummer war maken den eyt.

¶ Do ſpreken, de dar bewareden den kreyt:

„Doet, wat gy ſchuldich to donde ſyn!

6280 De rechtferdich is, wert drade wol ſchyn."

Do ghyngen vth beyde kleyn vnde de groten,

Men deſſe twey worden bynnen beſloten.

De apynne vormande Reynken der word,

De he van er hadde ghehord.

6285 ¶ Reynke ſprack myt vryeme mod:

„Jk weet yd, gy ſegent gerne gud.

Nicht to myn! ik wyl dar an.

Jk hebbe wol eer by nachte ghan,

Dar ik alſodanes hebbe ghehalet,

6290 Dat noch nicht al is betalet,

Dar vmme ik moſte wagen myn lyff.

So wyl ik ok yegen deſſen ketyff

Myn lyff nu wagen vnde dön dat ſulue

Vnde schenden ene vnde alle be wulue.

6295 Jk hope to eren myn gantze gheslecht
Vnde wyl eme indryuen, dat he hir secht."
¶ Sus leten se desse twey alleen.
Dar mochtemen do twey kempers seen!

[Bl. 227ᵃ.] ¶ Wo be kamp wart beghunt vnde wat lyst
Reynke brukede.   Dat viii capittel.

[Holzschnitt: In der Mitte der Kampfplatz, umschlossen von
einem sechseckigen Gehege; links liegt, nach rechts zu gewandt,
der Wolf und hat mit seiner rechten Vordertatze den rechten
Hinterschenkel Reinkes angepackt, der sich umsieht nach
dem Wolf und mit dem Schwanze in die Höhe schlägt. Im
Vordergrunde vor dem Gehege in der Mitte stehen sich ein-
ander gegenüber: links der Dachs, ihm gegenüber rechts
Reinke; neben ersterem, auf der linken Seite, die Äffin.
Weiter nach dem Hintergrunde zu, auf der linken Seite, an
die Umzäunung sich anlehnend der König mit Krone und
Scepter, sodann der Hirsch und der Kater, der mit seinen
Vorderpfoten eine Stange hält und auf den Hirsch blickt;
auf der rechten Seite am Gehege zwei sich anlächelnde Tiere,
hinter diesen ein Hügel mit Gebüsch.]

Jsegrym quam myt groteme nyde,
Syne klawen vnde munt bede he vp wyde.
He leep vnde sprank dar sprunge groet.
Reynke was lychter dan he to voet;

[Bl. 227ᵇ.] He entspranck eme al dat he konde.
Doch eer he dessen kamp begunde,

6305 Pyssede he synen ruwen start al vul
Vnde makede en vul sandes vnde mul.
Do Jsegrym menede, he hadde en wyß,
Do sloch Reynke to myt der pyß
Myt syneme starte eynen slach

6310 Em in be ogen, dat he nicht en sach.
Sus seychgede he eme in be ogen.
Dat was van synen olden togen,
Wente Reynkens pysse was so quad,
So bat beme selben was gud rad,

6315 Deme se in be ogen quam;
Deme suluen bat syn ghesychte nam.
Reynke hadde to voren Jsegryms kynder
Hir mede gheban groten hynder,

He habbe en de ogen vthghepyft,
6320 Dar van hir vor ghefproken ift.
Sus mende he ok Yfegrym to maken blynt;
Wente fo wan he quam negen den wynt,
So kleyede he dat fant vnde mul
Vnde warp deme wulue de ogen vul.
[Bl. 228ª.] Yfegrym wyffchede, dat bede em fmerte;
So floch denne Reynke to myt deme fterte
Vnde blendede ene fo myt der mygen.
Yfegrym beghunde dat quad to krygen.
Myt fodaner lyft bede Reynke blyd;
6330 So wan he fach, dat he habbe tyd
Vnde dat deme wulue de ogen tranden,
So quam he fpryngen vnde flanden
Vnde blendede ene yo de meer,
Dar to vorwundede he ene ok feer.
6335 De wulff wart wol halff dorde.
Reynke zaff eme fpeye worde.
He fprack: „her wulff, gy hebben vorflunden
Mannich vnfchuldich lam to velen ftunden,
Dar to ok mannich vnnofel deer;
6340 Ik hope, gy dôn yd nu nicht meer.
Dyt is yumer felen to malen gud,
Dat gy hir fus penitencien doet.
Wefet duldich, yd nympt draden ende.
Gy fynt nu komen in Reynkens hende.
6345 Doch wolde gy bydden vnde fônen,
Ik wolde yuwes leuendes fchonen."
[Bl. 228ᵇ.] Deffe worde fprack Reynke myt der haft
Vnde heelt de wyle Yfegryme vaft
By fyner kelen vnde dede eme werck.
6350 Men Yfegrym was eme alto ftarck,
He brack fyk loß myt twen togen.
Doch taftede ene Reynke twyffchen de ogen,
He vorwundede en fere dorch de hud,
So dat Yfegrym eyn oghe ghynck vth.
6355 Dat bloet leep ôme ouer fyne nezen.
Vmme dyt fprack Reynke: „ya, fo fcholdet wefen!"
De wulff vortzagede in fyneme mod,

Do he sus sach syn eghene blob
Vnde dat he eyn oghe habbe vorlorn.
6360 He wart rasende van groteme torn,
He spranck na Reynken, bat he en vatede;
Dat sulue Reynken nicht vele batede.
Isegrym syner smerte vorghat
Vnde warp Reynken vnder syk plat.
6365 Reynkens vorvöte bat weren syne hende;
Der krech Ysegrym eyn by deme ende,
In syne munt Reynkens hant.
Do wart Reynken sorge bekant;
[Bl. 229a.] He vruchtede der hant to ghande quyd.
6370 Isegrym heelt vaste myt groteme nyd
Vnde sprack to Reynken myt vulleme munde:
"O deff, nu is ghekomen dyne stunde!
Gyff ghewunnen, efte ik sla dy boet!
Dyn bedregent is ghemest to groet,
6375 Dyn stoffkraffent, dyn pyssent, dyn scherent,
Dyne grote loggen, dyn vette smerent.
Du hefst my so vele myssgheban,
Nicht enschaltu my nu entghan.
Wo vaken hefstu my gheschendet
6380 Vnde nu myn eyne oghe vorblendet!"
¶ Reynke dachte: "nu lyde ik noet.
Gheue ik my nicht, so byn ik boet;
Gheue ik my ok, so byn ik gheschent.
Doch ik hebbet tegen en vordent."
6385 Myt söten worden ghynck he öne an.
He sprack: "leue here oem, ik wyl yuwe man
Gherne syn van al myner haue
Vnde vor yw ghan tom hylgen graue,
To allen kerken int hylghe lant,
6390 Vnde bryngen dar van to yuwer hant
[Bl. 229b.] Breue vnde des aflates so vele
Vor yw vnde yuwer olderen sele.
Ik wyl yw holden in sodanen eren,
Ghelyk eft gy de pawes to Rome weren.
6395 Ik wyl yw sweren eynen eyd,
Juwe knecht to syn in ewicheyt;

Dar to al myne angheborne vrunde
Scholen yw denen to aller stunde.
Dyt segge ik yw by mynen eyden;
6400 Deme konnynge wolde ik dyt nicht. beden.
Wyl gy sus dôn dyt vnvorwandes,
So werde gy here desses landes,
Vnde al, wes ik sus vangen kan,
Schal erst to yuweme bode stan.
6405 Jd syn honre, gôze, ánde edder vyssche,
Jk wylt yw bryngen to yuweme dyssche.
Eer ik des yummer bruken schal,
Scholen yuwe wyff vnde kynder al
Den kôr dar aff hebben alle tyd.
6410 Dar to wyl ik myt groteme vlyd
Alle tyd to yuweme lyue seen,
Dat yw nummer neen quad schal scheen.
[Bl. 230ᵃ.] Jk hethe wat loß, vnde gy synt starck;
Hir mede wyl wy dôn dat werck
6415 (Holde wy to samende, we kan vns schaden?)
De eyne myt macht, de ander myt raden.
Vnde wy synt ok so na gheboren,
Dat scholde syk van rechte nicht gheboren,
Dat wy malckander bestryden scholden.
6420 Jk habbe node kamp gheholden
Teghen yw, habbe ik mocht entghan;
Men gy spreken my to kampe erst an:
Do moste ik, dat ik node bede.
Doch hebbe ik houesschen ghevaren dar mede
6425 Vnde myne macht nicht al bewyset.
Men ik hebbe my meyst ghepryset
Dar an, yw, mynen oem, to sparen;
Anders habbe gy anders ghevaren.
Habbe ik vp yw ghedragen hath,
6430 Gy habbent vele to quader ghehath.
Hir is noch nicht vele schade ghescheen;
Men myt yuweme oghe, dat is vorseen.
Doch, dat sulue is my so leet!
Doch dat beste is, dat ik wol weet
[Bl. 230ᵇ.] Guden rad, yw mede to helen.

Wes if fan, wyl if myt yw belen.
Blyft dat oghe denne wech vnbe werde gy heel,
So yffet yw doch eyn groet vordel:
Gy doruen men eyn venfter tofluten
6440 Wor gy flapen, bynnen efte buten,
Dar eyn ander moet twey todôn.
¶ Noch wyl if yw dôn eyne ander foen.
Wente alle myne vrunde, dar if ouer rade,
Myn wyff, myne fynbere, yflyf na grabe,
6445 Scholen yw nygen dorch yuwe ere,
Dar yd de fonnynck fûd, vnfe here,
Vnbe bybden, dat gy Reynfen vorgheuen
Vnbe by yuwer gnade en laten leuen.
Of wyl if befennen openbar,
6450 Dat if hebbe fprofen vnwar
Vnbe hebbe fchentlyf vp yw ghelogen,
Dar to mannich werue bedrogen.
Of wyl if yw fweren eynen eyd,
Dat if nicht quabes van yw weet.
6455 If beghere of nergens vor yw to leyden.
Wat fan if yw grotter foene beden?
[Bl. 231ᵃ.] Dôbe gy my of nu, wat lycht dar an?
So môthe gy alle tyd yw vruchten dan
Vor myn flechte, vor myne vrunde.
6460 So yffet yw beter in deffer ftunde,
Dem, dat gy fyn floef vnbe wyß
Vnbe weruen yw nu ere vnbe pryß
Vnbe dat gy yw nu mafen vele vrunde,
De yw benen alle ftunde.
6465 Yd is my nu doch nicht tor baten,
Wer gy my boden efte leuen laten."
¶ Do fprack de wulff: „o, valfche voß,
Wo gherne wereftu webber loß!
Were alle de werlt van golde roet,
6470 Kondeftu my be gheuen in dyner noet,
If lethe dy dar vmme nicht quyd.
Du hefft my ghefworen mannyghe tyd.
Ach, du valfche, vntruwe ghefelle!
Du gheueft my nicht eyne eyerfchelle,

6475 Lethe it dy loß in beſſer ſtunde.
      Iſ en paſſe nicht vele up dyne vrunde;
      Wat ſe konnen dôn, wyl it wagen,
      Ere vyentſchop wyl it wol dragen.
[Bl. 231ᵇ.] Och, wo ſcholdeſtu my denne focken,
6480 Lethe it dy loß myt ſodaneme locken!
      Wo ſcholdeſtu eynen anderen bedregen,
      De ſyk nicht vorſtunde up dyn legen!
      Du ſprickſt, du hebbeſt my gheſpard;
      See hir heer, du ſchalk van quader ard,
6485 Is nicht eyn myner ogen uth?
      Du hefſt ok vorwundet myne hud
      Meer wan an twyntich ſteden.
      Du leteſt my nicht ſo lange to vreden,
      Dat it mynen athem mochte uphalen.
6490 Wo ſere ſcholde it denne dwalen,
      Wan it nu dy bede hennyghe gnade,
      De it van dy hebbe ſchande vnde ſchade,
      Nicht my allene, men ok myn wyff?
      Dat ſchal dy, vorreder, koſten dat lyff."
6495 ¶ De wyle de wulff teghen Reynken ſus ſprack,
      Reynke ſyne anderen hant vnderſtack
      Deme wulue twyſſchen ſyne benen
      Vnde grep ene vaſte, alze was ſyn menen,
      By ſynen — ya, it en ſegge nicht meer.
6500 Reynke duwede ene vaſte vnde ſeer.
[Bl. 232ᵃ.] De wulff reep vnde beghunde to hulen;
      Do toch Reynke webber uth ſyner mulen
      Syne hant, de bar to voren in ſtack.
      Iſegrym habbe grob vnghemack.
6505 Reynke knep vnde toch en, dat he ſchryede
      So ſeer, dat Yſegrym blob ſpyede.
      Van pynen brack eme uth ſyn ſweet,
      Dar to he achter ok glyden leet.
      Reynke, de den wulff ſeer hatet,
6510 Habbe en by ſynen brôderen ghevatet
      Myt ſynen henden vnde tenen ſo vaſt.
      Sus quam up Yſegrymen alle be laſt.
      He habbe ſo grote pyne bar aff,

Se dat he ſyk gantz begaff.

6515 Dat blob leep vth ſyneme ogen vnde hǫuede,
He ſtorte nedder vnde vordǫuede.
Hir vor habbe Reynke ghenomen neen gelt.
Seer vaſte he en by den brǫderen helt,
He begunden to ſlepen vnde to theen,

6520 Dat ſe yd alle mochten ſeen.
He knep en, he ſloch, he kleyede, he beet.
Yſegrym hulede, he reep, he ſcheet,

[Bl. 232ᵇ.] He dreff alſo grob myßghebeer,
Dat ſyk al ſyne vrunde bedroueden ſeer.

6525 Se beden den konnynck, weret em bequeme,
Dat he den kamp doch vpneme.
De konnynck ſprack: „dunket yw gud,
Iſſet yw alle leff, datmen dat boet?"

¶ In deſſeme capittel leret de lerer, ſo wan eyneme wert
gheboden van ſyneme vyende eyne mogelyke ſone, de ſchal
he angan, vppe dat ſyn vyent ſyk nicht enſtarke vnde eme
denne na ruwe, dat he nicht enſǫnde, gelyk hir Yſegrym;
habbe he hir tüghe by ropen, do eme Reynke wunnen gaff,
vnde de ſoene angan, ſo habbe he nicht dorft dar na ſo
varen, alze he dede, do dat alle krech eynen vmmeſlach.

¶ Wo dat Reynke myt kloker lyſt den kamp wan, in deme
dat he den wulff habbe vatet by ſynen brǫderen, dar he
nicht vele mochte lyden.   Dat ix capittel.

Alſe dyt de konnynck hebben wolde,
Datmen den kamp vpnemen ſcholde
Twiſſchen deme wulue vnde deme voſſe,
[Bl. 233ᵃ.]   Do ghynck de luparb myt deme loſſe
To en beyden in den kreyt,
So alze en de konnynck dat heyt.

[Holzſchnitt von Bl. 227ᵃ wiederholt.]

6535 Deſſe wareden den kreyt, dat was er werck.
Alze ſe quemen in den perck,
To hant ſpreken ſe Reynken to:

[Bl. 233ᵇ.] „Reynke, de konnynck buth yw to,
He wyl dyt orlich twyſſchen yw beyden

6540 Vpnemen vnde ok wyl he yw ſcheyden.
     He byddet, dat gy eme wyllen vpgheuen
     Iſegryme vnde laten ene leuen.
     Beue eyn van yw in deſſeme ſtryde,
     Dat were ſchade vp yſlyke ſyde.
6545 Gy hebben doch den pryß beholden.
     Dyt ſpreken hir beyde yunck vnde olden,
     Alle de beſten blyuens yw by."
     Reynke ſprack: „danck hebben ſe!
     Ik wyl deme konnynck des gherne horen
6550 Vnde dôn, wes my mach gheboren.
     Ik begheres nicht ſchonre dan ghewunnen.
     Doch bydde ik, de konnynck my wylle ghunnen,
     Dat ik mynen vrunden des erſten vraghe."
     Do repen alle Reynkens maghe:
6555 „Ja, Reynke, yd dunket vns gud,
     Dat gy des konnynges wyllen doet".
     ¶ Reynkens vrunde quemen ghelopen
     (Der was vele) in groten hopen:
[Bl. 234ª.] De greuynck, de ape vnde ok de mußhunt,
6560 Ottere, beuere weren ok ſyne vrunt,
     Maarten, hermelen, weſſelken, eckhorn;
     Ja, vele, de vp Reynken hadden torn
     Vnde mochten en to voren nicht nomen,
     De ſachmen nu alle to eme komen.
6565 Etlyke, de ouer Reynken plegen to klagen,
     De ſpreken nu alle, ſe weren ſyne magen,
     Vnde quemen to eme myt wyff vnde kynder,
     Groet, kleyn, lûttyk vnde ok noch mynder;
     Deſſe tôgheden eme de meyſten gunſt.
6570 Dyt ſulue is noch der werlde kunſt:
     Deme yd wol gheyt, heft vele vrunt,
     To deme ſprycktmen: ‚wes lange gheſunt!'
     Men deme yd myßgheyt, wo vele der is,
     Weynich vrunde heft be, dat is wyß.
6575 So was yd ok hir: bo Reynke wan,
     Do wolde eyn yſlyk by eme ſtan.
     Etlyke flôteden, etlyke ſungen,
     Se blezen baſſunen, ſe ſlogen dar bungen.

                                        15

Reynkens vrunde spreken eme to:

6580   „Reynke,“ spreken se, „weset vro!
[Bl. 234ᵇ.] Gy hebben könlyken in desser stunde
      Jw gheeret vnde alle juwe vrunde.
      Wy weren grob bedrouet to beghen,
      Do wy jw vnder lyggen seghen.
6585   Doch yd sloch vmme, dat was eyn gud stucke.“
      ¶ Reynke sprack: „ya, dat was myn lucke.“
      Reynke danckede synen vrunden alle.
      Sus ghyngen se hen myt groteme schalle.
      Reynke vor en allen ghynck
6590   Myt den kreytwarders vor den konnynck.
      Reynke knyede syk vor ene nedder.
      De konnynck heet en vpstan wedder
      Vnde sprack to eme vor alle den heren,
      He hadde synen dach bewaret myt eren:
6595   „Hir vmme, Reynke, ik late yw vry,
      Vnde alle de schelynge neme ik an my
      Twysschen yw beyden ane alle straff,
      Vnde wyl myn guddunckent spreken dar aff
      By rade van mynen ebbelen lüden
6600   (Dat wyl ik also vorseggelen hüden)
      Dat erste, dat Ysegrym wedder kan ghan.
      So lange schal yd in daghe stan.

[Bl. 235ᵃ.] ¶ In desseme capittele menet de dychter, dat
so der werlde loep is, dat, deme yd wol gheyt, de krycht
vele vrunde, den vabbert vnde swagert mannich; vnde sleyt
dat aff, so wert he so draben nicht ghekant ebber gheachtet.
Dat is denne eyn teken, dat se nuwerlde syne vrunde
weren, wan alleyne weren se vrunde des geldes ebber des
ghelluckes, dat denne wech is.

¶ Wo Reynke spricht vor deme konnynge eyne fabelen van
den hunden, straffende de ghyricheyt. Dat x ghesette.

R Eynke sprack: „here, juweme rade
    Deme volge ik gerne vro vnde spade.
    Hir klagede mannich, do ik erst quam,
    De doch nu schade by my en nam.

Ysegrym heelt yegen my partye,
Dar vmme repen se of: ‚crucifie!'
Dat my eyn ylyk to schaden brochte.
6610 Se segen, datmen ouer my mochte,
Eyn ylyk wolde Ysegryme behagen,

[Bl. 235ᵇ.] Dar vmme beghunden se mede to klagen.
Se segen, dat Ysegrym vp dat pas
Beth by ym dan it do was.

6615 Nemant dachte recht den ende
Edder de recht de warheyt kende.
Se synt ghelyk eyneme hoep der hunden,
De eyns vor eyner kösen stunden.
Se stunden vuste vp der wachte,
6620 Eft en yemant to eten brachte.
Do segen se vth der kösen komen
Eynen hunt, de habbe deme köke nomen
Ghesoden vlesch, eyn grod stucke;
Doch was yd eme to vngelucke.

6625 De kock beghoet em syn achterpart
Vnde vorbrandem myt heteme water den start;
Doch behelt he, wat he dar nam.
Do he manck de anderen quam,
Do spreken van eme alle de hunde:
6630 ‚Seet, desse heft den kock to vrunde!
Seet, welk eyn stucke dat he eme gaff!'
¶ Do sprak he wedder: ‚gy wetten dar nicht aff.
Gy prysen my vor, dar ik yw behaghe,

[Bl. 236ᵃ.] Dar ik eyn stucke flessches drage.
6635 Seet my erst achter vp den sterd
Vnde pryset my denne, eft ik des byn werd.'
Do se en do achter besegen,
Wo he dar was vorbrant to begen,
(Syn haer ghynck eme vuste vth,
6640 Eme was vorbrant vnde vorschroyet de huth)
En gruwede dar vor, beyde hunck vnde olde,
Neen van en in de kösen wolde.
Se lepen wech vnde leten en alleyn.
Here, hir mede ik de ghyrygen meyn:
6645 Wan se komen by ghewalt,

15*

Eyn yſlyk ſe benne to vrunde halt.

Men entſuth ſe ſere alle ſtunde,

Wente ſe dregen dat fleſch in deme munde.

Iſlyk mod ſpreken, dat he wyl horen,

6650 Edder he wert beſchat vnde beſchoren.

Men mod ſe louen, wol ſynt ſe quaet;

Sus wert gheſterket er bôze daet.

Ja, al de dyt dôn int ghemeen,

Wo weynich ſe na deme ende ſeen!

6655 Doch krygen ſodane vaken ſtraff,

[Bl. 236ᵇ.] Er reghmente ſleyt draden aff.

To leſten machmen ſe nicht lyden;

Sus valt en dat haer vth to beyden ſyden.

Dat ſynt ere vrunde, groet vnde kleen,

6660 De vallen benne aff int ghemeen

Vnde laten en ſus allene ſtan,

Ghelyk ſo deſſe hunde hebben ghedan,

Do ſe ſegen eren kumpan vorbrant

Vnde achter ſus bloet vnde gheſchant.

6665 ¶ Here, vorſtaet myne worde recht!

Nicht ſchal van Reynken ſus werden gheſecht.

Ik wyl alzo des beſten ramen,

Myne vrunde ſcholen ſyk myner nicht ſchamen.

Ik dancke yuwer gnaden myt alleme vlyd.

6670 Wuſte ik yuwen wyllen, ik deden alle tyd.“

¶ (1) In deſſeme capittel menet de lerer dyt, dat mannich wert ghepryſet, de hir lucke heft, vnde wert vor angheſeen vnde nicht achter (dat is de ende) vnde wert vorbrant. Wo mannich is in der helle, de ſyn gud vnrechte hir wan, ſyne eruen ſytten in den guderen vnde pryſen en darvm- [Bl. 237ᵃ.] me, dat he hir konde ſodanen gud to hope ſlan; ſe ſynt ghelyk deſſen hunden: ſe pryſen en vor, men achter, dat is ſyn ewyghe ende der vordomenyſſe, dar wert he vorbrant. ¶ (2) Myt deſſen leſten dren navolgenden capittelen ſlut de lerer dyt gantze boek van Reynken deme voſſe, bewyſet dar ynne, dat dat gheſlechte van Reynken, dat is der lozen, ſeer grob is in der werlde, dat ſyn alle de, bede wyß ſyn alleyne in wertlyken dyngen; hir van ſecht ſunte Pawel, dat wyßheyt deſſer werlde dat is dor-

heyt vor gode. ¶ (3) To deme anderen male pryſet de
lerer rechte wyßheit bouen golt, alze dat in der warheyt
iß, vnde leret vns, dat wy vns ſcholen vlyten, to leren
wyßheyt vnde to vormyden de ghyricheyt. ¶ (4) Int leſte
iß to merken, dat deſſe ebber deſſer fabelen ghelik ſynt
ghedychtet vnde geſchreuen nicht darvmme, dat ſe ſo ſyn
gheſcheen, ebber dat ſe waer ſyn, men vmme eyner lykenyſſe
wyllen vns tor lere, dat wy hir by ſcholen leren wyßheyt
vnde vorvarenheyt, bogede to leren vnde vndoget myt vlyte
to vormyden.

[Bl. 237ᵇ.] ¶ Wo de konnynck Reynken antworde vp de
fabelen van den hunden vnde Reynken webber hoch vor=
höghede manckt ſynen heren.   Dat ɼi capittel.

D E konnink ſprak: „wat helpen vele wort?
Ik hebbet alle wol ghehort,
Ik hebbe yuwen ſyn ok wol vorſtan.
Ik wyl yw webber ſetten an
6675 In mynen rad alſen ebbelen baron.
Dar vmme ſynt gy dyt ſchuldich to dön,
Vnde wyl, dat gy vro vnde ſpade
Komen to myneme hemelyken rade.
Ik ſette yw webber in alle yuwe macht.
6680 Seet, dat gy yw vor myſſedaet wacht!
Helpet alle ſake tom beſten keren!
De hoff enkan yuwer nicht entberen.
Wan gy yuwe wyßheyt ſettet tor böget,
So iß hir nemant bouen yw vorhöget
6685 Van ſcharpeme rade, van nauwen vunden.
Ik wyl vort meer to allen ſtunden
Nicht meer horen, de ouer yw klagen.
Gy ſcholt vor my ſpreken vnde dagen,
[Bl. 238ᵃ.] Ok ſchole gy ſyn kenzeler deſſes rykes.
6690 Myn ſegel bevele ik yw des ghelykes:
Wat gy beſtellen, wat gy ſchryuen,
Dat ſchal beſtelt vnde gheſchreuen blyuen.“
¶ Alſus iß nu Reynke in der vorſten houe
De alder grotſte worden van loue;

6695   Wat he slut efte wat he radet,
       Jd is alleyns, yd vrome efte schadet.

¶ Wo Reynke myt groter ere scheydede vth deme houe
vnde bouen allen anderen des konninges hülde vnde vrunt=
schop behelt. Dat xii capittel.

Reynke danckede deme konnynck sere.
      He sprack: „ik dancke yw, eddele here,
      Dat gy my sus vele ere doet.
      Jk dencke des wedder, byn ik vroet".
De lerer, de desse ystorien schreff,
Schrift vorder, wor Ysegrym bleff.
He lach in deme kreyte, seer ouel gheuaren;
Syne vrunde ghyngen to eme by paren:

6705   Syn wyff vnde Hyntze, ok Brun de bare,
[Bl. 238ᵇ.] Sine kynder, syn gesynde, syne vrunde weren dare.
       Se drogen en vth deme kreyte myt klagen
       Vnde hebben en vp eyner boren ghedragen
       Myt hoye, dar he warm ynne lach.

6710   To hant men syne wunden besach,
       Der weren twyntich vnde sesse.
       Dar quemen vele meysters van Krummesse,
       Se vorbunden syne wunden vnde geuen eme dranck.
       He was in allen leden kranck.

6715   Se wreuen eme krud in syn eyne or,
       Ja, do prustede he beyde achter vnde vor.
       De meysters spreken: „eme schal nicht schaden,
       Wy wyllen en smeren vnde baden."
       Hir mede trosteden se syne vrunde

6720   Vnde leyden en to bedde tor suluen stunde.
       He wart slapende, doch nicht seer lange.
       Alder meyst was eme dar hen bange
       To synem teken, an synen broderen.
       He haddet ghelözet myt al synen goderen,

6725   De he syne dage hadde vorworuen,
       Dat he dar so nicht were vordoruen.
       Bysunderen syn wyff, vrouwe Ghyremod,
[Bl. 239ᵃ.] De by eme seer brouich stod,

Er droffenyſſe was mannygerhande.

6730 Reynke bede er ſchande vppe ſchande.
He hadde Yſegryme ſyne brodere gherucket
Vnde hadde en bar by alzo gheplucket,
Dat he dat nicht konde vorwynnen,
So dat he raſede in al ſynen ſynnen.

6735 Dyt was Reynken al wol mede.
He makede myt ſynen vrunden rede
Vnde ſcheydede alzo vth deme houe
Myt homode vnde myt groteme loue.
De konnynck ſande myt em gheleyde,

6740 Do he alſus van eme ſcheyde.
He ſprack: „Reynke, komet draden wedder!“
Reynke knyede ſyk vor eme nedder.
He ſprack: „ik dancke yw myt allen ſynnen,
Dar to myner vrouwen, der konnyghynnen,

6745 Dar to yuweme rade, alle den heren.
God ſpare yw lange to yuwen eren!
Ik wyl dón, wat gy begherd,
Ik hebbe yw leff, gy ſyn des werd.
Ik wyl reyſen to wyff vnde kynder,

[Bl. 239ᵇ.] De·myner hebben groten hynder,
Here, yſſet, dat yd yw behaget.“
De konnynck ſprack: „ya, weſet vnvorzaget,
Reyſet hen ane alle vare!“
Alzus ſcheydede Reynke van dare

6755 Myt ſchonen worden vnde groter gunſt.
¶ Ja, de ſus noch kan Reynkens kunſt,
Syn wol ghehoret vnde leffghetal
By den heren ouer al.
Iſſet gheyſtlyk efte wertlyk ſtad,

6760 An Reynken ſlut nu meyſt de rad.
Reynkens ſlechte is grob by macht
Vnde waſſet alle tyd, ya, dach vnde nacht.
De Reynkens kunſt nicht heft ghelerd,
De is tor werlde nicht vele werd,

6765 Syn word wert nicht draden ghehord;
Men myt Reynkens kunſt kumpt mannich vord.
Dar ſynt vele Reynken nu in der warde

(Wol hebben se nicht al rode barde)
Jsset in des pawes efte keysers hoff.

6770   Se makent eyn deel nu yo to groff.
Symon vnde Gheuerd holden dat velt,

[Bl. 240ᵃ.] Men kent to houe nicht beth dan ghelt.
Dat ghelt vlüth alder wegen bouen,
De gelt heft, de krycht ok wol eyne prouen.

6775   De Reynkens lyst nu bruken kan,
De wert ok draden eyn vpperman.
¶ Hir van wert nu nicht meer ghesecht,
Men wo Reynke ghynck myt syneme slecht,
Der wol vertich was in deme talle;

6780   Desse weren vorvrouwet alle.
Se scheydeden vth deme houe myt groter ere.
Reynke ghynck vor en alze eyn here
Vnde he was seer wolghemeyd,
Dat em syn sterth was so bereyd

6785   Vnde dat he hadde des konnynges gnade
Vnde dat he wedder was in syneme rade.
He dachte: „hir schal neen schade aff komen,
Weme ik nu wyl, deme mach ik vromen,
Vnde mach mynen vrunden alle tyd syn holt.

6790   Noch pryse ik wyßheyt bouen dat golt."

¶ Wo Reynke myt synen vrunden ghynck na syner borch
vnde wo se orloff van eme nemen. Dat besluth vnde dat
leste capittel.

[Bl. 240ᵇ.] ALsus ghynck Reynke na syneme huß
Myt synen vrunden to Malepertuß.
Reynke danckede en allen sere
Der groten gunst, der groten ere,

6795   Dat se eme bystunden in der noth;
Synen denst he ene wedder both.
Jslyk scheyde vnde ghynck to den synen.
Reynke ghynck to vrouwe Armelynen,
De en seer vruntlyk wylkomen heet.

6800   Se vragede en vmme syn vorbreet,
Wo he dar were vth ghekomen.

¶ Reynke fprack wedder: „al myt vromen.
Jk byn groet in des konnynges gnade.
He fatte my wedder to fyneme rade
6805 Jn fynen hoff bouen alle de heren,
Al vnfeme flechte to groten eren.
He makede my to kentzeler des rykes
Vnde bevol my fyn ynghefegel des ghelykes.
Wat Reynke deyt vnde wat Reynke fchrift,
6810 Dat fulue wol gheban vnde ghefchreuen blyft.
Jk hebbe vnderwyfet in deffen dagen
Den wulff, dat he nicht meer wert klagen.

[Bl. 241ᵃ.] Jk hebbe en ok halff gheblendet,
Dar to fyn hele flechte ghefchendet.
6815 Jk hebbe en ghelubbet, ya, alzo feer,
Der werlde wert he neen nutte meer.
Wy flogen kamp, ik helt en vnder;
Wert he ghefunt, dat deyt my wunder.
Dat hope ik nicht, doch lycht dar nicht an;
6820 Jk byn gheworden fyn ouerman,
Dar to ok alle fyner ghefellen,
De des myt em helden vnde byvellen.“
¶ Deffes was de voffynne feer vro
Vnde fyne twey kyndere ok alzo,
6825 Dat er vader fus was vorheuen.
Se fpreken: „ya, nu wyl wy leuen
Jn groten eren, ane forghe,
Vnde maken vaft vnfe borghe.“
¶ Sus is nu Reynke hoch gheeret,
6830 So hir myt korte is gheleret.
Eyn yflyk fchal fyk tor wyßheyt keren,
Dat quade to myden vnde de dogede leren.
Dar vmme is dyt boek ghedycht,
Dyt is de fyn vnde anders nicht.

[Bl. 241ᵇ.] Fabelen vnde fodaner byfproke mere
Werden ghefath to vnfer lere,
Vppe dat wy vndoget fcholen myden
Vnde leren wyßheyt to allen tyden.
Dyt boek is feer gud to deme koep,
6840 Hir fteyt vaft in der werlde loep.

Wultu wetten der werlde stad,
So koep dyt boek, dat is rad.
Alsus endyget syk Reynkens ystorien.
God helpe vns in syne ewygen glorien!

¶ Merke hir ok: welk leser desses bokes ghenöchte heft to
lesen allene de sproke vnde de fabelen, so eft eme vordrote
to lesende de lere vnde de vtdüdynge, de vp de capittele
synt gheseth, desse mach wol ouerslan alle tyd de vth-
leggynge der capittele vnde blyuen by den rymen, deme
dat so behaget.

¶ Hir volghet eyne korte tafele efte register desses bokes
van Reynken deme vosse.

¶ Int erste vynstu dat erste boek vor an vnde heft xxxix
ghesette efte capittele.

[Bl. 242ᵃ.] ¶ Dat ander boek begynnet vp deme blade, dar
sodan tal steyt Cxxix, vnde heft ix capittele.

¶ Dat drybbe boek begynt vp deme blade, dar sodanen
tal steyt Clxii, vnde heft xiiii ghesette.

¶ Dat verde boek heft xiii capittel vnde heuet syk an vp
deme blade, dar sodanen tal steyt CCvi, vnde is dat leste boek.

Anno domini MCCCCxcviii. Lübeck.

[Holzschnitt: Wappenschild,
deutscher Reichsadler.]

[Holzschnitt: Wappenschild,
quer geteilt, oben leer, unten
Arabeske.]

[Holzschnitt: Wappenschild,
schräg nach links liegend,
drei Mohnköpfe.]

[Holzschnitt: Wappenschild,
schräg nach rechts liegend
mit senkrechtem T, an dessen
rechter Seite in der Mitte
ein Kreuz.]

[Holzschnitt: Totenkopf.]

Anmerkungen.

1. Vorrede, S. 3. In B lautet der Anfang: Men leset bat hyr beudren yn olden haren vnbe vor ber ghebort Egrifti vnfes heren fint ghewefen vele natûrlike wyfe manš ꝛc.

2. Vorrede, 3. S. 4, 35. froye, ein ἄπ. εἰρ., dessen Erklärung im nl. zu suchen ist, wie der Zusatz be fo weftwart werden ghenomet beweist. Jacob Grimm, R. F. p. CLXXII, fasste es, unter Vergleichung von Lantfrid, Lamfroid; odevare, oievare; moder, moie, auf als entstanden aus fret. Dem steht das sachliche Bedenken entgegen, dass das Frettchen zu den Raubtieren gehört, also ein Fleischfresser ist (vgl. Brehm. Thierleben, Säugethiere, 2. Band, Leipzig 1877, S. 76. 77), sowie das lautliche, dass zwar od Erweichung zu oi erfahren kann, nicht aber et oder ot (vgl. Franck, Mittelniederländische Grammatik, Leipzig 1883, § 114, 5). Auch von dem mnl. wroeten = wühlen, graben, an das man wohl denken könnte, wenn man das ostfries. vergleicht (Stürenberg, ostfries. Wb., Aurich 1857: ‚Fröte, Vroote, Wroote 1. die Nase, besonders die rüsselartige Nase des Schweins, 2. der Maulwurf' und ähnlich ten Doornkat Koolman, Wb. d. ostfries. Spr. III [1884], 578 s. v. wrote, wröte, fröte), wäre ein fem. froie nicht zu · erlangen aus dem gleichen Grunde und weil Wechsel von tönender mit tonloser labialer Spirans, wie ihn das Wort im heutigen ostfries. hat, bei der anlautenden Konsonantenverbindung wr im mnl. nicht statthaben kann (vgl. Franck, a. a. O. § 87. 93). Möglich bliebe immerhin, dass das Wort aus dem westfries. des Mittelalters erklärt werden könnte, wozu mir die Quellen fehlen. Bis dahin vermute ich, wie in Paul und Braunes Beiträgen VIII, 26 mit Verdam in dem Worte einen Druckfehler statt troie = truye, sus, scropha, d. i. (Zucht-)Schwein. Zwar ist dieses kein für den Winter einsammelndes Tier, aber ebensowenig Hase und Kaninchen, die hier gleichfalls genannt werden. Streng genommen gehören nur Eichhürnchen und Hamster hierher, die anderen Tiere werden wohl nur deshalb mit ihnen auf gleiche Linie gestellt, weil sie sich wie jene von den angeführten Früchten ernähren.

2. Vorrede, § 5. S. 5, 13. bŋ bem loffe. vnb eluꞃerben bē̄ qrŋꝑē A. Da der Greif im ganzen R. V. nicht vorkommt, hier auch nichts zu schaffen hätte, so ist die Lesart von B (bŋ beme loſſe luꞃerben vnbe ben grŋꝑen) zu verwerfen und wohl am besten Lübbens Vorschlag (S. IV Anm.) ben grŋꝑen [ben beren] anzunehmen. Bieling, R.-F.-Glosse, S. 9 Anm. liest ,unde der gliken'.

Ebdas. S. 5, 19. bŋ ber maerten ꝛc. Trotz des verschiedenen Geschlechts keine Wiederholung des Artikels; so noch 1876. 3316. 4952. 5260. Übschr. III, 2. III, 3. Gl. I, 3, 7. I, 17, 3, S. 63, 9 und S. 64, 25. I, 36, 3, S. 111, 16. III, 9, S. 181, 5.

2. Vorrede, § 8. S. 6, 19. De wŋlbe katte. alꞅe, ben kater. nomet ḥe. Ḥŋnꜩen. A = B. Die wilde Katze ,Alse', die seit Hackmann im Texte steht und noch letzthin als ,Else, Elsbeth' gedeutet worden ist, ist hiernach zu streichen.

81—83. Eine recht flüchtige, ungeschickte Übersetzung der sehr klaren und nicht misszuverstehenden Worte in R II:

> b, 119—121: om dat ghi Reinaert sijt onhout,
> so en is hier nieman jonc of out,
> hi en heeft te wroeghen vor u

d. h. weil ihr R. ungnädig seid, so haben alle vor euch zu klagen. Eine nach allen Seiten hin befriedigende Erklärung ist nicht gefunden und m. E. auch nicht möglich. Mag man den Verbalbegriff des Nachsatzes positiv nehmen, wie Lübben es thut (niemand fürchtet Reinke mehr als euch), oder negativ mit ausgelassenem en (vgl. 30/1 und sehr oft), wie Schröder (niemand ist, der nicht fürchtet = alle Welt fürchtet Reinke mehr als euch), so ist jedenfalls das bŋ bat in 81 nur mit grosser Gezwungenheit zu erklären. Die finale Bedeutung versucht Damköhler (Korresp.-Bl. d. Ver. f. nd. Sprchfschg. X, 20) zu halten durch die Annahme, dass der Sinn der Verse: ,weil ein jeder Reinke fürchtet, so müsst ihr ihm ungnädig sein' final ausgedrückt sei; Lübben z. d. St. schlägt vor, es mit ,darauf fussend dass' unter Vergleichung von bŋ louen zu übersetzen, noch mehr nähert er sich der kausalen Bedeutung durch die Übersetzung ,insofern, weil' (Mnd. Wb. V, 103). In beiden Fällen wäre die Präposition in ganz ungewöhnlicher Weise gebraucht. Sprenger ändert deshalb in vm bat (Jahrbuch d. Ver. f. nd. Sprchfschg. X, 108 u. 111, Nachtrag). Allein im R. V. kommt nur vor vmme bat (z. B. 4680; Gl. II, 7, 6, S. 142, 18), nicht vm bat; ausserdem müsste erst erwiesen werden, dass wruꝑhet = wroꝑhet für vruꝺtet des V. 83 hinsichtlich der Vertauschung von v mit u wie von ꝺt mit gŋ möglich wäre.

93. panther AB. bat panther C. Gemeint ist ,die kemel' (Kamel oder ein kleines Pferd?). Vgl. über die hier herrschende Verwirrung in der Benennung der Tiere: Lübben, Die Thiernamen im R. V., Progr. Oldenburg 1863, S. 52—56.

127. Vnde kann aus einem vorhergehenden Acc. (Reynten) das Subjekt aufnehmen (vnde he br.); ebenso 1404. Gl. I, 12, 7, S. 43, 4. 1726. 3049. 5245. Vgl. Kosegarten, Bemerkungen über die nd. Spr. in Höfers Ztschr. f. d. Wissenschaft d. Spr. I (1846), 358 und Seelmann zu Gerhard von Minden, Bremen 1878, S. 167.

163. Über die Auslassung des Relativs vgl. Kosegarten a. a. O., S. 360 und Lübben, Mnd. Grammatik, Leipzig 1882, S. 112.

233. Das Personalpronomen er zu ergänzen aus dem be in 232.

234. Jb is wol. Der Singular des Prädikats wird häufig mit dem Plural des Subjekts verbunden; vgl. Lübben z. u. St. und Nissen, Forsøg til en middelnedertysk Syntax, Kjøbenhavn 1884, § 25.

235. Eft A = B. Dat C. Mit diesem Gebrauche von eft = dat vgl. 1734, wo es freilich nicht Zeitpartikel ist, aber auch nicht konditional aufgefasst zu werden braucht, und ‚men oft wy utgan sunder wapen, alse me uns uorlecht, dat rade ik nicht', Chronik d. nordelbischen Sassen, ed. Lappenberg, Kiel 1865, S. 39, 28.

241. Reynte synen wyllen. Umschreibung des Gen. durch das Pron. poss. wie heute im Dialekt, ebenso wie die Vertretung des Nominativs durch den Accus. Über letzteren vgl. Hildebrand, Ein wunderlicher rheinischer Accusativ, Ztschr. f. deutsch. Phil. I (1869), 442—448 und Tobler, Über die scheinbare Verwechselung zwischen Nomin. u. Acc., das. IV (1873), 375—400.

243. ‚sie hatte es alsbald schnell überwunden'. Dieser Sinn ergiebt sich aus der Grundbedeutung von ghenesen ‚mit dem Leben davon kommen'. Freilich bedeutet es namentlich ‚aus Kindesnöten mit dem Leben davon kommen' und wird dann mit einem Genet. wie z. B. des Kindes u. ä. verbunden oder absolut gesetzt. Hier bezieht sich der Genet. des auf das in den vorhergehenden Versen Erzählte. Ausserdem beachte man die Häufung der die Schnelligkeit bezeichnenden Zeitpartikeln (to hant, scheer).

250—255. Einen Untergebenen, Schüler oder Knecht, wegen Vergehens mit Ruten oder Stöcken zu züchtigen, war kein Friedensbruch. Vgl. Geyder, Reinhart Fuchs a. d. Mnl. übersetzt, Breslau 1844, zu V. 251 und Böhlau, Rechtsgeschichtliches aus R. V. in den Neuen Mittlgn. d. Thür.-Sächs. Ver. f. Erfschg. d. vaterl. Altert., Bd. IX, Heft 2, S. 83.

253/54. Konstruktion ἀπὸ κοινοῦ: Nachsatz zu 252 und Vordersatz zu 255. Vgl. zu Gl. II, 7, 5 und 4679.

265. Nach dem Sachsenspiegel II, 37, 1 war es erlaubt, Räubern und Dieben das gestohlene Gut zu rauben, nur musste man es zur Ermittelung des rechtlichen Eigentümers öffentlich bekannt machen; war derselbe nach Ablauf einer sechswöchentlichen Frist nicht bekannt geworden, so hatte man Anrecht auf ein Dritteil.

271. Vgl. Dreyer, Abhandlg. v. d. Nutzen des trefflichen Gedichts Reinke de Voss, Bützow und Wismar 1768. 4°. S. 68 ff. Er hat zuerst auf die hohe Bedeutung des R. V. für die deutsche Rechtsgeschichte nachdrücklichst aufmerksam gemacht.

294 ff. Der Leichnam des Erschlagenen wurde solange nicht begraben, bis die Verwandten Rache genommen oder Sühne erhalten hatten; bei einer Klage musste derselbe vorgezeigt werden. Grimm, Deutsche Rechtsaltertümer, Göttingen 1828, S. 627.

312. Die Klage auf Mord begann mit dem ‚gerochte‘, der Wehklage. Grimm, R. A. S. 876.

372. Die kanonischen Stunden des geistlichen Tages, in denen die vorgeschriebenen Gebete zu lesen sind, heissen: matutina, prima, tertia, sexta, nona, vespera, completorium.

411. Juve bobe bochter — be etc. Der Nominativ absolut voran gestellt, wie öfter im mnd. und im R. V. 1742. 2172. 2665. Gl. III, 2, 4, S. 158, 16: vnbe benne beffe, be mechtyger is, wan be; Gl. III, 8, 1, S. 179, 2: bat eyn loggener, wan he; bas. § 2, S. 179, 11: bat be henne, be . . ., be fynt; Gl. III, 9, S. 181, 3 (zweimal): bat groue lübe, be . . ., beffe, wor be . . ., bar brecht.

423. placebo bomino. Beginn der Antiphona im Officium defunctorum, Psalm 114, 9; vgl. Bolte, Korrespbl. d. Ver. f. nd. Sprchfschg. X, 19.

426. we bat. Beispiele für dies, hinter Pronom. u. Adverb. eingeschobene, verstärkende bat s. bei Lübben z. u. St. und Nissen, a. a. O. § 19.

546. Krankheit, die R. hier vorgiebt, Gefängnis, Wallfahrt und Reichsdienst waren ‚echte nöt‘, d. h. das gesetzliche Hindernis am Erscheinen vor Gericht. Sachsensp. II, 7.

554. In heuchlerischer Unterwürfigkeit, die auch in den Begrüssungsworten 537—542 hervortritt, nennt sich R. einen arm man, d. h. einen Mann von geringem Stande, Unfreien, während er doch einer der ersten Reichsbarone ist.

764. al vyue. Die Apposition wird öfter absolut im Nominativ zu dem Beziehungsworte gesetzt; vgl. 2455. 2574. Gl. I, 34, 3, S. 105, 29: beffe twey . . . alze be ramboc vnbe be haze. 3311. 3443. 4532.

829. bat kann ausgelassen werden; ebenso 1291. 1398. 1885. 3339. 5279. Gl. IV, 1, 1, S. 199, 6. Vgl. Kosegarten a. a. O., S. 362.

Gl. I, 11, 2. S. 37, 1. fo we ben volget. Der Plural ben erklärt sich aus dem Collectivum felfchop; vgl. 2. Vorr. 4, S. 4, 37 be ftaeb, bebe leuen. 3939: meenheyt, . . . be . . . konnen. 3994: meenheyt . . . leren. Gl. II, 9, 4, S. 151, 10: gheyftlicheyt, be . . . vmmeghan. Überhaupt ist die Beziehung eines Singulars auf vorhergehenden Plural und umgekehrt nichts Ungewöhnliches: Gl. I, 12, 3, S. 42, 17: etlyſe lôuen . . ., alʒe eft em. Gl. I, 17, 3, S. 64, 5. 6: Unrecht gud ſchalmen dem ſuluen toleren . . .; ſanmen be nicht hebben. Gl. I, 20, 4, S. 72, 7 ff.: bén rychteren . . . eyne lere, bat be nycht louen ſcholen . . . vnde ſchal ſyſ. 1850: mannich man, be bat hoff ouel entberen ſan. Gl. I, 21, 2, S. 76, 5: eyne ſtraffynge ber, be . . . wyl. 2309: mannigen ʒoldener, be he wan. 3519 (vgl. dazu Lübben): huwer welſe . . ., bat be . . . broghe.

Ebdas. 4. S. 37, 22. in beme lʒii ſalmen. Vulgata, Ps. 62, 10. 11: Ipsi vero in vanum quaesierunt animam meam, introibunt in inferiora terrae, (11) tradentur in manus gladii, partes vulpium erunt.

925. men boet eſte laet. R. II, 1053: door mi endoet men of enlaet. Danach wäre die Negation ausgefallen; vielleicht steckt sie in men (== men en), wie z. B. 4417 môten für m . en (eum) und 5616 men für men en (eum) durch Inklination steht (vgl. Lübben, S. XVIII). Ist letztere aber bei der Negationspartikel unzulässig, so lässt sich der Vers auch ohne dieselbe erklären und ist dann ironisch zu fassen: um meinetwillen thut man oder lässt man (etwas), d. h. ich habe ja so grosse Autorität!

942. ſunte Martens fogel scheint die Krähe zu sein.

Gl. I, 12, 7. S. 43, 4. beſſe machmen vnde werben of vorleybet. Zu machmen ist aus dem folgenden Inf. pass. der Inf. act. zu ergänzen; vgl. zu Gl. II, 8, 3.

1094. vpſatte, dazu ist V. 1095 Objekt. — Die nun folgende Geschichte (1090—1166) kennt der Reinaert nicht.

1136. bat pleonastisch hinzugesetzt, wie 1490. 2583 (hierher?). 5090. 5131; vgl. besonders Nissen a. a. O. § 20.

1151—1166 B kürzt folgendermassen:
> Wat ouers reynſe be loſe beeff
> Myt ber wuluynnen bo ſulues bebreeff
> Dat late if bar by blyuen
> Vnde wyl nu forber van hyntʒen ſchryuen.

1197,98 lauten in B:
> Do maſebe he ſyn beraeb nicht lanſ
> Sunber haſtigen vp ben papen ſpranſ
welche beiden Verse C zwischen 1196 und 1197 einschiebt.

1200—1203 B:
> Vnbe maſebe eme bar eynes oghen quijb
> Ane anbere wunben be he eme beet
> Vnbe wes he eme ſuſt vome lyue ſpleet
> Don he eme ſo taſtebe borch be hûb.

1216 B: Dat oghe (C Dat bynſ) bes he quijb worben etc.
1220 B C: Dat byn vaber ſumpt by byt vorbreet.
1266—1268. Man erwartet to beim Infin.; ebenso Gl. I, 17, 7, S. 65, 11: lere, bothe . . . entfangen. Gl. I, 24, 3, S. 86, 7: mannich here wert . . . beboret, be logenners to worben ſteben.

1308. Vnde quemen. Nominativ aus vorhergehendem Dativ (Jw) zu ergänzen; ähnlich 1402. 1587. 2750. Gl. I, 34, 1, S. 105, 8: So alſe hir bÿ Reÿnken altes neen gud warb ghebunden ... vnde bÿnnen vul alles quaben. 4784 (heft 3. ps. pl.)

1411. em = en, wie heute allgemein, im R. V. noch 1538.

Gl. I, 16, 4. S. 56, 18. ſpreken ſchal A = B. Die Konstruktion ist lose, wie öfter in der Glosse, indem statt des zu erwartenden to beim Infin. (vgl. zu 1266—68) anakoluthisch das Hilfsverbum eingesetzt ist. Man hat wohl kaum nötig, mit Lübben bat be vor tÿb einzuschalten.

1458. Eine unnütze und fehlerhafte Wiederholung von 1452, die bereits in der Vorlage von A steht: d, 34 buchstäblich = d, 28 (in 1452 schiebt A = B C of ein); in a b p ist der Fehler vermieden.

1599—1602. Über die Rute zu springen und sie zu küssen, wenn die Züchtigung beendet war, war weit verbreitet; s. die bei Lübben und Schröder angezogenen Stellen.

Gl. I, 17, 5. S. 65, 2. arbeÿt vnde arbeÿt; vnde zur Verstärkung zwischen zwei gleichen Wörtern, wie 2236 vele vnde vele, 3058 als vnde als und Goethes Faust I , drängt immer fremd und fremder Stoff sich an'. Vgl. Müller im Mhd. Wb. III, 138ᵃ.

Ebdas. 6. Z. 7. Zu kumpt ist aus dem vorhergehenden vorleſinge das Subjekt he zu ergänzen; ebenso Vorr. z. 4. Buch, S. 197, 15: bat beſſe funde, alʒe ebrekerÿe, is in groten ſorgen vnde varlicheÿden, vnde moth bar tho vele hammers, vorvolghnge lÿben.

1725. das habt ihr (habt mich lieb), zu meiner Schande.

1737. vnde kann als allgemeinste Konjunktion jede andere vertreten, hier eine konsekutive oder temporale, 1744 eine konditionale.

1754. Vgl. Grimm, R. A. 690 ff.

Gl. I, 20, 4. S. 72, 8. lere mit doppelter Konstruktion: bat und nachher mit to und dem Infin. Wegen ſchal vgl. zu Gl. I, 11, 2.

1838. Die Strafe des Galgens war entehrend, besonders für R. als unmittelbaren Reichsvasall; vgl. Grimm, R. A. 687.

1854. Im Mittelalter mussten die Verurteilenden selber den Urteilsspruch ausführen; Henker von Profession gab es nicht.

1924. halff gnade. Der Sinn ist zwar nicht ganz klar: ‚ich würde um halbe Gnade bitten, da ich auf volle Gnade bei euch doch nicht rechnen darf', und daher würde Sprengers Erklärung (a. a. O., S. 108) ‚half adverbial = zum guten Teil, ziemlich, fast, ein wenig' vorzuziehen sein, wenn diese nicht auf der unzutreffenden Voraussetzung beruhte, dass R. nicht zum Spotte aufgelegt sei; man vgl. 1886/87. 1922 und dazu die olbe baet 1927. Damit stimmt die Glosse I, 21, 2, S. 76, 11: mÿt ſpeÿen reden.

Gl. I, 21, 2. S. 76, 5. eyne straffynge der, de eynem . ., vnde de demsuluen . . . wyl. Über den Singular im Relativsatze vgl. z. Gl. I, 11, 2. de demsuluen mit Nachdruck wiederholt und durch vnde angeknüpft; wir nehmen nach längerer Unterbrechung das Relativ mit ,also' wieder auf.

Ebdas. Z. 11. vnde he en myt speyen reden; parataktisch mit vnde und dem Personalpron. statt des einfachen Relativs (den he), ebenso Gl. I, 24, 1, S. 86, 2: vnde he id doch loch (= dat he). Vgl. Müller im Mhd. Wb. III, 183b.

2131. den = dem, auslautendes m verflüchtigt sich im nd. sehr häufig zu n, wie 1390. 2158. 4483. 4589. 5864 (nicht abgekürzt). Vgl. Lübben, mnd. Gr. § 30.

2171. Man schwor bei den Reliquien der Heiligen, die in einem Kästchen aufbewahrt wurden; die Stelle desselben vertritt hier Isegrims Haupt.

2190. Die heiligen drei Könige, deren Gebeine in Köln aufbewahrt werden.

2267. myt dem munde, ein alter Fehler: b, 2417 ende decte sijn voetstappen mitten monde; a, 2395 hat richtig: metter mouden = nd. mul, Staub, Erde.

2408. Bis zum zehnten Gliede zu verdammen ist jüdische Sitte; das deutsche Recht geht nur bis zum siebenten; vgl. Grimm, R. A. 468 ff.

2441. Hufterlo. Reinaert: Hulsterlo. Von Willems werden z. d. St. zwei Örtlichkeiten dieses Namens nachgewiesen, die eine bei Kieldrecht, früher ein Wallfahrtsort, die andere zwischen Beechem und Wildenborg. An welche von beiden der Dichter gedacht hat, ist nicht sicher zu entscheiden; hier konnte es nur darauf ankommen, dem Zuhörer oder Leser durch Zusammenstellung bekannter und erdichteter Namen (Krekelput 2443) die Leichtgläubigkeit des Königs anschaulich zu machen.

2443. Krekelput. Reinaert: Krieke[n]pit. In der Erklärung des Wortes möchte ich mich Sprenger a. a. O. S. 109 anschliessen: krieke mnl. und krêke mnd. (wie noch jetzt, vgl. Schambach 112a. Mi, 46b) = Schlehenpflaume, Frucht von prunus insititia; die nd. Form ist mit der vielfach verwandten Kompositionssilbe -el gebildet. Es hiesse also: Bach (put = Brunnen, aber auch laufendes Gewässer), an dem Schlehen wachsen. Grimm R. F. CLXIX und CXXV erklärt ,der griechische', Geyder a. a. O. und Hoffmann z. d. St. dachten an ,Grille'.

2444. gy. Das Pronomen beim Imperativ pleonastisch hinzugefügt wie 2719.

2536. R. II, 2727/28:

doe enconde hem de provende niet ghenoeghen
daer hem ses monike op bedroghen,

d. h. womit sich sechs Mönche ernährten. Missverständnis des nd. Übersetzers?

2542. Nach den apostolischen Canones aus dem 2. und 3. Jahrh. soll derjenige excommuniciert werden, der mit einem Gebannten Umgang pflog; s. Geyder a. a. O. zu 2754.

2571. Bei grossen hohen Steinen pflegte besonders gern Gericht gehalten zu werden; vgl. Grimm R. A., 802 ff.

2574. Die Tiere sassen nach ihrem Geburtsrange, was bei Hofgerichten besonders nötig war, da hier Personen aus den verschiedensten Ständen zusammenkamen. Geyder a. a. O. zu 2762.

2635. Das Riemenschneiden aus der Haut kannte das Altertum als Strafe; s. Grimm, R. A. 704·

Gl. I, 31, 1. S. 98, 4. vnbe ſe betemen leth; das Subjekt men ist aus dem vorhergehenden neutralen Prädikat zu ergänzen; vgl. 5723/24 und zu Gl. I, 17, 6.

2695. Sieben himmlische Freuden kannten die Scholastiker (s. Hoffmann und Lübben z. d. St.), an die hier kaum mehr gedacht ist; der Ausdruck ist wohl sprichwörtlich zu nehmen.

2758 A = B. Aus dem vorhergehenden Verbum mochte ist das allgemeine bebe (that) zu ergänzen.

2760. Der Vers wird erst durch das nl. verständlich: R. II, 2995/96

also ghetrouwelic als si wouden
    dat hi voor hem allen bade,
der Übersetzer liess also den letzten Vers aus.

2781. Dar habbe he ſwerff alze meybom to aten A. Der Sinn dieses, nur dem nd. Übersetzer angehörenden Verses ist klar: R. hatte am heiligen Grabe soviel zu thun, als Meybom zu Aachen, d. h. nichts. Über die Entstehung und Deutung dieser sprichwörtlichen Redensart handelt zuletzt sehr eingehend H. Loersch, Zeitschr. des Aachener Geschichtvereins II (1880), 117—126. Dieselbe gründet sich danach auf einen Vorgang am 1. Mai oder 2. Juni 1224, der uns von Caesarius von Heisterbach erzählt wird: In Aachen wurde einst ein mit Kränzen geschmückter Baum errichtet, den der Stadtpfarrer Jchannes nebst andern Bäumen fällte trotz der Widerstand leistenden Volksmenge, die ihn verwundete. Der Stadtvogt Wilhelm aber liess dem Pfarrer zum Trotz einen noch höheren Baum aufrichten. Die Strafe des Himmels blieb nicht aus: nach wenigen Tagen wurde fast die ganze Stadt durch eine schreckliche Feuersbrunst zerstört. — Unzweifelhaft ist hier der Maibaum gemeint, der Brand ist bekannt und die Personen sind urkundlich nachgewiesen. Loersch meint nun, der Vorgang habe einen so mächtigen Eindruck auf die Bevölkerung gemacht, dass er sehr wohl zur Bildung eines Sprichwortes, dass der Maibaum nicht nach Aachen gehöre, Veranlassung habe geben können. Demgemäss fasst er auch an unserer Stelle m. als Appellativum auf (vgl. jetzt Mnd. Wb. VI [Nachtrag], 210b). Bedenklich scheint mir dabei das Fehlen des bestimmten oder unbestimmten Artikels, weswegen ich in dem Worte einen Eigennamen sehen möchte; aber auch dann kann der Vorgang noch immer die Ursache zur Entstehung der Redensart bleiben und das Appellativum zum Nomen proprium geworden oder mit ihm vertauscht sein, um so mehr, wenn es Leute dieses Namens in Aachen gab. In derselben Zeitschr. S. 331 belegt von Oidtmann den Namen Meybom, aber aus Burtscheid und aus dem J. 1525, also nach 1498.

Gl. I, 36, 1. S. 111, 3. vnbe leth ſyck vorleyben. Auslassung des Personalpron. ɧe, das aus dem vorhergehenden Nomen im Gen. zu ergänzen ist; vgl. zu 127 und 1308.

3192 ff. Fehlen R. II. Ein Versuch, vielleicht Hinrecks van Alckmer (vgl. 3247 und die Anm. dazu), die Fortsetzung zu begründen; die Beschreibung des hier neu angeordneten Hoftages, den der König 3243 um 12 Tage verlängern lässt, wäre dann 3275—3306 nachgeholt. Die ungeschickte Anknüpfung der Fortsetzung ist damit aber nicht gehoben: hier (3193) werden die Tiere nur zu einem Freude und Versöhnungsfeste (3199/200) entboten, trotzdem beginnen am 9. Tage (3305) die Verhandlungen gegen R. von neuem.

3201. ‚Der König als oberster Richter muss Bellin, der, als der vermeintliche Mörder des Hasen, ein todeswürdiges Verbrechen begangen hat und der Gerechtigkeit verfallen ist, bestrafen; da er eine Art arbiträrer Strafgewalt besass, so benutzt er geschickt die Schuld des Widders, um ohne eigenen Verlust den von ihm Beleidigten gerecht zu werden. Dadurch entsteht ein bitterer Sarkasmus auf den Gerechtigkeitssinn der Grossen, die wol ihre Sünden büssen wollen, aber auf dem Rücken eines anderen'. Lübben z. d. St.

3243—3246 fehlen C.

3247—3274. Diese Verse stehen nur im R. V. Die dazu gehörenden Holzschnitte sind etwas verkleinerte Nachschnitte derjenigen, welche G. Leeu in seinem ‚Dialogus creaturarum optime moralisatus iucundis fabulis plenus, Gouda 1480' (Berlin, * kgl. B.) verwandte. Diese Thatsachen lassen folgende Schlüsse zu: zunächst, dass die Originale dieser Holzschnitte schon in dem Exemplare Hinrecks van Alckmer standen, da die Holzschnitte des Bruchstücks dieser Ausgabe (d) von R.V. gleichfalls verkleinert nachgeschnitten wurden und nichts auf eine selbständige Benutzung des Dialogus durch den Lübeker Buchdrucker hindeutet. Demgemäss standen auch die interpolierten Verse bereits in der Vorlage des R. V. Veranlasst scheinen dieselben zu sein durch den Wunsch nach reicherer Illustration, und da der Text des Reinaert Gelegenheit zur Verwendung von solchen Tierbildern aus dem Dialogus bot (vgl. im R. V. die Bilder vor Überschr. I, 13, nach 1779. 1790. 1796, Überschr. II, 3; 4852. 4938), so stellte man hier als am Anfange des zweiten Hauptabschnittes eine ganze Reihe derselben zusammen, zu denen dann, freilich unter Verkennung

des Charakters der Dichtung, das Vogelgespräch hinzugedichtet
wurde. Sodann sind wir berechtigt, G. Leeu für den Drucker
der Hinreck van Alckmer'schen Bearbeitung zu halten und
gewinnen für dieselbe den terminus post quem 1480. Bereits
früher hatte H. Bradshaw in Cambridge aus den Typen, den
Holzschnitten und dem Papier der erhaltenen Fragmente auf
G. Leeu geschlossen (Schröders Ausg. S. X); bezüglich des
Druckjahres glaubte er aus typographischen Gründen 1487
gewinnen zu können, in welchem Jahre Leeu in Antwerpen
druckte. Vgl. hierzu meinen Aufsatz in Paul und Braunes
Beiträgen VIII, 9 und 28. — Der Dialogus creaturarum ist neu
gedruckt in dem Buche: Die beiden ältesten lateinischen
Fabelbücher des Mittelalters, herausgb. von J. G. Th. Grässe,
Tübingen 1880 (Litter. Verein Nr. 148), S. 125 ff.; leider sind
die Holzschnitte nicht verzeichnet.

3255. Das Wechselgespräch der Vögelgruppen verliert an
Verständlichkeit, wenn die Holzschnitte wegbleiben; daher (?)
ändern B C, welche die Bilder nicht haben, hier:
>Wente wy alle vnbe vnfe kynber
>Hebben fyner gehath groten hynber. Ebenso

3259. Wy wyllen vns malkanber boen vaften byftant.

3269. ben fchaben Accus. statt des Nomin. durch Attrak-
tion; vgl. Lübben z. d. St. und Tobler, a. a. O., S. 396.

3411. Svelk richtere vngerichte (Verbrechen) nicht ne
richtet, die is des seluen gerichtes sculdich, dat over ienen
solde irgan. Sachsensp. II, 13, 8.

3586. dat höuet. R. II, 3824: mer het hof endooch niet
buten mi. Daher übersetzt Sprenger a. a. O. S. 110 ‚die Hof-
versammlung'; doch ist dat höuet = Hof ebensowenig belegt,
wie das von Schröder hier angenommene Verbum hoeven =
nützen. Die Lesart von A (= B C) ist auch so verständlich:
dat höuet = das Haupt, d. i. der König; vgl. 2. Vorr. 6. S. 5, 21:
dat bar fy eyn houet, eyn here. — boch statt des mnd. gewöhnlichen
bocht auch z. B. (allerdings im Reime): Dat nye fchip van
Narragonien, Rostock 1519, Bl. 168b:
>Dar an ys bes nicht genoch
>So kümpt eyn narre be nicht en boch.
Vgl. Lübben u. mnd. Gr. S. 47, und Seelmann z. G. v. Minden 36, 16.

3781. in loye ghelicencieret licenciè es lois, Licentiat der
Rechte. Lübben.

3829 ff. Die zweite Beichte richtet sich in R. II besonders
gegen die Verderbtheit der Welt im allgemeinen, im R. V.
wird das Hofleben, vorzugsweise aber die Geistlichkeit ge-
geisselt.

Gl. II, 7, 5. S. 142, 7. betelent A = B. Lübben schlägt
vor, dar by fyn vor b. einzuschalten. Es ist wohl vielmehr
ein Asyndeton anzunehmen und also Dat vyfte Subjekt zu b.
(vgl. Gl. IV, 10, 2. S. 228, 10: flut be lerer ... bewyfet etc.) oder

der Relativsatz bar bis ḥabbe Subjekt zu b., also die Konstruktion ἀπὸ κοινοῦ; vgl. zu 253/54.

Ebdas. 6, Z. 10. wo be armen ... ſo wert mẏt en A = B. Absolut vorangestellter Nominativ; vgl. zu 411. Lübben möchte lesen vmme klener ſake [geſtrafet werben].

Gl. II, 8, 2. S. 147, 2. ock eẏn. Das Prädikat dazu ist aus dem vorhergehenden Substantiv ackterklapperie zu ergänzen (vgl. zu Gl. I, 17, 6); ausserdem wechselt die Konstruktion: anstatt eines zu erwartenden Prädikatsnomens wird mit einem konjunktionalen Nebensatz (vnbe bat ... be meenheẏt wert gḥeplagḥet) fortgefahren. Ebenso in § 3. S. 147, 7: iß eẏn ſtraffent etlẏker paṗen ... vnbe wo be leẏen etc.

Ebdas. 3. S. 147, 8. vnbe ock ere tẏnbere. Ähnlich wie in Gl. I, 12, 7. S. 43, 4 ist hier aus dem vorhergehenden ſtraffent ein Passivum zu supplieren.

4097 ff. In R. II, 4275 ff. ist die Darstellung folgende: Nach der Beichte gelangen Reinaert und Grimbaert am Hofe an. Ankunft, Begrüssung, Erwiderung, Beschuldigung wegen des Kaninchens und der Krähe wie in R. V. Bei der Verteidigung beginnt aber die Abweichung (4410 ff.): hier erzählt R., er sei, nachdem er durch Grimbaert die Aufforderung, vor Hofe zu erscheinen, empfangen habe, auf der Heide umhergeirrt, und da sei ihm Mertijn begegnet; diesem habe er sein Leid geklagt, dass er ungerechter Weise von dem Kaninchen und der Krähe beschuldigt sei, und nun berichtet er das Gespräch zwischen ihnen beiden; erst R. II, 4613 kommt mit R. V. 4421 wieder zusammen. — Die Umstellung im R. V. hat den Vorzug, dass die Verteidigung vor versammeltem Hofe, wohin sie gehört, und nicht vor Martin geführt wird; dadurch wird sie anschaulicher, nachdrucks- und wirkungsvoller. Dem gegenüber will die dreimal (4094. 4233. 4235) wiederholte Erwähnung von Reinkes Ankunft bei Hofe nicht viel bedeuten.

4152. Anspielung auf die Simonie (Apostelgesch. 8, 18 ff.) Bezüglich des Treibens am päpstlichen Hofe s. die ausführliche Schilderung bei Zarncke, Brants Narrenschiff zu Kap. 30 (S. 359).

4208. Ẏn beẏben recktẹn im geistlichen (kanonischen) und weltlichen.

4240. twẏfelen mob. Ausnahmsweise erwähne ich ausdrücklich, dass dies die Lesart von A ist; Lübbens ‚beteren' beruht auf einem Versehen: im Glossar s. v. twivel adj. steht das Richtige.

4380. kerſebern. Ein Missverständnis des nd. Übersetzers: R. II, 4449 kerspette = Pfannkuchen, Waffeln.

Gl. III, 2, 1. S. 158, 3. beme bange iß bis konen mob fehlt B.

4485. Die Konstruktion mit bat ist verlassen und statt dessen mit dem Relativ fortgefahren.

4579. Quelle ist Romulus (ed. Oesterley, Berlin 1870) 10 = 1, 10; vgl. noch Robert, fables inédites des XIIᵉ, XIIIᵉ et XIVᵉ siècles II, 251.

4636. Die Zahl der Schöffen war mindestens sieben, meistens zwölf. Grimm R. A. 777.

4679. Ybelbalch vnde Nummerſath Apposition zu beſſe (4678) und zugleich Subjekt zu quemen in 4680; vgl. zu 253/54 und Gl. II, 7, 5.

4770. Erg.: sondern ein Mensch, dem wohl mal ein Versehen passieren kann.

4886. Vgl. über diese Sage: Van deme holte des hilligen cruzes, herausgb. von Schröder, Erlangen 1869, Einleitung S. 12 ff.

4897. S. die nd., gekürzte Bearbeitung von Josephs (Volmers) Steinbuch unter dem Titel: Van den eddele ghestenten, herausgegeben von Schröder, Jahrb. d. Ver. f. nd. Sprchfschg. II, 57, sowie die Litteratur-Nachweise in Schröders Reinke-Ausgabe.

4962. Dass die Tiere dem Geruche des Panthers folgen, ist eine weit verbreitete Vorstellung im Mittelalter.

4980 ff. Dieselbe Darstellung befindet sich nach Martin (zu R. II, 5500) in Floris 642—659.

5061. Anspielung auf den Roman Kleomades, Sohn des Krompart, von Adenèz li Rois, Minstrel des Herzogs Heinrich III. von Brabant, der gegen Ende des 13. Jahrhunderts lebte. Willems.

5073 ff. Quelle ist Romulus 69 = 4, 9, vielleicht in der mnl. Bearbeitung Esopet 20 (herausgb. von J. A. Clignett in Bijdragen tot de oude nederlandsche letterkunde, Gravenhage 1819).

5102 ff. Quelle ist Romulus 16 = 1, 16; Esopet 17.

5144. bat nicht beteren; n. b. ein Begriff = schlechter machen: obgleich er das, wodurch der andere zur wolvart gelangt ist, nicht nur nicht ebenso gut wie der Beneidete, sondern sogar nur schlechter zu machen versteht.

5163 ff. Quelle ist Romulus 103 = Appendix 20.

5216 ff. Quelle ist Romulus 8 = 1, 8; Esopet 8.

5318. Das allgemeine Objekt yb aus dem Vorhergehenden zu kreghe hinzuzudenken.

5323. Die Trennung des Attributs (v. ſ. y.) von seinem Nomen (e. w.) durch ein dazwischen gestelltes Wort (leuer) ist im mnd. nicht selten; vgl. die zu Gl. IV, 4, 1 ausgehobene Stelle aus Kosegarten, a. a. O. I, 356 ff.

Gl. III, 14. S. 195. B kürzt: ¶ Dat erſte is dat eyn richter na klaghe vnde antworden richten vnde vmberochtigete tuge hören vnde tolaten ſchal. ¶ Dat ander. bat eyn richter vaken. vmme wes bar van to krygen eynen myſzbeder vngeſtraffet varen leth. ¶ Dat drubbe is. ſo wenner eyn myſzbeder myt ſyner logene vnde lyſt eyns loeſz wert. vnde mehnet denne gantz fry to weſen. Dat he benne erſt eynen anderen wech to plaſſe kumpt. ſo hir renken geſchach. bon he' noch vmme ſyn lijff kempen moſte.

Ebdaſ. 2. S. 196, 4. Wente vnder twen eyn is beter, dat etc. Denn unter zwei Dingen ist das eine besser, dass nämlich etc.

Vorr. z. 4. Buch. S. 196, 26. vnde ſo kumpt yb vaken. Das zweite Glied des Vergleichungssatzes parataktisch durch vnde an den Gedanken des unmittelbar vorhergehenden Satzes angefügt.

5640. ende bezeichnet hier wohl den Ort, bis wohin R. sie haben wollte.

Gl. IV, 2, 4. S. 204, 13. er ere beſchermen. Auslassung der Adversativpartikel.

5868. pape kann hier nur Oheim bedeuten, was sonst nicht belegt ist; es ist vielleicht mit Sprenger a. a. O. S. 111 pabe zu lesen.

Gl. IV, 4, 1. S. 211, 4. beſſe ſchal. Die Stellung des Verbums im Nebensatze wie in einem Hauptsatze, trotzdem es grammatisch von dat (is eyne lere, dat) abhängig ist; auch sonst in Sätzen, in denen Konjunktion und Prädikat nicht soweit auseinander stehen, z. B.: De suluen vridaghes wart hinrek sprenger vorvluchtech, dar vmme dat he hadde wesen vor hanses huse vammo rode, vnde drauwede ome an sin liff. Kosegarten a. a. O. I, 357.

6101. Über die Bedingungen zum gerichtlichen Zweikampfe s. die ausführliche Anm. bei Lübben.

6168. Slukup, jetzt Schlutup, ein Ort östlich von Lübek an der unteren Trave in der Nähe der meklenburgischen Grenze, der früher als Pass von Wichtigkeit war und eine Besatzung hatte. Im 15. Jahrh. erhielt die dortige Kapelle die Rechte einer Pfarrkirche. Einen Abt und ein Kloster hat es hier nie gegeben (Leverkus in Haupts Ztschr. f. deutsch. Altert. IX, 374). S. wird auch genannt im nyen ſchip van Narragonien, Rostock 1519, Bl. 168ᵇ, als Ort, woher man ‚Briefe' holt:

> Den breef hefft he verne halet.
> Dar to mit velem gelde betalet
> To Slukup yn ouerlant.

6238. Honrebroet (B C: Honreborch). Da die Stelle genau mit R. II, 6888 übereinstimmt (b: Helrebroeo; c: Hoelrebroeck; p: Hoeckenbroock, ein Bruch zwischen Damme und Sluis), so wird mit Grimm, R. F. CLXX Honrebroek zu lesen, doch kaum an einen Ort dieses Namens im Jülichschen zu denken sein.

6417. Nahe Verwandte konnten den Zweikampf einander verweigern; Sachsenspiegel I, 63, 3.

6493. nicht my allene A = B. Lübben vergleicht (Ztschr. f. deutsch. Philol. V, [1874], 64) folgende Stelle: ‚ik wil, dat alle minschen sin alse my sulven'; 1. Cor. 7, 7 (Halberstädt. Bibelübers.) Vgl. das schweizerische: ‚es ist nicht mich', engl. ‚it is me'. Tobler a. a. O. S. 390.

6616. Ebber be; aus bochte ist was zu ergänzen: Nemant was, be etc.; vgl. 484, wo heft aus was zu verstehen ist.

6617 ff. Diese Fabel kommt sonst noch vor bei Hilde-gaersberch, ed. Verwijs, Nr. LXIV; die Quelle ist nicht nach-weisbar.

Gl. IV, 10, 1. S. 228, 3. bat is be enbe vnbe B, enbe is vnbe A. Lübben setzt hinter is eine Lücke an und will sie mit ,blôt' oder ,geschant' o. ä. ausfüllen. Ich stehe an, ihm zu folgen, weil die mit bat is etc. gegebene Erklärung auf die vorhergehenden Worte (vnbe wert vor anghefeen vnbe nicht achten) nicht passt.

6712. Krummesse ein Dorf, etwa 10 Klm. ssw. von Lübek. — Ein anderer Quacksalber meyfter Sennep lernte seine Kunst to Möyflinck yn Flanberen (Dat nye schip van Narragonien, Rostock 1519, Bl. 84ᵇ), womit in bekannter Spielerei mit der zufälligen Ähnlichkeit des Ortsnamens (vgl. zu 6168) das etwa 3 Klm. sw. von Lübek gelegene Dorf Moisling gemeint ist. Ob die Kur-pfuscherei damals in der Umgegend Lübeks wirklich in so grosser Blüte gestanden hat, wie man hiernach glauben müsste?

6722—6726 kürzen B C:

Dat he fo fmelyfen was vorboruen
Vnbe fchanbe vnbe fpot (habbe C) vorworuen.

GLOSSAR.

Vorbemerkung. Im Glossar sind diejenigen Wörter nicht verzeichnet, welche schon an sich oder nach Anwendung der bekannten Gesetze der Lautverschiebung jedem hochdeutschen Leser verständlich sind. Wo von einem Stamme mehrere Wortarten vorkommen, ist nur eine aufgeführt, wenn die Bedeutung der übrigen sich aus der aufgenommenen leicht ergiebt. Ähnliches gilt von den Compositis. Mit Verben gebildete Redensarten stehen meistens unter diesen. Abweichungen von diesem Verfahren schienen zuweilen geboten zu sein. — y steht an der alphabetischen Stelle des i, f an der des v. Unorganische oder Dehnungs-Zeichen sind in der alphabetischen Reihenfolge nicht beachtet.

---

acht(e) stf. *Aufmerksamkeit, Sorgfalt; Achtung, Ansehen.*

achter adj. adv. *hinter, zurück.*

achterhobe f. *Nachhut.*

achterholt n. *Hinterhalt.*

achterklapperye f. *Verleumdung.*

abebar stm. *Storch.*

al, alle adj. u. adv., flekt. u. unflekt. *all, jeder, ganz; ganz, durchaus, bereits.* Als adv. häufig zur Verstärkung.

al conj. *obgleich, wenn auch.*

alber, gen. pl. v. al, *aller —,* zur Verstärkung, besonders vor Superlativen.

alleyns adv. *ganz einerlei.*

allent, neutr. z. al, *alles.*

allentelen adv. *alleinzeln, allmählich.*

almysse f. *Almosen.*

alrebe adv. *bereits, schon.*

als adv. (aus alles) *durchaus, ganz und gar.*

als, alze conj. *zur Zeit wo, als, wenn; als, wie; als, nämlich.*

altes adv. *durchaus.*

ambeleren swv. *emaillieren.*

amberch stm. *Anhöhe.*

ammer stm. *Eimer.*

amptlude m. *(zünftige) Handwerker.*

an(e) praep. c. acc. *ohne, ausser.*

anb f. *Ente.* pl. enbe u. änbe.

anbacht stf. *Gedanke, Absicht.*

anber pr. num. *der andere; zur Bezeichnung des Ebenbildes bei Vergleichungen.*

anebetten stv. = anebiten, vgl. Walther, Jahrb. d. Ver. f. nd. Sprchfsch. I, 95.

anten swv. *stöhnen.*

anname adj. *angenehm, lieb.*

annemen stv. *annehmen, ergreifen.* refl. c. gen. *sich kümmern um* 4194, *sich unterfangen* Gl. I, 6, 5.

anspreken stv. *anreden, anklagen, herausfordern.*

anstan stv. *anfangen, anbrechen.*

antheen stv. refl. *auf sich nehmen.*

artzebyen swv. *Arzneikunst üben.*

arfete *Erbsen.*

auca mlat. *Gans.*

aff adv. *von, ab.*

affleggen swv. *von sich schieben, entschuldigen.*

affſchatten swv. *durch Schoss, Steuer nehmen, entreissen.*

afffeggen swv. *das Endurteil fällen, entscheiden.*

afffſlan stv. *abschlagen; schwächer werden, herunter gehen, missraten.*

affiprelen = affjeggen.

auent stm., van auenbe *heute Abend.*

barbe f. *breites Beil.*

baffune f. *Posaune.*

bate stswf. *Vorteil, Nutxen.*

baten swv. *helfen, nützen;* an eineme b. *Vorteil über e. erringen.*

beben stv. praes. ħe butħ, praet. botħ *bieten, gebieten.*

bebŏen stv. refl. *sich beschmutxen.*

bebragen stv. *fälschlich anklagen.*

bebregħen stv. *betrügen.* praes. bebrucħt, part. bebrogen.

bebrħff stn. *Verkehr, Thun u. Treiben.*

begħeuen stv. refl. *abstehen von etwas, aufgeben, ins Kloster gehen.*

begħħne swf. *Laienschwester.*

behaluen adv. *mit Ausnahme.*

beħenbe adj. adv. *geschickt, listig.*

beħoren swv. *gebühren.*

beħoff stf. *Behuf, Dienst.*

beħouen swv. *nötig haben.*

beħħe — vnbe *sowohl — als auch.*

beħben swv. *warten.*

beħacħ n. *Erwerb.*

belappeben, be *Mönche.*

beħħuen swv. tr. *für etwas streiten.*

beloren swv. *in Versuchung führen.*

belagen swv. tr. *nachstellen, auflauern.*

beleggen swv. *belagern, verlegen.*

beleuen swv. *lieb haben, lieb sein.*

bemigen stv. praet. bemeecħ *bepissen.*

benebben praep. *unter.*

benebħgħħnge stf. *benedictio, Segen.*

benemen stv. *verhindern.*

beorlouen swv. *erlauben.*

beraet stmn. *Rat, Arglist, Betrug.*

berben swv. *sich gebärden, thun als ob.*

bereħt, bereet n. *Barett.*

ernen swv. *brennen.*

berocħten, berocħtħgen swv. *in bösen Ruf bringen.*

beroem m. *Ruhm, Prahlerei.*

beropen stv. *in schlechten Ruf bringen.*

berunħħnge f. *Reue.*

beſchalfen swv. *betrügen.*

beſchatten swv. *mit Schoss belegen, besteuern.*

beſcħeeb mn. *Bescheid, Kenntnis;* mit b. *mit Klugheit, verständig.*

beſcħeħben adj. *klug, verständig.*

beſcħeen stv. *geschehen, xu teil werden.*

beſcħeren stv. *bescheren, berauben.*

beſeggen swv. *beschuldigen, verleumden.*

beſitten stv. *besitzen.* part. beſeten *ansässig sein; hoch geehrt sein.*

beſlabbern swv. refl. *sich beim Essen und Trinken besudeln.*

beſlecħtħget, groet b. *mit ausgebreiteter Verwandtschaft.*

beſtaen v. anom. tr. *unternehmen;* intr. c. dat. *angehören.*

beſtellen swv. *anordnen, verabreden.*

beſucħten swv. *beseufxen.*

beſwħmen swv. *ohnmächtig werden.*

bet comp. *besser;* to b. *desto besser.*

betemen stv. laten *xufrieden lassen, gewähren l.*

betengen swv. *beginnen.*

betħen stv. praet. betecħ, part. betegen *bexichtigen.*

betten stm. *Bissen.*

bevulen swv. refl. *sich beschmutxen.*

bewaren swv. *bewachen, beaufsichtigen;* refl. *sich erhalten.*

bewegen stv. part. bewagen *rühren.*

bewenben swv. *anwenden.* part. bewent u. bewant *beschaffen, von Bedeutung.*

beze swf. *Binse.*

bħ praep. c. dat. *bei, an;* causal: *durch, mittels;* c. acc. *xu, in die Nähe;* in adv. Rda. z. B. b. groter truwe *treuherzig.*

bħlant adv. *ungefähr.*

bħlbicħlħk adv. *billigerweise.*

bħſetten swv. *xum Pfande setxen.*

bħſprole stm. *Beispiel, Sprichwort, Fabel.*

byster adj. *verwildert, verstört, grimmig.*
byten stv. praet. beth, part. gebeten,
bctten *beissen.*
byvallen stv. *Beifall geben, es mit jemand halten.*
blelen swv. *blöken.*
blybe adj. *fröhlich.*
blyden swv. *sichtbar sein, sich zeigen.*
blytschop f. *Fröhlichkeit, Lustbarkeit.*
blyuen stv. praes. blyft, praet. bleff,
bleuen, part. (ge)bleuen *bleiben.* by b.
*auf jemandes Seite treten, sich für
ihn erklären; sich jemandes Urteil
unterwerfen.*
blyxem m. *Blitz.*
bloden swv. praet. blobbe *bluten.*
borbe *Bürde, Last.*
bore swf. *Bahre.*
boren swv. *heben, erheben.*
borst stf. *Brust.*
both stn. *Gebot, gerichtliche Ladung.*
boten swv. *büssen, befriedigen.*
bouen praep. *über,* adv. *oben,* bar b.
ausserdem.
braschen swv. *lärmen, heulen.*
brassen n. *Lärm.*
breken stv. *brechen; Erde aufwühlen;
scharren* 1148; abs. *ein Verbrechen
begehen;* refl. *sich durch Brechen los
zu machen suchen.*
brennen swv. praes. auch brant, brennen.
breff m. *jedes Schriftstück, Urkunde,
Brief.*
bryl m. *Beryll, ein Edelstein.*
bringen, ouer *jemand Schuld geben,*
vp *jemand überführen.*
brober pl. *Hoden.*
broke stf. *Bruch, Spalt;* stm. *Verbrechen.*
bruken swv. *gebrauchen,* bat sulue b.
dasselbe zu thun pflegen, b. van
synen olben byngen *nach alter Gewohnheit verfahren.*
bughen stv. *sich beugen.*
bunge swf. *Trommel.*
busse f. *Büchse, Kanone.*

buten praep. und adv. *ausserhalb,
draussen; gegen, wider.*
butte stf. *Fass, Wanne.*

canis lat. *Hund.*
complexie swf. *Leibesbeschaffenheit.*
crebencien swv. *Umstände machen. (?)*

dach stm. *Tag, Gerichtstag, Kampftag;*
in b. staen *vertagt sein.*
dagen swv. *tagen, Gerichtstag halten,
vor Gericht laden.*
dale adv. *nieder.*
dank stm. *Dank, Gedanke;* an mynen b.
wider Willen; sunder b. *ohne Lohn;*
synes b. *absichtlich, mit Willen.*
dar(e) adv. *da, dort, dorthin; da wo;*
zur Verstärkung des *Relativs.*
das swm. *Dachs.*
dat, batte Artikel u. pron. dem. u. rel.,
letzteres oft nach anderen Rel. wiederholt; conj. *was das anbetrifft;*
b. erste b. *sobald als.*
de vor Komparativen *desto.*
debe *der da.*
debingen swv. *befreien durch Verhandlung.*
degen adv. to b. *tüchtig, gehörig.*
degger, verstärkt alber b. *gänzlich,
völlig.*
deken m. *Dekan.*
deel, eyn b. *ein gut Teil, recht sehr.*
denken swv. impers. c. dat. *erinnerlich sein.*
deert stn. *Tier.*
des pron. dem. *es;* gen. v. bat: *darum,
deshalb, daher;* anreihend: *so, nun,
ferner.*
deffte f. *Dieberei.*
dyen stv. *gedeihen.*
dink stn., van synen b. *etwas für ihn;*
vbssche van mynen b. *die mir munden.*
dogen v. anom. he doch(t), praet. dochte
taugen.
doen v. anom. he deit, doet, praet.
dede; myt vlyb b. *etwas fleissig betreiben;* werck b. *in Not bringen;*

werbidꞕeꞕt b. *Ehrerbietung erweisen;*
wꞕtlꞕꞔ b. *zu wissen thun.*

boꞕ stn. *Eierschale.*

boꞔ v. anom. praet. boꞕfte *getraue mir,*
wage.

borꞔꞕ praep. *um — willen.*

borꞔꞕwꞕren swv. *mit Metalldraht durch-*
flechten.

borbe adj. *thöricht.*

Dorrꞕngen *Thüringen.*

borfen v. anom. praes. iꞔ berf *brauchen,*
nötig haben.

brabe(n) adv. *schnell.*

bragen, bregen stv. praes. breꞔꞕt, praet.
broꞔ, part. ꞕꞕebreghen, ꞕꞕebraghen.
vrꞕreꞔꞕt b. *das Recht ergehen lassen,*
wie ein freier Mann es verlangen
kann; ouer eꞕn b. *einstimmig be-*
schliessen; fꞔꞕn b. *scheinen.*

bregen stv. *trügen;* b. vp refl. *sich*
verlassen auf.

brꞕe adv. *dreimal.*

briuen stv. praet. breeff, breuen, part.
gebreuen; ere b. *ehrenhaftes Benehmen*
zeigen.

broꞔ m. *Betrüger.*

brofflꞕꞔ adj. *betrübt.*

bul adj. *dumm.*

bult f. *Krug;* b. bottere *ein Krug oder*
sonst eine Quantität Butter. (??)

bum adj. *unerfahren; dumm.*

bunꞔelgub adj. *der sich gut dünkt,*
selbstzufrieden.

buwen swv. *drücken.*

bwalen swstv. *irren.*

bwaꞕ stm. *Querkopf, Thor.*

bwenge f. *Zwang.*

bwer adj. *zwerch, quer.*

ee f. *Recht, Gesetz, Testament.*

eꞔꞕt stn. *Ehe.*

eꞔꞕt(e) adj. *ehelich, gesetzmässig.*

eꞔꞕt(e) adv. *abermals, wiederum.*

eꞔꞕter adv. *ferner.*

eꞔꞕterft superl. v. aꞔꞕter.

eꞔer swn. ? *Eichel.*

ebber adv. *oder.*

eꞕnꞕꞔ pron. *irgendein.*

eꞕnꞕ adv. *einst, einmal.*

eꞕfliꞔ adj. *hässlich.*

eꞔeren, eꞔerꞔen n. *Eichhörnchen.*

Ꞥlemar *ein Kloster, eine vom St. Peters-*
kloster in Gent abhängige Probstei.

elenbe adj. *in der Fremde lebend.*

Ꞥluerbꞕngen *Dorf zwischen Iper und*
Dixmunde.

em, ꞕm pron. pers. *ihm, ihn.*

Ꞥmerꞕꞔ *Ermanrich, König der Goten.*

en *Negationspartikel*, vor dem Prädi-
kat, oft in Verbindung mit andern
Negationen.

en(e), one acc. sg. von ꞕe u. dat. plur.
von ꞕe, fe.

enꞔet, — ebe adj. adv. *genau.*

ennoꞔ adv. *genug.*

entꞕolben stv. refl. *sich halten.*

entleggen swv. refl. *sich entledigen,*
rechtfertigen.

entlꞕꞔ adv. *schnell.*

entlopen stv. c. dat. *im Laufen über-*
treffen.

entfeen stv. *fürchten.*

entfengen swv. *anzünden.*

entfermen swv. *erbarmen.*

entwar adv. werben c. gen. *gewahr*
werden.

ennweꞔ adv. *fort.*

eer praep. *vor;* adv. *früher;* conj.
bevor.

eerghfteren adv. *vorgestern.*

erft superl. e. ꞕnbe left *von Anfang*
bis zu Ende, — en *zuerst, vorher.*

eertꞕb stf. *frühere Zeit.*

erwerbꞕghen swv. *verherrlichen.*

efꞔꞕen swv. *heischen, fordern.*

eft(e) adv. *oder, ob, wenn; als wenn,*
wenndoch! (?) e. — e. *entweder —*
oder. wer — e. *weder — noch.*

euen, effen adv. *genau, just, recht.*

euenminfꞔe swm. *Mitmensch.*

euentur(e) n. *Ereignis, Geschichte,*
Glück; ꞕb iꞕ e. *es kann gut und*
schlecht ablaufen; vp. e. *auf gut Glück,*
für den Fall wenn 649.

euenturen swv. *gelingen, riskieren.*
exe f. *Axt.*

gaber adv. *zusammen; verstärkt* alle g. *allesammt; schlechterdings.*
galline swf. *Henne, scherzhaft als Fisch genannt.*
gallus *Hahn.*
gaen v. anom. praes. he gheht *gehen;* vth beme fpele g. c. dat. pers. *es wird Ernst;* vor fych g. *vorwärts;* vorberweges g. myt *begleiten.*
garbian m. *Vorsteher bei den Franziskanern.*
gat stn. pl. sw. *Loch.*
ghebrack n. *Bedarf;* g. hebben *nötig haben, bedürfen.*
ghebreck n. *Gebrechen, Sünde, Krankheit; Nachteil.*
ghebur m. *Bauer.*
ghebynge stn. *Gericht.*
gheyftlicheyt f. *geistliche Handlung.*
gheyftlifen adv. *im moralischen Sinne.*
gheck adj. *unklug, thöricht.*
ghclaet stn. *Aussehen, Gebahren, Miene.*
ghelif, lif adj. *gleich; —* e(n) adv. *auf gleiche Weise, ebenso;* to l. *zugleich, auf einmal;* subst. *der Gleiche, Gleichnis.*
ghelyfe stf. *Gleichheit, Gerechtigkeit, Recht.*
ghelyfenen swv. by *mit etwas vergleichen.*
gelt stn. *Entgelt, Geld.*
gheluth stn. *Geschrei.*
ghemack stn. *Ruhe, Bequemlichkeit; Zimmer.*
gheme(y)ne adj. *gemeinsam.*
ghemoet stn. *Begegnung.*
ghenefen stv. c. gen. *(mit dem Leben) davon kommen, gesunden.*
gheneet n. *Nutzen, Vorteil, Gewinn.*
ghenne pron. *jener.*
ghenoechlif adv. *angenehm.*
ghenöchte stf. *Lust, Vergnügen.*
ghericht f., in be g. *auf einem Richtwege.*

gherynge adv. *schnell.*
gherochte stn. *Rufen, Geschrei.*
gheroren swv. *berühren.*
gefette stn. *Abschnitt, Kapitel.*
getacht part. adj. *gestaltet.*
gheval stn. *Glück.*
ghevallen stv. *zu teil werden.*
ghevangen stv. *verstärktes* vangen.
ghevoch stn. *Bedarf.*
ghewabe stn. *Eingeweide, das Gemechte.*
geuen stv. praet. gaf refl. *sich ergeben, für besiegt erklären;* to voren g. *Vorteil (Ehre u. Ansehen) einräumen.*
gewert adj. *verstärktes* wert *wert.*
gheweten *verstärktes* weten *erfahren.*
ghylen swv. *betteln.*
ghynbert adv. *dort.*
ghynt pron. *jener.*
ghyffen swv. *vermuten.*
ghyfte stf. *Gabe.*
gnagen swv. *nagen.*
goeʒ f. *Gans.*
grael m. *Spiel u. Tanz, Lustbarkeit.*
gramʒ adj. *grimmig, zornig.*
grane swf., — len n. *Barthaar.*
gremen subst. inf. *Zorn, Grimm.*
grefelyfen adv. *grässlich.*
greue swm. *Graf.*
greuynf stm. *Dachs.*
grymmen swv. *wüten.*
gryppe s. Anm. z. 2. Vorr. § 5.
gryppen praet. greep *greifen.*
Gryppto *Greifxu, ein Doktor am päpstlichen Hof; bekannte Figur aus Brants Narrenschiff,* vgl. Zarncke in seiner Ausgabe zu 76, 72.
gröten swv. praet. grotte *grüssen.*
gubbuncfelycyt f. *Heuchelei.*
gubertcren adj. *gutartig, gütig angenehm.*
Gyülefer Iant *Jülich.*
guuuen anom. v. praes. gan, praet. gunbegönnen, *gnädig, wohlwollend sein.*

hage stf. *Hecke.*
hagen swv. *behagen.*
haluen, van h. wegen *von seiten.*

hanbelen swv. *ver -, behandeln.*

hanenbalfe swm. *Querbalken des Dach-*
sperrwerks.

hangen swv. yn ber wage h. *auf dem*
Spiel stehen.

hant stf. *Hand; Art;* na ber h. *nach-*
her; ouer be h. *überlegen;* to h. *so-*
fort, alsbald; van b. h. *abhanden.*

hantgyft f. *Handgeld* (zur Versiche-
rung eines Vergleichs).

hantfche swm. *Handschuh.*

haer stn. *Haar; härenes Gewand.*

haft stf. *Eile;* myt ber h. *hastig, eilig.*

hat stm. *Hass;* adj. *feindlich.*

hatefch adj. *voll Hass.*

haffen swv. *zum besten haben, äffen.*

hebben v. anom. bu hefft, he heft *haben;*
in ftraff h. *bestrafen dürfen;* to
vnrechte h. *mit Unrecht;* to voren h.
voraus haben, im Vorteil sein; vulle
werk h. *genug mit etwas zu schaffen*
haben.

hegger stm. *Häher.*

heel adj. *ganz; gesund.*

help *Ausruf der Verwunderung;* adv.
h. recht, h. krum *auf alle Weise,*
mag es recht oder unrecht sein.

hengen stv. tr. yn be wage h. *aufs*
Spiel setzen.

hennevart stf. *Hinfahrt, euphemistisch*
für Tod.

herbe swm. *Hirte.*

hermel, — ken n. *Hermelin.*

herfchopphe swf. *Herrschaft.*

herte stn. *Hirsch.*

heten stv. praes. u. praet. heet, heht,
part. gheheten *heissen, nennen, be-*
fehlen.

hetefcheyt f. *Gehässigkeit.*

hyllich adj. *heilig;* be hylgen *die Reliquien.*

hynber stm. *Hindernis, Nachteil.*

hobe stf. *die Hut.*

hoben swv. refl. praes. hoth, praet.
hobbe *sich hüten.*

holben, be guben h. *die guten Geister.*

holben stv. praet. helt, helben, part.
holben *halten;* in vnwerbichent h. *ver-*

achten; in quademe wane h. *bei Jemand*
Hintergedanken vermuten.

Honrebroet s. Anm. 6238.

hope stswm. *Haufen;* to h. *zusammen;*
by h. *haufenweise.*

hornfcheyt f. *Bosheit.*

horft stf. *Knick, Erdwall mit darauf*
befindlichem Gebüsch.

hovefch adj. *höflich.*

houet'stn. *Haupt.*

houetroumpel stm. *Kopfputz der Frauen.*

hungern swv. tr. *hungern nach* (esurire
iustitiam).

Hufterlo s. Anm. 2441.

ycht pron. *irgend etwas, irgendwie.*

ychtefwat, — wes pron. *irgend etwas.*

yb pron. *es u. neutraler Artikel* = bat;
bei der Inklination wird i zu e ge-
brochen.

yllte stm. *Iltis.*

inbryuen stv. *eintränken.*

ynghefegel stn. *Insiegel.*

int = in bat und in to.

inwerfen stv. *hineinarbeiten.*

ypocryferhe f. *Heuchelei.*

yferen n. *Eisen, Hufeisen.*

yflyt pron. *jeder.*

iffet = is yb; i. bat *wenn.*

Yfte *ein Weiler zwischen Desteldonk*
und Loochristy.

yar stn. *Jahr;* to h. *im vorigen Jahr,*
früher; böze h.! *als Fluch: zum*
Henker!

yennich pron. *irgend einer.*

yo adv. *ja, je, immer;* h. — h., fo
je — desto; immerhin, freilich.

yoboch adv. *jedenfalls, sicher doch.*

yöget stf. *Jugend.*

yummer(s) adv. *immer, je, immerhin.*

yuwe(r) pron. *euer.*

[2] Kackyß *unbekannter Ort.*

kameralke (Alke = Adelheid) swf. *Kam-*
merxofe.

kanhe f. *gute Gelegenheit.*

kappe swf. *Mantel mit Kopfbedeckung.*

larine f. *vierzigtägiges Fasten, über-*
haupt schwere Busse.

laroď f. *Krähe.*

lasthen swv. *kasteien, züchtigen.*

laff n. *Spreu.*

laffporthe swf. *Spreuthor.*

lerkennere stm. *Kerker.*

lerleman m. *roher Kerl.*

lermen swv. *jammern.*

lersebere swf. *Kirsche.*

lethff stswm. *Schelm, Schurke.*

lhuen stv. praet. leuen *zanken, streiten.*

Hacht stf. *gerichtliche Klage.*

Haffer m. *boshafter Kläger.*

Hauwen swv. *kratzen; vp* ber mouwen
ll. *betrügen.*

Hawe swf. *Klaue.*

Hehen swv. *kratzen.*

Herck m. *Geistlicher, Schreiber.*

Hockreep stm. *Glockenstrang.*

Houen swv. *spalten.*

lnipen stv. praet. lneep part. ghelnepen
kneifen.

loggel f. *Kapuze.*

lomen stv., praet. quam, quemen (konstr.
mit hebben) zur Umschreibung des
Passivs 1065: *wurde gefangen;* to l.
geschehen; to voren l. *zum Vor-*
schein kommen; to mate l. *zu Platz*
kommen.

lopen swv. *kaufen, büssen, vergelten.*

lore, lör stm. *Wahl.*

lortes adv. *vor kurzem, bald.*

lostel adj. *köstlich.*

lrage swm. *Schlund.*

lranc adj. *schwach, gering, krank.*

lraschen, lrassen swv. *kratzen.*

lrehe, lrehinne swf. *Krähe.*

lreht stm. *Kampfplatz.*

lrehtwarber stm. *Aufseher über den*
Kampfplatz.

Strelelput s. Anm. 2443.

lrenlen swv. *schwächen, verderben.*

lrepen s. krupen.

lrhgen stv. praet. lrech conj. lrege,
lregen part. (ge)lregen, quab l. *zornig,*
aufgebracht werden über etwas.

lrimpen stv. praet. lramp *zusammen-*
schrumpfen.

Krompart s. Anm. 5061.

lron stm. *Kranich.*

lrumme stf. *Krümmung, Wendung.*

Krummesse s. Anm. 6712.

lrupen stv. praet. lrop *kriechen.*

lule stswf. *Loch.*

lurtesan m. *Höfling.*

lage stf. *Lage, Nachstellung, Lauer.*

lamentacie swf. *Wehklage.*

lapen swv. *lecken.*

laster stm. *Schimpf, Schande.*

lastich adj. *lästig, schwer.*

lasur stn. *lapis lazuli, Lasurfarbe.*

laten stv. praes. leth laet latet, praet.
leet *lassen, unter-, zurück-, ver-;*
aussehen. achter blhuen, stan l.
übergehen.

latest adv. superl. *letxthin, zulelxt.*

lauwe swm. *Löwe.*

lecht stn. *Licht.*

lecherlhten adv. *genusssüchtig, wollüstig.*

lebber stswf. *Leiter.*

lebe adv. em was l. *vor* er war besorgt
wegen.

lebematen n. *Gliedmassen.*

legen stv. praes. lucht *lügen.*

leggen swv. praet. lehde, lede part.
ghelacht, ghelent *legen.*

lehden swv. *leiten, verleiten.*

lenc komp. *länger.*

leppel stm. *Löffel.*

lesemester stm. *Lektor.*

lest adv. superl. *xulelxt,* n. *das letzte*
Stündlein.

leetlhc adj. *hässlich, widerwärtig.*

leffghetal adj. *wohlgelitten, beliebt.*

leue stf. *Liebe, Freude;* en wart l. *sie*
wurden froh.

licencieren swv. *zum Licentiaten machen.*

licham stm. *Leib.*

lichtlhc adj. *leicht.* l. wesen *Erleichte-*
rung sein.

lichtlhten adv. *leichtsinnig; mit leichter*
Mühe.

lychtſynnicheyt f. *leichter, froher Sinn.*

lyḫe stf. *Weg.*

lyḫen stv. praet. leet, conj. lebe *leiden·
leiden mögen, womit zufrieden sein.*

ligꝫen stv. praet. lach legen conj. lege
liegen.

lyt s. ghelik.

lykenen s. ghelykenen.

lyḫḫ stn. dat. sg. u. pl. lebe *Glied.*

lyfffake stf. *Halsgerichtssache.*

lochter adj. *link.*

lobber m. *Taugenichts.*

logge(n) swf. *Lüge.*

loḫe stf. *Recht.*

lopen stv. praet. leeḫ, leḫen, part.
ghelopen (konstr. mit heḫḫen) *lau·
fen.*

loß stm. *Luchs.*

loß adj. *los; durchtrieben, verschlagen.*

loßheyt stf. *Schelmerei, Büberei.*

lotgeter m. *Bleigiesser, Betrüger.*

lofte stn. *Versprechen, Gelübde.*

louen swv. *glauben; für wahr, für
tauglich halten; loben, geloben.*

lüḫḫen swv. *kastrieren.*

lucht stf. *Luft.*

lucke n. *Glück.*

luben stv. praet. lubbe *läuten.*

Luntertune *London.*

luparbuß m. *Leopard.*

Lüḫke *Lübek.*

luften swv. praet. lufte *gelüsten.*

luetbar adj. *lautbar, öffentlich.*

luttyt adj. adv. *klein, wenig.*

mage(n) pl. stswm. *Verwandte.*

maken swv. vrhmobich m. *Mut ein·
flössen;* vroet m. eynem c. gen. *be·
lehren,* in schlimmem Sinne: *jemand
etwas aufbinden.*

Malepertuß (Mal·pertuis) *Übelloch,
Reinkes Burg.*

malk pron. *männiglich, jeder;* m. eyn
einander.

malkander pron. *einander.*

maen m. *Mond.*

manen swv. *Anspruch machen.*

manct praep. c. dat. u. acc. *zwischen,
unter.*

mannere swf. stm. *Manier,* by m.
manierlich.

mannygerhanbe adj. *mancherlei Art.*

maent m. *Monat.*

marmelſteyn stm. *Marmor.*

marte swf. *Marder.*

mate stswf. *Maass,* bouen m. *über·
mässig,* in alle ber m. *ganz in der
Art,* to m. *zu Pass.*

mebber swf. *Mutterschwester, Muhme.*

mebe adv. *mit, zugleich, dazu, zu·
sammen mit andern;* m. weſen be·
hülflich sein, gefallen.

mebelyḫḫnge f. *Mitleid.*

mebekumpen m. *Genosse.*

Meyḫom s. Anm. 2781.

mey(g)erſche swf. *Haushälterin.*

men adv. *aber, sondern; als; nur;* bei
Imperat. *doch.*

men pron. indef. *man,* häufig an
Verba angehängt.

mene adj. *gemein.*

me(y)nen swv. *meinen, beabsichtigen,
gesinnt sein gegen;* abs. *lieben.*

meenheyt stf. *Gemeinde, grosser Haufe.*

mere stf. *Märe, Nachricht.*

merḫe f. *Stute.*

merken swv. *merken, aufpassen, zu·
hören;* m. ouer *auf etwas merken.*

merklyk adj. *beachtenswert.*

myḫbele, borch m. *vermittelst.*

myḫbeltyḫ f. *Zwischenzeit.*

myḫbeweken bach *Mittwoch.*

myḫe swf. *Urin.*

myḫbe adj. *freigebig.*

myn adj. *klein, gering.*

myn komp. *minder, weniger, geringer,
kleiner* (adj.); nicht to m., boch nicht
m. *nichtsdestoweniger, trotzdem,* als
Interjektion: *wohlan!* 6287. (?)

mynſcheyt stf. *Zustand als Mensch.*

myḫbabich adj. *Übelthäter.*

myßghan v. anom. *schlecht gehen.*

myßgḫebeer n, *Ungeberdigkeit.*

myßghelaet n. *betrübtes Aussehen.*

mþſtomen stv. mþ m. *mir passiert ein Unglück.*

mþſlyď adj. *zweifelhaft.*

mþſſen swv. *entbehren, verlieren.*

mþſſeraʈen swv. *fehl schlagen.*

mit praep. u. adv. m. eþn *gänzlich,* m. beß *unterdessen.*

mogen anom. v. *können, dürfen, müssen,* elliptisch: *essen mögen,* ib m. lyďte *es kann leicht sein,* m. ouer eþnen *überlegen sein.*

moþe f. *Muhme.*

moþen swv. refl. *sich mühen, quälen.*

mole swf. *Mühle.*

molenman m. *Müller.*

morbenere stm. *Mörder.*

morſel stn. *Stück.*

moet stm. *Gemütszustand, Stimmung, Mut;* eþneß m. *einmütig.*

möte stf. *Begegnung,* to m. ʈomen *begegnen.*

moten anom. v. *müssen, dürfen, vergönnt sein.*

möþen swv. praet. motte *begegnen.*

mouwe swf. *Ärmel.*

mul stn. *Staub, Erde.*

mul swm. *Maultier.*

mußþunt stm. *Katze.*

na praep. adv. (conj.) *nach, nahe;* naď bem *da nun einmal;* n. bat seiner *Geburt gemäss* 2574. bar n. weſen *darauf ausgehen.*

nablyuen stv. *unterbleiben.*

naď (: baď) = noď *noch.*

na gþan v. anom. mþt tügen *gegen jemand Zeugen aufstellen.*

nalaten stv. *zurück —, unterlassen.*

namen, bþ, *mit Namen, namentlich.*

naturlyʈ adj. n. wþſe manß *Naturphilosophen.*

nauwe adj. u. adv. *genau, schlau; kaum.*

ne, nþ, nü adv. *nie.*

nebben adv. *unten.*

nebber adj. *nieder, hinunter.*

nebber leggen swv. ben ʈamþ *aufgeben.*

neger komp. zu na *näher,* superl. negeſt *nächst.*

neen, neþn pron. *keiner;* adv. *nein.*

nergen adv. *nirgends, nirgend wohin;* n — ß vor *um nichts, aus keinem Grunde.*

newerlbe, nþ —, nü — adv. *niemals.*

niďt pron. *nichts* c. gen., umme n. *umsonst vergeblich.*

nþb stm. *Hass, Zorn.*

nþe adj. *neu.*

nþgen stv. praet. neď *sich neigen, verbeugen.*

noď adv. *genug.*

noď adv. *noch.* n. — n., wer — noď *weder — noch; dennoch.*

noďaftþg adj. *genügend, geeignet, tauglich.*

nöďliʈ = gþen —.

noďtan, — ß, — t adv. *dennoch, trotzdem.*

nobe adv. *wider Willen, ungern, kaum;* vul n. *höchst ungern,* niďt v. u. *durchaus nicht.*

nögþe stf. *Genügsamkeit.*

nogen swv. *genügen,* ſyʈ n. laten sich *begnügen.*

noet stf. *Not,* tor n. *zur Zeit der Not,* ib waß.notþ, bat *nur mit genauer Not.*

nötþe stf. *Nuss.*

nü s. ne.

nüwerlbe s. newerlbe.

oge stn. *Hühnerauge* 5298.

ögþeler stm. *Augendiener, Schmeichler.*

oʈ, oď adv. *auch; aber.*

olbþngeß adv. *vor alters, früher.*

oltſproʈen wort *Sprichwort.*

öme = eme.

öne = ene.

orben stm. *Mönchsorden; Stellung, Lage.*

orbinancie f. *Ordnung.*

ör = er.

orliď, orloď stn. *Kampf.*

orloff, orleſ stn. *Erlaubnis, Erlaubnis zu gehen,* o. nemen *sich verabschieden.*

orrunen swv. *in die Ohren raunen, verleumden.*

othmod m. *Demut.*

offern swv. *darbringen.*

öuer stn. *Ufer.*

ouer praep. c. d. u. acc. *über;* o. tafelen *bei Tisch;* o. ehner mhlen *innerhalb.*

ouerbaet stf. *Gewaltthat.*

ouergaen v. anom. tr. *machen, unternehmen.*

ouergeuen stv. *preisgeben; einen Kranken aufgeben.*

ouerkomen stv. *begegnen;* c. gen. *übereinkommen.*

ouerlaſt stf. *übergrosse Last,* o. boen *überlasten, bedrücken.*

ouerleſen stv. *über jmd. lesen, vorlesen.*

ouerman m. *Oberhaupt, Herr.*

ouermogen v. anom. *die Oberhand haben.*

ouerſeggen swv. *jemand Schuld geben.*

ouerſphl stn. *Ehebruch.*

ouertügen swv. c. dat. *mit Zeugen beweisen.*

owach interj. *o weh!*

paghment stn. *Bezahlung.*

panther s. Anm. 93.

par stn. bh — en *paarweise.*

paß stn. *Maass,* vp bat p. *zu der Zeit, damals.*

paſſen swv., p. vp *Rücksicht nehmen auf.*

pauca (: auca) *scherzhaft als Fisch genannt.*

peke f. *Pike.*

pelegrymache stf. *Wallfahrt.*

penitencie stswf. *Busse.*

perk stm. *eingehegter Platz, Kampfplatz.*

perlement n. *Gerichtsversammlung;* komen in p. *in Gerichtshändel geraten.*

phnſen swv. *auf etwas sinnen, denken.*

phpen stv. praet. pech *pfeifen.*

plaß. to p. brhngen *zu Fall, in Unannehmlichkeiten bringen;* to p. komen *bös anlaufen.*

plegen stv. praet. plach, plegen *pflegen (zu thun).*

pliteren swv. *processieren.*

plugge swm. *Klotz.*

pogge f. (?) *Frosch.*

Pohtrow *Kirchdorf im Kreis Herzogtum Lauenburg, westlich von Büchen.*

pollexe f. *Streitaxt.*

poppelſhe stf. *Schlagfluss.*

practiken pl. *(juristische) Kniffe.*

practikenſchrift stf. *Abfassen von juristischen Schriften, meistens zu betrügerischen Zwecken.*

prhſen, swv. ſit p. an *sich etwas zur Ehre anrechnen.*

prhſen swv. *nehmen* 5370.

prohe f. *Brut, Pack.*

prouen swv. *prüfen, untersuchen.*

prouen(e) stf. *Pfründe.*

pruſten swv. *niesen.*

pulluß *Küchlein.*

pur adv. *rein ganz.*

put(te) stmf. *Brunnen.*

quab adj. *böse, schlecht, nachteilig;* subst. *Schaden.*

quaberteren adj. *böswillig.*

queſtie swf. *Frage.*

quhteren subst. inf. *Erlösung.*

rab stm. *Rat, Abhilfe, Hilfe; guter Rat, List, Ratsversammlung;* bat iß r. *das ist rätlich.*

raben stv. praes. hc reth, praet. reben *raten, herrschen;* r. ouer *über etwas verfügen.*

rake stf. *Rechen, Harke?* oder *Flachsbreche?* s. Walther, Jahrb. d. Ver. f. nd. Sprchfschg. I, 100.

raken swv. *treffen, erreichen; scharren.*

ram, rambok stm. *Schafbock.*

ramen swv. *zielen, ins Auge fassen, einrichten,* auch c. gen.

ramp stm. *Unglück, schwere Not.*

raren swv. *schreien.*

recht stn. *Recht, richterliche Entscheidung, Gericht;* to r. *dem Recht gemäss, zurecht, vor Gericht;* bat r. mede holben *Beisitzer des Gerichts sein.*

recht adj. *recht, richtig, wahr.*

recht(e) adv. *recht, genau; just, eben, gerade.*

rechticheyt f. *Gebühr.*

rede adj. *bereit;* r. maken *sich fertig machen;* adv. *bereits.*

rede stf. *Rede, Erzählung; Rechenschaft.*

reyfen swv. *reixen.*

reep stm. *Seil, Tau.*

responfen pl. lat. *kirchliche Gesänge.*

refugium n. lat. *Flucht.*

reuenter n. *Speisesaal im Kloster.*

reuer stn. *Fluss.*

rychten swv. *als Richter nach dem Gesetz entscheiden.* opp. fcheden.

richtich (adj.) blyuen *recht behalten.*

rybberschop f. *Streit, Kampf.*

riben stv. praet. reben, rebben *reiten.*

rym m. *Reim, Gerede, Schnickschnack.*

ryfen v. *steigen.*

riten stv. praet. reeth part. reten *reissen.*

ryue adv. *reichlich, stark, sehr.*

rochte stn. *Geschrei, Ruf.*

robe stswf. *Rute.*

roghen swv. refl. *sich rühren.*

röte stm. *Geruch.*

röfen swv. mit vp od. gen. *sich kümmern um.*

ropen stv. praet. reep, repen *rufen.*

roren swv. *berühren.*

rowen swv. *ruhen.*

rucken swv. *rücken; xausen, xerren.*

rugge stm. *Rücken;* to, ouer r. *xurück, rückwärts.*

rufen stv. praet. roek *riechen.*

ruwe adj. *rauh.*

ruwe stf. *Reue; Betrübnis, Trauer.*

ruwen swv. *betrüben;* imp. c. dat. *reuen.*

sachte adv. *sanft; leicht.* adj. kompar. *besser.*

saben, sabbgen swv. *sättigen.*

sake stf. *Sache, Ding; Rechtssache; Angelegenheit; Ursache, Grund xur Anklage,* were ib f., dat *geschähe es, dass.*

saken swv. refl. *hervorgehen, entstehen.*

salm swm. *Psalm.*

schamel adj. *verschämt, bescheiden, der nicht gross prahlt.*

schampelun m. *Schablone, Nachbildung von etwas, um jemand bange xu machen, Popanx.*

sche(y)den swv. praet. sche(y)de *als Schiedsrichter nach eigenem Ermessen entscheiden,* opp. richten; *weggehen,* refl. *sich trennen.*

schelynge stf. *Zwist.*

schemede f. *Scham.*

scheen stv. praes. schuet, scheen, conj. schee, praet. schach, conj. schege, part. scheen *geschehen.*

schepeler n. *Scapulier, Kopf u. Schultern bedeckendes Gewand der Mönche.*

scher(e) adv. *bald, alsbald; fast.*

schermen swv. *parieren (beim Fechten).*

scheue stf. *Abfall des Flachses, Splitter.*

schicken swv. *ordnen, gestalten.*

schyltknecht stm. *Schildknappe.*

schyn stm. wesen, werben *sich xeigen, offenbaren.*

schynbar adj. *offenkundig, handgreiflich.*

scholen v. anom. *sollen xur Bexeichnung des Futurs u. d. Conditionalis.*

schoren swv. intr. *xerreissen.*

schöuen swv. *betrügen.*

schrauen swv. *scharren, kratxen.*

schreue stm. *Linie, Strich;* bouen ben f. *über die Maassen.*

schriftur stn. *Schrift.*

schuchterynge stf. *das Zerstreuen, Einschüchterung.*

schulen swv. *verborgen liegen, lauern.*

schufut stm. *Uhu.*

schuuen stv. praet. schoff *schieben.*

sebe stf. *Sitte.*

sebich adj. *sittsam.*

seghen swv. *segnen.*

segenynge stf. *Segen.*

seg(g)el stn. *Siegel.*

seggen swv. praet. sebe part. (ge)secht, gesacht *sagen.* f. ouer, vp gegen *jemand.*

seterheyt stf. *Gelöbnis (des im Kampf Überwundenen), alles zu leisten, was der Sieger fordert.*

seen, seyn stv. praes. he sut, süb imperat. see shch su, praet. sach segen saghen, conj. sege *sehen, aussehen, zusehen;* s. to *achten auf;* refl. mit laten *sich zeigen.*

seer stn. *Schmerz.*

sethym *ägyptischer Schotendorn, dessen Holz, wenn es alt wird, schwarz und sehr hart ist.*

setten swv. praet. satte, part. gheseth, ghesath *setzen, verfertigen, bestimmen;* s. an *aufnehmen;* s. by *dagegen setzen, wetten;* yb s. vp *sein Heil versuchen in;* s. to wage *wagen.*

sydelghat stn. *Seitenloch.*

sympel adj. *einfältig.*

syn v. anom. praet. was weren part. (ge)west; mit hebben konstr. *sein.* ouer de hant s. *überlegen sein.*

syn stm. *Sinn, Verstand, Herz, Meinung, Gedanke.*

synamom *Zimmt.*

synt adv. *seit, seitdem, später.*

slachten swv. *nacharten* mit dat. od. na.

slan stv. praes. he sleyt *schlagen;* s. na dem ende *zum Ende eilen,* to hope s. *zusammenraffen,* tor stupen s. *jemand ausstäupen lassen.*

slanben inf. = slan.

slycht adj. *schlicht, eben; gerade, gerecht; einfach.*

slyck stm. *Schlamm.*

slynger swf. *Schleuder.*

Sluluþ s. Anm. 6168.

slump adj. *nachlässig.*

slumpen swv. *glücken.*

sluten stv. *schliessen, zu-, ein-, beschliessen.* be raet s. an mi *der Rat richtet sich in seinen Beschlüssen nach mir.*

smachte stm. (?) *grosser Hunger.*

smaken swv. *schmecken.*

smeken swv. *schmeicheln.*

smette stf. *Fleck.*

smiten part. smetten stv. *werfen.*

snauwen swv. *schnappen.*

sneybyg adj. *listig, schlau, verschlagen.*

so adv. demonstr. *so;* vor pron. verallgemeinernd: *immer,* s. wat *was auch immer;* adversativ: *dagegen, auch;* in Schwurformeln; als conj. *wann, wenn.*

soban, —en adj. *mancher.*

sobber conj., praep. u. adv. *seitdem dass, seit, seitdem.*

söge swf. *Sau.*

sonen swv. *sühnen;* c. dat. d. pers. *sich mit jemand versöhnen.*

sorchlyk adj. *gefährlich.*

soet stm. *Ziehbrunnen.*

sot adj. *thöricht, dumm,* subst. *Narr.*

sote adj. adv. *süss.*

span n. *Spange.*

sparen swv. *sparen, verschonen; säumen, erhalten.* be warheyt s. *verschweigen.* syn wyff s. myt eyner anderen *vernachlässigen um — willen.*

speye adj. *höhnisch.*

spelen swv. Rapiamus *rauben,* her Nyderdes spele s. (*Personifikation des Neides und Hasses*) *seinen Zorn an jemand auslassen.*

spliten stv. praet. spleet *spalten, reissen.*

spök m. *Spuk, Gespenst.*

sprake stf. *Sprache, Verantwortung;* tor s. komen *zur rechtlichen Besprechung vor Gericht kommen.*

spreken stv. vp *gegen jemand sprechen.*

sproke stf. *Erzählung.*

stab stm. *Stand, Zustand; Ehre und Ansehen.*

sta(e)ben swv. *gestatten,* to worben st. *die Verantwortung gestatten.*

staen v. anom. praes. he staed, steyt, praet. stunt, stoet *stehen; anstehen;* st. an *beruhen auf;* euentur st. *riskieren, in Gefahr sein.*

start, stert stm. *Schwanz.*

steben swv. = staben.

stenen swv. *stöhnen.*

stert s. start.

ſtoppelmeter stm. *Stoppelmesser, spöt-
tisch für Zehntensammler (?)* ; vgl.
Peters, Korrespondenzbl. d. Ver.
f. nd. Sprchfch. IX, 60 u. Sprenger,
das. X, 14.

ſtorm stm. *Ungestüm.*

ſtoten swv. praet. ſtotte *stossen.*

ſtof stn. (?) *Staub.*

ſtofferen swv. *ausschmücken, den Schein
des Echten geben, fälschen.*

ſtrpfen stv. ſt. ghan *davonlaufen.*

ſtrype *ein gestreiftes Tier, (Streifhase,
—maus ?).*

ſtropfen swv. *abstreifen, abziehen.*

ſtrumpelen swv. *straucheln.*

ſtunt stswf. *Stunde, Zeit,* tor ſ. *so-
gleich.*

ſtuttefflyncke swf. *Klinke zum Stützen
der Fenster.*

ſtuuen stv. praet. ſtöuen *stieben.*

ſubtyl adj. *fein, klug, listig.*

ſumthbes adv. *bisweilen.*

ſunber praep. c. acc. *sonder, ohne;
ausser, ausgenommen.*

ſunbergen adv. *besonders.*

ſunt, ſuntheyt stf. *Gesundheit.*

ſunte adj. *heilig.*

ſus adv. *so, sonst.*

ſuſter stf. *Schwester.*

ſwagern swv. *jemand Schwager nennen.*

ſwarbe stf. *Haut.*

ſwarheyt stf. *Mühe.*

ſwartckunſthger stm. *Schwarzkünstler.*

ſwerbbref stm. *Schwertsegen, den man
als Amulet trug.*

ſwhnbe adv. *stark, sehr.*

Talle Lorben Quacks *eine Bäuerin, die
Frau des Lorde Quack.*

(tan) *Zahn* dat. pl. tenen, tannen, tanben.

tauent = to auent *heut Abend* 597,
sonst: *vorigen Abend,* vgl. to har.

tegen praep. *gegen.*

tehn numer. *zehn.*

teken stn. *Zeichen; Stelle, wo man
gezeichnet ist.*

telen swv. *zeugen.*

temelyt adj. *geziemend.*

theen stv. *ziehen;* refl. *sich bemühen;*
ehn vel t. *zausen.*

ten = to ben.

teue swf. *Hündin.*

thd stf. *Zeit.* be t. *zu dieser Zeit,* da-
mals. pl. *die bestimmten Gebetstun-
den, Horen.*

thben swv. *sich* (mit Hilfe der „tide",
der Flut) *wohin begeben.*

thbhnge f. *Zeitung, Nachricht.*

then stv. *zeihen, Schuld geben.*

to adv. = barto *dazu;* = bes to
desto; in verbalen Compositis be-
tont = *zu,* unbetont = *zer.*

tobeben stv. *sagen lassen, entbieten.*

toch stm. *Zug, Schelmenstreich.*

tobreghen stv. *zutragen, eingeben.*

togaen v. anom. *vorhanden sein, sich
ereignen, sich dran machen.*

toghen swv. *zeigen.*

tohopeſetter stm. *Verfasser.*

tokeren swv. *zuwenden, wieder geben.*

tokomen stv. *zukommen, angehören;
sich ereignen.*

toleggen stv. *Schuld geben;* Nacht t.
*gegen jmd. gerichtl. Klage erheben;
versperren.*

to lyke adv. *zugleich.*

toloßen stv. *zugehen, sich schliessen.*

tolouen swv. *zutrauen.*

tom, tome = to bem, to beme.

top stm. *Zopf, Schopf.*

tor = to ber.

toramen swv. *das Ziel erreichen, fer-
tig werden.*

torecken swv. *ausreichen.*

torn stm. *Turm.*

toſchoren swv. *zerbrechen.*

toſeggen swv. *zuflüstern, eingeben.*

toſprake stf. *rechtlicher Anspruch.*

toſtoken v. *anschüren, anstiften.*

totekenen swv. *zuschreiben, beilegen.*

töuen swv. *warten; festhalten.*

touern swv. *zaubern.*

trach, adj. *träge, matt.*

trecken stv. *ziehen.*

Trere *Trier.*
troſten swv. praet. troſte *auf etwas bauen, rechnen;* trans. *trösten.*
trowen interj. *traun!*
trumpe f. *Trompete.*
tuchtlerer m. *Erzieher.*
tügen swv. ouer, vp *wider jemd. zeugen.*
tüſchen swv. *betrügen.*
twar adv. *wahrlich.*
twye adv. *zweimal.*
twyfel adj. t. mob. *Zweifelmut, Verzagtheit.*
twyfelen swv., t. in *zweifeln an.*

vmbequem adj. *unfähig, untüchtig.*
vmberaben adj. *unversorgt.*
vmberochtet, vmberochtyget adj. *unbescholten.*
vmbeſecht adj. *nicht angeklagt.*
vmbeſlypet adj. *ungeschliffen.*
vmmacht stf. *Ohnmacht.*
vmme praep. *um, wegen, um — willen.* v. ben willen *deshalb.* adv. *um, herum, ringsum.*
vmmebryuen stv. *umdrehen, wenden; hintertreiben.*
vmmegaen v. anom. *herumgehen; umgehen, vermeiden.*
vmmeropen swv. *bestechen, durch Bestechen anders wenden.*
vmmentrent adv. *ringsherum; ungefähr.*
vmmeſetten swv. *übersetzen.*
vmmeſlach stm. *andere Wendung; Handel.*
vmmeſlan stv. *andere Wendung nehmen.*
vmmeſtanbichcyt stf. *Umständlichkeit, Genauigkeit.*
vmmylbe adj. *grausam.*
vmplycht f. *wozu man nicht verpflichtet ist, Widerwillen.*
vnbanck stm. ſynes v. *wider seinen Willen.*
vnbancknamichecyt stf. *Undankbarkeit.*
vnber praep. v. vns *mit einander.*
vnbergaen stv. be porten *die Thür versperren, den Rückweg abschneiden.*
vnberholben stv. *besiegen.*

vnberſate swm *Unterthan.*
vnberſcheben stv. *richtig beurteilen.*
vnbult stf. *Unmut.*
vnechte stn. *unrechtmässige Ehe.*
vnechte adv. *unehelich.*
vnebbelhecyt f. *Schlechtigkeit.*
vngnabe stf. *Unglück, Böses.*
vngunfi(e) stf. *Ungnade, Missgunst, Hass.*
vnlympig adj. *der sich unangemessen beträgt.*
vnnochſam adj. *gierig.*
vnnoſel adj. *unschuldig.*
vnrichtich adj. weſen *nicht Recht haben, falsche Anklage erheben.*
vnſchicht stf. *Zufall.*
vnſchult stf. *Beschuldigung.*
vntemelyt adj. *ungexiemend, unrecht.*
vntucht f. *Ungezogenheit, Roheit.*
vnvorwanbes adv. *sogleich.*
vnvorwartynges adv. *unversehens.*
vpheuen stv. *auf-, anheben.*
vpholben stv. *beherbergen, unterhalten; emporhalten* (erg. die Hand) = *schwören.*
vpleſen stv. *wegnehmen, aufessen.*
vpnemen stv. bach *Termin festsetzen;* ramp v. *aufheben, beenden.*
vpperman stm. *Oberhaupt.*
vpſate stf. *Vorsatz.*
vpſcheten stv. *in die Höhe fahren.*
vpſetten swv. *seinen Sinn auf etwas setzen, sich entschliessen.*
vpvragen swv. *erfragen.*
vth praep. v. bem bwange *infolge des Zwanges.*
vthbeben stv. *anbieten.*
vthboren swv. *herausheben, -ziehen.*
vthbreken stv. intr. *sich erheben.*
vthboen v. anom. *herausnehmen.*
vthoren swv. *ausforschen.*
vthlreperen swv. *ausrufen.*
vthluren swv. *abwarten.*
vthſchemen swv. refl. *die Scham verlieren.*
vthholpen swv. refl. *sich herausputzen.*
vthvorleſen stv. praet. vthvorlören *auswählen; lieben.*

vabbern swv. *Gevatter nennen.*
vaken adv. *oft.*
fallacie swf. pl. *Ränke.*
vallen stv. praet. vel/vellen *sich er-eignen;* refl. mit övel *einen üblen Ausgang nehmen.*
van praep. v. auende *heute Abend.*
var(e) stf. *Furcht, Angst.*
varen stv. *fahren, gehen, reisen; an-kommen; ergehen.*
vart stf. *Reise, Gang; Gelegenheit.*
vaste adj. adv. *sicher, gewiss; sehr, eilig, sofort.*
fennyn stn. *Gift.*
ver, verne adv. *fern, weit.*
versch adj. *frisch.*
verwe stf. *Farbe.*
vigilie stf. *Totenmesse.*
vil na adv. *beinahe.*
vyllen swv. *das Fell abziehen.*
vyngerlyn stn. *Ring.*
fynsen swv. *heucheln;* refl. *sich stellen.*
viseren swv. *überlegen, ersinnen; schrei-ben (?).*
visevase stf. *Wischiwaschi, Gewäsch.*
fystel swf. *Geschwür.*
vleten stv. praes. vlüb *fliessen.*
vlyen swv. part. ghevlegen *legen, in Ordnung bringen.*
vlyten swv. refl. *sich befleissigen.*
vlytich adv. *fleissig; genau, sorg-fältig.*
vloyen swv. *fliessen, in Fülle vorhan-den sein.*
focken swv. *foppen.*
voben swv. refl., part. ghevoet *sich nähren.*
vöbynge stf. *Nahrung.*
vögen swv. c. dat. *anstehen, passen;* benstlyd ghevöghet to *jemand dienst-bereit sein.*
vor(e) adv. *voran, vorn, vorher;* to v—n *zuvor, im voraus, von vorn-herein;* t. an *voran.*
vorbeben stv. *verbieten; verhüten.*
vorbeyben swv. c. gen. *erwarten.*
vorbyten stv. *totbeissen.*

vorboben swv. *durch Boten vorladen.*
vorbolgen adj. *böse, erzürnt.*
vorberen swv. *verwirken.*
vorbunt stn. *Bündnis.*
vórbach stm. *der vorige Tag.*
vorbacht partic. adj. *bedacht.*
vorbagen swv. *vorladen.*
vorban, vortan adv. *weiter.*
vorbebyngen swv. *verteidigen.*
vorber adv. *weiter, ferner;* 1984 *früher?* (vor bes? *B = A*).
vorber adj. *recht.*
vorböuen swv. *betäuben; betäubt sein.*
vorbrach stn. *Vertrag, Ausgleich.*
vorbragen stv. *ertragen;* refl. *sich be-gnügen.*
vorbreet stn. *Verdruss, Kummer, Not;* ane alle v. *sehr gern.*
vorbryften swv. refl. *Mut fassen.*
vorbrucken swv. *unterdrücken; durch-bringen.*
vorerret partic. adj. *aus Zorn von Sinnen sein.*
vorgaen v. anom. *vergehen;* c. dat. *vorangehen.*
vórganben inf. = vórgaen *vorangehen.*
vorgenger stm. *Führer.*
vorgeuen stv. *vergeben; hingeben; vor-legen.*
vorghft stn. *Gift.*
vorgrelt part. adj. *wütend.*
vorghunnen v. anom. *missgönnen; ver-denken, übel nehmen.*
vorhalen swv. refl. *sich erholen.*
vorhaften swv. *durch Übereilung ver-derben.*
vorhaten swv. *hassen.*
vorhech stn. *Schutz.*
vorhen adv. *voraus.*
vorheuen stv., part. *erhaben* (vom Re-lief); *erhoben, hochgestellt;* fyt v. *sich überheben.*
vorhögen swv. *erhöhen;* intr. *erhöht werden, steigen.*
vórholben stv. *bevorstehen.*
vorhopen swv. refl. *hoffen.*
forke stf. *Mist-, Heugabel.*

vorkeren swv. *umkehren, verdrehen, verderben; übel deuten;* part. adj. vorkeret *verdreht, verrückt; verderbt.*

vórklage stf. *das Reden vor der Anklage.*

vortrȳgen stv. *bekommen.*

vorlaten stv. *verlassen;* refl. *to sich auf etwas verlassen.*

vórleggen swv. *vorlegen, vorhalten.*

vorlenen swv. *verleihen.*

vorlees stn. *Verlust.*

vorlesen stv. praet. vorloß, conj. vorlorre *verlieren; aufgeben, verloren geben.*

vorlesynge f. *Verlust.*

vorlichten swv. *erleichtern.*

vórlopende part. adj. *voreilig.*

vorlöuen swv. *durch ein Gelöbnis entsagen, abschwören.*

vormalen swv. *an-, bemalen.*

vormanen swv. *ermahnen;* c. gen. *erinnern an.*

vormelden swv. *melden, sagen; verraten.*

vormoden swv. refl. *vermuten, erwarten;* quat vormodent *Argwohn, Misstrauen.*

vornebbern swv. *sinken.*

vorrychten swv. *verurteilen.*

vorsaken swv. *ableugnen.*

vorschemen swv. *beschämen.*

vorschroyen swv. *versengen.*

vórseggen swv. *vorsprechen; vorher nennen.*

vorseen stv. *übersehen, versäumen, ein Versehen machen;* refl. *einen Fehler begehen.*

vorslynden stv. part. vorslunden *verschlingen.*

vorsmaden swv. *verschmähen.*

vorspylben swv. *vergeuden, verschwenden.*

vorspreken stv. *schmähen, lästern.*

vorsumynge f. *Versäumnis.*

vort adv. *sofort* (verstärkt durch also, rechte); *weiter.*

vortan s. vorban.

vortbryngen swv. *grossziehen; vorbringen.*

vórtellen swv. *vorzählen, herrechnen.*

vortéllen swv. *erzählen.*

vortien stv. praet. pl. vortegḥen c. gen. *verzichten auf.*

vortkomen stv. *es zu etwas bringen; hervortreten.*

vortmer adv. *fortan.*

vortsetten swv. *ins Werk setzen.*

vortspreken stv. *heraussprechen.*

vorwaren adj. *erfahren.*

vorveren swv. *in Furcht setzen, erschrecken.*

vorvresen stv. *erfrieren.*

vorvrouwen swv. *erfreuen.*

vorwaren swv. *verwahren, aufheben; schützen.*

vorwelbigen swv. *notzüchtigen.*

vorwerken v. anom. part. vorwracht *verwirken, zu Grunde richten.*

vorweruen stv. praet. vorwerff *erwerben; erreichen.*

vorwyb stn. *Vorwurf.*

vorwylben swv. *unkenntlich machen.*

vorwynnen stv. *überwinden.*

vorwiten stv. praet. pl. vorweten part. vorwetten *vorwerfen.*

vorworen part. adj. *verwirrt;* v. syn *zu thun haben, beschäftigt sein.*

vras stm. *Gefrässigkeit.*

vraet stm. *Fresser.*

vratzich adj. *gefrässig.*

vresen stv. praet. vroß *frieren.*

vry adj. *frei, sorglos;* v. man *ein Freier* (opp. *Höriger*); adv. *in Aufforderungen: ungeniert.*

vryrecht stn. *Recht, das einem Freien gebührt.*

vrob adj. *klug.*

vroben swv. *einsehen, zur Einsicht kommen.*

frobe swf. s. Anm. 2. Vorr., § 3.

vrombe adj. *fremd, seltsam.*

vrome swm. *Nutzen, Vorteil.*

vromen swv. *helfen, nützen; verschaffen.*

vrouwe swf. *Herrin, Frau.*

vulborben swv. *zustimmen.*

vulboen v. anom. c. dat. *Genüge thun;* v. vor be prouene *seines Amtes warten.*

vulherbich adj. *treu, beständig.*

vunt stm. *Fund, Erfindung, List.*

vufte adv. *frischweg, ohne Zaudern, sogleich.*

wach interj. *des Schmerzes.*

wachten swv. *hüten, bewachen; warten,* c. gen. *abwarten.*

wal s. wol.

wan adv. *wann, wenn; wenn doch;* nach kompar. *als.*

waen stm. *Ansicht; Verdacht; Hoffnung.*

wanbelynge swf. *Lebenswandel.*

waenhöpenynge stf. *falsche Hoffnung.*

wanken swv. *gehen, wandern.*

wanne interj. *ei! o!*

wantruwe stf. *Verdacht, Misstrauen.*

war(e) stf. *Aufmerksamkeit.* w. nemen c. gen. *Acht auf etwas haben.*

warbe stf. *Wahrheit.*

warben swv. vp *acht geben auf.*

wark, werk stn. *Werk, Arbeit, Gerätschaft.*

wart, wert adv. *hin — zu, -wärts.*

wattan interj. *was denn weiter?*

we pron. interr. *wer?* rel. w. — of *wer auch immer.*

webaghe pl. *Schmerzen.*

webber, wer — noch, ebber, efte *weder — noch.*

webberinval stm. *Rückfall.*

webbermob stm. *Unglück.*

webberpart(e) stn. swm. (?) *Gegenpartei, Gegner.*

webberfate swm. *Widersacher.*

weber stm. *Widder.*

wegen adv. etlyker w. *an einigen Orten;* eyn anber w. *ein anderes Mal, anderswo.*

weyen swv. *wehen.*

weke swf. *Woche.*

welicheht stf. *Wohlbehagen, Ausgelassenheit.*

wellen v. anom. praes. bu wult, he wel conj. wille imp. wilt willet *wollen; Ausdruck des Futurs, des Praeterit. als Conditionalis.*

Wenbehohte *Wendedenmantel.*

wennen swv. *gewöhnen.*

wente conj. *denn, weil;* erklärend: *nämlich; bis;* adversativ: *aber.*

wer s. webber.

werben stv., praet. c. part. praes. (mit u. ohne — be) z. Bezeichnung eines Inchoativverhältnisses z. B. 6721 w. flapenbe *schlief ein,* aber auch einfach erzählend z. B. 2201 fb. anbencken *dachte an.*

weret = were it.

werken stv. praet. wrachte part. ghewracht *thun, machen.*

wermen swv. bat water w. *das Bad heixen.*

wertlyk adj. *weltlich.*

wert s. wart.

werf stn. *Geschäft.*

werf, werue n. *Mal.*

weruen stv. *thätig sein, betreiben; erreichen; erwerben.*

wes pron. *etwas.* w. ghelyk *ziemlich gleich.*

weselken n. *Wiesel.*

wesen v. anom. imp. wes wefet (s. fyn) *sein;* wor fe wolbe w. *wo sie hinaus wollte.*

weten, wetten v. anom. praet. wifte part. ghewetten *wissen.* 1226 *erwarten.*

wychen swv. *wahrsagen, zaubern.*

wyken stv. praet. weken *weichen.*

wyle stf. *Zeit;* be w. *unterdessen, während.*

wille swm. *Wille, Absicht;* vmme ben w. bat *deshalb, weil.*

wyllen swv. c. dat. *willfahren.*

wym stm. *Stangengerüst im Rauchfange, um Fleisch zu räuchern.*

wyfen swv. im jurist. Sinn: *zu-, aberkennen, verurteilen.*

wyſpeln swv. *wedeln.*

wyſſenheyt stf. *Sicherheit, Versicherung.*

wo adv. *wie;* w. doch, w. wol *obwohl; wenn; als ob.*

wocke swm. *Spinnrocken.*

wol, wal adv. *wohl, gut;* verstärkend: *sehr; obgleich.*

wolben swv. *walten, Herrschaft haben.*

wolghemeyt adj. *fröhlich, heiter.*

wor adv. *wo, wohin.*

wrake stf. *Rache.*

wreb adj. *grausam.*

wreken stv. praet. conj. wroke part. (ge)wroken *rächen.*

wrefelyck adv. *kühn.*

wriuen stv. praet. pl. wreuen *reiben.*

wrogen swv. *anklagen.*

wumpelule swf. *Schleiereule.*

Anhang.

Die Culemannschen Reinaert-Bruchstücke.
(Antwerpen 1487?)

Aus Paul und Braunes Beiträgen zur Geschichte der deutschen Sprache und Literatur VIII, 10 ff.

[Bl. 1ᵃ] . . . .
. . . .
. . . .

    wert alhier den ghierighen houelinck gheleert dat
hij foe vele niet rapen en fal dat hi mids dien niet
en come in foedanighen gate daer hij niet weder
wt comen en kan twelck alhier oeck byben wolf
betehkent wert want hij finen buhck foe vol ghe
gheten habbe dat hij niet weder wt den gate ghe
comen en konde albaer hij in ghecropen was. Hier
wert oeck ghethoent dat die fchalcken bedrieghen
heeren ende vrouwen.

(R. II, 1513—1588) ie coninck en is mij niet ontgaen
(R. V. 1413—1492)   Jc hebbe hem dicke fcande ghebaen
              Ende fine wiue der coninghinnen
              Dat fi fpade fal verwinnen
    5 Sij fijn ghefcandalizeert by mij
              Noch hebbe ic daer fegghic di
              Ysengrine meer bedroghen
              Dan ic foude fegghen moghen
              Dat icken oom hiet was beraet
    10 Ysengrine bie mi niet beftaet.
              Jc maecten monick ter elmaren
              Daer wij behde begheuen waren
              Dat hem zeere wort te pinen
              Jc beden in bie clockinghen
    15 Binden behbe fine voete
              Dat luden dochte hem fijn foe foete

[Bl. 1ᵇ]   . . . .
          . . . .
          . . . .
          . . . .
          Diet hoorden worden baer bp in vare
          Ende waenden battet bie buuel ware
          Sij liepen baer sij tluben hoorben
20   Ende eer hi confte in corten woerben
          Ghefegghen ic wil mij begheuen
          Was hem wel na ghenomen tleuen
          Ic bebe hem of barnen thaer
          Soe na ben vel bat wel naer
25   Die zwaerbe hem inben liue cramp
          Sint leerbe icken bat was sijn ramp
          Vissschen vanghen op eenen bach
          Daer hi ontfinck menighen slach
          Dec leybe icken tot Spapen van bloys
30   In al bat lant van vermenboys
          En woenbe gheen pape rijker
          Dese pape had een spijker
          Daer menich goet vet baeck in lach
          Daer hi ontfinck menighen slach
35   Anben spijker had hi een gat
          Ghemaect enbe in bat
          Debe ic psegrine crupen
          Daer hi runtvlepsch vant in cupen
          Enbe vetter baken alsoe vele
40   Dies liet hi gaen boer sijnkele
          Soe groten hoop bouen maten
          Dat hi wten seluen gaten
[Bl. 2ᵃ] 42ᵇ Niet wt en mochte baar hi inq . . .
          Dat hem sinen grooten buhck benam
          Doe moefte hi claghen fulck ghewin
45   Want baer hi hongherich quam in
          En mocht hi sat niet comen wt
          Ic ghinck enbe maecte groot gheluut
          In bat borp enbe groot gherochte
          Nu hoert hoe ict baer toe brochte
50   Ic liep baer bie pape sat
          Ouer tafel enbe at
          Enbe voer hem stont een capoen
          Dat was een bat beste hoen
          Datmen wiste in eenich lant
55   Dat hoen ic mitter vaert pranc
          Enbe liep hene baer ic mochte
          Doe maecte bie pape groot gherochte
          Enbe riep lube vanc enbe flach
          Ic waen npe man bat wonber en sach
60   Dat mij een vos rooft mijn hoenre

Jn mijn huys wie fach hecoenre
Dief ende daer ic fie toe
Sijn tafelmes greep hi doe
Ende warp na mij mer ic ontvoer
65 Dat mes bleef ſteſen inden vloer
Hij ſtack die tafel batſe vloech
Ende volchde mij mit ſtemmen hoech
Roepende ſlach ende va
Jc vaſte voren ende hi na
70 En mit hemluyden een groot ghetal
Die mijn quaetſte meenden al   h iij

[Bl. 2b] Holzschnitt, die ganze Seite einnehmend; Faksimile desselben bei Hoffmann.

[Bl. 3a] . . . .
. . . .
. . . .

(R. II, 1637—1654) Doen ſprack reynaert wij ſijn verm . . . .
(R. V. 1556—1576) Of this hoerte b . . ghi mij vertelt
Want wat ic ſoecke ic en vinde niet
75 Jc ſprack oom wats v gheſchiet
Cruypt een luttel noch bat in
Men moet wel pinen om ghewin
Jc hebſe wech diere voren ſaten
Dus croop hi in bouen maten
80 Dat hi die hoenren te verre ſochte
Jc ſach dat icken honen mochte
Ende ſtacken dat hi ouer voer
Ende quam gheuallen opten vloer
Want die haenbalcke was ſmal
85 Ende gaf eenen groten val
Dat ſi ontſpronghen alle byer ſliep . . .
Die daer byden viere laghen ſi riep . .
Datter doer dat valdore gat
Gheuallen ware ſi en wiſten wat

¶ Hoe dat reynaert ſijn biecht is . . . . .
gende ende ſlutende: ende hoe hij daer . .
baert te houe weert ghinck ende . . . . . .
inden weghe ghebuerde Da . . . . . .

[Bl. 3b] Ein die ganze Seite einnehmender Holzschnitt: Vor einem Kloster, welches im Hintergrunde sichtbar ist, steht links vom Zuschauer das Wirtschaftsgebäude, in dessen Nähe sich Hühner und Gänse aufhalten; rechts schreitet Reinke mit nach den Hühnern zurückgekehrtem Kopfe, während Grimbart sich mit aufgehobener Vorderpfote Reinke zuwendet. Vgl. das beigegebene Faksimile.

[Bl. 4a] Der Holzschnitt von Bl. 3b wiederholt.

[Bl. 4ᵇ] . . . .
     . . . .
     . . . .
     . . . .

(R. II, 1751—1770) rimbaert sach wel dit ghelaet
(R. V. 1665—1684) Ende seyde vuyle onreyne vraet
     Hoe laetth uwe ooghen omme gaen
     Reynaert sprac neue dats misdaen
     Dat ghi mit uwe verlopende woort
95 Mij wt mijn ghebede dus stoort
     Laet mij doch lesen een Pater noster
     Der hoenre zielen vanden clooster
     Ende ben gansen te ghenaden
     Die ic dicke hebbe verraden
100. Doe icse dese heylighe nonnen
     Mit mijnre list. heb of ghewonnen
     Grimbaert balch hem mer reynaert
     Had ymmer thooft ten hoenre waert
     Tot si quamen ter rechter straten
105 Die si te voren hadden ghelaten
     Daer keerben si te houe waert
     Och hoe seere beuede reynaert
     Doe hij den houe began te naken
     Daer hi seer in meende misraken

¶ Hoe reynaert coemt in presencie van den coninc die welke hi obedientelic toeniget ende vindet daer elkerlijc ouer hem claghende Dat. xxij. capittel

[Bl. 5ª] Nochtans dede hi als die onuervaerde
(R. II, 1778—1806) Ende liet hem dat dan hem was
(R. V. 1692—1722) Hi ghinc mit sinen neue den das
     Cierliken doer die hoochste strate
     Alsoe moedich van ghelate
115 Als of hi sconincs sone waer
     Ende hi oec van enen haer
     Jeghen nyemant en habbe misdaen
     Voer nobel den coninc ghinc hi staen
     Midden inden heeren rinc
120 Ende seyde gob die alle dinc
     Gheboot die gheue v coninc heer
     Langhe blijscap ende groot eer
     Jc gruet v heer ic hebbe recht
     Ten habbe nye coninc enen knecht
125 Soe ghetrouwe ieghen hem
     Als ic v ye was ende noch ben
     Dat ic oec dicke bin werden anschijn
     Nochtan sulcke die hier sijn
     Souden mij gheerne v hulde rouen
130 Mit loghen woubijs hem ghelouen

Mer neen ghi niet god moets v lonen
Het en betaemt niet der cronen
Dat ghi den ſchalcken ende den fellen
Te licht ghelouet van dat ſi tellen
Nochtan wil icx gode claghen
Daer iſſer te vele in onſen daghen
Die mitter loosheyt die ſij konnen
Die vorderhant nv hebben ghewonnen
[Bl. 5b] Ouer al in heren houen
Dat ſij ſoe verre comen bouen
Die ſchalke ſijn in dien gheboren
Dat ſij den goeden beraden toren
Dat wreke god an haer leuen
Ende moet hem ſulck loongheuen
Als ſij van rechte wel ſijn waert

Die coninck ſprack an reynaert
Onreyne vuyle loſe bruut
Hoe wel coendy uwen ſaluut
Maer ten baet v niet een kaf
Coemt uwes ſmeckens af
Jc en worde by ſmecken niet v vrient
Dat ghi mij dicke wel hebt ghedient
Dat wort v nv te rechte ghegouden
Ghi hebt oec wel den vrede ghehouden
Dien ic gheboot ende hebbe gheſworen
Owij wat heb ic al verloren
Sprack cantecleer aldaer hij ſtont
Die coninck ſprack hout uwen mont
Her cantecleer ende laet mij ſpreken
Jc moet antwoerden ſine treken

¶ Hoe dat die coninck reynaert zeere confu ſelijck ende wredelijck toe ſpreect om der groo ter quade felle daden daer hij of beclaecht is ende hoe dat hem reynaert weder verantwoert ſoe hi beſt kan. Dat. xxiij. capittel

[Bl. 6a] Ein die ganze Seite einnehmender Holzschnitt: Im Hintergrunde links auf einer Anhöhe kniet Reinke demütig vor dem Dachs. Im Vordergrunde links der Wolf, der Hahn und der Kater liegend; rechts sieht man noch den Kopf des Bären und den Schwanz des Löwen. Vgl. R. V. I, 19.

[Bl. 6b] . . . .
. . . .
. . . .
. . . .
. . . . e nichte vanden claghers voerder be
. . . . wijl gheuanghen.

(R. II, 1829—1852) . . . . ef ſprac hij fel reynaert
(R. V. 1723—1790) . . . . t mij lief hebt ende waert
            . . . . ben lachter mijn
            . . . . n ghebaen aenſchijn
165   . . . . bert ende brune
            . . . . loedich is ſijn crune
            . . . . et vele ſchelden
            . . . . e v tele ſalt ontghelden
            . . . . al op eene wijle
170   . . . . er xpriſte fijle
            . . . . naert here ende of brune
            . . . . edich heeft die crune
            . . . . wat beſcaet mij dat
            . . . . yts honich at
175   . . . . die dorper tachter bede
            . . . . brune ſoe ſtarcke lede
            . . . . ghen of verſproken
            . . . . et hi habt ghewroken
            . . . . in dat water
180   . . . . e thbaert die kater
            . . . . chbe ende wel ontfinc
            . . . . ſtelen ghinc
            . . . . huhs ſonder minen raet
            . . . . die pape bede quaet
[Bl. 7 a]   Bylode ſoude ic des ontghelden
            Soe moftic mijn gheluc wel ſchelden
            Niet daer by her coninc lyon
            Wat ghi wilt dat moechdy doen
            Ende ghebieden ouer mij
190   Hoe goet hoeclaer mijn ſake ſij
            Ghi moecht mij vromen ende ſcaden
            Wildy mij ſieden ofte braden
            Ofte hanghen ofte blenden
            Ic en mach v niet ontwenden
195   Wij ſijn alle in uwen bedwanc
            Ghi ſijt ſtarc ende ic bin cranc
            Mijn hulp is cleyn die uwe is groot
            Voerwaer al ſloechdi mij doot
            Dat waer v eene crancke wrake
200   Recht in deſer ſeluer ſprake
            Spranc op bellijn den ram
            Ende ſijn moeye die mit hem quam
            Dat was dame olewij
            Bellijn ſprac nv toe gaen wij
205   Alle voert mit onſer claghen
            Brune spranc op mit ſinen maghen
            Ende tybert ſijn gheſelle
            Ende yſegrim die ſnelle
            Die haze ende dat euerzwijn

210 Elck wilde in die claghe sijn
Panthel die kemel ende bruneel
Die gans bat wezel ende tlampreel
Boudwin den ezel borreel den stier
[Bl. 7ᵇ] Dat hermel die wesel waren oeck hier
215 Cantecler ende sijn kinder
Claechben seer haren hinder
Ende maecten groot wederslach
Dat troeseel eencleen beiach
Liep oeck mede in beser scare
220 Alle bese ghinghen openbare
Voer haren heere den coninck staen
Ende beden ben vos reynaert vaen

¶ Hoe bie coninck te recht sittet ende gheeft
die sentencie batmen reynaert vanghen sou
be ende byder kelen hanghen Dat. xxiiij. capittel

Berichtigungen.

Zu S. XIII. Als Bogen a bereits gedruckt war, ging mir durch die Güte des Herrn Verfassers zu: J. W. Muller, Mr. Henric van Alcmaer. Overgedrukt uit het ‚Tijdschrift‘ van de Maatschappij der Nederlandsche Letterkunde VII, 251 bis 260. — Auf Grund des nochmals sorgfältig zusammengestellten und vermehrten Materials, welches den in Urkunden von 1477 und 1481 in Utrecht nachgewiesenen H. v. A. betrifft, macht Muller es im höchsten Grade wahrscheinlich, dass dieser H. v. A. mit dem Herausgeber des ersten glossierten Reinaert-Drucks nicht identisch ist.

S. XXXVI	lies	XXXVI (statt XXVI).
S. XXXVI, Z. 9	„	vorbes|tert.
V. 556	„	honnichſchyuen.
„ 697	„	ſynnen;
„ 2615	„	Alle
„ 4465	„	bleue.
S. 236, Z. 1	„	vnde ſuperden